AF608448

STUDIENKURS MEDIEN & KOMMUNIKATION

Lehrbuchreihe für Studierende der Medien- und Kommunikationswissenschaft, Public Relations, Medienmanagement/Medienwirtschaft sowie des Journalismus

Wissenschaftlich fundiert und in verständlicher Sprache führen die Bände der Reihe in die zentralen Forschungsgebiete, Theorien und Methoden aus dem Bereich Medien- und Kommunikationswissenschaft ein und vermitteln die für angehende WissenschaftlerInnen grundlegenden Studieninhalte. Die konsequente Problemorientierung und die didaktische Aufbereitung der einzelnen Kapitel erleichtern den Zugriff auf die fachlichen Inhalte. Bestens geeignet zur Prüfungsvorbereitung u.a. durch Zusammenfassungen, Wissens- und Verständnisfragen sowie Schaubilder und thematische Querverweise.

Andreas Elter

TV und AV Journalismus

Praxisbuch für Unterricht und Training

Band 2

Onlineversion
Nomos eLibrary

Die Deutsche Nationalbibliothek verzeichnet diese Publikation in der Deutschen Nationalbibliografie; detaillierte bibliografische Daten sind im Internet über http://dnb.d-nb.de abrufbar.

ISBN 978-3-8487-3851-9 (Print)

ISBN 978-3-8452-8174-2 (ePDF)

1. Auflage 2021

Einleitung

Dieses Buch ist zwischen Dezember 2019 und Mai 2021 entstanden. In dieser Zeit hat die COVID-19-Pandemie die Schlagzeilen bestimmt. Es war und ist eine Zeit, in der sich die Aufgabe des Journalismus und die Herausforderungen an ihn besonders deutlich zeigen. Das schon fast abgeschriebene, lineare TV oder Fernsehen hat einen Aufschwung erlebt. Selten waren in jüngster Vergangenheit die Einschaltquoten der Nachrichtensendungen und Informationsprogramme so hoch. Gleichzeitig ist der Prozess der Digitalisierung weiter vorangeschritten. Webbasierte Plattformen, soziale Medien und mobile Applikationen sind aus dem Alltag der meisten Menschen nicht mehr wegzudenken. Auch dort spielt das Bewegtbild eine große Rolle. Die Überlegungen, die ich beim ersten Band dieses zweiteiligen Handbuchs angestellt habe, gelten nach wie vor bzw. noch stärker als zuvor. TV und Web verschmelzen immer mehr. Das „alte" TV hat sich nachhaltig verändert – es wird nicht nur anders distribuiert und rezipiert, sondern auch produziert. Mediatheken, Live-Streaming, Smart- und Social-TV, Mobile Apps, oder Second Screen – all diese Entwicklungen betreffen nicht nur die Unterhaltung, sondern auch den TV-Journalismus.

Der Begriff Crossmedia-Journalismus, der vor allem für das Zusammenwachsen von Print und Online genutzt wurde und wird, trifft das Phänomen nicht ganz. Denn er bezieht sich auf den Ausspielweg, in diesem Fall das Web. Hier soll der digitale audiovisuelle Journalismus unabhängig vom Ausspielweg gedacht werden. Es kann ihn nach wie vor linear geben (z. B. als lineares Fernsehen), aber eben auch non-linear im Web. Die grundsätzlichen Gestaltungsregeln, nach denen Bewegtbild erstellt wird, seine Grammatik und Syntax, wenn man so will, beruhen aber immer noch auf Theorien und Erkenntnissen, die eine jahrhundertelange Tradition haben und nicht erst durch die Digitalisierung entstanden sind. Vieles hat sich geändert, Wichtiges ist geblieben. So ist schon fast in Vergessenheit geratenes Wissen über die Kommunikation mit Bildern durch neue digitale Plattformen wieder ins kollektive Bewusstsein gerückt. In einer Zeit, in der immer mehr Menschen mit und durch immer mehr Bilder kommunizieren oder sich aus den unterschiedlichsten Bewegtbild-Quellen informieren, kommt der Bildkompetenz eine Schlüsselrolle zu: zum Verständnis der öffentlichen Kommunikation und zum Verständnis des audiovisuellen Journalismus. Insofern war es an der Zeit für ein neues Lehr- und Handbuch, das jüngere Entwicklungen berücksichtigt; aber eben auch zeigt, was sehr grundsätzlich ist.

Viele Handbücher, Ratgeber, Lehrbücher – selbst wissenschaftliche Literatur zum Thema Fernsehen sind inzwischen etwas veraltet oder sie beziehen sich nur auf einzelne Genres (z. B. TV-Reportage oder Texten für TV). Bislang gibt es kein umfassendes Lehrbuch, das TV+ AV Journalismus sowie Theorie und Praxis gleichermaßen berücksichtigt oder verbinden würde. Ich habe versucht, mit meinen beiden Bänden des Lehrbuchs TV+AV Journalismus (Theorie und Praxis) diese Lücke etwas kleiner zu machen. Schließen kann ich sie nicht.

Denn es sind immer noch verschiedene, getrennt voneinander existierende, Bereiche erkennbar. Da ist auf der einen Seite der Bereich der Praxisliteratur, auf der anderen Seite steht die wissenschaftliche-akademische Literatur. Aber auch innerhalb der wissenschaftlichen Beschäftigung mit dem Fernsehen und anderen (digitalen) Bewegtbild-Phänomenen werden mindestens zwei Bereiche sichtbar: einerseits der Bereich der Publizistik/Journalistik, andererseits der Bereich der Film- und Fernsehwissenschaft. Ich habe mich hier somit an einem zweifachen Brückenschlag versucht. Falls dies nicht immer gelungen sein sollte, ist dies allein meiner Unzulänglichkeit zuzurechnen. Es liegt nicht daran, dass solche Brückenschläge bzw. interdisziplinäre Herangehensweisen nicht sinnvoll wären.

Dieses Lehrbuch richtet sich an Studierende der Kommunikations- und Medienwissenschaften, angehende Journalist*innen und Volontär*innen sowie an Dozent*innen, Trainer*innen und akademische Lehrer*innen. Zudem sollte im ersten Band auch dem interessierten Laien und journalistischen Praktiker die Theorie nahegebracht werden, wie umgekehrt Wissenschaftler*innen und Hochschullehrer*innen in diesem Band die Praxis. Beide Bände können unabhängig voneinander und innerhalb der Bände modular gelesen werden. In beiden Bänden sind Querverweise und Rückbezüge ersichtlich. Es empfiehlt sich allerdings ein linearer Lesefluss und die Lektüre beider Bände, um meiner Argumentation folgen zu können und den Aufbau meines Universalmodells des digitalen, audiovisuellen Journalismus nachzuvollziehen. Mein integrativer Ansatz resultiert neben meiner akademisch-wissenschaftlichen Beschäftigung mit dem Journalismus vor allem aus meiner berufspraktischen Erfahrung als Journalist und als Journalisten-Trainer. Meine Herangehensweise an das Thema hat also auch mit meiner persönlichen Berufsbiografie zu tun.

Ich danke allen Menschen, die auf die ein oder andere Weise zur Entstehung dieses Buches beigetragen haben. Einzelne Personen herauszuheben, ist nicht möglich. Denn es handelt sich um unzählige journalistische Weggefährten und Freunde, Arbeitskolleginnen und Kollegen, ehemalige Vorgesetzte, Mitarbeiter*innen und Lehrbeauftragte sowie natürlich Studierende und Seminarteilnehmer*innen. Ohne die intensiven privaten Gespräche, alltäglichen Diskussionen der Praxis oder reflektierende Überlegungen zu Studium-Curricula hätte ich niemals die Idee zu diesem Handbuch entwickelt. Ein besonderer Dank geht an all diejenigen, die mir durch Teilnahme an einer Umfrage und Interviews weitere Hintergrundinformationen und wichtige Einschätzungen geben konnten. Zudem bin ich den Trainerinnen und Trainern der ARD-ZDF-Medienakademie verpflichtet, mit denen ich gemeinsam neue Seminare und Workshops entwickelt habe. Last but not least möchte ich mich bei meinen Kolleginnen und Kollegen dort für anregende Diskussionen bedanken; insbesondere bei Simone Stoffers, die auch Teile des Manuskriptes durchgesehen und mich mit wertvollen Hinweisen versorgt hat. Für die Durchsicht und Korrektur des Manuskripts danke ich meiner Frau Constanze.

Eine letzte Vorbemerkung gilt der geschlechtsspezifischen Sprache in diesem Band. Um auszudrücken, dass ich hier jeden Menschen ansprechen möchte, der mich verstehen will, habe ich zum Teil eine geschlechtsneutrale Schreibweise, ausgedrückt durch den*, verwendet. Dies ist mir aber nicht durchgehend gelungen. Ich bitte dafür um Nachsicht. Bisweilen war es einfach der besseren Verständlichkeit des Textes oder dem Schriftbild geschuldet.

Nürnberg, Mai 2021 *Andreas Elter*

Inhalt

Tabellenverzeichnis

I. Bedingungen und Voraussetzungen

Im ersten Teil dieses zweiten Bandes stehen die Bedingungen und Voraussetzungen im Vordergrund, die den digitalen TV und AV Journalismus normativ und faktisch definieren. Dazu zählen die politischen und juristischen Vorgaben ebenso wie ökonomische oder technische Determinationen. Hinzu kommt die Bandbreite des Nutzerverhaltens, angefangen bei der veränderten Distribution bis hin zum konkreten Medienkonsum. All diese äußeren Faktoren zusammengenommen prägen den digitalen AV Journalismus von heute – ein einzelner Aspekt reicht nicht als Erklärungsansatz aus. Diese multiperspektivische Analyse verdeutlicht, warum eine Unterscheidung zwischen klassischem (linearem) TV und non-linearem Bewegtbild-Journalismus zunehmend obsolet wird. Der Ausspielweg ist nicht mehr der entscheidende Faktor zur Definition von (digitalem) audiovisuellem Journalismus. Mit dieser Herleitung wird ein zentraler Gedanke des ersten Bandes wieder aufgegriffen. Vor allem aber werden die theoretischen Erkenntnisse, Theorien und Modelle des ersten Bandes auf die Praxis übertragen.

Leser*innen des ersten Bandes werden bereits bei einem Blick auf die Kapitelüberschriften dieses Bandes erahnen, welche theoretischen Begriffe zu welchem Praxisbereich gehören. So liegt das medienpolitische Primat im Bereich der Medienpolitik und des Medienrechts. Der medienökonomische Imperativ wird durch das Gesellschaftssystem determiniert, aus ihm leiten sich zentrale Erfordernisse für die Medienwirtschaft ab. Das medientechnische Apriori sowie das additive Phasenmodell wiederum sind die zentralen Begriffe zur Beschreibung von medientechnischen Entwicklungen und Innovationen. Mit den Filmsprachen und nach deren handwerklichen Regeln werden die Produkte des Journalismus erstellt. Diese sind im Kontextfeld der Zeichen anzuordnen, da Artikel, Beiträge, Videos, Audios etc. immer zeichenbasiert funktionieren. Dort wird das Modell der verschiedenen Sprachen des Journalismus vertieft; die Praxisrelevanz wird bis zur Ebene der konkreten Handlungsempfehlung heruntergebrochen. Somit stellt jedes Kapitel das praktische Äquivalent zu einem Bereich des theoretischen Teils dar (vgl. Band I).

Zusammenfassung zentraler Begriffe aus dem ersten Band

Für Leser*innen, die den ersten Band nicht gelesen haben bzw. zur Erinnerung, werden zunächst die zentralen Begriffe des Universalmodells noch einmal kurz wiederholt. Das Universalmodell wird aus einem reichen Theoriefundus hergeleitet. Es ist als modularer Baukasten zu verstehen. Denn monokausale Erklärungen oder solitäre Journalismustheorien mit Allerklärungsansatz wurden bereits in Band I verworfen. Die zentrale These war, dass eine Theorie allein bei weitem nicht ausreicht, um die Komplexität des Journalismus deskriptiv und analytisch fassen zu können. Nur durch eine Vielzahl von Theorien und deren Verknüpfung entsteht ein Netzwerk, mit dem Erklärungen und Aussagen möglich werden. Um dieses Netzwerk besser strukturieren zu können und den Überblick zu behalten, wurde das Universalmodell entworfen. Zudem aber stellt das Universalmodell selbst einen Ansatz (keine originäre Theorie) dar, da es neue Begrifflichkeiten und Definitionen einführt und verschiedene Theorien synergetisch miteinander verknüpft. Das Universalmodell ist also mehr als die Summe seiner Teile (bestehenden Theorien).

Die verschiedenen Ebenen des Universalmodells werden als Kontextfelder bezeichnet. Von außen wirkt das Feld der gesellschaftlichen Ordnung auf alle anderen Kontextfelder ein. Es wird daher in der schematischen Darstellung (vgl. Abbildung I) nicht mehr eigens erwähnt. Denn es ist gewissermaßen die Umhüllung des Gesamtsystems aller Kontextfelder. Keines davon (abgesehen vom Kontextfeld der Zeichen) wäre ohne eine, wie auch immer geartete, Gesellschaftsordnung denkbar. Innerhalb der Kontextfelder werden determinierende und dominante Faktoren ausgemacht. Determinierende Faktoren sind als unabänderliche und bestimmende Bedingungen für journalistisches Handeln definiert. Dominante Faktoren hingegen als bedeutende, aber variable Parameter. Determinierende Faktoren sind:

- das medienpolitische Primat
- der medienökonomische Imperativ
- und das medientechnische Apriori

Die zentrale Bedeutung dieser Faktoren für die Praxis wird nun in den einzelnen Kapiteln aufgezeigt.

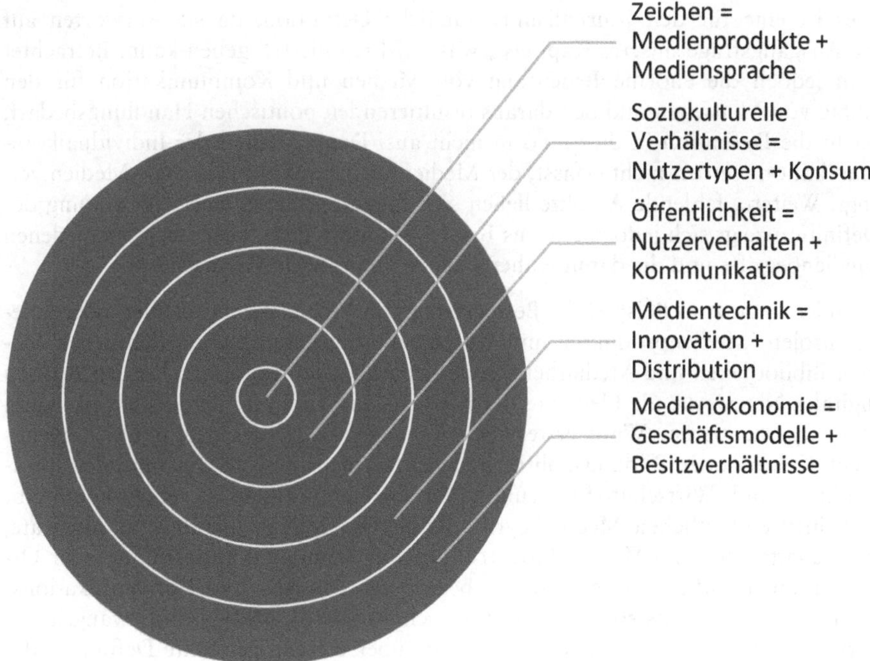

1. Medienpolitik: Was wird reguliert?

Medienpolitik wird oft als kleinteilig und weit verzweigt beschrieben. In der Praxis wird dieser Politikbereich als sperrig wahrgenommen. Das liegt daran, dass Medienpolitik die meisten Menschen nur indirekt betrifft, anders als Wirtschafts-, Arbeitsmarkt- oder Sozialpolitik. Kombiniert man aber Medien- und Kommunikationspolitik, scheint diese Prämisse im Digitalzeitalter nicht mehr zu stimmen. Denn Medienpolitik betrifft Bürger unmittelbar – sei es durch (wegfallende) Roaming-Gebühren im EU-Ausland, den Ausbau (bzw. Nicht-Ausbau) der Glasfasernetze, bei der Diskussion um die Rechtmäßigkeit der Haushaltsabgabe für Zweitwohnsitze und Betriebsstätten, durch das Recht auf informationelle Selbstbestimmung, durch die neue Datenschutz-Verordnung der EU oder täglich als Nutzer*innen sozialer Medien, um nur einige Beispiele zu nennen. Dass vielen Menschen dies nicht immer bewusst ist, bedeutet nicht, dass sie nicht direkt betroffen wären. Medien- und Kommunikationspolitik ist aufgrund der zunehmenden (digitalen) Mediatisierung aller gesellschaftlichen Lebensbereiche zur Metapolitik geworden. Dabei kommt es allerdings darauf an, wie man sie definiert. Eine weit verbreitete Definition beschreibt Medienpolitik als die

Gesamtheit aller Maßnahmen und Diskurse, die in einen Ordnungsrahmen für publizistische Medien münden.

Dies ist eine für den Journalismus nützliche Definition, da sie Antworten auf die Ausgangsfrage unseres Kapitels „Was wird reguliert?“ geben kann. Betrachtet man jedoch die enorme Bedeutung von Medien und Kommunikation für den Alltag von Menschen und den daraus resultierenden politischen Handlungsbedarf, reicht die Definition in dieser Form nicht aus. Denn Medien der Individualkommunikation werden nicht erfasst, der Medienbegriff auf publizistische Medien verengt. Weitere, fehlende Aspekte ließen sich hinzufügen. Bei einer Ausweitung der Definition zeigt sich jedoch das aus Band I bekannte Phänomen der verschiedenen Medienbegriffe und die damit einhergehende, mangelnde Trennschärfe.

Definiert man zum Beispiel die Besteuerung von Virtual-Reality-Brillen oder Spielekonsolen (Medienprodukten und Waren), die Einrichtung von öffentlichen Medien-Bibliotheken und Mediatheken oder staatliche Subventionen für den Ausbau digitaler Netzwerke als Elemente der Medien- und Kommunikationspolitik, kann man argumentieren: Wäre erstes nicht Steuer- bzw. Wirtschaftspolitik, zweites nicht Kultur- oder Bildungspolitik und drittes nicht eine Maßnahme der Infrastruktur- und Wirtschaftsförderung? Wie bereits in Band I verdeutlicht, gibt es keinen einheitlichen Medienbegriff. Wahlweise werden Geräte und Apparate, Wirtschaftsgüter und Waren, Infrastruktur und Kommunikationsräume oder Organisationen und Inhalte als Medien bezeichnet. Medien- und Kommunikationspolitik wird einerseits somit immer Querschnittspolitik bleiben und zwangsläufig andere Politikbereiche berühren, sobald sie über die eng gesteckte Definition der publizistischen Medien hinausreicht. Andererseits ist genau dies, die Ausweitung der Definition, im digitalen Zeitalter notwendig geworden.

1.1 Zentrale Probleme aktueller Medienpolitik

Für den digitalen TV und AV Journalismus bleiben wir zunächst jedoch bei der publizistischen Definition. Erstens, weil diese durchaus noch in Wissenschaft und Praxis gebräuchlich ist. Zweitens, weil sie sich als Ausgangs- und Reibungspunkt für eine fruchtbare Kontroverse eignet. Drittens, weil auch der neue Medienstaatsvertrag die publizistischen Medien als Orientierungspunkt nimmt. Viertens, weil Journalismus immer auch in publizistischen Medien betrieben wird – auch wenn es inzwischen andere Medien sind.

Die bislang geltenden Regulierungen der Medienpolitik für publizistische und journalistische Medien basieren auf tradierten Öffentlichkeitskonstruktionen und Theorien. Das Problem dieser Grundlage besteht darin, dass die angewandten Modelle aus Zeiten vor der flächendeckenden Verbreitung des Internets stammen. Damals gab es meist eine Trennung zwischen (sendendem) Journalismus und (empfangender) Öffentlichkeit. Journalismus, Werbung und Unterhaltung wurden professionellen Medienbetrieben (mit festen Organisationsformen durch Medienbetriebe/Unternehmungen) zugeschrieben bzw. primär dort angesiedelt. Journalismus war ***der*** Öffentlichkeitshersteller und nicht nur einer von vielen. Die weitere öffentliche Kommunikation wurde als organisierte, interessengeleitete Kommunikation (PR, Öffentlichkeitsarbeit, Unternehmenskommunikation) definiert. Übrig blieb der große Bereich der Individualkommunikation, der per Definition als nicht öffentlich bzw. privat galt. Innerhalb des privaten Bereichs griff der Staat bewusst nicht ein oder nur in ganz gewissen Ausnahmefällen. Individualkommunikation genießt bis heute staatliche Schutzrechte.[1] Darin besteht u. a. der Unterschied zur publizistischen Massenkommunikation, die immer als öffentlich verstanden wurde und somit der Regulation bedurfte.

Rückblick auf Erkenntnisse des ersten Bandes

Die strikten Trennungen (öffentlich vs. privat; Massenmedien vs. Individualkommunikation) sind nicht mehr aufrecht zu erhalten. Die Grenzbereiche zwischen individueller Kommunikation und Massenkommunikation sind fließend bzw. es gibt massenmedial vermittelte Individualkommunikation in öffentlichen (virtuellen) Räumen. In sozialen Medien vermengen sich die Kommunikationsgattungen, die zuvor – allein durch ihre spezifischen technischen Ausspielwege – unterschieden werden konnten. So gab es audiovisuellen Journalismus nur als Rundfunk-Journalismus, sprich im linearen TV und Radio. Anderer Journalismus war Printjournalismus (Magazine/Tageszeitungen) und somit nicht audiovisuell. Erst mit dem Web 1.0 sollte sich diese, Jahrzehnte lang gültige Voraussetzung ändern. Das Internet der ersten Generation (Web 1.0) war bereits ein Medium, in dem sich die verschiedenen Kommunikationsgattungen (Journalismus, Werbung, Unternehmenskommunikation) vermischten und nicht trennscharf auseinanderzuhal-

1 Vielmehr gab und gibt es feste Regeln und Gesetze, um die Freiheit der privaten Kommunikation zu schützen – etwa das Brief- oder Telefongeheimnis, um nur die wichtigsten zu nennen. Ausnahmen, in denen auch andere Kommunikation staatlich reguliert wurde, betreffen öffentliche Versammlungen, also Kundgebungen oder Demonstrationen. Denn ab diesem Punkt wird aus Privatem Öffentliches bzw. gehen Gruppen gezielt an die Öffentlichkeit. Vgl. dazu Band I Kap. Öffentlichkeitstheorien.

ten waren. Es fehlte aber noch die konsequente Verquickung von öffentlicher und privater Kommunikation bzw. die öffentliche Individualkommunikation. Die kam erst mit dem Web 2.0 hinzu. Dadurch veränderte sich teilweise der Journalismus selbst (dialogorientierter, partizipativer Journalismus), vor allem aber kamen neue (publizistische) Player hinzu, die nicht mehr als klassische Medienbetriebe oder Unternehmen zu verstehen waren und sind.[2]

Die verschiedenen Kommunikationsgattungen sind somit nicht anhand technischer Ausspielwege zu unterscheiden. Linearer TV-Journalismus und linearer Radiojournalismus sind Bestandteile eines breiter zu definierenden digitalen AV-Journalismus, der lineare und non-lineare Ausspielwege inkludiert. Analogen TV- und Radiojournalismus gibt es de facto nicht mehr, auch der lineare Rundfunk ist digitalisiert. Printjournalismus wurde bei der theoretischen Herleitung ausgenommen bzw. gesondert betrachtet, weil er sich nicht audiovisuell vermittelt. Seine Vermittlungsformen sind das geschriebene Wort und das Standbild (Foto und Grafik). Ein theoretischer Unterschied zwischen dem gedruckten und dem elektronisch verbreiteten Wort und Standbild besteht nicht, allenfalls ein technischer. Aber auch der löst sich durch neue Medienformate und Medienkonvergenz immer weiter auf. Print und Online sind somit entweder als digitaler Wortjournalismus (textbasierter Onlinejournalismus) oder Printjournalismus (Zeitungen, Zeitschriften, Magazine) zu bezeichnen. Sobald aber in einem webbasierten Medium zu Schrift und Standbild, Animation, Ton, Video oder interaktive Elemente hinzukommen, handelt sich bereits um Spielformen des audiovisuellen Journalismus. Im Web und sozialen Medien verschwimmen die einstmals getrennten Formen völlig und können beliebig miteinander kombiniert werden. Dies wurde anhand des additiven Phasenmodells theoretisch und praktisch veranschaulicht.

Zur technischen Konvergenz kommt im Digitalzeitalter die Veränderung der Öffentlichkeit hinzu. Denn im Web und auf digitalen Plattformen können gleichermaßen individuelle Inhalte für eine breite Öffentlichkeit sichtbar gemacht werden sowie rein private Nachrichten an einen begrenzten Adressatenkreis gesendet werden. Klassische massenmediale Inhalte – wie recherchierte, journalistische Geschichten – können von Individuen mit der Welt geteilt werden. Auf der anderen Seite ist das Verbreiten von PR, Werbung oder auch politischer Propaganda für jede(n), zu jeder Zeit an jedem Ort der Welt bei recht niedrigen Herstellungskosten möglich. Die strikte Trennlinie zwischen privat und öffentlich ist verschwunden. Dabei handelt es sich keineswegs nur um evolutionäre Veränderungen. Vielmehr wurden die Fundamente der Medienwelt versetzt. Vermeintliche Individualkommunikation wird im Web 2.0 zur öffentlichen Kommunikation in einem digitalen Massenmedium (z. B. Facebook, Instagram, YouTube). Die Trennung zwischen Medien- und Kommunikationspolitik sowie zwischen publizistischen und nichtpublizistischen Medien ist nicht mehr zeitgemäß. [3]

2 Damit sind u. a. neue Formen des Bürgerjournalismus, Blogger, Vlogger, YouTuber etc. gemeint.

3 Darauf verweisen Medienexperten immer wieder in aktuellen Debatten: „Die rechtlichen Mittel zur Bekämpfung von gezielter Desinformation in journalistisch-redaktionellen Online-Angeboten sind derzeit unzureichend", sagte der Direktor der Landesanstalt für Medien NRW, Tobias Schmid, dem Evangelischen Pressedienst (epd) in Düsseldorf. Auch der Präsident der Bayerischen Landeszentrale für neue Medien (BLM),

Öffentlichkeitsbegriffe und publizistische Medien

Es bleibt eine bislang ungelöste Aufgabe der Medienpolitik, einen neuen, allgemeingültigen Ordnungsrahmen für alle publizistischen Medien vorzugeben. Das liegt unter anderem daran, dass unklar ist, was darunter in Zukunft verstanden werden soll. Klar ist bislang nur, was publizistische Medien einmal waren und in vielen Bereichen auch noch sind.[4] Zeitungen, Radiostationen oder Fernsehsender werden unter diesem Oberbegriff subsummiert. Aber sind inzwischen nicht zahlreiche YouTuber auch publizistische Medien? Oder wie steht es mit dem Podcast eines Virologen, der in Spitzenzeiten mehr als 15 Millionen Abrufe erreichte? Er hatte eine enorme publizistische Wirkung. Hier von Individualkommunikation zu sprechen, wäre falsch. Denn entscheidend ist ja, dass Podcaster und YouTuber sich bewusst an eine unbegrenzte Öffentlichkeit richten und das Zielpublikum dispers ist. Damit sind sie ebenso „Sender" wie jede Radio- und TV-Station. Es gibt keinen theoretisch begründbaren Unterschied mehr und auch keine Begründung, warum vermeintliche „Laien" nicht Journalisten sein sollten. Erstens haben sie das Handwerk meist sogar bei traditionellen Medienhäusern oder an Journalismus-Schulen gelernt. Zweitens aber definiert sich Journalismus nicht durch die Zugehörigkeit zu einem Medienbetrieb. Nicht der Hausausweis eines Senders oder eines Medienhauses macht einen zum Journalisten. Sondern das, was man publiziert und in einem professionellen Verständnis (siehe Band I), dass man davon leben kann. Denn Journalismus als Beruf, ist eben ein Beruf und keine reine Berufung.

Mit dem Begriff „publizistische Medien" sollte in der Vergangenheit definitorisch der Unterschied zu privaten, nicht veröffentlichenden Medien markiert werden. Medienpolitik sollte sich nur um die Medien kümmern, die einer Veröffentlichung dienten. Dabei spielte es wiederum keine Rolle, welcher Inhalt veröffentlicht wurde. Medienpolitik beschäftigte sich ebenso mit Büchern und Tonträgern wie mit Radiostationen und Fernsehsendern, aber nicht mit Briefen oder Telefonanrufen von Privatpersonen. Die Regulation in diesem Bereich wiederum galt als Kommunikationspolitik. Doch diese Unterscheidung ist nicht mehr stringent möglich. Warum dies so ist, wird im Folgenden an einem Fallbeispiel aus der Praxis erläutert.

Fallbeispiel

Prinzipiell dient ein Messenger-Dienst wie das populäre WhatsApp der privaten Kommunikation über ein mobiles Endgerät (z. B. Smartphone). Damit unterliegt seine Regulierung dem ***Telekommunikationsgesetz (TKG)***. Wir befinden uns somit im Feld der Kommunikationspolitik, in dem die Mobilfunkanbieter und Telefongesellschaften reguliert werden. Mit Medienpolitik im engen Sinne hat dies wenig zu tun, da hier davon ausgegangen wird, dass nichts veröffentlicht werden soll. Im Gegenteil: Das Telekommunikationsgesetz verbietet sogar explizit die Verbreitung des „nicht öffentlich gesprochenen Wortes". Ältere Menschen

Siegfried Schneider, verwies auf die Notwendigkeit, aufgrund der wachsenden Bedeutung von Facebook, Twitter oder YouTube eine bestehende Regelungslücke zu schließen. epd Medien, Nr. 103a, 29.5.2019.

4 Zu diesem Gedankengang der simultanen Ungleichzeitigkeiten vgl. auch Band I.

kennen diesen Passus des TKG als Fernmeldegeheimnis. Smarte Telefonie und SMS werden als privat betrachtet. Nun stellt sich aber die Frage, wie es sich mit (kostenlosen) Messenger-Diensten verhält, die unabhängig vom Anbieter (Mobilfunkbetreiber) vom Nutzer auf dem Handy installiert werden können. Diese Dienste, z. B. auch G-Mail von Google oder Facebook-Messenger, die unabhängig von einer konkreten Telekommunikationsinfrastruktur über Telekommunikationsnetze angeboten werden, sind ***Telemedien***. Für sie gilt das ***Telemediengesetz (TMG)***. Telemedien werden auch als ***Over-the-top-Dienste (OTT)*** bezeichnet. Bei den OTT wiederum wird in drei Formen unterteilt:
OTT 0 = elektronische Kommunikationsdienste im Sinne der europäischen Rahmenrichtlinie, die in Signalübertragung gegen Entgelt bestehen, meint klassisches (Festnetz-) Telefon und Mobilfunkangebote
OTT I = Kommunikationsdienste, die mit den klassischen Diensten (OTT 0) in Konkurrenz treten, z. B. Messenger-Dienste oder Video-Telefonie (Skype)
OTT II = andere Dienste und Plattformen wie Inhalte-Dienste oder Online-Handel (Amazon)
WhatsApp wäre also gemäß dieser Unterscheidung[5] als OTT I Dienst zu klassifizieren.
„Gemeinsam ist den OTT-I-Diensten, dass sie kein inhaltliches Angebot aufweisen, sondern dass sie Individual- und Gruppenkommunikation in Form von Sprache, Bildern, Videos und sonstigen Daten unter Einsatz des „Internet Protocol“ (IP) ermöglichen.“ (WD 2016:7)
Insofern würde sich eine Regulation von WhatsApp, G-Mail, Facebook-Messenger und Co immer im Bereich der Kommunikationspolitik abspielen. Es geht, wie der Wissenschaftliche Dienst des Bundestages schreibt, um Individual- und Gruppenkommunikation, nicht um Massenkommunikation oder gar Rundfunk. Messenger-Dienste sind somit im Sinne der traditionellen medienpolitischen Definition gar keine publizistischen Medien. Was passiert aber nun, wenn über Messenger-Dienste journalistische Inhalte (etwa Newsfeeds der Süddeutschen Zeitung oder anderer Medienhäuser und öffentlich-rechtlicher Sendeanstalten)[6] verbreitet werden? Erstens dienen diese dann nicht mehr nur der Individual- und Gruppenkommunikation und zweitens sind sie in diesem Fall nicht mehr „inhaltsfrei“. Ihre interne Definition hat sich gewandelt. Allein schon die Differenzierung von internetbasierten OTT-Diensten und klassischen Telekommunikationsdiensten hat weitreichende Rechtsfolgen (vgl. WD 2016, 10ff.). Wenn aber Messenger zum Verbreitungsmedium für rundfunkähnliche Angebote (etwa Nachrichtenkurzbeiträge) werden, müssten sie auch in den Bereich der Medienpolitik fallen. Denn es ist wenig einsichtig, warum ggf. ein und derselbe Inhalt einmal als Rundfunk reguliert wird (wenn er über lineares TV oder Radio verbreitet wird), das andere Mal aber nicht, wenn er über einen OTT-Dienst verbreitet wird (z. B. WhatsApp oder in weitaus größeren Ausmaß YouTube, vgl. auch Bd. I). Es gibt, das sieht auch der Gesetzgeber so, einen Regulierungsbedarf für einen wettbewerbsneutralen Ordnungsrahmen. Dieser kann aber wiederum nur durch eine Kombination von kommunikationspolitischen und medienpolitischen Vorgaben entstehen. Medien- und Kommunikationspolitik sind im Digitalzeitalter nicht mehr voneinander zu trennen.

---

5 Vgl. dazu einen Sachstandsbericht des Wissenschaftlichen Dienstes des Deutschen Bundestages. Deutscher Bundestag (2016): Regulierung von Messengerdiensten. Datenportabilität und Interoperabilität, Berlin, Aktenzeichen WD 10 – 3000 – 060/16, im Folgenden zitiert als WD 2016.

6 Vgl. z. B. das mehrfach preisgekrönte Digital Media Project des Bayrischen Rundfunks, „Ich – Eisner“.

Offensichtlich wird also, dass der alte Ordnungsrahmen nicht zu den neuen (sozialen und technischen) Gegebenheiten passt. Naiv wäre zu glauben, dass sich die neue digitale Öffentlichkeit (in Social Media/Web 2.0 oder im Bereich der Mobiltelefonie) selbst reguliert oder keinerlei Regulierung bedürfte.[7] Zurzeit erleben wir eine im engen Definitionssinne an ihre Grenzen stoßende Medienpolitik und eine stets im Modus der Nachregulierung befindliche Kommunikationspolitik. Denn bezeichnenderweise wurden die bisherigen Regulierungen von Social Media oder OTT-Diensten vor allem aus Urheberrechts-, Verbraucherschutz-, Wettbewerbs- oder Datenschutz-Aspekten[8] angegangen. Ein übergeordneter, publizistisch-journalistischer Ordnungsrahmen wurde zwar immer wieder gefordert,[9] er ist aber bis heute (noch) nicht vorhanden. Letztlich scheitern neue Regulierungsansätze oft auch an der künstlichen Trennung von Medien- und Kommunikationspolitik. Bislang gibt es kaum eine exakte Festlegung darüber, was mit dem Begriff „Rundfunk" gemeint sein soll und was mit dem Begriff „Medien".[10] Der ehemalige Justiziar des SWR kritisierte noch im Sommer 2020, dass mit dem Rundfunk-Begriff eine Einschränkung der Möglichkeiten öffentlich-rechtlicher Sender einherginge. Wörtlich sagte er: „Eine Rundfunkregulierung, die den Rundfunkanstalten statisch vorschreiben will, welchen Inhalt sie auf welchem Verbreitungsweg für welche Nutzergruppe bereithalten sollen, stammt wirklich aus dem vergangenen Jahrtausend."[11] Dies zumindest soll sich mit einem neuen Medienstaatsvertrag nun (Stand Jahreswende 2020/2021) ändern. Aber es besteht ein weiteres, strukturelles Problem.

Föderale Regulierung versus globale Medienrealität

Es klafft ein tiefer Graben zwischen föderaler Regulierungskompetenz und globaler Medienrealität. Medien- und Pressepolitik im engeren Sinne sind in Deutschland föderale Politik, die Rundfunkregulierung ebenfalls. Mediengesetze, Lizensierungen und Verordnungen beziehen sich auf einen geographischen Raum. Spätestens wenn es um den Niederlassungsort oder den Gerichtsstand eines Medienunternehmens geht, wird das relevant. Der Regulierungsgegenstand, also Inhalte des Rundfunks wie Journalismus, ist aber nicht räumlich gebunden. Selbstredend gab es immer schon grenzüberschreitende Medien-Kommunikation und international agierende publizistische Medien aus dem Ausland.[12] Bereits im Kabel- und Satelliten-Zeitalter konnten Fernsehzuschauer (seit den 1990er Jahren) unzählige aus-

7 Daher forderten Medienverantwortliche, u. a. der ehemalige ARD-Vorsitzende (Stand Okt. 2018) und BR-Intendant Ulrich Wilhelm, eine entsprechende Veränderung und Anpassung der (medien-)politischen Spielregeln. Wilhelm erneuerte auf den Münchener Medientagen 2018 seine Forderung, die Standards, die für die analoge Öffentlichkeit gelten, in die digitale Welt zu übertragen. Für Facebook oder YouTube müssten die gleichen Rechtsgrundlagen gelten wie für Medien. Vgl. epd Medien Aktuell, Nr. 200a, 17.10.2018.

8 Vgl. dazu beispielsweise das Vorgehen des Bundeskartellamts gegen Facebook.

9 Zumeist entzündete sich diese Debatte an der Frage der Weiterverbreitung von Fake News und mangelnder Verifikation von Social Media Quellen. Die Frage nach der publizistischen Meinungsmacht von digitalen Monopolisten und die Rolle der sogenannten Intermediären (Suchmaschinen wie Google oder Plattformen wie YouTube) wurde ebenfalls mehrfach gestellt, aber nicht abschließend beantwortet.

10 Der neue Medienstaatsvertrag versucht diese Unterscheidung definitorisch zu fassen. So recht mag es ihm aber nicht gelingen, was später noch diskutiert wird.

11 Vgl. epd Medien Aktuell vom 13.7.2020, Nr. 132.

12 Es muss jedoch auch darauf hingewiesen werden, dass journalistische Erzeugnisse – weil sprach- und kulturgebunden – in vordigitaler Zeit auch auf nationale Märkte beschränkt blieben. Selbst bei englischspra-

ländische Fernsehsender in Deutschland empfangen. Die deutsche Medienpolitik hatte keinen unmittelbaren Einfluss auf die Inhalte und sollte ihn auch gar nicht haben. Aber die deutsche, föderale und die europäische Medienpolitik hatten durchaus Einfluss darauf, ob diese Sender in Deutschland überhaupt zu sehen waren und auf welchem Verbreitungswege sie zum Zuschauer gelangten, z. B. terrestrisch, per Einspeisung in Kabelnetze oder via Satellit.

Durch die Kontrolle über die Verbreitungswege blieb das medienpolitische Primat letztlich erhalten. Föderale Institutionen (Landesmedienanstalten) entschieden über die Vergabe von Sendelizenzen. Die EU-Fernsehrichtlinie sorgte in Europa annährend für Vergleichbarkeit der Angebote und Wettbewerb über nationalstaatliche Grenzen hinaus. Das deutsche bzw. jedes andere, nationalstaatliche oder föderale Mediensystem wurde bis zur flächendeckenden Verbreitung des Internets durch technische Neuerungen nicht in seiner Grundarchitektur tangiert. Ein Sender brauchte immer eine Lizenz für das (Bundes-)Land, in dem er sendete. In Grenzregionen mag dies beim frei empfangbaren, terrestrischen Fernsehen oder Radio auch einmal anders gewesen sein, aber nur in nicht meinungsbeeinflussender Größenordnung.

Grundlegende Veränderung durch das Internet

Seitdem über das Internet „gesendet" wird bzw. audiovisuelle journalistische Inhalte nicht mehr nur vom linearen Rundfunk verbreitet werden, hat sich das grundsätzlich geändert. Seit Beginn der 1990er Jahre gab es erstmals ein Massenmedium, das sich a priori geographisch beschränkten Kontrollmechanismen entzog.[13] Ein weltweites Netz (www = world wide web) zeichnet sich durch Nicht-Beschränkung und offenen Zugang aus.[14] Die medienpolitischen Aufsichtsbehörden (Landesmedienanstalten) sind aber in Deutschland föderal verankert. Dies allein stellt schon ein Grundproblem dar. Dieses Problem wurde praktisch beim neuen Jugendschutzgesetz deutlich. Die Zuständigkeiten im Medienbereich bleiben weiter zwischen Bund und Ländern geteilt. „Ein moderner kohärenter

---

chigen Produkten war dies so. Die Internationalität war auf der Angebotsseite zwar gegeben, aber nicht so sehr auf der Konsumentenseite. Die meisten Menschen bevorzugten „heimische" Journalismus-Produkte.

13 Eine Regulierung des Internets im publizistischen Sinne gibt es nicht. Jedoch vergibt die ICANN (Internet Corporation for Assigned Names and Numbers) die Top Level Domains und ist für das Management der Rootserver zuständig. Bisweilen wurde sie daher als die „Weltregierung des Internet" bezeichnet. Die ICANN ist eine Non-Profit-Organisation mit Sitz in den USA. Sie unterliegt aber US-amerikanischer Rechtsprechung.

14 Das Geoblocking bestimmter Webseiten, Anbieter oder ganzer Dienste – wie in Nordkorea, China oder Russland üblich – widerspricht dem grundlegenden Gedanken des Netzes. Es handelt sich eindeutig um Zensurmaßnahmen. Dadurch wird aber ersichtlich, wie richtig die Theorie vom medienpolitischen Primat ist. Denn letztlich ist die Zensur ein restriktives medienpolitisches Instrument, welches dem Primat einer staatlichen Kontrolle medialer Inhalte entspricht. Deswegen wird es i. d. R. in autoritären und nicht in liberalen Mediensystemen (vgl. Bd. 1 Modell der Mediensysteme) angewandt. Wertfrei betrachtet stellt es eine Regulierungsmöglichkeit da, die so in den meisten (nicht-autoritären) Staaten in Bezug auf das Internet nicht vorhanden ist. Verbote einzelner Seiten und Betreiber können dort immer dadurch umgangen werden, dass der entsprechende Server in einem anderen Land mit einer anderen Gesetzgebung steht. Eine andere Variante ist der ständige „Umzug" von Servern oder das anonyme Eröffnen neuer Webseiten und Angebote auf Plattformen Dritter oder eben in sozialen Medien. Dieses Phänomen spielt nicht nur bei „Hatespeech" (Hassreden) oder der Verbreitung staatsfeindlicher Symbole eine Rolle. Der gesamte Bereich der Internetkriminalität ist ebenfalls davon betroffen. Die Strafverfolgung und der Jugendmedienschutz werden zunehmend komplexer.

Rechtsrahmen mit einheitlichen Regeln und Rechtsfolgen für alle Verbreitungswege steht weiterhin aus", sagte Claudia Mikat, Geschäftsführerin der Freiwilligen Selbstkontrolle Fernsehen (FSF).[15]

Die Aktivitäten und (langfristigen) Interessen globaler Medienkonzerne des digitalen Zeitalters sind mit föderalen Aufsichtsbehörden und nationalem Wettbewerbs- und Kartellrecht nur schwer zu regulieren. Zudem wird eine Lizensierungspflicht für TV-Sender zunehmend problematisch, wenn unklar wird, was eigentlich unter TV verstanden werden soll. Der lineare Rundfunk-Begriff greift nicht mehr im Zeitalter der Livestreams, Video on-Demand-Angebote, Mediatheken und sozialen Medien.

Digitaler Monopolismus

Zum publizistischen Grundproblem einer meinungsbeherrschenden Stellung kommt, wie immer bei Medien, der wirtschaftliche Aspekt und die Frage nach der Chancengleichheit auf einem neuen digitalen Markt hinzu.

Trotz prinzipiell freiem Zugang für Jedermann herrscht auf der Anbieterseite im Web keinerlei Gleichheit. Die größten global agierenden, digitalen Akteure sind US-Konzerne. Nennenswerte Ausnahmen gibt es lediglich in China. Dessen Mediensystem ist aber nicht mit westlich-demokratischen Mediensystemen vergleichbar. De facto ist ein echter Wettbewerb (wie in anderen Wirtschaftsbereichen) in bestimmten Digital-Segmenten (z. B. bei Suchmaschinen oder Browsern, bei sozialen Medien und Messenger-Diensten) nicht vorhanden bzw. sind Alternativanbieter von Nutzerzahl, Reichweite und Kapitalisierung nicht annähernd mit den US-Digitalgiganten vergleichbar. Eine solche globale Medienmacht hat es historisch noch nicht gegeben. Selbst den „Imperien", der als Negativbeispiele angeführten Medientycoone des 20. Jahrhunderts wie Hugenberg, Springer, Hearst, Murdoch oder Berlusconi waren wesentlich engere Grenzen gesetzt – entweder räumlich oder technisch.

Die Freiheit und der libertäre Grundgedanke des Webs kommen ökonomisch gesehen aktuell vor allem einigen Wenigen besonders zugute. So können europäische Unternehmen ihre Geschäftsmodelle in US-amerikanischen Netzwerken momentan meist nur nach den vorgegebenen Spielregeln der dominierenden US-Monopolisten umsetzen. Sie haben keinerlei vergleichbare Ressourcen, um sich von den US-Konzernen unabhängig zu machen. Die ökonomische Komponente ist aber nur ein Aspekt. Denn Medienregulierung – westlicher Prägung – hatte immer zwei Ansätze. Zum einen sollte der freie Wettbewerb garantiert werden, zum anderen aber auch die publizistische Vielfalt und damit mittelfristig die Demokratie als solche. Dieser Aspekt ist für unseren Zusammenhang, den Journalismus und seine Funktion in der Gesellschaft, noch wesentlich wichtiger. Im Abschnitt zur Medienwirtschaft werde ich darauf noch einmal näher eingehen.

Die US-Plattformanbieter hätten inzwischen „vollständige Kontrolle über die Algorithmen, also die Verfahren, wie Inhalte bewertet, vorsortiert und den Nutzern

15 Vgl. epd Medien, Nr. 83a (30.4.2021).

empfohlen werden", so der ehemalige BR-Intendant Ulrich Wilhelm im Gespräch mit dem Evangelischen Pressedienst.[16] Nicht zufällig sei es bisher keinem Start-up in Europa gelungen, „auch nur annähernd ein Gegengewicht zu schaffen, weil der Marktvorsprung und die Kapitalkraft der Amerikaner riesig sind". Laut Berechnungen des Wirtschaftsportals von Handelszeitung und Bilanz lag allein der Börsenwert von Apple, Facebook, Amazon und der Google-Mutter Alphabet bereits Ende Oktober 2018 zusammen bei 2.691 Milliarden Dollar.[17] Seitdem dürfte er noch gestiegen sein, Microsoft oder Netflix als weitere Internetriesen sind dabei noch nicht mitgerechnet. Zum Vergleich: Deutschlands Brutto-Inlandsprodukt lag im letzten Quartal des Jahres 2020 bei 3.329,03 Milliarden Euro.[18]

Dies ist die Schattenseite des freien Zugangs zu Märkten: Großkonzerne werden noch größer. Zur wirtschaftlichen Macht kommt die Meinungsmacht hinzu. Denn es gibt global keinen verbindlichen publizistischen Ordnungsrahmen wie in klassischen (nationalen oder föderalen) Mediensystemen und damit keine geregelte, einheitliche digitale Medienpolitik. Dies wiederum hat Rückwirkungen auf den deutschen Markt.

Globale Player verändern den deutschen TV-Markt

US-amerikanische Social Media- und Streamingdienste haben sich inzwischen zu weltweiten Marktführern der digitalen Welt entwickelt. Dies betrifft nicht nur das Web, sondern mittelbar auch den klassischen TV-Markt. Dass dies so ist, hat sehr viel mit dem veränderten Nutzungsverhalten zu tun (vgl. auch Trends und Entwicklungen). Jüngere Zielgruppen haben sich zum Teil vom linearen TV-Konsum ganz verabschiedet. Sie konsumieren nach wie vor Inhalte des klassischen Fernsehens, aber eben auf anderem Distributionsweg oder in anderen Kommunikationszusammenhängen. Der Begriff des Rundfunks muss für sie in etwa so antiquiert wirken wie die Begriffe Schellackplatte und Grammophon. YouTube ist inzwischen zum größten Videoanbieter Deutschlands und damit indirekt auch zum größten Distributor von TV-Angeboten geworden. Diese oder andere Plattformen im Nachhinein restriktiv regulieren zu wollen, dürfte schwer werden.[19] Denn soziale Medien wurden bis heute (im juristischen und politischen) Sinne nicht als Rundfunk oder „rundfunk-ähnliche Programmanbieter" verstan-

16 Vgl. dazu epd Medien Nr. 197a, 12.10.2018.

17 Vgl. https://www.handelszeitung.ch/unternehmen/warum-die-internetgiganten-zu-machtig-sind (28.1.2021, 13.15 MEZ).

18 Quelle:statista.com. https://de.statista.com/statistik/daten/studie/1251/umfrage/entwicklung-des-bruttoinlandsprodukts-seit-dem-jahr-1991/ (28.1.2021, 13.15 MEZ).

19 Es handelt sich hier zwar nicht um dasselbe Phänomen wie beim Collingridge-Dilemma (vgl. dazu Bd I, Medientechnik), aber ebenfalls um ein Doppelbindungs-Problem. Zum Zeitpunkt seiner Einführung in Europa sahen die meisten Menschen in YouTube eine Austausch-Plattform für (private) Bewegtbild-Inhalte (Videos). Damit war es eindeutig kein rundfunkähnliches Angebot und kein Sender. Kaum ein (Medien-)Politiker sah die Notwendigkeit einer Regulierung, als diese noch ohne großen Widerstand möglich gewesen wäre. Inzwischen aber ist YouTube nach unbestätigten Zahlen der größte TV-Anbieter Deutschlands – gemessen an Views und Reichweite. Jetzt eine Regulierung des beliebten Portals durchzuführen, setzt für Medienpolitiker voraus, sich ggf. bei den YouTube-Nutzern unbeliebt machen zu müssen. Vor allem aber sind inzwischen handfeste ökonomische Belange tangiert. Auf der Plattform verdienen viele Menschen Geld, nicht nur YouTube selbst. Drittens aber gibt es – wie im Fließtext erwähnt – kein entsprechendes Instrumentarium der Regulierung.

den. Eine lokale TV-Station hingegen, auch wenn sie nur eine begrenzte regionale Reichweite hatte, brauchte in Deutschland eine Sendelizenz und musste sich an publizistische Auflagen halten. Zugleich ist die publizistische Kraft sozialer Medien evident. Sie bieten zwar nicht zwingend eigene journalistische Inhalte an, aber durch sie werden diese massiv verbreitet, kommentiert oder kritisiert. Darin liegt die Herausforderung für die publizistische Vielfalt.

> „Informationsintermediäre wie Google, Facebook und Twitter sind als Mittler zwischen Nutzern und Inhalten von enormer Bedeutung für die öffentliche Meinungs- und Willensbildung und übernehmen teilweise Funktionen, die einst traditionelle Medien innehatten. Sie dienen Milliarden Menschen als Informationsquelle und sind heute ein fester Bestandteil moderner Öffentlichkeit.“[20]

Damit haben sie mindestens eine so starke meinungsbeherrschende Stellung inne wie nationale TV- Sender, wahrscheinlich aber eine größere. Das hat die Politik erst mit Verspätung erkannt und nun (2019/20) mit dem neuen Medienstaatsvertrag reagiert. Inwieweit dadurch eine „Einhegung“ gelungen ist, wird auf den kommenden Seiten noch diskutiert. Die aktuellen, praktischen Herausforderungen für den audiovisuellen Journalismus verweisen wieder einmal auf grundlegendere gesellschaftliche Fragen. Der im ersten Band erläuterte Öffentlichkeitsbegriff und die (normativen) Demokratietheorien spielen dabei eine entscheidende Rolle. Sie sind keineswegs nur theoretisch, sondern haben praktische Auswirkungen.

Neue Player – alte Probleme

Denn die zentrale Frage lautet, ob und wie neue Öffentlichkeitsträger und Meinungshersteller reguliert werden sollen. Dabei geht es umso mehr um Fragen der publizistischen Vielfalt, um meinungsbeherrschende Monopole, Chancengleichheit und freien Marktzugang, wenn man bedenkt, wie groß die neuen Player sind. Zudem stellt sich zunehmend die Frage, ob das für westliche Demokratien konstituierende Recht auf freie Meinungsäußerung auch das Recht auf Volksverdummung, bewusste Desinformation und systematische Verbreitung politischer Propaganda einschließen sollte. Für Journalisten gelten journalistische Sorgfaltspflichten, Pressekodices und andere professionelle Standards. Rundfunksender brauchen, wie erwähnt, eine Lizenz und müssen dafür staatliche Auflagen erfüllen. Blogger und YouTuber mussten das bislang so nicht. Sie wurden als Bagatellrundfunk betrachtet, ihnen wurde keine meinungsbeeinflussende Bedeutung zugestanden und daher wurden ihnen auch keine nennenswerten Auflagen gemacht. Es sei denn, sie hätten eine nennenswerte Anzahl an zeitgleich streamenden Usern erreicht. Das mag alles wohl für den einzelnen YouTuber gelten, aber nicht für YouTube als gesamte Plattform. Wie gesagt, wir reden vom größten Bewegtbild-Anbieter Deutschlands.

20 https://www.reporter-ohne-grenzen.de/pressemitteilungen/meldung/regulierung-von-social-media-und-suchmaschinen/ (28.10.2019, 18.09 MEZ).

Hinzu kommt, dass es inzwischen Netzwerke von privaten Uploads gibt – die zusammen genommen bei Abonnentenzahlen und Reichweiten wesentlich mehr als Bagatell-Rundfunk darstellen und die sich thematisch ergänzen, aufeinander Bezug nehmen, sich gegenseitig empfehlen und vor allem ideologisch zusammengehörig fühlen. Wenn sich diese wiederum gezielt zusammenschließen, um zu manipulieren, Unwahrheiten zu verbreiten oder zu propagieren, stellt sich die generelle Frage: Wie wehrhaft darf die Demokratie gegenüber Demokratiefeinden sein und welche regulativen Möglichkeiten hat sie jenseits des Strafrechts? Medienpolitisch regulieren zu wollen, dürfte hier erneut schwierig werden bzw. die Regulierenden schnell zu Zensoren werden lassen, was wiederum in Wort und Sinn unserer Verfassung widersprechen würde. Strukturell handelt es sich wahrlich nicht um ein neues Phänomen. Denn die Frage, wie tolerant eine freie Gesellschaft gegenüber der Intoleranz sein darf/kann oder muss (um nicht ihre eigenen Grundwerte zu verspielen), ist mindestens so alt wie die westlichen Demokratien selbst. Diese Kernfrage des Liberalismus stellt sich im Internet-Zeitalter aber unter völlig neuen Vorzeichen und technischen Bedingungen, die es vorher so noch nicht gegeben hat. Dies kann zu einer explosiven Gemengelage führen, bei der krude Verschwörungstheorien noch das geringste Problem darstellen.

Dass globale Medienrealität auf föderale bzw. nationalstaatliche Regulierung trifft, ist kein rein deutsches Phänomen. Es gilt für viele Länder mit freiheitlich-demokratischen Grundordnungen, z. B. auch in Großbritannien. Dort ist die Medienaufsichtsbehörde Ofcom (Office of Communications) für den Rundfunk zuständig. Aber:

> "Most forms of online content are not subject to the Ofcom Broadcasting Code with which radio and television services based in the UK must comply. In fact, Ofcom highlights that a wide range of popular online content – including videos uploaded to YouTube, or content posted on social media, sent through messaging services, or which appears on many online news sites, and also political advertising – is subject to little or no specific UK regulation. These different platforms are subject to different rules, which means the same content shared on each would be treated differently depending on how it was accessed."[21]

Somit sind gleich mehrere Ansatzpunkte gegeben, um das theoretische Universalmodell auf die Medienpraxis anzuwenden.

Das Universalmodell in der Praxis

Das Beispiel YouTube zeigt pars pro toto, wie die unterschiedlichen Kontextfelder ineinander spielen und wo die determinierenden Faktoren liegen. Der erste determinierende Faktor ist in unseren Fall das technische Apriori. Es besagt, dass ein Medium immer durch seine technischen Möglichkeiten bestimmt wird. Das bedeutet für YouTube zunächst einmal, dass Nutzer*innen auf der Plattform Videos,

21 http://theconversation.com/regulate-social-media-its-a-bit-more-complicated-than-that-103797 (28.10.2019, 18.10 MEZ).

Clips ohne nennenswerte Störungen hochladen oder Streaming-Kanäle einrichten können. Zudem muss die Möglichkeit zum Anschauen, Bewerten, Teilen und Weiterleiten gegeben sein. Beides ist der Fall, das technische Apriori ist erfüllt. Die benannten technischen Voraussetzungen waren bereits gegeben, als YouTube 2005 von drei ehemaligen PayPal-Beschäftigten gegründet wurde. Damals profitierte YouTube zudem von der rasanten digitalen Mediatisierung der Gesellschaft, die sich schon früher im soziokulturellen Kontextfeld vollzogen hatte. Dies meint in diesem Fall: Viele Menschen verfügten 2005 über einen Internetzugang (zehn Jahre zuvor wäre das noch anders gewesen). Vor allem aber nutzten sie ihn auch völlig selbstverständlich für private, soziale Zwecke. Der Computer (PC) war bereits Dekaden zuvor vom reinen Arbeitsinstrument im Büro zum Freizeitgestalter im heimischen Umfeld geworden. Bereits an dieser Stelle ist für das Phänomen YouTube die Schnittmenge zwischen dem Kontextfeld der Medientechnik und der soziokulturellen Verhältnisse zu markieren. Beschleunigt wurde der Prozess durch eine weitere Entwicklung, die ebenfalls soziokulturelle Praktik mit technischer Möglichkeit verbindet – dem Smartphone. Vor allem in der Generation der ursprünglichen YouTube-Nutzer*innen (Jugendliche und junge Erwachsene) waren Mobiltelefone keine Novität. Ein Smartphone verbindet Computerfunktionen (Speicher) mit Konnektivität (Internetzugang) und dient als (transportables) Medienabspielgerät (Display/Bildschirm). Exakt diese drei technischen Merkmale eines Smartphones sind Voraussetzungen für die Nutzung einer Plattform wie YouTube. Ein Computer mit Grafikkarte und Internetanschluss erfüllt diese Voraussetzung natürlich ebenso. Es zeigt sich aber an diesem Beispiel, dass das technische Apriori allein noch nicht ausreicht, um bestimmte mediale Phänomene zu erklären. Die Grundvoraussetzungen für die Anwendung und Akzeptanz einer neuen medientechnischen Entwicklung wird immer auch durch das Kontextfeld der soziokulturellen Verhältnisse bestimmt. Würden Computer oder Smartphone beispielsweise nur als reine Arbeitsgeräte genutzt, wäre die Erfolgsgeschichte von YouTube so nicht denkbar gewesen.

Nicht zuletzt müssen aber Computer, Smartphones oder andere technische Geräte für eine Masse von Menschen bezahlbar sein. Das ist im Universalmodell u. a. mit dem Begriff des medienökonomischen Imperativs gemeint. Dieser gilt auch umgekehrt für die Anbieterseite. Erst wenn eine neue Technik refinanzierbar ist und Profite erwirtschaftet werden, wird sie (in einer Marktwirtschaft)[22] dauerhaft angeboten werden. Im Fall YouTube geschah dies für die Betreiber zu Beginn durch Werbung; für die Nutzer*innen ist die Plattform gratis. Die Plattform wiederum profitiert von einer gestiegenen Anzahl von medialen Angeboten (durch die YouTuber). Diese müssen nicht vom Betreiber selbst (kostenintensiv) produziert werden. Hier zeigt sich der Netzwerk-Effekt (vgl. Medienökonomische Theorien, Bd. I). YouTube nutzt zudem die Möglichkeit der Zusammenarbeit mit Google (Werbenetzwerk Google Preferred).

22 In Planwirtschaften können sich unter Umständen auch nicht profitable Techniken durchsetzen, weil sie „erwünscht“ sind. Diese Phänomene wiederum können dann mit dem determinierenden Faktor des medienpolitischen Primats erfasst und erklärt werden.

Publizistisch gesehen, schreibt niemand YouTube vor, überhaupt eine bestimmte Anzahl journalistischer Inhalte oder Nachrichten zu verbreiten, anders als bei klassischen, privaten Rundfunkbetreibern.[23] Insofern spielen journalistische YouTuber eine wichtige Rolle auf der Plattform. Es sollte mehr von ihnen geben. Denn im Vergleich zu Gamern oder Werbetreibenden jedweder Art sind sie deutlich in der Minderheit. Ob und welche Art von journalistischen Inhalten von YouTube und seinen Nutzern vertrieben werden, ob diese Inhalte von professionellen Journalisten redaktionell nach professionellen Kriterien betreut werden oder nicht – all dies blieb dem Plattform-Anbieter und den Nutzern selbst überlassen. Die gängige Argumentation war dabei recht simpel: Es handele sich um eine Austausch-Plattform, die selbst keine Inhalte bereitstelle und keinen Rundfunk betreibe. Doch diese Argumentation führt in die Irre – gerade in Zeiten, in denen YouTube und Intermediäre mehr Reichweite erzielen als traditionelle Rundfunkanbieter. Hier klafft eine deutliche Lücke zwischen medialer Realität und medienrechtlichen Vorgaben.

Medienpolitisches Primat bleibt entscheidend

Dies führt zurück zur Eingangsprämisse: Das medienpolitische Primat gibt immer den Rahmen vor, wie und in welchen Ausmaß Plattformen wie YouTube und andere (soziale) Medien überhaupt betrieben werden dürfen. Ebenso regelt es, welche Qualitätsstandards solche Plattformen erfüllen und an welche gesetzlichen Regeln (etwa Jugendmedienschutz oder Landespressegesetze) sie sich halten müssen. Sieht das Primat nur wenig Einschränkungen oder Vorgaben für die Player (in unserem Beispiel im publizistischen Bereich) vor, sind Monopolbildung und Kartelle durchaus als Konsequenzen eines laissez faire zu verstehen. Ebenso wie die Abnahme der publizistischen Vielfalt und des Angebots. Denn ein (Medien-)Markt reguliert sich nicht ausschließlich durch Wettbewerb, sondern auch durch Regulierung. Nicht zufällig wird Journalismus medienökonomisch als meritorisches Gut verstanden (vgl. Band I). Im freien Umfeld verkauft er sich im Vergleich zu Unterhaltung nur schwer und soll daher staatlich geschützt werden. Ebenso sehr wird, nicht zuletzt aus diversen historischen Erfahrungen, in der „westlichen Welt“ vor publizistischen Kartellen gewarnt. Doch de facto gibt es (siehe oben) weltweit auf Medienmärkten immer stärkere Konzentrationstendenzen. Bei sozialen Medien wirkt zudem der Netzwerkeffekt. Selbst wenn ein neuer Anbieter am Markt auftritt, hat er nicht dieselben Markteintrittschancen wie seine Vorgänger – einfach dadurch, dass er kaum neue Kunden findet. Denn viele Nutzer verbleiben beim etablierten Dienst, da ihre Kontakte auch dort sind.

Die entsprechenden Netzwerke haben sich nicht nur ökonomisch, sondern auch soziokulturell durchgesetzt. Ein einzelner Nutzer wägt immer den Vorteil eines Wechsels ab. Da die meisten Dienste ohnehin für den Endverbraucher kostenfrei sind, kann der Markteintritt eines Neulings auch nicht durch Preiswettkampf

23 Deren publizistischen Inhalte werden – zumindest in Teilen – durch das Lizensierungsverfahren mitbestimmt Neben dem „wirtschaftlichem Engagement im Zulassungsgebiet“ sind die „Relevanz für Meinungsvielfalt“ und das „Ausmaß an tagesaktueller Berichterstattung“ entscheidende Kriterien für eine Zulassung. Dadurch wird ein Mindestmaß an journalistischer Information im Programm gesichert.

beschleunigt werden. Funktionalität, inhaltliches Angebot und Daten-Sicherheit könnten potenzielle Wettbewerbsvorteile sein. Doch solange die meisten Kontakte beim etablierten Dienst/Plattform bleiben, gibt es für Einzelne wenig Gründe für einen Wechsel. Die soziokulturelle Praxis und der Netzwerkeffekt überwiegen. Allenfalls wird eine neue Plattform additiv genutzt oder in bewusster (kultureller) Abgrenzung; etwa, wenn Jugendliche nicht mehr bei Facebook sein wollen, weil dort ihre Eltern sind und stattdessen eher Snapchat, Instagram oder TikTok bevorzugen. Aber entweder werden die neuen Dienste ohnehin von denselben Anbietern betrieben (WhatsApp) oder aufgekauft (Instagram). Ökonomisch und publizistisch müssen viele vermeintlich „alternative" Netzwerke als ein zusammengehörender, digitaler ökonomischer Komplex verstanden werden. Es sind lediglich verschiedene Marken ein und desselben Großkonzerns.

Vorläufiges Fazit

Neue mediale Phänomene können mit dem Modell der Kontextfelder des Universalmodells anschaulich verdeutlicht werden. Besonders ausgeprägt zeigt sich dies bei sozialen Medien: Das medienpolitische Primat (geringe Regulierung), der veränderte medienökonomische Imperativ (Netzwerkeffekte und Wegfall von Kosten für die Inhaltsherstellung) sowie eine veränderte soziokulturelle Praxis (mobiles und digitales Mediennutzungsverhalten) sind hier Erklärungen für den Erfolg der Plattformen. Gleichzeitig können mit dem denselben Instrumentarium umgekehrt die Phänomene erklärt werden, die durch soziale Medien verursacht wurden und gesellschaftlich kritisch zu sehen sind. Eine mangelnde Regulierung (schwaches medienpolitisches Primat) bei wirtschaftlichem Erfolg für einige, wenige Betreiber (medienökonomischer Imperativ) führen publizistisch (Kontextfeld Öffentlichkeit) zu gesellschaftlich unerwünschten Entwicklungen, da inhaltlich minderwertige oder bisweilen bewusst manipulierte Kommunikate (Kontextfeld der Zeichen, Medienprodukte) auf großen Nährboden (Kontextfeld der soziokulturellen Verhältnisse) fallen. Dass dies kurz- und mittelfristig Rückwirkungen auf das Kontextfeld der gesellschaftlichen Ordnung haben kann, ist naheliegend. An diesem Punkt kommt nur das regulative Element ins Spiel.

1.2 Ein neuer Medienstaatsvertrag

Den Weg in Richtung eines übergeordneten publizistischen Rahmens soll der neue Medienstaatsvertrag weisen. Dieser wird den bisherigen Rundfunkstaatsvertrag ablösen und die AVMD-Richtlinie[24] umsetzen. Der Vertrag ist 2019 von

24 Die AVMD-Richtlinie (Richtlinie über audiovisuelle Mediendienste) RICHTLINIE (EU) 2018/1808 des EUROPÄISCHEN PARLAMENTS UND DES RATES sollte wiederum die noch ältere Richtlinie 2010/13/EU ersetzen. Zur Begründung hieß es bereits 2018 „(...) neue Arten von Inhalten wie Videoclips oder nutzergenerierte Inhalte (haben) zunehmend an Bedeutung gewonnen, und es haben sich neue Anbieter, darunter auch Anbieter von Videoabrufdiensten und Video-Sharing-Plattformen, fest etabliert. Diese Konvergenz der Medien macht einen aktualisierten Rechtsrahmen erforderlich, um den Entwicklungen des Marktes Rechnung zu tragen und ein Gleichgewicht zwischen dem Zugang zu Online-Inhalte-Diensten, dem Verbraucherschutz und der Wettbewerbsfähigkeit zu schaffen." Vgl. AVDM Richtlinie 2018/1808, Paragraph 1, Satz 2. https://eur-lex.europa.eu/legal-content/DE/TXT/PDF/?uri=CELEX:32018L1808&from=EN (5.8.2020, 14:33 MEZ). Den Mitgliedsstaaten der EU wurde bis Herbst 2020 Zeit gegeben, um die Richtlinie umzusetzen. In Deutschland soll dies durch den neuen Medienstaatsvertrag geschehen.

den Regierungen der Länder ratifiziert und von den Ministerpräsidentinnen und Ministerpräsidenten der Länder unterzeichnet worden. Auch die Bedenken der EU-Kommission bezüglich der Vereinbarkeit des Medienstaatsvertrages mit europäischem Recht waren nicht so schwerwiegend, als dass sie das Gesetzgebungsverfahren hätten stoppen können. Danach mussten noch alle Länderparlamente zustimmen. Denn gemäß Art. 30, 70 I GG ist Rundfunk Landesrecht. Der Staatsvertrag trat am Tag nach der Hinterlegung der letzten Ratifikationsurkunde der Länder in Kraft. Dies war laut Angaben der zuständigen Staatskanzlei Rheinland-Pfalz am 28. Oktober 2020 der Fall.[25]

Genese des Vertrages

Liest man den neuen Medienstaatsvertrag (MSTV),[26] so stellt sich schnell heraus, dass er den Anspruch eines übergeordneten publizistischen Rahmens nicht einlösen kann. Dies zeigte sich bereits bei der Diskussion des Entwurfes in der Bund-Länder-Kommission bzw. auch in einer gemeinsamen Protokollerklärung alle Länder zum MSTV.[27] In dieser heißt es: „Der Medienstaatsvertrag ist die Antwort der Länder als Mediengesetzgeber auf zentrale Fragen und Herausforderungen einer digitalisierten Medienwelt. Die Länder sind sich einig, dass die Anpassung des Rechtsrahmens an die digitale Transformation mit dem vorliegenden Staatsvertrag nicht abgeschlossen ist." Es handelt sich also um ein unfertiges Gesetzeswerk bzw. einen dynamischen Prozess. Der Gesetzgeber ist sich bewusst, dass er gesellschaftliche und vor allem technische Entwicklung der Zukunft kaum in der Gegenwart wird regulieren können. Das bedeutet, Medienpolitik trägt ein reaktives Moment in sich. Dies war bereits beim Rundfunkstaatsvertrag so, der auch immer wieder durch zahlreiche Rundfunkänderungsstaatsverträge[28] ergänzt wurde. Andererseits muss es Ziel des Gesetzgebers sein, bestimmte Rechtstandards und gesellschaftliche Werte völlig unabhängig vom zeitlichen Geschehen generell zu fixieren. Diesem Anspruch haben die Rundfunkstaatsverträge insofern Rechnung getragen, als dass das duale Rundfunksystem stets fortgeschrieben wurde, ebenso wie die Sicherung der Finanzierungsgrundlage der öffentlich-rechtlichen Sender sowie deren Staatsferne.

Das Verdienst des neuen Medienstaatsvertrages liegt nun darin, dass er einerseits diese Tradition fortführt und andererseits erstmals neue digitale Player auch als Gegenstand medienrechtlicher Regulation sieht. Das ist ein Fortschritt, wenn auch mit mehr als einer Dekade Verzögerung. Dass Medienpolitik und in diesem Fall Medienrecht immer nur verzögert auf neue Realitäten reagiert, liegt, wie gesagt, in der Natur der Dinge. Dass es so lange dauerte, überrascht hingegen schon. Über die Gründe lässt sich nur spekulieren. Zum einen gab und gibt es neben dem Rundfunkstaatsvertrag bzw. nun Medienstaatsvertrag noch andere Gesetze.

25 Vgl. epd Medien, Nr. 216a, 6.11.2020.

26 Fundstelle GVBL. 2020 S. 450 abrufbar unter: www.verkuendung-bayern.de/gvbl/2020-450/ (05.10.2020, 18.17 MEZ).

27 Vgl. https://www.rlp.de/fileadmin/rlp-stk/pdf-Dateien/Medienpolitik/Protokollerklaerung_der_Laender_zum_Medienstaatsvertrag.pdf (08.10.2020,16.25 MEZ).

28 Insgesamt waren es 22 seit 1991, als der „Rundfunkstaatsvertrag für das vereinte Deutschland", den vorherigen RSTV ablöste.

Offensichtlich wurde die gesellschaftliche Bedeutung von Facebook, Google oder YouTube aber nicht unmittelbar erkannt bzw. standen andere Regulierungsaufgaben wie Urheber- und Leistungsrechte, Datenschutz oder Persönlichkeitsrechte im Vordergrund. Zum anderen, dies erscheint mir die plausibelste Erklärung, wurden diese Player gar nicht als „Rundfunk"-Sender gewertet, sondern als Tauschbörsen von Privatleuten. Insofern sah man keinen medienpolitischen Regulierungsbedarf. Dass das Verschwimmen der Grenzen zwischen Individual- und Massenkommunikation aber gerade der entscheidende Faktor des Web 2.0 ist, wurde vermutlich nicht wahrgenommen bzw. wurde die Relevanz dieser Tatsache lange Zeit unterschätzt.

Ein Anstoß dazu, die inzwischen wahrlich nicht mehr allzu „neuen" digitalen Player endlich auch unter medienpolitischen Gesichtspunkten zu regulieren, kam indirekt aus der Europäischen Union. Denn 2018 forderte die EU mit der Neufassung ihrer AVMD-Richtlinie die Mitgliedsstaaten auf,[29] nationale und föderale Mediengesetzgebungen der Realität anzupassen. Das war bereits 2018 im Grunde schon zu spät. Denn Video-Sharing-Plattformen (VSP),[30] Telemedien oder sogenannte Intermediäre – die jetzt auch vom Medienstaatsvertrag regulativ erfasst werden – sind ja nicht erst seit 2018 auf dem Markt, sondern waren zu diesem Zeitpunkt schon fest etabliert und hatten gerade bei jüngeren Zuschauern und Nutzern großen Einfluss. Diese Entwicklung hätte die EU deutlich früher absehen können, bereits als sie die Richtlinie 2010/13/EU verabschiedete. Darin wurden audiovisuelle Mediendienste aber noch ausschließlich so definiert, wie in der ersten AVDM-Richtlinie von 2007: „Bei diesen audiovisuellen Mediendiensten handelt es sich entweder um Fernsehprogramme gemäß der Definition unter Buchstabe e des vorliegenden Absatzes oder um audiovisuelle Mediendienste auf Abruf"[31] Selbst in der AVMD Richtlinie vom 2018/1808 bleibt unklar, ob und

29 Die AVMD ist die europäische Richtlinie über audiovisuelle Medieninhalte. „Ihr Ziel besteht darin, das einwandfreie Funktionieren eines einheitlichen Marktes der Europäischen Union für audiovisuelle Mediendienste* zu schaffen und sicherzustellen und dabei zur Förderung der kulturellen Vielfalt beizutragen und ein angemessenes Niveau des Verbraucher- und Kinderschutzes anzubieten. Die Richtlinie über audiovisuelle Mediendienste regelt die EU-weite Koordinierung der nationalen Gesetzgebung bezüglich aller audiovisueller Medien, und das sowohl der traditionellen TV-Übertragungen als auch der audiovisuellen Mediendienste auf Abruf" Vgl. https://eur-lex.europa.eu/legal-content/DE/TXT/?uri=LEGISSUM%3Aamoo05 (09.10.2020, 17.27 MEZ). Die AVMD trat 2007 in Kraft. Sie geht auf die erste Fernsehrichtlinie bzw. deren Modifikationen zurück. Sie schloss nun ab 2007 aber auch sogenannte Mediendienste auf Abruf mit ein, also Video-on-Demand-Angebote (VoD). Diese wiederum mussten aber a) fernsehähnlich sein und b) unter die redaktionelle Verantwortung eines Anbieters audiovisueller Mediendienste fallen. Wenn dies nicht der Fall war, was auf Einzelfallbasis überprüft werden musste, galt die E-Commerce-Richtlinie, die z. B. keinen Jugendschutz vorsieht. Schon hier zeigte sich, dass Unklarheit darüber bestand und besteht, was eigentlich Fernsehen (TV) sein soll. Von Videoplattformen oder sozialen Medien war zu dem Zeitpunkt (2007) noch keine Rede. Die AVMD wurde in Kraft gesetzt, um die VoD als Regulierungsgegenstand betrachten zu können und um Chancengleichheit im Wettbewerb zu klassischen TV-Anbietern herzustellen. Denn die Richtlinie ist primär unter ökonomischen Gesichtspunkten zu verstehen. Schon in der ersten Fernsehrichtlinie wurde Fernsehen als „grenzüberschreitende Dienstleistung" verstanden. So konnte die Europäische Union Zuständigkeit beanspruchen, ansonsten wäre Fernsehen weiterhin nationalstaatlicher Regulierung unterworfen geblieben. Die Richtlinie dient der Harmonisierung unterschiedlicher nationaler Gesetze und Vorschriften, die durch sie aber nicht gänzlich weggefallen sind. Es gibt also in diesem Sektor in der EU eine „Teilharmonisierung" und es wird zwischen Regeln zur Verbreitung und Regeln zum Inhalt unterschieden.

30 Diese Regulierung zielte vor allem auf YouTube als größter und bekanntester VSP.

31 Vgl. 2010/EU/13, Kap.1, Art. 1. Satz i in: https://eur-lex.europa.eu/LexUriServ/LexUriServ.do?uri=OJ:L:2010:095:0001:0024:DE:PDF (5.8.2020, 15:28 MEZ).

inwieweit Social Media medienpolitisch reguliert werden sollten. Dort heißt es lediglich: „Die Richtlinie (…) ist zwar nicht darauf ausgerichtet, soziale Netzwerke an sich zu regulieren, aber sie sollte sich auf diese Dienste erstrecken, wenn eine wesentliche Funktion des sozialen Netzwerks in der Bereitstellung von Sendungen und von nutzergenerierten Videos besteht."

Es bleibt nach wie vor dahingestellt, ob die langjährige medienpolitische Nicht-Regulierung von digitalen „Big Playern" einer grundsätzlich liberalen Marktphilosophie entsprach und daher ganz bewusst so gewollt war oder ob die Bedeutung für Meinungsvielfalt und Demokratie einfach nicht rechtzeitig erkannt wurde. Erst mit dem „Staatsvertrag zur Modernisierung der Medienordnung in Deutschland", dem neuen Medienstaatsvertrag, werden jetzt erstmals digitale Player umfassender berücksichtigt.

Grundlegende Unterscheidungen

Der Medienstaatsvertrag sieht eine generelle Unterscheidung zwischen Rundfunk und Telemedien vor. Diese Differenzierung ist nicht gänzlich neu, wird nun aber inhaltlich erweitert. Der Begriff des Medienstaatsvertrags macht bereits deutlich, dass es nicht mehr nur um Rundfunk geht, sondern um Medien grundsätzlich bzw. um Telemedien[32] und Rundfunk. Auch der Rundfunkbegriff selbst wird anders, meint enger, definiert. Er lautet jetzt:

„Rundfunk ist ein linearer Informations- und Kommunikationsdienst; er ist die für die Allgemeinheit und zum zeitgleichen Empfang bestimmte Veranstaltung und Verbreitung von journalistisch-redaktionell gestalteten Angeboten in Bewegtbild oder Ton entlang eines Sendeplanes mittels Telekommunikation. Der Begriff schließt Angebote ein, die verschlüsselt verbreitet werden oder gegen besonderes Entgelt empfangbar sind."[33]

Telemedien wiederum werden im neuen Medienstaatsvertrag so definiert: „Telemedien sind alle elektronischen Informations- und Kommunikationsdienste, soweit sie nicht Telekommunikationsdienste (…) sind, die ganz in der Übertragung von Signalen über Telekommunikationsnetze bestehen, oder telekommunikationsgestützte Dienste (…) sind."[34]

Diese Unterscheidung wirkt auf den ersten Blick etwas verwirrend und ist es auch. Das wird spätestens bei der Beschäftigung mit Details deutlich. Für den Moment lässt sich aber bei entsprechender Simplifizierung folgende grobe Leitlinie erkennen: Fernsehen und Radio sind nach wie vor Rundfunk; Suchmaschinen, Videosharing-Plattformen und Social Media hingegen Telemedien.

Erinnern wir uns an dieser Stelle noch einmal kurz daran, warum eine Rundfunkdefinition überhaupt essentiell ist. Es geht dabei unter anderem um Fragen der

32 Für Anbieter von Telemedien gilt der Staatsvertrag aber nur, wenn sie auch nach den Vorschriften des Telemediengesetzes in Deutschland niedergelassen sind. Vgl. MSTV 2020, Paragraph 1 (Anwendungsbereich), Satz 7.

33 MSTV 2020, Paragraph 2, Satz 1.

34 MSTV 2020, Paragraph2, Satz 2.

Lizensierung und Zulassungspflicht, gesetzliche Auflagen sowie um grundsätzliche Fragen der publizistischen Vielfaltssicherung in einem demokratischen Staatswesen. Denn die „... technische Konvergenz ermöglicht es, auf alternativen Verbreitungswegen Rundfunkprogramme zu übertragen, und begünstigt die Entstehung von Veranstaltern im Web, die keinen Bezug zur traditionellen Regulierung haben und die von der Notwendigkeit etwa von Zulassungspflichten schwer zu überzeugen sind. Konkurrenz von Rundfunk und ‚Nicht-Rundfunk' – etwa im Bereich der Übertragungswege – lässt die Frage danach aufkommen, inwieweit Rundfunk in seiner besonderen Bedeutung für die öffentliche Meinungsbildung privilegiert wird beziehungsweise privilegiert sein muss."[35]

Bereits in der Präambel des MSTV wird dieser Gedanke auch noch einmal aufgegriffen und explizit erwähnt:

> „...bedarf es auch und gerade in einer zunehmend durch das Internet geprägten Medienwelt staatsvertraglicher Leitplanken, die journalistische Standards sichern und kommunikative Chancengleichheit fördern."

Auch in der neuen Rundfunkdefinition des Medienstaatsvertrages fällt auf, dass hier von „Veranstaltung und Verbreitung von *journalistisch-redaktionell* gestalteten Angeboten in Bewegtbild oder Ton" die Rede ist. Journalistisch-redaktionell gestaltete Angebote und journalistische Standards scheinen dem Gesetzgeber also wichtig zu sein. Eine zentrale These des ersten (theoretischen) Bandes dieses Handbuchs wird somit durch ein aktuelles Fallbeispiel bestätigt: Journalismus ist normativ nur durch ein positives medienpolitisches Primat möglich oder mit anderen Worten: Journalismus muss staatlich gewollt sein und geschützt werden.

Der „alte" Rundfunkbegriff des Rundfunkstaatsvertrages war noch nicht auf „journalistisch-redaktionell gestaltete Angebote" beschränkt. Dort war allgemein „von Angeboten in Bewegtbild oder Ton" die Rede. Das schließt dann Werbung und Unterhaltung mit ein. Nutzer*innen ist es durchaus klar, dass weder im linearen Fernsehen noch bei YouTube ausschließlich eine Kommunikationsgattung distribuiert wird, sondern dass der Kanal/Ausspielweg unabhängig vom Inhalt besteht bzw. ein Kanal mit völlig unterschiedlichen Kommunikationsinhalten gefüllt werden kann. Dem Wortsinn nach wird im neuen Medienstaatsvertrag jetzt ein Unterschied zwischen Fernsehen und Rundfunk impliziert. Denn „nicht journalistisch-redaktionell" gestaltete Angebote (also z. B. Werbung oder Spielfilme) sind, folgt man der Definition konsequent, kein Rundfunk mehr. Sie laufen aber im Fernsehen. Die Gleichung „Fernsehen oder Radio = Rundfunk" ist also nicht mehr aufrechtzuerhalten. An ihre Stelle tritt vielmehr die Gleichung „Rundfunk = journalistisch-redaktionell gestaltete, audiovisuelle Angebote entlang eines Sendeplans".

Der neue Medienstaatsvertrag definiert (vgl. Paragraph 2 Begriffsbestimmungen) zwar, was ein Rundfunkprogramm, ein Sendeplan und auch was eine Sendung

35 Schulz, Wolfgang (2008): Der Rundfunkbegriff im Kontext der neuen Medienordnung. In: Kaumanns, Ralf, Siegenheim, Veit, Sjurts, Insa (Hrsg.): Auslaufmodell Fernsehen?, S. 390, Gabler, Wiesbaden. https://doi.org/10.1007/978-3-8349-8785-3_30 (19.10.2020, 15.51 MEZ).

juristisch gesehen sein sollen. Was eine journalistisch-redaktionelle Gestaltung sein soll, definiert er indes nicht. Das ist – gemessen am Bestimmtheitsgrundsatz von anderen Gesetzen – handwerklich unzureichend. Vor allem aber wird es für den Betrachter nicht gerade einfacher, wenn er oder sie konkrete mediale Phänomene mit der neuen Gesetzgebung abgleichen will.

Bei Fragen der Regulierung muss sich der Gesetzgeber prinzipiell überlegen, ob er einen Kanal bzw. Ausspielmedium regulieren will oder die Inhaltsformen. Letzteres wäre im Sinne der publizistischen Vielfaltssicherung sinniger. Denn es ist letztlich für die Meinungsbildung unerheblich, *wo* etwas verbreitet wird – relevant ist hingegen, *was* verbreitet wird. Ganz so stringent geht die Regulierungslogik allerdings nicht vor.[36] Bislang finden wir noch eine Mischung zwischen Inhalts- und Ausspiellogik bei den Regulierungsansätzen. Im Begriff des Rundfunks (journalistisch-redaktionell gestaltete Angebote) spiegelt sich die Inhaltslogik wider, im Begriff des Telemediums hingegen die Ausspiellogik. Denn Telemedium ist ja nach Definition alles, was weder Rundfunk noch Telekommunikationsdienst ist.

Rundfunkähnliche Telemedien

In dieser Logik sind die sogenannten „rundfunkähnlichen Telemedien“ ein Begriffszwitter. Hier zeigt sich exemplarisch, wie die begriffstheoretische Vermischung von Inhalts- und Ausspiellogik praktische Unklarheiten hervorruft. Denn mit diesem Begriff ist ein Telemedium (also kein Fernsehen oder Radio)[37] gemeint, dessen Inhalte „(...) nach Form und Gestaltung hörfunk- oder fernsehähnlich sind und die aus einem, von einem Anbieter festgelegten Katalog zum individuellen Abruf zu einem vom Nutzer gewählten Zeitpunkt bereitgestellt werden (...); Inhalte sind insbesondere Hörspiele, Spielfilme, Serien, Reportagen, Dokumentationen, Unterhaltungs-, Informations- oder Kindersendungen“.[38]

Damit unterscheidet sich ein rundfunkähnliches Telemedium definitorisch nicht wesentlich von einem „audiovisuellen Mediendienst auf Abruf“. Dieser Begriff wurde im alten Rundfunkstaatsvertrag und in der AVMD- Richtlinie verwandt. Doch unabhängig vom Begriffsbabylon stellt sich die Frage: Welche konkreten Anbieter sind gemeint? Die ARD- oder ZDF-Mediathek, Netflix, Amazon Prime oder YouTube? Der Definition nach bieten sich alle an und so ist es auch, obwohl sich die Anbieter bei ihren Geschäftsmodellen unterscheiden. Das Eine sind öffentlich-rechtliche TV-Angebote (öffentlich-rechtliche Mediatheken), die entweder dem linearen Angebot (Rundfunkangebote wie die tagesschau) entsprechen oder

36 Unter anderem auch deshalb, weil zum *wo* und *was* noch das *wie viel* hinzukommt. Rundfunk-Angebote, die weniger als 20.000 Menschen erreichen, werden nach Vorgaben des neuen Medienstaatsvertrages als „Bagatellrundfunk“ verstanden und sind daher zulassungsfrei. Beim Fernsehen und Radio geht der Gesetzgeber offenbar ganz pragmatisch davon aus, dass es er niemals Bagatellrundfunk sein kann. Formallogisch erschließt sich der Grund dafür aber nicht. Denn was wäre mit einer klassischen TV-Nachrichtensendung, die weniger als 20.000 Zuschauer erreicht? Würde sie noch unter den Rundfunkbegriff fallen? Wahrscheinlich schon, weil der Gesetzgeber hier nicht die einzelne Sendung, sondern den Sender regulieren wird.

37 Eine interessante Frage wäre in diesem Zusammenhang, ob Fernsehen, das nicht entlang eines Sendeplans gestaltet wird bzw. welches keine journalistisch-redaktionelle Gestaltung aufweist zum Telemedium würde, auch wenn es weiterhin linear verbreitet wird – also z. B. ein Sender, der in loser Folge einfach einen Spielfilm nach dem anderen abspielt.

38 MWST 2020, Paragraph 2, Satz 13.

im Bereich der Unterhaltung und Doku zunächst für die Mediathek produziert wurden, dann aber auch linear (im Fernsehen) ausgestrahlt werden. Das Andere sind VoD (Video--on-Demand)-Angebote, die auf einem Abo oder einem „pay per view“ Bezahlmodell beruhen (Netflix, Amazon Prime, Sky), also letztlich Pay-TV und das Dritte (YouTube) ist eine Video--Sharing-Plattform (VSH). Deren Geschäftsmodell wiederum basiert auf „user generated content“, also auf von Nutzer*innen eingestellten Inhalten, sowie auf Werbung. Es handelt sich also um eine Mischung aus Social Media und kommerziellen Free-TV. So unterschiedlich diese Anbieter und ihre geschäftlichen Ziele (Reichweiten-Vergrößerung und Grundversorgung, Gewinnmaximierung, Kundenbindung) sind, so werden sie, was die Lizensierungspflicht angeht, nun gleichbehandelt. Sie sind zulassungsfrei. (vgl. Paragraph 17 MWST 2020).

Interessant bzw. etwas paradox ist in diesem Zusammenhang, dass wesentliche (journalistische!) Inhalte öffentlich-rechtlicher Mediatheken zum Großteil aber aus bereits ausgestrahlten Sendungen bestehen (z. B. bei der tagesschau) und damit schon einmal reguliert wurden – nämlich als Rundfunk im linearen TV. Wenn sie jetzt als „zulassungsfrei“ gelten, weil sie in der Mediathek zu einen Telemedium geworden sind, ist das nicht zwingend logisch. Denn es sind ja durch den veränderten Ausspielweg keine anderen Inhalte geworden. Anders verhält es sich hingegen bei Amazon Prime oder Netflix. Deren Inhalte gibt es nur in einem Telemedium, linear werden sie gar nicht ausgestrahlt. Vor allem aber sind sie kein Rundfunk. Denn sie sind weder journalistisch-redaktionell gestaltet, noch folgen sie einem Sendeplan.[39] Klassische Nachrichten, Dokumentationen und Reportagen sind (noch) nicht das Kerngeschäft der Streaming-Dienste und VoD-Anbieter – sondern Unterhaltungsserien und Spielfilme, die von Produzenten eingekauft werden und dann an den Endkunden weiterverkauft werden. Warum dies „rundfunkähnliche Angebote“ sein sollen, erschließt sich nicht unmittelbar. Insofern muss man für den Begriff des „rundfunkähnlichen Telemediums“ nach anderen Kriterien suchen.

Der Begriff „der journalistisch-redaktionellen Gestaltung“ ist dabei zu differenzieren bzw. wird offenbar vom Gesetzgeber anders verstanden als von einem Journalisten. Denn er bezieht sich nicht auf das Einzelprodukt (Beiträge und Sendungen), sondern auf die Gesamtzusammenstellung der Inhalte beim jeweiligen VoD-Dienst. Hier hat der Dienst (also z. B. Netflix oder Amazon Prime) in der Tat die redaktionelle Hoheit. Aber journalistisch ist das Vorgehen dadurch keineswegs. Es gibt unzählige redaktionelle Tätigkeiten jenseits des Journalismus. Wollen wir also für unseren weiteren Gedankengang das „journalistisch“ aus der Definition von Rundfunk wieder streichen, bliebe das „redaktionell“ übrig. Dabei gibt es in der Tat eine Übereinstimmung von Mediatheken und den benannten Anbietern. Allen sind die Auswahlentscheidung und inhaltliche Verantwortlichkeit

39 Das entscheidende Kriterium dieser Medien besteht gerade darin, dass sich der Kunde selbst sein Programmangebot zusammenstellt, wann er will (any time, any place) – völlig unabhängig von der zeitgebundenen Logik eines Sendeplans.

gemein.[40] Dies ist also offenbar das entscheidende Kriterium, das Telemedien zu „rundfunkähnlichen Telemedien" macht.

Für diese gelten – analog zum alten Rundfunk- und Fernsehbegriff – Auflagen bei Werbung und Gewinnspielen, der Kurzberichterstattung, Barrierefreiheit oder beim Anteil europäischer Produktion im Gesamtprogramm (vgl. MWST 2020, Paragraphen 74–77).

Journalistisch-redaktionelle Telemedien und Bagatellrundfunk

Für Telemedien mit explizit „journalistisch-redaktionellen[41] Inhalten, diese Kategorie gibt es auch noch im MWST,[42] gestalteten Angeboten, in denen insbesondere vollständig oder teilweise Inhalte periodischer Druckerzeugnisse in Text und Bild wiedergegeben werden,[43] ..." gelten ähnliche journalistische Standards wie bei traditioneller Presse oder Rundfunk. Dazu zählen etwa Impressumspflichten, Angabe eines im Sinne des Presserechts verantwortlichen Chefredakteurs, journalistische Sorgfalts- oder Gegendarstellungspflicht (vgl. MWST 2020, Paragraphen 18–20).

Im weit gefassten Bereich der Telemedien begegnet uns zudem der Begriff des „Bagatellrundfunks" wieder. Dabei sind einzelne YouTuber oder z.B. Twitcher gemeint, deren Publikum eine Anzahl von 20.000 Zuschauenden während eines Livestreams nicht überschreitet. Nur Livestreams fallen unter den Rundfunkbegriff und bedürfen einer Lizenz, wenn sie ein größeres Publikum erreichen oder eine Bedeutung für die öffentliche Meinungsbildung haben. Livestreams werden also in Analogie zu einer Sendung bzw. einer Ausstrahlung in Radio oder TV verstanden. Es geht um den Vergleich zum (früheren) Rundfunk. Der Inhalt ist dabei zunächst unerheblich.[44]

Insgesamt wird ersichtlich, dass der Gesetzgeber mit dem neuen Medienstaatsvertrag versucht hat, Modelle der alten Medienwelt in eine gegenwärtige Medienwelt zu transformieren. Die ethischen Intentionen und das medienpolitische Primat sollen augenscheinlich hinübergerettet werden. Doch dieses Konzept stößt an seine Grenzen. Denn erstens zeigen sich Probleme bei den Begriffsdefinitionen. Es ist

40 Naumann (2019): 164.

41 Hier wäre „journalistisch" wieder im originären Sinne zu verstehen. Es geht um Nachrichten, Hintergrundberichte, Feature, Reportagen – kurz um recherchierte, non-fiktionale Artikel und Beiträge mit aktuellem Bezug aus allen gesellschaftlichen Bereichen.

42 Sie sind aber nicht mit den „rundfunkähnlichen Telemedien" zu verwechseln, vielmehr sind damit primär journalistische Online-Angebote gemeint.

43 Gemeint sind primär die Internetangebote von Zeitungen und Zeitschriften oder konkurrierende Internetmedien, die neben Videos vor allem auf Text und Bild setzen. Wir sprechen also in diesem Fall von primär journalistisch geprägten Internetseiten und nicht von Unterhaltungsangeboten.

44 Die Voraussetzungen für eine Lizenzfreiheit sowie deren Überprüfung durch die Landesmedienanstalten sind auslegungsbedürftig und eröffnen an manchen Stellen neue Fragen. Die Kriterien, nach denen von einer Bedeutung für die individuelle und öffentliche Meinungsbildung gesprochen werden kann, bleiben etwas unklar. Es ist noch nicht absehbar, wie weit die Medienanstalten diesen Begriff auslegen werden. Wird ein Einfluss auf die Meinungsbildung nur bei politischen und gesellschaftlichen Fragen als „lizenzpflichtig" gesehen oder auch bei Themen wie Unterhaltung, Kultur, Sport, Gesundheit, Beauty etc.? Hierzu äußert sich der Gesetzgeber nicht differenzierend. Meinungsbildner*innen (Influencer/Trendsetter) im Bereich der Mode und des Life Style könnten daher theoretisch genauso von der Zulassungspflicht betroffen sein, wie politische Agitator*innen oder Bürgerjournalist*innen.

unklar, welche Regel für welches Medium oder welche Anbieter gilt.[45] Zweitens aber gibt es im Digital-Zeitalter gänzlich neue Medien, die sich einer sinnhaften Transformation der Regulierungspraxis a priori entziehen.

Dabei spielen die erwähnten, grundlegenden Herausforderungen der Medienpolitik eine entscheidende Rolle. Rufen wir sie uns noch einmal kurz in Erinnerung. Da waren a) die Vermischung von Individual- und Massenkommunikation und b) die Entgrenzung des Medienraumes (Stichwort globale, virtuelle Medienrealität). So gibt es schlicht keine nicht-digitalen Entsprechungen für eine Medienplattform oder einen Video-Sharing-Dienst, die ihren Hauptsitz im Silicon Valley haben, durch die aber Nutzer*innen aus Helsinki, Rio oder Melbourne zeitgleich auf dieselben Inhalte zugreifen können und zudem weitere Nutzer*innen der Plattform Inhalte zur Verfügung stellen können. Ebenso wenig gibt es Entsprechungen zu virtuellen Suchmaschinen, deren Algorithmen ein Problem für den gesellschaftlichen Diskurs darstellen können. Will man diese neuen medialen Phänomene nun medienpolitisch regulieren, bleibt im Grunde nur die Alternative: Entweder stoße ich eine große, gesamtgesellschaftliche Diskussion darüber an, was digitale Medien in Zukunft generell dürfen sollen oder ich versuche, den „Geist“ der alten medienpolitischen Verfasstheit/Regulierungspraxis an neue mediale Phänomene anzupassen. Letzteres ist beim Medienstaatsvertrag geschehen.[46] Dies erklärt, warum er nur als historischer Zwischenstopp, als einzelner Transformationsschritt, zu verstehen ist (z. B. beim Rundfunkbegriff oder den Telemedien) und nicht als großer Wurf. Es erklärt aber auch, warum bestimmte Akteure erst jetzt berücksichtigt wurden. Bis vor kurzer Zeit sahen Medienpolitiker offensichtlich keine Notwendigkeit, Medienplattformen, Video-Sharing- Dienste und die sogenannten Intermediäre zu regulieren.

Intermediäre

Unter diesem Begriff fallen virtuelle Plattformen, die Nutzern von Dritten aufbereitete Inhalte zugänglich machen aber keine eigenen Inhalte produzieren, beispielsweise Google als Suchmaschine oder soziale Netzwerke wie Facebook und Twitter. Wie bereits an verschiedenen Stellen erwähnt, wird diesen „Mittlern“ inzwischen eine hohe Relevanz für die Meinungsbildung zugeschrieben. Denn, wenn sich Nutzer*innen z. B. über Social Media oder über eine Suchmaschine über ein bestimmtes (politisches oder gesellschaftliches) Thema informieren wollen, ist es ja ganz entscheidend, welche Treffer angezeigt werden und welche nicht, in welcher Reihenfolge oder Aufmachung. Zudem wäre es für Nutzer*innen mehr als hilfreich zu wissen, nach welchen Kriterien und Maßstäben die Suchmaschi-

45 So könnte Amazon Prime beispielsweise einerseits – aufgrund seiner eigenen Inhalte – als „rundfunkähnliches Telemedium“ eingestuft werden; andererseits – aufgrund der verschiedenen Channel, die Fremdinhalte darstellen – als Medienplattform.

46 Zwar gab es immer wieder auch Ansätze für weitgreifende politische Fragestellungen. Aber diese blieben auf mehr oder minder enge Fachkreise und den virtuellen Raum beschränkt. Themen der Digitalisierung tauchen in fast jedem Politikbereich auf. Der Begriff wird in sehr unterschiedlichen Zusammenhängen als Schlagwort benutzt, das zudem stark emotional besetzt scheint. Zwischen Verteufelung des „Digitalen“ bis zu Vergötterung, sind fast alle Bandbreiten der Einschätzungen und Meinungen zu finden. Ein breiter öffentlicher Diskurs über konkrete Regulierungsfragen, der in einen stringenten parlamentarischen Entscheidungsprozess mündet, ist aber nicht erkennbar.

ne bei der Suche vorgegangen ist. Denn dies alles sagt etwas über die Tendenz der Auswahl aus. Wenn einem politisch nicht festgelegten Menschen bei einem polarisierenden Thema nur Artikel oder Beiträge mit einer Tendenz als Ergebnis angezeigt werden oder die Maschine ganz bestimmte Tendenzartikel in den ersten zehn Suchergebnissen präsentiert und andere erst ab dem zwanzigsten Suchergebnis, kann das Auswirkungen auf die politische Einschätzung der Nutzer*innen in Bezug auf das gesuchte Thema haben. Ein ebenso verzerrender Einfluss entsteht durch die Auswahl von generell eher polemischen, sensationsorientierten Einträgen.

Die Beeinflussungsmöglichkeiten durch, den Nutzer*innen unbekannte Suchalgorithmen sind mannigfaltig. De facto kann also eine Suchmaschine bereits bei der Auswahl denselben Bias[47] (Verzerrung/Verfälschung) haben wie jedwedes journalistische Produkt selbst. Der relevante Unterschied besteht aber darin, dass eine Suchmaschine für objektiver gehalten wird als einzelne journalistische Produkte. Bei bekannten Zeitungen kennen Leser*innen und Leser in der Regel deren politische Ausrichtung. Die TAZ hat eine andere Tendenz als der Münchner Merkur. Doch welche Tendenz hat Google? Die Suchergebnisse selbst, so sie denn nicht eindeutig einer bekannten Medienmarke zugeordnet werden können, können nicht von Leser*innen eingeordnet werden. Nicht weil diese dazu nicht in der Lage wären, sondern weil ihnen die nötigen Informationen dazu nicht vorliegen. Zudem konkurrieren bei politisch oder gesellschaftlich relevanten Themen journalistische Artikel und Beiträge mit Einträgen, die nicht nach journalistischen Standards erstellt wurden. Letztere genießen im Suchmaschinen-Ranking bisweilen sogar Vorrang. Die Suchmaschine überprüft nicht, woher die Artikel stammen, ebenso wenig überprüft sie die Fakten in den Artikeln. Sie sucht lediglich nach bestimmten Suchbegriffen für den Rezipienten. Allerdings merkt sich die Maschine das Suchverhalten „ihrer“ Nutzer*innen und versucht beständig, die Suche weiter zu verfeinern. Vereinfacht ausgedrückt: Je mehr man mit bestimmten Schlagworten sucht, umso mehr ähnliche oder verwandte Schlagworte bekommt man für die nächste Suche vorgeschlagen und damit wird letztlich das Suchergebnis immer „spitzer“. Das kann einerseits ein Vorteil sein, wenn man bestimmte Ergebnisse bewusst herausfiltern will; andererseits aber ein Nachteil, weil alternative Suchergebnisse – also in unserem Fall Artikel, Beiträge – nicht mehr wahrgenommen und irgendwann systematisch ausgeblendet werden.

Rückbindung an die Theorien

Bei Suchmaschinen und Social Media besteht die Gefahr selektiver Wahrnehmung noch stärker als in der traditionellen Medienwelt. Denn Algorithmen schlagen Nutzer*innen exakt solche Themen, Posts oder Artikel vor, von denen sie denken, dass diese die entsprechenden Nutzer*innen interessieren könnten. Es handelt sich also um eine positive Diskriminierung. Diskriminiert werden die Inhalte, die vermutlich nicht dem Interesse oder dem Social Media Verhalten der entsprechenden Nutzer*innen entsprechen. Sprich das individuelle Verhalten

47 Zur spezifischen Bedeutung des aus dem US-amerikanischen übernommen Begriffes in der Medien- und Kommunikationsforschung vgl. auch die Begriffe Nachrichtenselektion/Agenda-Setting/News-Bias Bd.1. 256ff. sowie Schematheorien/Framing Bd.1.S. 245f.

der Nutzer*innen wird für die Auswahl von Artikeln, Themen oder für mediale Angebote jedweder Art herangezogen und immer weiter personalisiert und auf individuelle Bedürfnisse optimiert. Dieses Mediennutzungsverhalten kann mit einer leichten Adaption des Uses and Gratifications Ansatz verdeutlicht werden.[48] Die im Deutschen auch als Nutzenansatz beschriebene Theorie besagt, dass sich Menschen eher solchen Medieninhalten zuwenden, die ihrem eigenen Standpunkt nahestehen oder ihren spezifischen Bedürfnissen entsprechen. Social Media Nutzer suchen also bereits nach bestimmten Inhalten. Nun aber kommt ein weiteres Element hinzu: Bei vielfacher Nutzung „lernen" sowohl Suchmaschinen wie auch Social Media immer mehr über das Verhalten ihrer Nutzer*innen und verfeinern die Individualisierung immer weiter. Somit entsprechen sie immer mehr den Bedürfnissen ihrer Nutzer*innen und liefern den gesuchten Nutzen. Diese Bedürfnisbefriedigung entwickelt sich dann langfristig zum Phänomen der Filterblasen bzw. Echokammern.[49] Man bekommt nur das vorgeschlagen, was einem ohnehin gefällt – nur die Meinungen präsentiert, die man teilt. So entsteht sukzessive eine geschlossene virtuelle Welt(-anschauung), die für jeden anders aussehen kann, aber immer begrenzt ist.

In Bezug auf die politische Meinungsäußerung und Meinungsbildung in Social Media lässt sich m. E. eine weitere Theorie aus dem ersten Band gut adaptieren: die Schweigespirale.[50] Allerdings in umgekehrter Richtung, daher nenne ich das Phänomen Redespirale. Das Phänomen als solches ist nicht neu. Der Begriff der Redespirale hingegen ist in der Medienwissenschaft nicht eingeführt. Mir erscheint er hier aber sprachlich durchaus treffend. Durch die mediale Präsentation spezieller und radikaler Meinungen in Social Media, fühlen sich manche Nutzer*innen in ihrer eigenen Meinung bestärkt. Sie nehmen wahr, dass ihre Meinung mit dem öffentlichen Diskurs kongruent ist und empfinden ihre eigene Meinung als Mehrheitsmeinung, obwohl sie das objektiv nicht ist. Bei der Schweigespiralen-Theorie verhält es sich exakt umgekehrt. Hier denken Menschen, sie seien mit ihrer Meinung im Vergleich zu den meisten anderen Menschen in der Minderheit, weil die veröffentlichte Meinung nicht der ihren entspricht.[51] Daher schweigen sie in Zukunft, da sie nicht als Außenseiter dastehen wollen. So wird ihre Meinung dann tatsächlich zur Minderheitenmeinung, weil sie nicht geäußert wird. Beim Phänomen der Redespirale passiert das Gegenteil. Hier fühlen sich Nutzer*innen in ihrer Meinung bestärkt. Das führt dazu, dass sie immer mehr reden, posten, Video streamen etc. als andere. Dadurch steigt die Anzahl ähnlicher Meinungen zum selben Thema. Das ist messbar (z.B. Anzahl entsprechender Posts, Likes, Videos, Kommentare etc.) Eine abseitige oder radikale Meinung fin-

48 Vgl. Bd. 1.

49 Zu diesen Begriffen vgl. auch Bd 1, S. 243.

50 Zur Theorie der Schweigespirale vgl. Bd. 1, S. 254ff.

51 Die Schweigespirale orientierte sich beim Begriff der öffentlichen bzw. veröffentlichten Meinung aber noch an der traditionellen „Presse" und am Rundfunk des Analog-Zeitalters. Die Theorie stammt bereits aus den 1960er Jahren. Insofern kann es also sogar sein, dass Menschen, die sich früher durch ihre Meinung sozial ausgegrenzt gesehen haben, inzwischen das exakte Gegenteil empfinden, wenn sie in virtuellen Welten unterwegs sind: von der Schweige- zur Redespirale, wenn man so will. So war rechtskonservatives bis nationales Gedankengut in der öffentlichen Debatte der 1970er Jahre Tabu. Spätestens seit den 2010er Jahren wimmelt es davon in Social Media; Parteien und Kandidaten entsprechender politischer Couleur werden wieder parlamentarisch gewählt. Inwieweit die medienpsychologische Wirkung der Redespirale damit zu tun hat, kann hier nicht näher diskutiert werden. Einen direkten, kausalen Zusammenhang herzustellen, wäre mit Sicherheit zu einfach. Allerdings fällt eine zeitliche Korrelation von Aufstieg nationaler Parteien in ganz Europa und Aufstieg sozialer Medien auf. Vermeintliche oder tatsächliche Zusammenhänge oder Wirkmuster der beiden Phänomene müssten aber erst noch näher untersucht werden.

det so eine immer größere Anhängerschaft. Dadurch fühlen sich die Redner erneut bestärkt, reden noch mehr und lauter (meint drastischer, radikaler), weil sie sich nun in sicherem Umfeld fühlen und mit der Mehrheit in Einklang sehen. So dreht sich dann die Redespirale immer weiter. Dieses (medien-) psychologische Phänomen, das den Gegenpart zur Schweigespirale darstellt, wird in Social Media potenziert. Die Gründe dafür liegen in der Funktionsweise von Algorithmen. Sie belohnen das Reden, das Veröffentlichen noch stärker als die nicht-virtuelle Medienwelt. Ein Algorithmus misst die Anzahl von Posts zu einem Thema oder stellt fest, ob auf ein bestimmtes Schlagwort viel oder wenig reagiert wird. Also selbst bzw. gerade, wenn eine drastische Formulierung viel Gegenreaktion und Widerspruch in Kommentaren zeitigt, ist das von Vorteil für die Redner – da so ihr Thema höher gespielt wird. Das Phänomen tritt auch bei weniger radikalen oder außergewöhnlichen Meinungen auf, an diesen lässt es sich aber am besten verdeutlichen und stellt zudem das größte gesellschaftlich relevante Problem dar. Denn Algorithmen filtern nicht qualitativ; positiv ausgedrückt sie zensieren nicht, negativ ausgedrückt, es findet kein inhaltliches Gatekeeping [52] statt. Dies wäre die dritte Theorie, die hier Anwendung findet. Niemand prüft zunächst, ob Tatsachenbehauptungen stimmen oder nicht. Aber selbst, wenn Aussagen geprüft und vom Betreiber eines Social Media-Dienstes relativiert werden,[53] ändert das nichts an der Meinung der sich Äußernden und ihrer Anhängerschaft. Für die Wahrnehmung und Weiterverbreitung spielt es keine Rolle, ob die Fakten stimmen. Meinungen sind nicht recherchierbar oder widerlegbar, nur Fakten. Außerhalb von Social Media würden bestimmte Äußerungen wegen mangelnder Faktenbasis von seriösen Medien gar nicht verbreitet. Unabhängig davon, wie man dieses Phänomen bewertet, ob als Zensur oder sinnvolles Fact Checking, wird deutlich, dass es sich um eine Eigenheit virtueller, sozialer Medien handelt, dies nicht zu tun. Mit anderen Worten: In der traditionellen Medienwelt wurden bestimmte Meinungen durch den Gatekeeper-Effekt der Medien nicht medial präsent. Sie blieben auf die Ebene der Versammlungsöffentlichkeit beschränkt.[54] Bestimmte Stammtisch-Parolen standen nicht in der Zeitung und wurden nicht im Fernsehen gesendet, in Social Media sind sie hingegen allgegenwärtig und können nur durch entsprechende Gegenrede dort selbst relativiert werden. Aber selbst diese Gegenrede birgt die Gefahr, die entsprechenden Parolen und Meinungen nur noch höher zuspielen.

Die Social Media inhärente Logik, dass viel geteilte oder viel kommentierte Beiträge höher „gerankt“ und suchenden Nutzer*innen eher angezeigt werden als Beiträge, die weniger kommentiert werden, verstärkt das Phänomen der Redespirale.

52 Vgl. Band 1.

53 Ein sehr illustres Beispiel dafür gab es während der US-amerikanischen Präsidentschaftswahlen 2020. Der damalige Amtsinhaber Trump hatte mehrfach über den Kurznachrichtendienst Twitter verbreitet, dass es zu Wahlfälschungen während der Briefwahl gekommen sei und die gegnerischen Demokraten die Wahl „gestohlen“ hätten, letztlich also einen völlig haltlosen und ungeprüften Betrugsverdacht geäußert. In diesem Fall versah Twitter Trumps Nachricht mit einem entsprechenden Warnhinweis, dass die Äußerung nicht nur nicht überprüft sei, sondern zudem noch sehr unwahrscheinlich. Zum Hintergrund dieses Vorgangs ist es erstens wichtig zu wissen, dass Trump (und natürlich auch andere Politiker auf der ganzen Welt) Twitter als primären Nachrichtenverbreitungskanal nutzen, um direkt mit der Bevölkerung oder ihren Anhängern zu kommunizieren. Zweitens aber darf man die Bedeutung des Mediums keineswegs unterschätzen. Donald Trump erreichte zu dem Zeitpunkt etwa 80 Millionen Menschen mit seinen Tweets. Zum Vergleich: Der konservative Nachrichtenkanal Fox News erreicht im Durchschnitt etwa 10 Millionen Menschen. Twitter war also für Trump wichtiger als sein „Haussender“ Fox News.

54 Vgl Band 1.

Denn viel kommentierte Beiträge sind oft polemisierende oder radikale Meinungsartikel, bei denen es „kracht". Das könnte theoretisch auch anders sein, wenn räsonierende oder ausgewogene, faktenbasierte Beiträge viel kommentiert, gelikt, weiter verlinkt, zitiert würden. Ohne jedoch in einen generellen Kulturpessimismus verfallen zu wollen, muss man konstatieren: Das ist ebenso wenig der Fall wie in der analogen Welt. Dort wurde die Schlagzeile der Bild-Zeitung auch mehr gelesen als der Kulturteil der FAZ oder der ZEIT. Es ist also nicht der „böse" Algorithmus, es bleibt das Kommunikationsverhalten von Menschen entscheidend. Aber, und darum geht es hier, das technische Apriori bedingt eine exponentielle Zunahme des Redespiralen-Phänomens. Mit Hilfe von Social Media (Kampagnen) lassen sich bestimmte Positionen viel schneller und ungefilterter viral verbreiten als durch den Umweg über traditionelle Medienfilter. Aus dem Grund sind sozialen Medien auch bei Werbung (Influencern), Marketing und externer Unternehmenskommunikation so beliebt.[55] Dieselben Mechanismen und Wirkungsweisen nutzen aber Gruppen verschiedener politischer Couleur[56] bewusst für ihre (Propaganda-)Zwecke. Das hat inzwischen auch der Gesetzgeber erkannt und sieht bei den Intermediären Regelungsbedarf.

Pflichten und Auflagen für Intermediäre

Um kleinere Anbieter zu schützen, betreffen diese Regeln aber nur Anbieter mit mehr als eine Millionen Nutzer*innen pro Monat in Deutschland. Die großen Plattformen zeigen Nutzer*innen individualisierte Inhalte, die sich auf Konsumverhalten und Einkommen beziehen. Der neue Medienstaatsvertrag gibt den Intermediären dabei nunmehr Transparenzpflichten auf. Sie müssen jederzeit Auskunft über die Auswahl, die Sichtbarkeit und den Verbleib von Inhalten geben können.

Dazu heißt es im Staatsvertrag: „Anbieter von Medienintermediären haben zur Sicherung der Meinungsvielfalt nachfolgende Informationen leicht wahrnehmbar, unmittelbar erreichbar und ständig verfügbar zu halten: (...) 2. die zentralen Kriterien einer Aggregation, Selektion und Präsentation von Inhalten und deren Gewichtung einschließlich Informationen über die Funktionsweise der eingesetzten Algorithmen in verständlicher Sprache." (MWST, Paragraph 93, zit. nach GVBL 2020)

Erstmals wird also explizit ein technisches Auswahlverfahren als Regulierungsgegenstand definiert. Dies dürfte vor allem perspektivisch interessant werden, denkt man beispielsweise an social bots oder andere Formen künstlicher Intelligenz und deren Funktion bei redaktionellen Auswahlprozessen bzw. ihre Rolle als Gatekeeper 4.0. Denn oftmals entscheiden keine Menschen mehr über die redaktionelle Auswahl, sondern Maschinen. Die wiederum werden aber von Menschen

55 Die Mehrzahl der Fach- und Ratgeberliteratur zu Social Media Themen stammt ebenfalls aus diesem Bereich.

56 Vgl. z. B. die Vorfälle im Bundestag, als mehrere rechtsgerichtete YouTuber von drei Mitgliedern der AFD Fraktion eingeschleust wurden bzw. das generelle Phänomen einer rechtsgerichteten Social Media Szene. Auf der anderen Seite des politisch-radikalen Spektrums sind islamistische Medien-Outlets und Magazine zu nennen, die es schon seit Jahren gibt. Vgl. dazu u. a. Elter, Andreas, Weichert, Stephan (2011): Die Welt nach 9/11. Sonderheft der Zeitschrift für Außen- und Sicherheitspolitik, hrsg. von Thomas Jäger, S. 946–989.

programmiert. Insofern werden die Auswahlkriterien für diese Programmierung – nicht unbedingt die Quellcodes, die wahrscheinlich nur Informatikern etwas sagen – sondern vielmehr deren Bedeutung wichtig. Daher fordert der Gesetzgeber bewusst eine „verständliche Sprache“ ein.

Ein weiterer entscheidender Schritt ist das Diskriminierungsverbot. Dadurch wird Intermediären verboten, in jedweder Form Einfluss auf journalistische Inhalte zu nehmen. Zudem dürfen diese gegenüber anderen Angeboten bei der Auffindbarkeit und Platzierung „ohne sachlichen Grund“ nicht benachteiligt werden. Ziel ist die Förderung der Meinungs- und Angebotsvielfalt.

Gerade der Passus „ohne sachlichen Grund“ könnte jedoch zum Streitpunkt bzw. zur Auslegungssache werden. Denn fast jeder Anbieter nutzt Cookies oder spezielle Filter, um Nutzer*innen die Inhalte anzuzeigen, die diesen besonders gefallen und interessieren. Diese von Nutzer*innen erwünschte „positive Diskriminierung“ wird der Gesetzgeber vermutlich nicht verhindern können oder wollen.[57]

1.3 Akteure und Institutionen

Wie erwähnt, liegt eine Crux der Medienpolitik in ihrer geographischen Beschränktheit. Sie kann nur in räumlich begrenzten Umfang (Bundesland, Staat, EU-Binnenmarkt) wirken, nicht global. Dennoch ist es sinnvoll, sich zu vergegenwärtigen, welche Art von Akteuren und Institutionen es auf der nationalen, föderalen und supranationalen Ebene (EU) gibt. Denn sie sind für die Medienpolitik ausschlaggebend.

Um den Überblick zu erleichtern, wird hier zwischen verschiedenen Gruppen von Akteuren unterscheiden. Zum einen sind die medienspezifischen Akteure zu nennen, die dem Zweck der Regulierung oder Kontrolle dienen und dafür ins Leben gerufen worden sind. Dazu zählen u. a. die Landesmedienanstalten (LMA), die Kommission zur Ermittlung des Finanzbedarfs der öffentlich-rechtlichen Rundfunksender (KEF) oder die Kommission zur Ermittlung der Konzentration im Medienbereich (KEK). Zu den medienspezifischen Akteuren gehören aber auch die öffentlich-rechtlichen Rundfunkanstalten oder die Organe der freiwilligen Selbstkontrolle.

Zum anderen gibt es die Gruppe der privatwirtschaftlichen Akteure, also die Unternehmen, die entweder direkt oder indirekt (über Beteiligungen) Medienunternehmen sind (z. B. Sender oder Telekommunikations- oder IT-Dienstleister). Hinzu kommen die organisierten Dachverbände der privaten Medienwirtschaft; zum Beispiel der Verband der privaten Rundfunk- und Telemedien (VPRT) oder der Bundesverband Digitalpublisher und Zeitungsverleger (BDZV).

57 Vgl. dazu auch den Gedankengang von Schulz/Dreyer (2018:14): „Eine Pflicht zu einer Gleichbehandlung unterschiedlicher meinungsrelevanter Inhalte ginge hier stets auf Kosten der Gleichbehandlung anderer Angebote. (...) Medienrecht schickt sich insoweit an, meinungsbezogen zu regulieren und die (negativen) Konsequenzen für andere Telemedienanbieter und für die Wahrnehmbarkeit ihrer Inhalte billigend in Kauf zu nehmen (ebd.).

Die dritte Gruppe bilden die staatlichen Akteure, also Regierungen und Parlamente auf Landes- und Bundesebene. Bei allen Akteuren und Institutionen soll zwischen drei Ebenen unterscheiden werden – der föderalen, der nationalen und der supranationalen. Kombiniert man die Ebenen und die Akteure zu einer Matrix, ergibt sich folgendes Bild (siehe Tab. I.1). In diese Matrix lassen sich fast alle medienpolitischen Akteure einsortieren. So ist zu erkennen, wer auf welcher Ebene Interessen hat bzw. Einfluss ausübt und auszuüben versucht. Ein wichtiger medienpolitischer Akteur wird mit dieser Matrix allerdings noch nicht erfasst – das Publikum.

Publikum als medienpolitischer Akteur

Lange Zeit wurde das Publikum nicht als medienpolitischer Akteure verstanden, da es im engeren Sinne keine Entscheidungen über die Regulierung von Medien ausübt oder keine (organisierte) Lobbyarbeit betreibt wie Verbände oder NGO. Blickt man jedoch jenseits der institutionellen oder gesetzgeberischen Perspektive auf das Feld der Medienpolitik und versteht Medienpolitik breiter als interessengeleitete Auseinandersetzung über medienpolitische Fragen, wird das Publikum zum Akteur. Denn erstens kann es sich aktiv zu medienpolitischen Fragen äußern und sich dazu (etwa über Social Media) ebenfalls organisieren. Zweitens übt auch ein (passives) Medienkonsumverhalten medienpolitischen Einfluss aus. Da es aber nicht ***das*** eine Publikum gibt, sondern zunehmend fragmentierte Publika,[58] wird eine Charakterisierung als organisierte Gruppe in diesem Fall schwieriger als bei den anderen Akteuren. Dies ist der Grund, warum die Mediennutzer*innen nicht in die Matrix einbezogen worden sind. Nichtsdestotrotz sollten die verschiedenen Publika in der Medienpolitik immer auch als Akteure betrachtet werden und nicht nur als „Umwelt" des medienpolitischen Systems. Als z. B. in der Schweiz die Bevölkerung (das Publikum) über die Zukunft des öffentlich-rechtlichen Rundfunks abgestimmt hat, war dies sogar ein direkter medienpolitischer Akt mit bindender Wirkung.

Tab. I.1 Matrix der Medienpolitik

	medienspezifisch	Staatlich	privatwirtschaftlich	Einfluss	Entscheidung und Sanktion
föderal					
national					
supranational					

Anwendung der medienpolitischen Matrix

Die medienpolitische Matrix ist ein weiteres Werkzeug zur praktischen Anwendung im „Baukasten" des Universalmodells. Sind wir mit einem medienpolitischen Phänomen konfrontiert, hilft uns die Matrix – unabhängig davon, ob es sich

58 Zu diesem Gedankengang vgl. auch Band 1, Öffentlichkeitstheorien.

um Institutionen, Regulierungen oder politische Bestreben handelt. Dies wird im Folgenden an drei Beispielen verdeutlicht.

Beispiel 1: Akteure und Institutionen Die Landesmedienanstalten (LMA) sind für die Lizenzvergabe im Rundfunk zuständig; ebenso sollen sie als Kontrollorgan über die Einhaltung des neuen Medienstaatsvertrages wachen. Somit sind sie als medienspezifischer Akteur auf föderaler Ebene zu klassifizieren, der Entscheidungen treffen kann. Ihr Handlungsspielraum bleibt räumlich begrenzt, ihre Entscheidungen sind aber für Dritte bindend (die Sender) und können weitreichende Folgen (bis zum Lizenzentzug) haben. Ein weiterer medienspezifischer Akteur ist der Presserat. Er ist ein Instrument der freiwilligen Selbstkontrolle. Der Presserat erstellt den Pressekodex (vgl. auch Band 1), der als medienethische Leitlinie journalistischen Handelns gesehen werden kann. Sender und Zeitschriften haben sich (selbst) verpflichtet, den Kodex einzuhalten. Bei einem Verstoß gegen den Kodex, kann der Presserat Empfehlungen und Rügen aussprechen. Weitergehende Sanktionsmöglichkeiten hat er aber nicht, weswegen er von seinen Kritikern auch als „zahnloser Tiger" bezeichnet wird. Der Presserat ist somit ein medienpolitischer Akteur auf nationaler Ebene mit Einfluss, aber ohne Entscheidungskompetenz über seinen eigenen Bereich hinaus und ohne (harte) Sanktionsmöglichkeit. Ähnlich geht es einer ganzen Reihe anderer Organisation. Die Dachverbände der privaten Medienvertreter sind Interessenvertretungen, die Lobbyarbeit betreiben und auch bei Konsultationen über sie betreffende Gesetzgebungsverfahren gehört werden. Sie versuchen zudem auf nationaler (und supranationaler Ebene), (medien-)politische und gesetzgeberische Entscheidungen zu beeinflussen. Medienspezifische und privatwirtschaftliche Akteure (Auswahl) können auf der Matrix wie folgt verortet werden (siehe Tab. I.2).

Tab. I.2 Verortung von ausgewählten Akteuren

	medienspezifisch	staatlich	privatwirtschaftlich	Einfluss	Entscheidung und Sanktion
Föderal	LMA				X
National	Presserat		VPRT/ BDZV	X	
Supranational			Lobbygruppen	X	

Staatliche Akteure wiederum können ebenfalls den Ebenen föderal, national und supranational zugeordnet werden. In der Regel verfügen sie aber immer über Entscheidungs- und Sanktionsmöglichkeiten; denn sie haben gesetzgeberische Kompetenzen.

Beispiel 2: Gesetze und Regulierungen Eines der wichtigsten Instrumente der Medienpolitik sind die Landesmediengesetze. Sie regulieren sowohl Rechte als auch Pflichten der Presse/Medien. In ihnen sind u. a. das Recht auf freie Berichterstattung geregelt, aber auch das Recht auf Gegendarstellung, welches wiederum als Schutz des Einzelnen vor einer unbotmäßigen Berichterstattung verstanden werden kann. Landesmediengesetze sind rechtlich bindend. Sie gelten aber nur im betreffenden Bundesland. In einem anderen Bundesland gelten dessen Landesmediengesetze.[59] Sie werden vom Gesetzgeber (Staat) erlassen und geändert. Ein Verstoß gegen sie wird juristisch geahndet. Sie sind somit eine harte Form der Regulierung. Dasselbe gilt für das Netzwerksdurchsetzungsgesetz. Dabei handelt es sich jedoch um ein nationales Gesetz, das Regeln für den Umgang mit Hassreden in Social Media sowie den Schutz des Einzelnen vor Persönlichkeitsverletzungen vorsieht. Die Datenschutz-

59 Hierzu muss allerdings gesagt werden, dass wesentliche Paragraphen der Landesmediengesetze in den meisten deutschen Ländern dem Sinn nach und bisweilen sogar im Wortlaut identisch sind.

grundverordnung (DSGVO) wiederum ist eine Verordnung, die auf supranationaler (europäischer) Ebene anzusiedeln ist. Sie dient dem Schutz natürlicher Personen bei der Verarbeitung personenbezogener Daten, die DSGVO legt aber auch den freien Verkehr solcher Daten im EU-Binnenmarkt fest. Medienpolitisch relevant wird dies vor allem beim Umgang mit Daten in sozialen Netzwerken.

Eine schwächere bzw. weiche Form der Regulierung stellen die Vorgaben die Selbstkontrollorgane wie z. B. Presserat oder FSK (freiwillige Selbstkontrolle) dar. Sie genießen nicht den Rang eines Gesetzes. Die FSK erstellt unter anderem Empfehlungen zur Altersfreigabe von Filmen. Sie kann aber selbst nicht sanktionieren. Das „harte" Instrument im erwähnten Beispiel wäre das Jugendschutzrecht.

Insgesamt werden die Entscheidungen für oder gegen bestimmte Möglichkeiten der Regulierung zugleich ermöglicht und eingeschränkt durch einen übergreifenden, verfassungsrechtlich kodifizierten rechtlich-politischen Ordnungsrahmen wie den Medienstaatsvertrag. Dessen tragende Bestandteile sind die Kommunikationsfreiheiten. Die einzelnen Elemente dieses Ordnungsrahmens gehen auf politische Entscheidungen zurück und sind dementsprechend von politischen Auseinandersetzungen geprägt. Der Rahmen selbst soll aber dem politischen Tagesgeschäft entzogen bleiben und unterliegt in der Regel nicht der unmittelbaren Disposition der Akteure. Er prägt die Regulierungen, determiniert sie aber nicht – es verbleibt Spielraum.

Weitere Formen der Regulierung gehen für den öffentlich-rechtlichen Rundfunk von der KEF (Kommission zur Ermittlung des Finanzbedarfs der öffentlich-rechtlichen Rundfunksender) aus. Sie reguliert indirekt durch ihre Vorschläge die Einnahmequelle (Höhe der Haushaltsabgabe, früher GEZ-Gebühren). Auch die indirekte Regulierung durch das Auf- bzw. Zudrehen des „Geldhahns", stellt eine Form der Einflussnahme dar. Sie soll aus institutioneller Sicht daher auch nicht zu tagespolitischen Zwecken missbraucht werden. Die Zustimmung zur Umsetzung der Empfehlungen der KEF jedoch obliegt den Landesparlamenten. Und so kann es letztlich doch passieren, dass die Finanzierung der öffentlich-rechtlichen Rundfunksender zum Spielball der Tagespolitik wird. Dies zeigte die Situation im Landtag von Sachsen-Anhalt zum Jahresende 2020.

Beispiel 3: Politische Bestrebungen Am 8. Dezember 2020 hatte Reiner Haseloff, der amtierende CDU-Ministerpräsident von Sachsen-Anhalt, den Entwurf für ein Zustimmungsgesetz zum „Ersten Medienänderungsstaatsvertrag" zurückgezogen. Im Landtag gebe es keine Mehrheit für eine Erhöhung des Rundfunkbeitrags (Kern des Vertrages). Begründet wurde diese Entscheidung, also das Nicht-Abstimmen, allerdings nicht näher. Die öffentlich-rechtlichen Sender legten Verfassungsbeschwerde ein. Ein entsprechender Eilantrag wurde mit dem Verweis darauf, dass die Dringlichkeit (Grundlage eines ***EIL***-Antrages) nicht gegeben sei, abgelehnt. In der Hauptsache wurde (Stand Januar 2020) noch nicht entschieden. Ohne zu sehr in die juristischen Details vorzudringen, sei gesagt, dass ein Landesparlament durchaus die Möglichkeit hat, seine Zustimmung zu einer Gebührenerhöhung zu verweigern, wenn es dies begründet. Ein Grund wäre zum Beispiel eine Überlastung des Gebührenzahlers. Da aber alle anderen (15!) Länderparlamente zugestimmt hatten, müsste diese Herleitung in der Tat wohl begründet sein. Im erwähnten Beispiel gab es aber gar keine Begründung, sondern nur den Verweis auf die fehlenden Mehrheiten. Das reicht verfassungsrechtlich nicht aus. Insofern dürften die öffentlich-rechtlichen Sender generell gute Chancen haben, ihr Anliegen vor dem Bundesverfassungsgericht durchzubringen. Andererseits könnte der Ministerpräsident von Sachsen-Anhalt (bis zum Zeitpunkt der Entscheidung evtl. ein anderer) die Begründung „nachliefern". Dagegen müssten dann die Sender erneut klagen, wenn die Begründung aus ihrer Sicht nicht nachvollziehbar wäre. Solche Prozesse dauern, es vergeht Zeit. Zeit, in der der Geldhahn nicht aufgedreht wird, weil ein Bundesland von 16 seine Zustimmung verweigert bzw. korrekter, weil es erst gar nicht darüber abstimmt. Das wiederum könnte Auswirkungen auf das Programm der Sender haben, wenn unter Umständen bestimmte Programme nicht mehr finanzierbar wären. Die juristische Bewertung dieses Sachverhaltes soll den Juristen überlassen werden.

Medienpolitisch wird hier zweierlei deutlich: Erstens die Anwendbarkeit des Universalmodells auf praktische Fragen. Sowohl das medienpolitische Primat als auch der medienökonomische Imperativ werden hier relevant. Zweitens aber zeigt sich, wie essenziell die (tagesaktuelle) politische Auseinandersetzung in der Medienpolitik immer bleibt, auch wenn es einen institutionell abgesicherten Ordnungsrahmen gibt. Denn auch er ist Ergebnis und Ausdruck des Spiels der Kräfte der Akteure. Historische wie aktuelle Beispiele dafür, dass institutionell gesicherte Errungenschaften einer Demokratie durch staatliche und andere Akteure (z. B. Militär/Putsch) außer Kraft gesetzt werden können, gibt es leider mannigfaltig. Man muss nicht das viel zitierte Ermächtigungsgesetz, die Machtergreifung durch Reichskanzler Adolf Hitler 1933 und die daraus resultierenden Folgen für die Pressefreiheit (z. B. Gleichschaltung der Presse, Schriftleitergesetz etc.) als Beispiel bemühen. Es geht auch eine Nummer kleiner, mit dennoch verheerenden Folgen. Auch das umstrittene Mediengesetz in Ungarn (2010) und die darauffolgende Sondersteuer für Werbeeinnahmen zeigen, wie in formal demokratischen Staaten versucht wird, die Pressefreiheit zu beschränken. Nach Protesten der EU und der Androhung eines Vertragsverletzungsverfahrens passte Ungarn sein Mediengesetz den EU-Spielregeln an.[60] Aber selbst innerhalb dieser Spielregeln (audiovisuelle Richtlinie der EU) besteht viel Spielraum für die ungarische Regierung, auf Radio und TV erheblichen Druck auszuüben. Ein Staat wie die Türkei wiederum muss sich erst gar nicht an EU-Richtlinien halten, Russland ebenso wenig. Die medienpolitischen Verhältnisse und der Stand der Pressefreiheit dort offenbaren, aus westeuropäischer Sicht gesehen, Abgründe. Aber die EU oder selbst die Vereinten Nation (UNESCO) sind in diesen Staaten nun einmal nicht zuständig. Es gibt keine globalen medienpolitischen Regeln.

Auch beim Beispiel Ungarn eignet sich das Universalmodell als Analyseinstrumentarium. Wieder spielen das (veränderbare) medienpolitische Primat und der medienökonomische Imperativ eine entscheidende Rolle. Durch eine neue Medienaufsichtsbehörde wurde in Ungarn zunächst der Druck auf den öffentlichen-rechtlichen Rundfunk (staatliche verordneter Patriotismus) ausgeübt; mit der Sondersteuer wurde bei den Privatsendern an der Stellschraube des medienökonomischen Imperativs gedreht. Beides diente dem Zweck, eine regierungsnahe Berichterstattung herbeizuführen und kritische Stimmen auszugrenzen. Hier verschoben sich also die Koordinaten des Mediensystems erheblich,[61] bis die EU einschritt. Aber selbst danach prägt die Regierung Orbán der Medienpolitik ihren Stempel auf.

---

60 Vgl. https://www.faz.net/aktuell/politik/europaeische-union/streit-um-ungarns-mediengesetz-beendet-eu-kommission-akzeptiert-aenderungen-1597204.html (23.1.2021, 6.21 MEZ).

61 Zur Journalismus-Wahrscheinlichkeit in unterschiedlichen Mediensystemen und deren Veränderbarkeit vgl. auch Bd.1, S. 324 (Medienpolitische Primate und Koordinaten journalistischer Systeme, Abb.8 + 9).

2. Medienwirtschaft: Wie viel Marktmacht ist erlaubt?

Wir verlassen nun das Kontextfeld der gesellschaftlichen Ordnung und gehen zum Kontextfeld der Medienökonomie über. Selbstredend ist auch die Medienwirtschaft gesellschaftlich geprägt. Die Übergänge zwischen den Kontextfeldern sind fließend. Damit ist gemeint, dass die Medienwirtschaft (wie überhaupt die gesamte Ökonomie) abhängig ist vom Gesellschaftssystem. In kapitalistischen Systemen (unabhängig ob demokratisch, autokratisch oder diktatorisch) sind privater Besitz und Eigentum vorgesehen. In sozialistisch oder kommunistischen Systemen hingegen werden gesellschaftlich relevante Institutionen (z. B. große Medienbetriebe oder Presseorgane) oftmals verstaatlicht. So simpel wie diese Erkenntnis, so gravierend sind ihre Folgen. Wenn es z. B. keinerlei oder nur wenige Medienbetriebe im Privatbesitz gibt oder Staat bzw. Partei diese stark kontrollieren, so ist das natürlich ein völlig anderes medienpolitisches Primat als in kapitalistischen Systemen. Auch der medienökonomische Imperativ ist dann anders gelagert. Sehr vereinfacht ausgedrückt, könnte man die Bedeutung für das journalistische System dort wie folgt skizzieren: kontrolliert, aber staatlich finanziert. In kapitalistischen Systemen wiederum lautet die zugespitzte Kurzformel: frei, aber nicht finanziert. Diese Zuspitzungen sind nur als Verdeutlichung zweier Extrempole bzw. Prinzipien zu verstehen, nicht als Beschreibung von Realität.[62]

Da hier vor allem der Journalismus in Deutschland und Westeuropa im Fokus steht, befinden wir uns immer im kapitalistischen bzw. marktwirtschaftlichen Gesellschaftssystem. Das bedeutet: Ein Wettbewerb zwischen Marktteilnehmern ist ausdrücklich erwünscht. Auch und gerade im publizistischen Medienbereich. Dadurch soll Angebotsvielfalt sichergestellt werden. Marktpluralität soll Meinungspluralität befördern; das freie Spiel der Marktkräfte zum freien Spiel des politischen und gesellschaftlichen Diskurses führen. Theoretisch lässt sich diese medienökonomische Ordnung mit dem Öffentlichkeitsmodell des *free market place of ideas* fassen.[63] Es findet seine praktische Entsprechung in einer prinzipiell freien medienökonomischen Grundordnung. Jeder Mensch hat das Recht, einen Medienbetrieb zu gründen, Journalismus zu betreiben und „seine Meinung in Wort, Bild und Schrift“ frei zu äußern. So weit, so gut. Freie Medienbetriebe sind verfassungsrechtlich garantiert, Eigentum wird geschützt. Aber es besteht kein Anspruch auf Finanzierung eines Medienbetriebs.

Medienökonomischer Imperativ in der Praxis

Dies ist in der Praxis mit dem theoretischen Begriff des medienökonomischen Imperativs gemeint. Ohne Finanzierung kein Medienbetrieb und kein freier Journalismus. Eine Ausnahme stellt lediglich der Bereich des partizipativen Journalismus dar. Aber auch Bürgerjournalisten müssen sich finanzieren, selbst wenn sie keine Gewinnerzielungsabsicht haben. Das wiederum führt im Kleinen wie im Großen zum Bereich der medienökonomischen Geschäftsmodelle. Hier gibt es prinzipiell keine Beschränkung durch den Gesetzgeber. In der Praxis haben sich

62 Vgl. zu diesem analytischen Vorgehen auch den normativ-dynamischen Differenzansatz (Bd.1), S. 321.

63 Vgl. Bd. 1 Öffentlichkeitstheorien, S. 148ff.

für Journalismus, der ja immer medienvermittelt ist, sechs Cluster herausgebildet. Das Mäzenatentum[64] lassen wir einmal außen vor, ebenso wie eine direkte Staatsfinanzierung durch eine Steuer.

- Direkte Bezahlmodelle (z. B. über Verkauf eines Produktes (Zeitung im Straßenverkauf oder als (digitales) Abo; Pay per View; Crowd Funding oder auch Genossenschaftsansätze (Kauf von Anteilen)
- Indirekte Bezahlmodelle (z. B. durch eine Gebühr für einen Kabel- oder Telekommunikationsdienst, der auch journalistische Programme bereitstellt; Kauf von Geräten, bei denen bestimmte Programme/Dienste vorinstalliert sind; Verkauf von anderen Dienstleistungen, (Mailservices z. B.), durch die kostenfreie Informationsangebote (quer-) finanziert werden)
- User generated content. Für den Medienbetreiber kostenlos, bis auf die Kosten für die digitale Infrastruktur. Es entstehen keine Kosten für Inhalte, da diese von den Nutzern kommen. Beispiele für dieses Geschäftsmodell sind Social Media.
- Werbung (in allen erdenklichen Formen)
- Bezahlte Anzeigen (inzwischen eher seltener der Fall)
- Öffentlich-rechtliche Modelle (Gebührenfinanzierung)

Im Endeffekt können (fast) alle aktuell bestehenden medienwirtschaftlichen Geschäftsmodelle unter einem dieser Cluster subsummiert werden, auch wenn man bisweilen nach dem Modell etwas suchen muss bzw. es sich für Nutzer*innen nicht direkt erschließt. Vor allem aber muss bei dieser Betrachtungsweise bedacht werden, dass die Geschäftsmodelle selten solitär auftreten, sondern meist kombiniert werden. So gibt es beispielsweise bei öffentlich-rechtlichen Medien (beschränkt) auch Werbung ebenso wie natürlich in Social Media, wo Influencer direkt von der Industrie gesponsert werden. Regionale Tageszeitungen haben sich (früher) neben Werbung vor allem durch Anzeigen finanziert. Drittes Standbein war der Verkauf. Doch das Geschäftsmodell funktionierte nicht mehr mit Beginn der digitalen Transformation, da ein Standbein (Anzeigen) komplett wegfiel. Ein Geschäftsmodell kommt selten allein. Clevere Medienbetriebe sichern sich meist durch mehrere Einnahmequellen ab. Denn diese sind sehr volatil und können auch gänzlich wegbrechen (siehe Zeitungssterben).

Schauen wir nun aus praktischer, medienökonomischer Perspektive auf die andere Seite der verfassungsrechtlich garantierten Medien- und Kommunikationsfreiheit. Denn jeder Mensch hat nicht nur das Recht, sich frei zu äußern, sondern auch das Recht, sich „aus allgemein zugänglichen Quellen ungehindert zu unterrichten". Theoretisch sollte sich dieser Umstand „automatisch" ergeben, da die wirtschaftliche Tätigkeit von Medien nicht eingeschränkt wird und dadurch prinzipiell eine

64 In diesem Fall würde ein Mäzen, der über ausreichend Finanzmittel verfügt, den Journalismus finanzieren. Es bestünde kein akuter Finanzierungsbedarf für die Medienschaffenden, aber die Gefahr, dass der Mäzen eine Gegenleistung in anderer Form verlangt, z. B. dadurch, dass seine Meinung oder seine Interessen in den jeweiligen Publikationsorganen vertreten werden. Das wäre dann wiederum kein freier Journalismus, da er von seinem Mäzen abhängig ist.

ausreichend große Anzahl von allgemein zugänglichen Quellen vorhanden sein müsste.

Exakt aus diesem Grund wird jeglicher (staatlicher) Eingriff in die empfindlichen Medienmärkte als riskant angesehen. Die unterschiedlichen Formen und Intensitäten der Interventionen bzw. medienökonomischen und medienpolitischen Regulierung werden unter Effizienzgesichtspunkten bewertet. Das heißt, mögliche Regulierungen durch Aufsichtsbehörden sind geprüft worden, insbesondere im Bereich der (früheren) Rundfunkpolitik und (heutigen) Medienpolitik. Dabei wird weitgehend unterstellt, dass eine Regierung bestrebt sei, das Gemeinwohl eines Landes zu maximieren, und dies durch die Gewährung weitgehender, medienökonomischer Freiheiten auch gelänge. Doch diesen Automatismus gibt es nicht. Erstens muss die Regierung selbst fest auf demokratischen Boden stehen, was auch im „westlichen" System nicht immer der Fall ist.[65] Zweitens aber gilt der medienökonomische Imperativ. Dies bedeutet, Geschäftsmodelle für den Journalismus müssen funktionieren, ansonsten nutzt die medienökonomische Freiheit wenig. Gefahr droht dem Journalismus dadurch, dass er sich – anders als Unterhaltung oder personalisierte Medien-Dienstleistungen – nicht so gut verkaufen lässt. Deswegen wird er oftmals als meritorisches Gut verstanden. Ein meritorisches Gut zeichnet sich dadurch aus, dass die tatsächliche Nachfrage geringer ist als die gesellschaftlich wünschenswerte Nachfrage.

Die Medienfreiheit soll nicht nur vor dem Staat, sondern auch durch den Staat geschützt werden. Um die Funktion des Journalismus zur Bildung der öffentlichen Meinung zu sichern, wird die Autonomie der Medien gegen Instrumentalisierungen durch einzelne politische Gruppen verteidigt. Gleichzeitig wird durch einen von allen finanzierten öffentlich-rechtlichen Rundfunk die wirtschaftliche Abhängigkeit im Rundfunkbereich verringert. Für den Privatrundfunk gilt das Medienkonzentration- und Kartellrecht. So soll verhindert werden, dass durch Kauf und Verkauf von Medienbetrieben Monopole entstehen. Denn dies könnte die Meinungsvielfalt gefährden. In diesem Spannungsverhältnis zwischen der Freiheit der Medien vom Staat und der Freiheit der Medien durch den Staat sind Zielkonflikte angelegt, deren Lösung medienökonomische Regulierung erfordert.[66]

Medienökonomische Regulierung der Praxis

Dies hört sich noch recht theoretisch an, ist es aber nicht. Wie in anderen ökonomischen Bereichen auch sollen Konzentrationstendenzen erkannt und wenn sie zu weit gehen, verhindert werden. Anders hingegen als in anderen Branchen üblich, müssen Medienunternehmen immer unter zwei Kriterien betrachtet werden, die sich mit zwei simplen Fragen auf den Punkt bringen lassen. Erstens: Übt ein Medi-

65 Damit ist gemeint, dass auch in westlichen Demokratien demokratische Rechte und Ideale jederzeit durch diejenigen, die sie institutionell schützen sollen, eingeschränkt werden können. Der Übergang von Demokratien zu autoritären Staaten ist jederzeit, gewaltfrei ohne Putsch möglich. Er stellt auch keine „historische Ausnahme" dar. Vgl. zu diesem Gedankengang und zur Gefährdung der Demokratie Przeworski, Adam (2020): Krisen der Demokratie, Berlin. Suhrkamp.

66 Zur Frage der Medienkonzentration und deren Regulierung vgl. Paal, Boris B. (2018): „Medienkonzentration zwischen Kartell- und Medienrecht" in: Medienföderalismus, hrsg. von Martin Eifert, Tobias Gostomzyk, Nomos, S. 87–120.

enkonzern eine marktbeherrschende Stellung aus? Zweitens: Hat ein Konzern die vorherrschende Meinungsmacht erlangt? Wenn beide Fragen mit ja beantwortet werden können, wird Regulierung notwendig. Die wesentlichen Akteure dieser Regulierung sind in Deutschland auf der einen Seite das Bundeskartellamt (für wirtschaftliche Fragen), auf der anderen Seite die Kommission zur Ermittlung der Konzentration im Medienbereich (KEK). Diese beiden Institutionen sind die maßgeblichen Wettbewerbshüter. Dabei ist sowohl der wirtschaftliche als auch der Meinungswettbewerb gemeint. Im Folgenden soll wieder an zwei Beispielen die Praxisrelevanz verdeutlicht werden.

Beispiel 1: Im Jahre 2006 hatte der Zeitungskonzern Axel Springer einen Zusammenschluss mit der Fernsehgruppe Pro Sieben Sat.1 versucht. Das Vorhaben scheiterte allerdings am Widerstand des Bundeskartellamts und der KEK. Zu groß wäre nach ihrer Ansicht die Marktmacht **und** die Meinungsmacht eines fusionierten Megakonzerns geworden. 2014 gewann Axel Springer allerdings einen jahrelangen Rechtsstreit, gegen die KEK. Das Bundesverwaltungsgericht entschied, eine Übernahme des TV-Konzerns sei medienrechtlich unbedenklich. Doch selbst wenn die Bedenken der KEK irrelevant wurden, musste ja auch noch das Bundeskartellamt einer Fusion zustimmen. Dies galt jedoch als unwahrscheinlich. Die beiden Unternehmen gaben ihre Pläne schließlich auf und vereinbarten stattdessen eine enge Zusammenarbeit bei der Förderung digitaler Start-Ups.

Beispiel 2: Ein anders gelagertes Beispiel medienökonomischer Regulierungsentscheidungen stammt aus dem Jahr 2015. Es betrifft den bekannten Suchmaschinenbetreiber Google. Dieses Beispiel ist in unseren Zusammenhang aus zweierlei Gründen besonders interessant. Erstens, weil hier das medientechnische Apriori eine große Rolle spielte. Zweitens, weil es auf einen weiteren Bereich der Medienregulation verweist, auf den Bereich der Urheber- und Leistungsschutzrechte. Da hier nicht näher auf den langen Streit zwischen deutschen Zeitungs- und Zeitschriftenverlegern und dem US-Megakonzern eingegangen werden kann,[67] soll dieses Beispiel vor allem in Bezug auf die erwähnten zwei Aspekte analysiert werden. Das (neue) medientechnische Apriori bestand in diesem Fall darin, dass es die technische Möglichkeit einer Suchmaschine gab, die digitale Angebote (Webseiten) durchforsten und verschlagworten konnte. Das war vorher nicht der Fall gewesen, es gab schlicht keine für Jedermann verfügbaren, digitalen Suchmaschinen. Dadurch ergaben und ergeben sich natürlich auch Fragen nach der „marktbeherrschenden Stellung" von Suchmaschinenbetreibern. Das Bundeskartellamt hat diese marktbeherrschende Stellung Googles auch nicht prinzipiell bezweifelt. Doch darum ging es nicht. Vielmehr drehte es sich bei dem Streit zwischen Verlegern (vertreten auch durch eine gemeinsame Verwertungsgesellschaft) und Google im Kern darum, ob Google (unter anderem bei seiner News-Suche) unentgeltlich verweisen bzw. verlinken darf oder ob der US-Gigant für diese Verlinkung und Zusammenstellung von Nachrichtenangeboten an die Verleger (auf deren Inhalte verwiesen wurde) bezahlen musste. Die Verleger beanspruchten somit ein Leistungsschutzrecht. Ohne auch hier wieder in die Tiefen der juristischen Definitionen abtauchen zu können, sei gesagt: Ein Leistungsschutzrecht ist ein dem Urheberrecht „verwandtes" Schutzrecht, das nicht auf den Schutz des (schöpferischen) Inhalts eines Werkes zielt, sondern auf den Schutz der Investitionen in ein Werk und auf die unternehmerische Leistung dahinter. Die Verleger hatten Geld für ihre Inhalte ausgegeben und wollten nun nicht, dass diese Inhalte von Dritten (Google und anderen gewerblichen Nutzern) ohne finanzielle Gegenleistung weiterverbreitet wurden.

67 Dieser Streit hat eine sehr lange Vorgeschichte und betraf mehrere Instanzen und Institutionen, unter anderem war als supranationale Institution auch die EU damit beschäftigt. Er ist aber sehr interessant, weil er exemplarisch zeigt, wie schwer die klassische medienregulative Herangehensweise im Digitalzeitalter durchzuhalten ist bzw. wie weit gefächert dabei die Grundlagen für eine Entscheidungsfindung sind. Interessierten Lesern sei daher ein Blick in die Entscheidung des Bundeskartellamtes empfohlen. Vgl. B6-126/14 http://www.bundeskartellamt.de/SharedDocs/Entscheidung/DE/Entscheidungen/Missbrauchsaufsicht/2015/B6-126-14.pdf?__blob=publicationFile&v=2. (7.8.2021, 17:09 MEZ).

Das Bundeskartellamt gab den Verlegern nicht recht, und zwar im Wesentlichen aus zwei Gründen. Erstens nutze Google nicht die Inhalte selbst, sondern nur deren Auffindbarkeit im Web. Die Verlage hätten dieser Auffindbarkeit aber selbst durch die digitale Veröffentlichung zugestimmt bzw. diese nicht ausgeschlossen. Hier kommt das medientechnische Apriori ins Spiel. Denn durch das sogenannte *Robot Exclusion Protocoll* (REP) haben Betreiber von Webseiten die technische Möglichkeit, zu steuern, ob und wie ihre Webseiten von Crawlern[68] erfasst werden. Da Google viele Elemente des REP-Standards einhalte, sei es den Verlegern möglich gewesen, selbst zu entscheiden, ob und in welcher Form sie überhaupt bei der Google-Suche auftauchten.

Bereits im Fall von Paperboy (Suchdienst für tagesaktuelle Nachrichten) hatte der Bundesgerichtshof 2003 letztinstanzlich zugunsten des Suchdienstes entschieden und eine Revision der Kläger (DM und Handelsblatt) als unzulässig abgewiesen. Die Begründung des BGH ähnelt der des Kartellamts im Fall Google. 2015 bezog sich das Bundeskartellamt auf das BGH-Urteil im Paperboy-Fall. Darin heißt es: „1. Wird ein Hyperlink zu einer Datei auf einer fremden Webseite mit einem urheberrechtlich geschützten Werk gesetzt, wird dadurch weder in das Vervielfältigungsrecht (§ 16 Abs. 1 UrhG), noch in das Recht zur öffentlichen Zugänglichmachung (§ 15 UrhG) eingegriffen. 2. Das Setzen von Hyperlinks auf Artikel, die vom Berechtigten im Internet als Bestandteile einer Datenbank öffentlich zugänglich gemacht worden sind, ist keine dem Datenbankhersteller vorbehaltene Nutzungshandlung. 3. Die Nutzung von Deep-Links ist wettbewerbsrechtlich zulässig.“[69]

Zur Vollständigkeit muss hinzugefügt werden, dass nach dem geplanten neuen Presse-Leistungsschutzrecht große Internet-Plattformen bei der Verwertung journalistischer Inhalte künftig zahlen sollen, wenn sie längere Passagen und Ausschnitte aus Zeitungsartikeln ohne Zustimmung der Verlage nutzen. Das entsprechende Gesetz für Deutschland ist aber noch nicht verabschiedet (Stand Jan. 2021). Aber auch nach geplantem neuem Recht bliebe die Nutzung „einzelner Wörter oder sehr kurzer Auszüge" kostenfrei.

Zwischenfazit

Die Argumentationen des BGH bzw. des Bundeskartellamts gingen aber noch einen Schritt weiter. Mit einem Suchdienst, der eine Vielzahl von Internetauftritten auswerte, böten deren Anbieter eine eigene Leistung an. Diese sei zwar nur dadurch möglich, dass andere Medienunternehmen ihre Informationsangebote im Internet öffentlich zugänglich machten. Aber Suchmaschinen hätten durch die gemeinsame Erschließung verschiedener Informationsquellen einen erheblichen zusätzlichen Nutzen für die Allgemeinheit. Die Herkunft der nachgewiesenen Artikel

68 Ein Crawler ist ein Computerprogramm, das automatisiert Dokumente im Web durchsucht. Hauptsächlich wird ein Crawler für sich wiederholende Aktionen programmiert, damit das Durchsuchen gänzlich automatisiert abläuft. Suchmaschinen setzen Crawler verstärkt ein, um das WWW zu durchsuchen und gezielt einen Index aufzubauen, der wiederum der Verschlagwortung der Suchbegriffe und der schnellen Auffindbarkeit dient.

69 BGH, Urteil v. 17.7.2003, Az. I ZR 259/00, S. 1.

werde nicht verschleiert. Letztlich sahen es die Wettbewerbshüter so: Suchmaschinen tragen zum verfassungsmäßig garantierten Recht bei, sich ungehindert aus allgemein zugänglichen Quellen zu informieren. Mit dieser Überlegung schließt sich der Kreis.

Die Pole „unternehmerische, ökonomische Handlungsfreiheit" und „Informationsrecht der Bevölkerung" bleiben auch im Digitalzeitalter essenziell. Dazwischen bewegt sich der Journalismus bzw. muss seine (neue) Rolle finden. Welche Herausforderungen dies unter medienökonomischen Gesichtspunkten beinhaltet, wurde hier gezeigt. Zahlreiche weitere Beispiele aus der Praxis, etwa der Rechtsstreit zwischen Verlegern und öffentlich-rechtlichen Rundfunkanstalten über die Tagesschau-App[70], ließen sich anführen. Dies würde substanziell jedoch nichts an der Grundaussage ändern: In einem demokratischen, kapitalistischen System werden die medienökonomischen Interessen einzelner geschützt und freier Wettbewerb gesichert. Gleichzeitig wachen Wettbewerbshüter darüber, dass in diesem Wettbewerb nicht einzelne Konzerne oder Kartelle die Überhand gewinnen und somit das Informationsrecht der Bevölkerung gewahrt bleibt. Ebenso soll somit die Meinungs- und Angebotsvielfalt gesichert werden.[71]

Dass die Macht der Kontrolle gegenüber der Marktmacht beschränkt bleibt, wenn es um global agierende Medienunternehmen geht (etwa Google, Facebook oder Twitter) wurde in Kap. 1.1 detailliert erläutert. Letztlich hat sich durch diese neuen „Player" der gesamte ordnungsrechtliche und publizistische Rahmen verändert. Ausdruck dessen ist der neue Medienstaatsvertrag. Aus medienökonomisch-regulativer Hinsicht gibt es jedoch kaum grundsätzliche Veränderungen. Das Bundeskartellamt und die KEK bleiben für Deutschland die zentralen Akteure. Ihre Kompetenzen gegenüber globalen Konzernen bleiben begrenzt. Manch einer argumentiert, die Wettbewerbshüter kämpften mit stumpfem Schwert.

Das Grundproblem, dass globale Medienmacht auf föderale und nationale Regulierungskompetenz trifft, wurde noch nicht grundsätzlich aufgelöst. Das ist selbstredend der EU als supranationaler Institution nicht verborgen geblieben.

70 Hier hatten mehrere Zeitungen gegen die ARD geklagt und vor dem OLG Köln Recht bekommen. Dagegen wiederum hat der NDR (Sitzanstalt der Tagesschau) Beschwerde beim Bundesverfassungsgericht eingereicht. Gleichzeitig wurden konsultierende Gespräche zwischen Verlegern und Sendern vereinbart. Die Verleger waren (sind) der Ansicht, die kostenlose Tagesschau-App habe ein zu umfangreiches Textangebot und verzerre damit den Markt, weil sie über die Haushaltsabgabe finanziert werde. Hintergrund war, dass die Verleger selbst mit kostenpflichtigen Apps auf dem Markt der „mobile news" agieren wollten und dabei keine (kostenfreie) Konkurrenz haben wollten. Den öffentlich-rechtlichen Sendern ist bereits seit 2009 im Dreistufen-Test (vgl. Paragraph § 11 f Abs. 4 RStV) auferlegt worden, alle Online-Angebote nach einem detaillierten Verfahren prüfen zu lassen. In Stufe 2 wird auch beurteilt, ob ein neues Angebot „in qualitativer Hinsicht zum publizistischen Wettbewerb" beiträgt. Bei der tagesschau-App entzündete sich der Streit aber vor allem daran, ob sie zu „presseähnlich", also zu textlastig sei. Die öffentlich-rechtlichen Sender sollten sich vor allem auf Videos konzentrieren, die „programmbegleitend" über die App verbreitet werden und kein neues eigenes Angebot erstellen. Angesichts der jüngeren, digitalen Entwicklungen wirkt dieser Streit inzwischen etwas anachronistisch bzw. überholt.

71 Es gibt aber auch abweichende Meinungen in diesem Punkt. Der Vielfaltsthese widerspricht beispielsweise die „holländische Schule", die davon ausgeht, dass Medienkonzentration nicht automatisch zu einer Beschränkung der Angebotsvielfalt führt. Sie folgt also einer entgegengesetzten Argumentation: Zu viel Wettbewerb im Mediensektor führe dazu, dass alle nur noch homogene Massenprodukte anbieten, sodass man lediglich „more of the same" (mehr desselben) erhalte. Konzentration im Mediensektor ist im Verständnis dieser medienökonomischen Auffassung also mit Diversität vereinbar.

Sie versucht daher nun (2020), einen neuen ordnungspolitischen Rahmen vorzugeben, der medienpolitische und medienökonomische Regulierung verbindet und bisher ungeregelte Märkte einschließt. Statt nationalen Alleingängen und einer Fragmentierung der Regulierung (verschiedene Gesetze und Vorschriften in den einzelnen Mitgliedsstaaten) möchte die Kommission einheitliche Verpflichtungen im EU-Binnenmarkt geltend machen.

2.1 Regulation im Digitalzeitalter: Digital Services Act

Der Digital Services Act ist bislang nur ein Vorschlag der EU-Kommission. Er geht einher mit dem Vorschlag für einen Digital Market Act. Der Digital Market Act knüpft an die E-Commerce-Richtline der EU an, die bereits zwanzig Jahre alt ist und einer Erneuerung bedurfte. Während der Digital Market Act vor allem auf gemeinsame Regeln für den Handel, Dienstleistungen und Online-Verkäufe abzielt, beschäftigt sich der Digital Services Act mit allen anderen Fragen, die sich aus einer neuen digitalen Medienwirtschaft ergeben und somit mit der Medien- und Kommunikationsfreiheit im virtuellen Raum. Der Services Act zielt stärker auf gesellschaftliche Fragen ab. Daher konzentriere ich mich nun auf letzteren. Um dies noch einmal zu betonen: Bei der im Folgenden zitierten Quelle (EU.COM(2020) 825 final) handelt es sich um den abschließenden Vorschlag der EU-Kommission, nicht um bereits geltendes Recht. Im Konsultationsverfahren gingen fast 1.000 Änderungsvorschläge ein. Gerade deswegen eignet sich diese Vorlage aber, um zu erläutern, was medienpolitische und medienökonomische Regulation im Digitalzeitalter bedeutet und welche Widerstände überwunden bzw. welche Interessen gegeneinander abgewogen werden müssen. Der Digital Services Act ist ein großes Gesamtpaket, das unterschiedliche Rechtsbereiche betrifft. Im Vergleich zum deutschen Medienstaatsvertrag handelt es sich um einen „großen Wurf". Sein Beispiel zeigt auch, in wie vielen Lebensbereichen Menschen von Medien – und Kommunikationspolitik betroffen sind.

Da es uns um den digitalen AV Journalismus geht, fokussieren wir noch einmal enger und konzentrieren uns auf zwei relevante Aspekte:

- Strengere demokratische Kontrolle und Aufsicht über systemische Plattformen
- Minderung systemischer Risiken wie Manipulation oder Desinformation

Schaut man auf den ersten Aspekt, so stellt sich unweigerlich die Frage, was eine „systemische" Plattform sein soll. Inhaltlich sind damit gesellschaftlich relevante Plattformen und Online-Dienste gemeint. Das Kriterium dafür ist zunächst einmal ihre Größe:

> „Very large online platforms may cause societal risks, different in scope and impact from those caused by smaller platforms. Once the number of recipients of a platform reaches a significant share of the Union population, the systemic risks the platform poses have a disproportionately negative impact in the Union.[72]

72 Vgl. EU.COM(2020) 825 final https://eur-lex.europa.eu/legal-content/EN/TXT/HTML/?uri=CELEX:52020PC0825&rid=2 (7.8.2021, 17.27 MEZ).

Als signifikante Größe werden zehn Prozent der 450 Millionen Europäerinnen und Europäer angesehen. Wenn eine Plattform so viele Menschen (45 Millionen) erreicht, sind besondere Vorschriften vorgesehen. Dazu zählen u. a. der Datenaustausch mit Behörden und Forschenden, eine öffentliche Rechenschaftspflicht oder die Wahlmöglichkeit der Nutzer beim Zugang zu Informationen. Für alle (nicht nur die sehr großen) Online-Plattformen gilt bereits die Auflage, Maßnahmen gegen missbräuchliche Meldungen zu ergreifen, und die Gegendarstellungspflicht. Letzteres sind klassische Auflagen des (deutschen) Presserechts, die für jede Zeitung oder jeden Sender gelten. Diese Vorschriften sollen in Zukunft aber nicht für Hosting- oder Vermittlungsdienste bindend sein. Hosting- oder Vermittlungsdienste wären z. B. Anbieter von E-Mail Accounts sowie Cloud- oder Webhosting-Diensten. Ihre Angebote und Dienstleistungen liegen eher im Bereich der privaten Kommunikation. Im geplanten Regelwerk ist also eine Abstufung in der Verantwortungskaskade vorgesehen, je nach vermuteter gesellschaftlicher Relevanz und Öffentlichkeitswirksamkeit der jeweiligen Anbieter. Grundsätzlich unterscheidet die EU-Kommission in ihrem Vorschlag zwischen:

- Vermittlungsdiensten, die über ein Infrastruktur-Netz verfügen
- Hosting-Diensten
- Online-Plattformen, die Verkäufer und Verbraucher zusammenbringen, wie Online-Marktplätze, App-Stores, Plattformen der kollaborativen Wirtschaft und Social-Media-Plattformen.

Innerhalb der Online-Plattformen spielen die „sehr großen", wie erwähnt, eine besondere Rolle. Das Kriterium der Größe entspricht der Logik, die auch hinter der Auffassung von einer *marktbeherrschenden Stellung* steckt: Ein großes Unternehmen ist auch ein marktmächtiges Unternehmen. Marktbeherrschung im traditionellen, kartellrechtlichen Verständnis bezieht sich aber nicht allein auf die Größe eines Unternehmens und seinen Umsatz, sondern auch auf andere Kriterien. Vielmehr haben Kartellbehörde und Kartellgericht die konkreten Marktverhältnisse aufzuklären. Nur wenn diese Aufklärung erfolglos ist und die Marktbeherrschung nicht einwandfrei festgestellt werden kann, setzt sich die Vermutung durch, dass ab einem Marktanteil von 40 Prozent (§ 18 Abs. 4 GWB) ein Unternehmen marktbeherrschend ist. Beim Vorschlag der EU geht es also nicht ausschließlich im kartellrechtlichen Sinne um eine Marktbeherrschung, sondern eher im gesellschaftlichen Sinne. Das Prinzip der Größe zielt darauf ab, wie viele Menschen ein Unternehmen mit seinen Inhalten erreicht, für wie viele EU-Bürger*innen es bei der Informationssuche und beim Medienkonsum generell relevant ist. Möglicher Marktmissbrauch soll von vornherein dadurch identifiziert werden können, dass Transparenz über den gesellschaftlichen Einfluss eines Konzernes hergestellt wird. Zudem sieht der Kommissionsvorschlag eine *ex ante* Regel vor. Dies meint, dass eine Regulierung von einer Ausgangssituation her betrachtet wird (wie ist es jetzt?), um vorzeitig Aussagen zum späteren Verhalten (wie wird/könnte es werden?) treffen zu können. Kartellrechtlich sind mögliche Verfahren oder regulative Schritte bislang nur *ex post* möglich, also dann, wenn ein Konzern bereits eine marktbeherrschende Stellung innehat und nicht, wenn diese droht oder drohen könnte. Dies ist ein wesentlicher Unterschied.

Denn mit *ex ante* Regeln könnten staatliche Stelle schon bei drohender Gefahr eines Marktmissbrauchs einschreiten und nicht erst, wenn dieser bereits vollzogen wurde.[73] Daher stößt dieser Regelvorschlag bei möglichen Betroffenen auf Widerstände, die sich gewissermaßen „vorverurteilt" fühlen. Dazu muss man allerdings sagen, dass die entsprechenden Unternehmen (etwa Google, Facebook oder YouTube) inzwischen mehr als eine Dekade am Markt sind. Eine Einschätzung über ihren gesellschaftlichen Einfluss und ihre Marktmacht ist sehr wohl möglich. Die *ex ante* Regel ist im Gesamtpaket des EU-Kommissionsvorschlag zentral. Denn die EU-Kommission sieht bei der Benutzung digitaler Dienste nicht nur Chancen, sondern auch Risiken:

> „At the same time, the use of those services has also become the source of new risks and challenges, both for society as a whole and individuals using such services."[74]

Nur durch eine *ex ante* Regel können solche Risiken rechtzeitig vermieden werden und nicht erst wenn sie offenbar werden. Denn dann ist es oftmals schon zu spät.

In dieselbe Richtung zielt die EU-Kommission mit der Vorgabe der *Interoperationalität* von Plattformen und Messenger-Diensten. Der Begriff beschreibt die Eigenschaft technischer Dienste (hier Online-Anbieter) und deren Software, miteinander kommunizieren zu können und zu dürfen. Damit sollen die Markteintrittschancen für Neuanbieter geringgehalten werden und ein *lock-in*[75] der großen Anbieter verhindert werden. Was ist damit konkret gemeint? Letztlich zielt dies auf einen gemeinsamen Standard ab, der es Verbraucher*innen erlaubt, von einem Dienst zum anderen zu kommunizieren und Daten austauschen. Der EU-Kommissionsvorschlag sieht eine gesetzliche Verpflichtung für Anbieter vor, offene Schnittstellen einzurichten und bestimmte Protokollstandards einzuhalten. Das würde dafür sorgen, dass man z.B. von WhatsApp aus mit Threema oder jedem anderen Messenger-Dienst kommunizieren kann oder von Facebook mit anderen Social Media. Damit soll derselbe Stand geschaffen werden, der heute schon bei Telekommunikationsdienstleistern herrscht. Schließlich kann man auch eine E-Mail von Gmail an web.de schicken oder mit einem Telekomvertrag von seinem Handy aus ins Vodafone-Netz telefonieren.

Doch gegen diesen verbraucherfreundlichen Plan der EU regt sich bereits Widerstand. Große Betreiber (etwa Facebook) fürchten den Verlust ihrer bisherigen

73 Damit würde dann auch das Coolingridge-Dilemma aufgelöst. Das Dilemma ist ein Begriff aus der Technikfolgenabschätzung, der von mir auf den Bereich der Medienentwicklung übertragen wird. Zum Zeitpunkt ihres Entstehens können die (negativen) Folgen einer Technik noch nicht gänzlich abgesehen werden. Ist die Technik jedoch etabliert, ist oftmals aus ökonomischen Gründen ein Umsteuern und eine nachträgliche Kontrolle nicht mehr möglich.

74 Vgl. die Präambel zum EU-Vorschlag (EU.COM(2020) 825 final, S. 1).

75 Mit Lock-in ist gemeint, dass bestimmte Standards und Weiterentwicklung von Software und Geräten von den Herstellern „eingeschlossen" werden. Für Verbraucher*innen bedeutet dies, dass sie bei einem einmal gewählten System(-Anbieter) bleiben müssen und nicht zu einem anderen Anbieter wechseln können, wenn sie neue Entwicklungen mitmachen wollen. Dieses Phänomen kennt man z. B. von Software-Updates. Damit ist aber auch gemeint, dass Systeme verschiedener Anbieter nicht kompatibel sind.

Netzwerkeffekte.[76] Ihr digitales, medienökonomisches Geschäftsmodell beruht darauf, die Nutzer möglichst eng und dauerhaft an sich zu binden und deren Daten zu verwerten. Wenn Nutzer*innen aber einfach von einem zum anderen Dienst/ Anbieter/Plattform wechseln könnten, ohne befürchten zu müssen, ihre bisherigen Kontakte zu verlieren, wären sie nicht mehr an das Oligopol der bisherigen Datenhändler gebunden. Die einzelne Plattform würde an Exklusivität verlieren. Genau das befürchten die „Großen", weil dadurch eine Konkurrenz der „Kleinen" bzw. ein freier Markt entstünde. Dies ist bei weitem noch nicht der Fall. Schaut man auf die sogenannten digitalen *Big Five* (Apple, Google, Microsoft, Amazon, Facebook) kann man durchaus konstatieren, dass global gesehen fast ein Oligopol bei Datenhandel und Social Media besteht. Alternativanbieter (WhatsApp, YouTube[77]) wurden schnell von den Großen aufgekauft bzw. gehörten ohnehin zu deren Firmenimperium. Mit ihrem enormen Kapital konnten sie sich durch verschiedene *joint venture*[78] zudem neue innovative Technik sichern. Die Big Five haben kaum Konkurrenz; nicht nur,[79] aber auch weil es keine globale Marktregulierung gibt. Insofern ist ihr Widerstand gegen Regulationen in einem großen Binnenmarkt (der EU) ökonomisch gesehen verständlich. Gesamtgesellschaftlich wiegen aber andere Interessen (etwa das der Verbraucher, anderer neuer Anbieter oder der Allgemeinheit) schwerer. Wettbewerbshüter sollen schließlich den Markt hüten und nicht einzelne Unternehmen.

Für die EU spielt zudem eine Rolle, dass es kaum autonome europäische Anbieter gibt, die mit den US-Amerikanern Schritt halten könnten. Konkurrenz ist allenfalls in China (Alibaba etc.) erkennbar, dort aber in einem staatlich durchregulierten und unter demokratischen Gesichtspunkten fragwürdigen Gesellschaftssystem. Aus Sicht der EU geht es also darum, erstens den Wust an nationalstaatlichen Teilregulierungen zu beenden[80] und zweitens die Markteintrittschancen für neue Anbieter zu erhöhen. Drittens aber vor allem um die demokratische Kontrolle großer Medienanbieter. Denn die sogenannten Intermediäre (vgl. Kap.1) haben nicht nur eine enorme wirtschaftliche Macht errungen, sondern spielen meinungspolitisch eine entscheidende Rolle. Wenn viele Menschen ihre Nachrichten und

---

76 Der Begriff der „Netzexternalitäten" wurde bereits in Bd. 1 (S. 80) bei den medienökonomischen Theorien eingeführt. Seine praktische Entsprechung sind die sogenannten „Netzwerkeffekte". Bei Social Media ist damit gemeint, dass die „Community" mit jedem/r neuen Nutzer*in nicht nur immer größer wird, sondern auch immer mehr Daten (insbesondere bei Diensten, bei denen auch verbrauchergenerierte Inhalte dazu kommen) auswerten kann und so immer attraktiver wird. Zudem aber ist damit gemeint, dass neue Nutzer*innen immer zu dem Dienst/Anbieter gehen, bei dem bereits viele ihrer Kontakte sind und nicht zu einem gänzlich neuen Anbieter, den noch niemand kennt.

77 Der Nachrichtendienst Twitter wiederum wird finanziell u. a. von *„Bezos Expeditions"* abgesichert. Bezos ist Chef und Gründer von Amazon und ihm gehört u. a. seit 2013 auch die *Washington Post*.

78 Der Begriff kann allgemein mit Unternehmenskooperation übersetzt werden. Hier ist damit aber auch gemeint, dass die Big Five massiv Kapital in kleinere IT- und Softwareunternehmen steckten und deren Entwicklungen (oder gleich die Firma selbst) aufkauften.

79 Ein Großteil ihres Erfolgs liegt natürlich auch in ihrer Innovationskraft und darin, dass sie rechtzeitig vor anderen auf dem Markt waren und bei Nutzer*innen beliebte Dienstleistungen und Communities anbieten konnten, bevor es andere taten.

80 Um hier nur ein Beispiel zu nennen: Als Folge nationaler Regulierungsversuche wie dem Netzwerkdurchsetzungsgesetz in Deutschland fürchtet die EU eine Zersplitterung des Binnenmarkts. Aktuell müssen Diensteanbieter wie YouTube, Facebook und auch ihre kleineren europäischen Konkurrenten in jedem Land andere Rechtsvorschriften für das Entfernen von illegalen Inhalten beachten. Mit einem EU-weit gültigen Digital Services Act soll für die Anbieter EU-weit ein verbindlicher Rechtsrahmen vorgegeben werden.

Informationen zunehmend über Suchmaschinen und Social Media erreichen, wird es für „alte" Nachrichtenanbieter und den traditionellen Journalismus immer schwerer, ihre/seine Geschäftsmodelle durchzusetzen. Dies wiederum könnte, mittel- und langfristig gesehen, Risiken für Medienvielfalt und Meinungspluralismus bedeuten.

Um die gezielte Verbreitung von Desinformation (*Fake News*) durch soziale Netzwerke und digitale Nachrichtendienste zu unterbinden, sieht der Kommissionsvorschlag daher auch einheitliche Vorgaben vor. Zudem soll es als Sanktion bei Nichtentfernen „schädlicher Inhalte" vergleichbare Haftungsregeln in jedem EU-Mitgliedsstaat geben. Bislang wird der Umgang damit sehr unterschiedlich gehandhabt. In der Vergangenheit hatten Anbieter von Social Media Plattformen und digitalen Nachrichtendiensten die Position eingenommen, dass diese Inhalte nicht von ihnen, sondern von Nutzer*innen eingestellt worden seien. Sie, die Betreiber, stellten lediglich die Plattform zur Verfügung.

Stellt man eine Analogie zum deutschen Presserecht her, läuft diese Argumentation jedoch schnell ins Leere. Denn Zeitungen oder Onlineseiten sind zwar nicht verantwortlich für den Inhalt von Leserbriefen oder Kommentaren; wenn dort aber (nachweisbare) Falschbehauptungen aufgestellt werden, haben sie die Verantwortung, darauf hinzuweisen und Leserbriefe oder Posts entsprechend zu kommentieren. Einige Online-Medien verzichten daher bewusst bei bestimmten Artikeln auf die Kommentarfunktion, da sie sich personell nicht in der Lage sehen, diese Aufgabe zu übernehmen. Vor allem bei gezielter Hetze besteht für Medienbetreiber in Deutschland die Pflicht, entsprechende Kommentare und Äußerungen zu löschen. Bei Zweifeln wird das Recht auf freie Meinungsäußerung immer höher bewertet, aber auch dieses hat seine Grenzen.[81] Inzwischen haben auch Social Media Betreiber zunehmend ein Eigeninteresse, „schädliche Inhalte" zu entfernen.[82]

Kritik an den EU-Plänen

Es gibt jedoch noch eine andere Sicht der Dinge. Kritiker der geplanten EU-Regulierung warnen vor einem sogenannten *over-blocking*. Damit ist gemeint, dass mehr aussortiert und gelöscht wird als notwendig. Sie befürchten sogar eine neue Form der Zensur, wenn die Regulation zu weit geht. Denn im Endeffekt blieben es Einzelfall-Entscheidungen, wolle man feststellen, ob eine bestimmte Äußerung oder Behauptung „demokratieschädlich" sei. Zudem gäbe es mehr Grenzfälle als eindeutige Verstöße. Denn gerade professionelle Propagandisten und Meinungs-

81 So sind Volksverhetzung, Aufruf zur Gewalt oder persönliche Beleidigungen nicht von der Meinungsfreiheit gedeckt und können geahndet werden. Auch das Verbreiten staatsfeindlicher Symbole oder die Werbung für eine terroristische Gruppierung sind verboten.

82 Erstens müssen sie schon jetzt mit juristischen Folgen rechnen, wenn sie es nicht tun. Zweitens aber schadet es auf Dauer dem eigenen Image. Es dauerte zwar lang, aber im US-Präsidentschaftswahlkampf 2020 hat Twitter schließlich zunächst die Falschaussagen des damals amtierenden Präsidenten Trump entsprechend kommentiert. Dann, nachdem Trump-Anhänger das Kapitol stürmten und sich der Präsident nicht davon distanzierte, entschloss sich Twitter (und auch Facebook) dazu, seinen Account zu sperren. Dies war allerdings ein einmaliger Vorgang. Der Präsident selbst hatte sich nicht mehr an demokratische Spielregeln gehalten. Zur anschließenden, generelleren Diskussion über die Rolle von Social-Media-Plattformen in einer Demokratie vgl. https://www.heise.de/news/US-Netzfreiheitskaempfer-Trumps-Rauswurf-bei-Twitter-war-unerlaesslich-5030157.html (20.1.20, 17.30 Uhr MEZ).

manipulierer würden schon heute die juristischen Vorgaben sehr genau kennen und immer exakt auf dem Grat des gerade noch Erlaubten wandern.

Abgesehen von dieser Kritik stellen sich praktische Fragen bei der Entfernung oder Sperrung von Inhalten. Soll man die Accounts von Nutzer*innen gänzlich sperren, die mehrfach Falschbehauptungen bzw. staatsfeindliche Aufrufe selbst aufgestellt, geliked oder verlinkt haben oder nur die jeweiligen Einträge? Gibt es eine Differenzierung zwischen eigenen Äußerungen und dem Liken oder Teilen von schädlichen Inhalten? Kann man die Identifizierung von schädlichen Inhalten einem Betreiber überlassen? Oder ist dies nicht Aufgabe einer staatlichen Stelle? Besteht dann aber nicht die Gefahr der Zensur? Dies sind nur einige Einwände, die beim Sperren und Löschen von Nutzeraccounts oder Inhalten zu beachten sind.

Daher sieht der EU-Vorschlag, ebenso wie andere bereits existierende Gesetze (deutsches Netzwerkdurchsetzungsgesetz), ein Beschwerdemanagement vor. Den Betreibern wird eine angemessene Frist gesetzt, um Inhalte zu löschen. Zudem besteht die Möglichkeit, die Prüfung der Inhalte an eine Einrichtung der freiwilligen Selbstkontrolle (FSK) abzugeben. Weiterhin kann in Streitfällen ein Mediator eingesetzt werden. Erst als letzter Schritt, falls Betreiber wiederholt Inhalte, gegen die Beschwerden vorliegen, nicht entfernt haben, greift die Haftung und können Bußgelder verhängt werden. Die Zensurgefahr ist also geringer einzuschätzen als das Schutzbedürfnis der Bevölkerung und die Angleichung an bestehende Vorschriften im nicht-virtuellen Raum. Denn letztlich geht es um „Spielregeln", die im analogen Bereich seit Jahren gelten. Für traditionelle Medienbetriebe gibt es vergleichbare Vorschriften im Presserecht, für Privatleute im Zivilrecht. Aufrufe zur Gewalt, Volksverhetzung, Beleidigung oder üble Nachrede sind auch im „privaten Raum" verboten.

Aber natürlich stellt sich bei Social Media viel grundsätzlicher die Frage nach der Privatheit und Öffentlichkeit. Durch Social Media verbreitete staatsfeindliche Schriften, Aufrufe zur Gewalt, offener Rassismus etc. – bei alldem handelt es sich nicht um private Kommunikation. Diese Texte, Töne und Videos richten sich bewusst an Dritte, nach außen an die Öffentlichkeit. Mit dieser Überlegung kehren wir gedanklich zurück zum Ausgangspunkt dieses Bandes und zu den veränderten Öffentlichkeiten.[83] Die Veränderung der Öffentlichkeit bzw. das Entstehen neuer Öffentlichkeiten ist aber nur zu verstehen, wenn man einen Blick auf die Medientechnik und Medieninnovationen der vergangenen zwei Dekaden wirft. Dies führt uns zum nächsten Kontextfeld und zum bestimmenden Faktor des medientechnischen Apriori.

3. Medientechnik und Medieninnovation: Was hat sich geändert?

Sowohl im ersten Band als auch im ersten Kapitel dieses Teils wurden schon Antworten auf diese Frage vorweggenommen. Um jedoch die Tragweite der durch die Digitalisierung entstandenen Umwälzungen zu verstehen, soll nun nochmals

83 Zu den verschiedenen Öffentlichkeitsbegriffen und Modellen vgl. auch Bd 1, S. 145ff.

aus praktischer Sicht ein Blick auf Öffentlichkeitstheorien und mediale Techniktheorien geworfen und deren Relevanz für den Alltag herausgestellt werden.

Bleiben wir zunächst noch beim letzten Absatz des vorangegangenen Kapitels und starten wir den neuen Gedankengang bei den veränderten Öffentlichkeitsbegriffen. Sowohl im klassischen Agora- wie im Arenamodell (vgl. Band 1, Öffentlichkeitstheorien) wird unterstellt, dass sich Menschen zusammenfinden, um über Themen allgemeiner gesellschaftlicher Relevanz und Staatsangelegenheiten entweder rational zu diskutieren oder interessengeleitet zu streiten. Beides Mal liegt das Ziel nicht allein darin, seine Meinung zu äußern. Vielmehr sollen andere (Beteiligte oder Zuhörer der Debatte) überzeugt, umgestimmt oder zu bestimmten Handlungen animiert werden. Dies hat sich in der digitalen Welt nicht grundlegend geändert, insofern gibt es bei der Intention der öffentlichen Kommunikanten keine grundlegende Veränderung. Worin liegt sie dann?

Agora- und Arenamodelle gingen ursprünglich von Versammlungsöffentlichkeiten aus. Denn nur hier bestand die Möglichkeit, verschiedene Meinungen direkt miteinander auszutauschen. Im Zeitalter der Massenmedien (20. Jahrhundert) übernahmen dann Zeitungen und elektronischen Medien diese Aufgabe. Selbstredend blieben die Versammlungsöffentlichkeiten erhalten. So kamen und kommen auf einem Parteitag – um nur ein Beispiel zu nennen – die Mitglieder einer Partei zusammen. Einer breiten Öffentlichkeit wurden die dort geäußerten Positionen und Meinungen jedoch nur durch die Massenmedien bekannt. Diese hatten ein Vermittlungsmonopol und wirkten als Filter (Gatekeeper), da sie nicht alles berichteten (berichten konnten) bzw. das Berichtete bisweilen schon einen Kommentar darstellte, allein durch die Auswahl der vorgestellten Positionen.

Im Digitalzeitalter ist dies nun nicht mehr der Fall. Jede einzelne Parteitagsdelegierte, um beim Beispiel zu bleiben, kann per Twitter, Facebook, Instagram oder via anderer (sozialer) Medien bereits während des Ereignisses oder während einer Abstimmung seine eigene Position mit der Welt teilen. Umgekehrt aber kann auch jeder Parteitagsdelegierte Nachrichten aus der Umwelt empfangen, seien es Informationen der (nach wie vor bestehenden) Massenmedien, anderer Teilöffentlichkeiten (z. B. aus dem Wahlkreis) oder Meinungen und Einstellungen von Jedermann. Und dies global, falls der Parteitag ein entsprechendes Interesse hervorrufen sollte. Dies ist mit dem Begriff der „many to many-Kommunikation" (Viele zu Viele-Kommunikation) gemeint.

So gesehen könnte man argumentieren, dass die Versammlungsöffentlichkeiten des Arena- und Agora-Modells schlicht erweitert wurden, da nun auch Nicht-Anwesende in die Diskussion einbezogen werden können. Exakt dies ist bereits die erste Veränderung. Im klassischen Modell war das nicht der Fall, es konnten nur die Anwesenden diskutieren. Daher wiederum brauchte es die Massenmedien, z. B. bei der TV-Übertragung der Rede der Parteivorsitzenden. Diese war aber noch eine „one to many-Kommunikation" (Einer zu Vielen-Kommunikation). Ein oder mehrere Sender übertrugen die Rede an die breite Öffentlichkeit. Diese konnte darauf aber nicht unmittelbar reagieren. Denn es fehlte der Rückkanal. Dieses ist nun möglich, allerdings nur medienvermittelt. Der Rückkanal ist die zweite, schwerwiegende Veränderung.

Dies jedoch hat weitreichende Folgen. Dass sich theoretisch jedermann, jederzeit von jedem Ort aus an jeder Diskussion beteiligen kann, bedeutet noch lange nicht, dass er/sie es auch tut. Im Gegenteil: Die meisten Menschen werden sich nur an Diskussionen beteiligen, die sie persönlich betreffen oder interessieren. Dadurch entstehen zahlreiche Teilöffentlichkeiten. Die im 19. und 20. Jahrhundert von traditionellen Massenmedien konstruierte gemeinsame Öffentlichkeit gibt es so nicht mehr.

„Alles was wir über die Gesellschaft wissen (...), wissen wir über die Massenmedien" schrieb der Soziologe Niklas Luhmann in seinem Werk „Realität der Massenmedien". Dies trifft verstärkt zu. Nur sind es heute andere Massenmedien mit anderen Wirkungsweisen. Dies scheint eine banale Erkenntnis zu sein, ist aber zugleich die wichtigste.

Denn im Gegensatz zu traditionellen Massenmedien, die allein durch ihre Themenauswahl vorbestimmten, worüber Menschen in politischen Dingen sprachen (vgl. Agenda-Setting-Theorie, Bd.1, S. 256ff.), verhält sich dies bei sozialen Medien anders. Nachrichteninhalte sind dort in einen Strom von Inhalten eingebettet, der schnell vorbeigleitet und indem Wichtiges und Banales, Persönliches und Politisches gleichberechtigt um die Aufmerksamkeit der Nutzer*innen buhlen. Auf der anderen Seite besteht für Nutzer*innen die Möglichkeit, Nachrichten und politische Informationen sehr selektiv nach ihren eigenen Vorlieben (vgl. Uses- and Gratifications-Ansatz, Bd.1, S. 240ff.) auszuwählen. Das Problem der selektiven Wahrnehmung von Informationen wurde bereits in 1.1. dieses Bandes beim Stichwort *Intermediäre* angesprochen. Die Berichterstattung der traditionellen Medien und ihr klassischer Journalismus ist nur noch eine von vielen Informationsquellen.

Dies soll hier, wie bereits im ersten Band, weder als gut oder schlecht bewertet werden. Filterblasen entstehen nicht automatisch, sondern durch die aktive Nutzung von (sozialen) Medien. Nutzer*innen können im Digitalzeitalter vielfältiger auswählen, welche Quellen sie zur Informationsgewinnung nutzen. Gleichzeitig wird es jedoch schwieriger, diese Quellen einzuschätzen. Nutzer*innen können selbst verschiedene Positionen und Fakten recherchieren und brauchen nicht mehr zwingend Journalisten dazu. Ebenso können sie selbst als Journalisten auftreten und Dritte mit Informationen versorgen. Ob Nutzer*innen dazu aber auch die notwendige, professionelle Medienkompetenz besitzen, die Zeit dafür oder ob sie es auch wollen, sind andere (weitreichende) Fragen. Doch die sollen hier gar nicht mehr diskutiert werden. So oder so sind gleiche, allgemeingültige Spielregeln für die Meinungsverbreitung notwendig, damit gezielte Desinformation oder Propaganda unterbunden werden kann.

Hier ging es darum aufzuzeigen, was mit der Veränderung von Öffentlichkeiten gemeint war und welche Entsprechung Öffentlichkeitstheorien in der Praxis haben. Die erwähnten Veränderungen sind nur durch ein neues medientechnisches Apriori möglich geworden.

Medientechnisches Apriori in der Praxis

Flugblätter und Handzeitschriften wurden durch Papier und entsprechende Druckverfahren möglich. Aber erst die Rotationsmaschine (und nicht das Hoch- oder Tiefdruckverfahren) ermöglichte das Entstehen von Tageszeitungen und einer Massenpresse. Durch die Entdeckung des Phänomens des Elektromagnetismus ist der Erfindung des Fernsprechers (Vorläufer des Telefons) zu erklären. Aber erst durch den Nachweis elektromagnetischer Wellen wurden drahtlose Übertragungen (Funk und Radio) möglich. Die (Medientechnik-)Geschichte ließe sich bis heute nach diesem Prinzip weitererzählen. Der springende Punkt sollte bereits klar geworden sein. Am Anfang jeder massenmedialen Entwicklung steht die Technik. Sie ist der bestimmende Faktor, denn sie legt fest, was überhaupt mit einem neuen Medium grundsätzlich möglich ist. Ob aus einer Medieninnovation dann ein Massenmedium wird oder eine neue Technik von Menschen gebraucht wird, hängt von zahlreichen anderen Faktoren ab. Das medientechnische Apriori bleibt aber immer der Ausgangspunkt. Mit diesem Begriff ist nicht nur gemeint, dass die technische Innovation die grundsätzlichen Möglichkeiten der Anwendung vorgibt, sondern auch, dass ein durch die Technik ermöglichtes Massenmedium weite Teile der Gesellschaft „durchdringt". Diese Durchdringung soll hier nicht nur ökonomisch verstanden werden (z. B. Marktreife eines neuen technischen Produkts, Preissensibilität von möglichen Käufern, Markangebot, Gewinnspannen etc.), sondern vor allem gesellschaftlich und kulturell. Auf diesen Aspekt, und damit auf ein weiteres Kontextfeld des Universalmodells, wird im nächsten Kapitel noch näher eingegangen.

Hier soll durch eine Tabelle zunächst verdeutlicht werden, welches Massenmedium welche Nutzungsmöglichkeiten bietet und wie es das Alltagsleben von Menschen beeinflusst (hat) (vgl. Tab. I.3).

Tab. I.3 Massenmedien und ihre additive Anwendung

Massenmedium	Möglichkeit	Nutzung
Radio	Audioübertragung	Information + Unterhaltung, öffentliche Kommunikation
TV	Audio, Video, Grafik	Information + Unterhaltung, öffentliche Kommunikation
Computer (ohne Vernetzung)	Audio, Video, Text, Grafik	Arbeit + Unterhaltung
Mobile Telefonie	Audio, Kommunikation, simultane Interaktion	Arbeit + private Kommunikation
Internet (Web 1.0)	Audio, Video, Text, Kommunikation, zeitverzögerte Interaktion	Arbeit, Unterhaltung, Information, öffentliche Kommunikation

Massenmedium	Möglichkeit	Nutzung
Mail	Audio, Video, Text, Kommunikation, zeitverzögerte Interaktion	Arbeit + private Kommunikation
Social Media (Web 2.0)	Audio, Video, Text, Grafik, Kommunikation, simultane + zeitversetzte Interaktion	Arbeit, Unterhaltung, Information, private Kommunikation, öffentliche Kommunikation, öffentliche Kommunikation von Privaten

Diese Tabelle korrespondiert mit dem additiven Phasenmodell der Medientechnik aus Band 1 (vgl. S. 270 ff.). Sie ist die praktische Entsprechung in Bezug auf die gesamte Medienlandschaft und bleibt nicht auf den Journalismus beschränkt. Da Journalismus sich immer medienvermittelt offenbart, gelten die hier skizzierten technischen Möglichkeiten und deren Nutzung (Abb.4) jedoch gleichermaßen für den Journalismus.

Blickt man auf die Tabelle, wird man unschwer erkennen können, dass erst im medientechnischen Stadium des Web 2.0 alle Nutzungsmöglichkeiten in einem einzigen Massenmedium vereint werden können. Das Endgerät des Web 2.0 ist nicht der stationäre Computer, sondern das Smartphone. Die Anwendungsmöglichkeiten wurden zusammengenommen. Nutzer*innen müssen für verschiedene Tätigkeiten nicht mehr das Gerät wechseln. Dies ist von mir mit ***additiver Anwendung*** gemeint. Weiterhin erkennt man, dass alle anderen Massenmedien (der öffentlichen und privaten Kommunikation) nach wie vor vorhanden sind und dass kein Massenmedium gänzlich durch ein anderes ersetzt wurde. Die additive Anwendung (bzw. die Voraussetzungen dafür) wird auch mit dem Begriff der ***Medienkonvergenz*** beschrieben.

Medienkonvergenz

Dieses Schlagwort wird jedoch nicht immer einheitlich verwendet und bezeichnet verschiedene Entwicklungen und Aspekte. Betrachtet man es technisch, so ist damit das Zusammenwachsen unterschiedlicher Anwendungen und Endgeräte zu einer einzigen technologischen Plattform (z. B. Smartphone oder Smart TV)[84] gemeint. Voraussetzung dafür ist die Digitalisierung gewesen. Im Medienbereich ist damit vor allem gemeint, dass das Ausgangsmaterial (Text, Bild, Ton, Video, Grafik) nicht mehr auf einem körperlichen Datenträger (etwa Papier, Negativ, Senkel, Film) gespeichert wird, sondern in digitaler Form – in Bits und (Terra-)Bytes. Damit wiederum können verschiedene Ausgangsformate gewandelt (konvertiert) und auf verschiedenen Ausgabemedien präsentiert werden. Jedes Wort, jedes Bild, jeder Ton kann digitalisiert werden und dann auf unterschiedlichen Wegen bzw. in unterschiedlichen Kanälen ausgespielt werden. So entsteht technische Konvergenz. Der Begriff lässt sich aus dem Lateinischen (convergere = sich hinneigen, zusam-

84 Vgl. Hess et al. (2011).

menneigen) ableiten und kann in unseren Zusammenhang etwa mit annähern oder zusammenlaufen übersetzt werden. Medienkonvergenz meint also das Zusammenlaufen verschiedener Einzelmedien (z. B. TV und Internet) in einem neuen Ausgabemedium (z. B. Livestreaming per Computer oder auf dem Smartphone). Dass dies (noch) nicht immer störungsfrei verläuft, weiß jede/r Nutzer*in. Aber das ist nicht entscheidend. Vielmehr haben Digitalisierung und Medienkonvergenz dazu geführt, dass man z. B. einen TV-Beitrag auf dem Handy anschauen oder mit demselben Endgerät eine Radiosendung als Podcast hören kann. Die letzte Stufe der Medienkonvergenz wäre das Zusammenlaufen (und damit allmähliche Verschwinden) der früheren Medien in einem einzigen (Massen-)Medium.

Dieses Szenario wird mit der sogenannten *Substitutionshypothese* begründet. Ein Massenmedium ersetzt das andere. Der Fernsprecher und der Telegraf wurden durch Telefon und Internet obsolet, es gibt sie nicht mehr. Alte Medien werden durch neue Medien ersetzt (substituiert), so die These. Die neuen Medien treten an die Stelle der alten, weil sie mindestens dieselben (oder weitere) Funktionen und Anforderungen besser bedienen können als die alten Medien. Diesem Szenario widerspricht hingegen die *Komplimentaritätshypothese.* [85] Sie besagt, dass alte und neue Medien nebeneinander Bestand haben können und ein neues Medium ein altes nicht automatisch verdrängt. Dafür spricht beispielsweise die Tatsache, dass es das lineare TV oder Radio immer noch gibt und das klassische Buch neben dem E-Book gleichermaßen Käufer findet. Hier soll weder der einen noch der anderen These zugestimmt werden. Vielmehr wurde mit dem additiven Phasenmodell ein Modell entworfen, das beide Thesen in Einklang bringt. Letztlich bleibt auch im digitalen Zeitalter die Frage entscheidend, was Menschen mit Medien machen, wie sie sie nutzen (vgl. Kap. 2). Festzuhalten ist aber auch, dass (neue) Medien das Nutzungsverhalten von Menschen verändern und, wie gezeigt, sämtliche Lebensbereiche durchdrungen haben. In diesem Zusammenhang soll noch einmal an ein Zitat aus dem ersten Band erinnert und dieses zum Teil wiederholt werden: „Wir nehmen den Umgang mit Medien als so selbstverständlich hin, dass wir uns nicht immer im angemessenen Umfang ihrer prägenden Wirkung bewusst sind“[86] Auch wenn Medien kein Eigenleben oder autonomes Handeln unterstellt wird, stellt sich in Hinblick auf die voranschreitende Medienkonvergenz aber die Frage: Was macht die Verwendung von Medien mit den Menschen? Ein noch detaillierterer Blick auf die Verwendung von Social Media böte sich hier für die Forschung an.

Eine weitere Verwendung des Begriffs Medienkonvergenz bezieht sich eher auf den ökonomisch-organisatorischen Zusammenhang. Dort wird mit Medienkonvergenz das Zusammenwachsen der ehemals unabhängig voneinander existierenden Medien-, IT- und Telekommunikationsbranche bezeichnet. Nicht zuletzt bezeichnet der Begriff aber auch das Zusammenwachsen von Inhalten. Denn im kommunikationswissenschaftlichen Verständnis ist ein Medium mehr als die reine Kommunikationstechnik der Übertragung. Für den Journalismus bedeutet dies

85 Hier nicht zu verwechseln mit der gleichnamigen Hypothese aus der Nachrichtenwertforschung, die besagt, dass ein Nachrichtenfaktor durch einen anderen ausgetauscht werden kann.

86 Ströhl 2014: 180.

konkret, dass Rechercheergebnisse und Materialen (etwa Interviews, Grafiken, O-Töne) sowie Produkte (etwa Videos, Audios und Texte) nicht mehr nur für ein Medium allein produziert und dort verbreitet werden, sondern für bzw. in mehreren Kanälen:

> „Durch die digitale Vereinheitlichung von Inhalten und die technische Annäherung von bislang unverbundenen Medienplattformen sowie Ausspiel- und Allokationskanälen kommt es zu intermedialer Konvergenz: Inhalte lassen sich beliebig austauschen und leicht modifizieren, sodass sie zunehmend hybrid beschaffen sind, d. h. nicht mehr ausschließlich einer definierten Mediengattung zuzuschreiben sind" (Geser 2014: 48).

Dieser Gedanke führt uns im zweiten Kapitel zu den Trends und Entwicklungen, sowohl aus Produzenten- als auch aus Nutzersicht. Denn wie bereits angesprochen, spielen neben dem medienpolitischen Primat, dem medienökonomischen Imperativ und dem medientechnischen Apriori noch weitere Faktoren für den aktuellen digitalen, audiovisuellen Journalismus eine entscheidende Rolle. An dieser Stelle wird somit das Kontextfeld der Medientechnik verlassen und in das Kontextfeld der soziokulturellen Verhältnisse gewechselt.

Literatur:

Dreyer, S.; Schulz, W. (2018): Was bringt die Datenschutz-Grundverordnung für automatisierte Entscheidungssysteme? Gutachten zur neuen Datenschutz-Grundverordnung im Auftrag der Bertelsmann-Stiftung. Bertelsmann Stiftung, Gütersloh.

Kaumanns Ralf, Siegenheim Veit, Sjurts Insa (Hrsg.) Auslaufmodell Fernsehen? S. 390, Gabler, Wiesbaden. https://doi.org/10.1007/978-3-8349-8785-3_30+ (19.10.2020, 16.05 MEZ).

Geser, Marc-Etienne (2014): Strategieperspektiven für TV 2.0, The Business of Entertainment. Medien, Märkte, Management, Springer Fachmedien, Wiesbaden.

Hess, J., Ley, B., Ogonowski, C., Wan, L. & Wulf, V., (2011). Cross-Media@Home: Plattformübergreifende Nutzung neuer Medien. In: Eibl, M. (Hrsg.), Mensch & Computer 2011: überMEDIEN|ÜBERmorgen. Oldenbourg Verlag, München, S. 11–20.

Paal, Boris B. (2018): „Medienkonzentration zwischen Kartell- und Medienrecht". In: Eifert, Martin, Gostomzyk, Tobias (Hrsg.), Medienföderalismus, Nomos, Baden-Baden, S. 87–120.

Przeworski, Adam (2020): Krisen der Demokratie, Berlin, Suhrkamp.

Ströhl, Andreas (2014): Medientheorien kompakt. Konstanz, UTB.

II. Entwicklungen und Trends

In diesem Teil kommen die praktischen Aspekte zur Sprache, die aus dem Kontextfeld der Medientechnik in das Kontextfeld der soziokulturellen Voraussetzungen verweisen und dort zugeordnet werden müssen. Es geht also nicht um Medientechnik, sondern um den Gebrauch von Technik durch Menschen. Der Begriff Entwicklungen bezieht sich zeitlich gesehen primär auf die zurückliegenden zehn bis fünfzehn Jahre. Es werden aber auch längerfristige Entwicklungslinien seit den 1990er Jahren angesprochen. Der Begriff Trend sollte hier nicht mit Moden, also dem, was kurzfristig „en vogue" ist, verwechselt werden. Denn dann müsste dieses Kapitel mindestens alle zwei Jahre umgeschrieben werden. Entwicklungszyklen digitaler Neuerungen werden immer schnelllebiger. Das wurde schon in anderem Zusammenhang mit dem Schlagwort von der Beschleunigung der Zeit beschrieben. Waren gestern noch One-Pager in Mode, sind es heute Insta-Stories und Audio-Apps wie Clubhouse und morgen neue immersive Medienformen. Das Erkenntnisinteresse dieses Buches liegt jedoch darin, auf strukturelle Veränderungen aufmerksam zu machen und diese zu kontextualisieren. Mit dem Begriff Trend wird daher die Art von Veränderungen bezeichnet, von denen anzunehmen ist, dass sie zu einer längerfristigen Entwicklung führen.

Beginnen wir diesen Teil mit einem Blick auf die Seite der Nutzer*innen.

1. Mediennutzung und Distribution

An verschiedenen Stellen wurde hier und im ersten Band schon auf die Veränderungen hingewiesen, die als Folge der Digitalisierung und Medienkonvergenz zu Tage getreten sind. Nicht alles soll daher wiederholt werden, zum Teil werden jedoch angesprochene Punkte weiter erläutert und mit Zahlen und Daten untermauert. Dabei wird kein Anspruch auf Vollständigkeit erhoben. Es konnten bei weitem nicht alle, zur Verfügung stehenden Studien und Untersuchungsergebnisse ausgewertet werden. Vielmehr geht es wieder um eine exemplarische Auswahl. Die Auswahl erfolgt in Hinblick auf die Argumentationslinie und die Anwendung des Universalmodells mit seinen Kontextfeldern.

Zusammenfassung bisheriger Erkenntnisse

Das Feld der gesellschaftlichen Ordnung bestimmt die Grenzen, in denen sich digitaler, audiovisueller Journalismus bewegen kann. Gemäß der bisherigen Argumentation bewegen wir uns in einem demokratisch-sozialstaatlichen Mediensystem.[87] Dies bedeutet, Journalismus ist möglich und wird staatlich geschützt. Die Kommunikationsfreiheiten sind durch die Verfassung garantiert, jeder Mensch hat das Recht, Journalismus zu betreiben und sich aus allgemein zugänglichen Quellen ungehindert informieren zu können. Weiterhin habe ich argumentiert, dass im Feld der Medienökonomie ein System der freien Markwirtschaft fest etabliert ist. Wettbewerb und Meinungspluralität sind durch medienpolitische Vorgaben gesichert. Der medienökonomische Imperativ bleibt jedoch ausschlaggebend. Journa-

87 Vgl. dazu Bd.1., Abb. 9, S. 324.

lismus braucht funktionierende Geschäftsmodelle, um überlebensfähig zu bleiben. Abgesichert werden Angebotsvielfalt und informationelle Grundversorgung der Bürger*innen daher zusätzlich durch den öffentlichen-rechtlichen Rundfunk, der aufgrund seiner Gebührenfinanzierung (Haushaltsabgabe) finanziell von der gesellschaftlichen Gemeinschaft getragen wird. Hier gilt ein medienökonomischer Imperativ ex negativo. Das duale Rundfunksystem bzw. heute Mediensystem bleibt auch im Digitalzeitalter gesichert. Es wurde durch mehrere Grundsatzurteile gestärkt und ein neuer Medienstaatsvertrag soll medienpolitisch regulativ eingreifen. Im Feld der Medientechnik wiederum sind durch das veränderte medientechnische Apriori neue Kanäle und Dienste (z. B. Social Media) entstanden, die einerseits partizipativen Journalismus mit direktem Rückkanal ermöglichen, die andererseits aber dazu geführt haben, dass der „traditionelle" massenmedial vermittelte Journalismus (Zeitungen, Radio- und TV-Sender) sein Alleinstellungsmerkmal als Gatekeeper verloren hat. Seine Rolle hat sich zum Gatewatcher[88] verändert und zu einem Informationsanbieter von mehreren. Ebenfalls, durch das veränderte medientechnische Aprori bedingt, sind neue digitale Öffentlichkeiten (Kontextfeld der Öffentlichkeit) entstanden. Deren „Spielregeln" (z. B. Bewerten und Teilen) unterscheiden sich von denen der klassischen Medienöffentlichkeit, die noch nicht von user generated content und direkten Feedback-Möglichkeiten geprägt war.

Wir wissen aus praktischer Sicht, wie der digitale, audiovisuelle Journalismus umhüllt ist und welche Bedingungen und Voraussetzungen ihn bestimmen. Was wir noch nicht wissen ist, wie er von wem in welcher Form genutzt wird. Dieser Frage wenden wir uns nun zu.

Internet und Smartphone als neuer Standard

Wifi-Hotspots im öffentlichen Raum oder WLAN-Zugang in Zügen, Restaurants und Hotels; Short-Messages via Whats-App zur Bestätigung der privaten Verabredung; Google-Suchanfragen vom Handy etc. pp. Wir leben in einer webbasierten Welt. Die Zahl der Internetnutzer ist in der zurückliegenden Dekade (Zeitraum 2001 bis 2019) von 37 Prozent auf 86 Prozent der Gesamtbevölkerung gestiegen.[89] Laut ARD-ZDF Onlinestudie lag der Anteil im Jahr 2020 sogar bei 94 Prozent.[90] Die ARD-ZDF Onlinestudie befragte die deutschsprachige Bevölkerung ab einem Alter von 14 Jahren. Das Internet ist aus dem Leben der Deutschen nicht mehr wegzudenken. Es ist Alltag geworden und gehört zum festen Bestandteil der Medienkultur.[91]

---

88 Vgl. dazu auch: Bruns, Axel (2009): *Vom Gatekeeping zum Gatewatching*. In: Journalismus im Internet, Neuberger, Christoph, Nuernbergk, Christian, Rischke, Melanie Springer VS, Wiesbaden, S. 107–128.

89 Quelle: https://de.statista.com/statistik/daten/studie/13070/umfrage/entwicklung-der-internetnutzung-in-deutschland-seit-2001/ (25.1.2021, 17.04 MEZ).

90 Quelle: https://www.ard-zdf-onlinestudie.de/files/2020/2020-10-12_Onlinestudie2020_Publikationscharts.pdf (25.1.2021, 17.04 MEZ).

91 Dass Menschen mit und (manche) in den Medien leben und wir damit zurecht von einer Mediengesellschaft und Medienkultur sprechen können, bestätigt die tägliche Nutzungsdauer von 11,5 Stunden (rund 2 Stunden davon für reine Kommunikation, der Rest für Medienaktivitäten). Quelle: SevenOne Media AG Research, einsehbar unter: https://indd.adobe.com/view/38e7b77a-ef71-4562-9d73-e5e9abof15ca (25.1.2021, 17.04 MEZ).

Ebenso verhält es sich mit dem Smartphone. Nach veröffentlichten Analysen von Deloitte[92] besitzen 89 Prozent der Deutschen ein entsprechendes Endgerät. 94 Prozent davon verwenden es täglich und immerhin noch 51 Prozent der Handybesitzer lesen oder schauen täglich aktuelle Nachrichten damit.[93] Die ARD-ZDF Onlinestudie kam für 2020 auf einen Anteil von 88 Prozent (der Gesamtbevölkerung) bei den Smartphone-Nutzer*innen in Deutschland.[94] Nach dieser Studie nutzen 33 Prozent der Befragten mobiles Internet mindestens wöchentlich für aktuelle Nachrichten, 19 Prozent für Hintergrundartikel zu verschiedenen Themen, sechs Prozent für die Online-Angebote von TV-Sendern.

Mit Blick auf diese Zahlen sehen wir, dass sich die These vom medientechnischen Apriori bestätigt. Weitere Zahlen und Statistiken ließen sich zum Beleg ergänzen.[95] Sie würden jedoch keinen neuen Erkenntnisgewinn bringen. Die Angaben variieren je nach Studie, was meist methodische Gründe hat bzw. in unterschiedlichen Fragestellungen und Versuchsanordnungen angelegt ist. Aber bei aller statistischen Ungenauigkeit und genereller Skepsis gegenüber Methoden der Datenerhebung kommen fast alle mir bekannten, aktuellen Untersuchungen auf einen Durchdringungsgrad von mindestens 80 Prozent bei der Internet- und Smartphone-Nutzung[96] in Deutschland. Auch die These, nur jüngere Menschen (14- bis 29-Jährige) würden diese Techniken aktiv nutzen, kann als widerlegt gelten. Zwar spielen bei allen Untersuchungen die Faktoren Alter, Geschlecht, Bildung und Einkommen eine Rolle. Aber nicht mehr bei der Frage, ***ob*** Smartphones und Internet genutzt werden, sondern bei der Frage, in welchem Ausmaß und zu welchen Zwecken. Das relevante Fragewort für den digitalen Journalismus lautet daher: ***wofür?***

Unübersichtliche Datenlage und methodische Probleme

Auf der Suche nach einer Antwort beziehe ich mich im Folgenden auf eine Reihe öffentlich zugänglicher Forschungsergebnisse und Studien. Gab es noch recht große Übereinstimmung der Ergebnisse in Bezug auf die generelle Nutzung von Geräten, verschiedenen Medien und Diensten, treten bei der Untersuchung der Inhalte größere methodische Unterschiede in den Ergebnissen auf. Dies ist nicht sonderlich verwunderlich. Denn bei der Frage nach den Inhalten kann man nicht rein quantitativ vorgehen, sondern muss qualitative Fragen stellen. Wer nutzt welche Medien, wann zu welchen Zwecken mit welchen Auswirkungen? könnte hier die abgewandelte Laswell-Formel[97] lauten. Sobald man diese Fragen stellt, wird

92 Deloitte ist nach eigenen Angaben die umsatzstärkste Management- und Strategieberatung sowie Wirtschaftsprüfungsgesellschaft der Welt.

93 Quelle: https://www2.deloitte.com/de/de/pages/technology-media-and-telecommunications/articles/smartphone-nutzung-2020.html (26.1.2021, 16.30 MEZ).

94 Quelle: https://www.ard-zdf-onlinestudie.de/geraetenutzung/ (26.1.2021, 16.30 MEZ).

95 Weitergehend interessierten Leser*innen sei die Seite der Deutschen Gesellschaft für Onlinestudien empfohlen. Vgl. www.dgof.de Hier finden sich immer wieder Publikationen, nicht nur zu konkreten Daten und Zahlen, sondern auch zu Methoden und forschungsethischen Fragen.

96 Vgl. auch die Langzeituntersuchungen des sogenannten „Nonliner-Atlas", inzwischen Initiative D21 (Digital Index): https://initiatived21.de/publikationen/d21-digital-index-2019-2020 / (26.1.2021, 17.36 MEZ).

97 Die ursprüngliche Laswell-Formel (benannt nach dem Politologen und Kommunikationswissenschaftler Harold Dwight Laswell) lautet: Wer sagt was in welchem Kanal zu wem mit welchem Effekt? Sie wurde oft zur generellen Beschreibung der Aufgabenbereiche der Kommunikationswissenschaften zitiert.

schnell deutlich, dass sich verschiedene Wissenschaftsdisziplinen damit befassen dürften.

„Analytisch gesehen tangiert das Phänomen der Mediennutzung zahlreiche Disziplinen von der Philosophie über technische, politische und soziologische Fragestellungen bis hin zu ökonomischen Bereichen, um nur einige zu nennen. All diese Disziplinen sind dabei bezüglich ihres Erkenntnisbeitrags eng miteinander verwoben. Trotz vielfältiger und zahlreicher Forschungsbemühungen ist es weder übergreifend noch innerhalb einer Disziplin gelungen, diesen Forschungsgegenstand in seiner Vielfalt angemessen abzubilden. Neben seiner Komplexität stellt auch die ständige Veränderung von Medien und Medienpraktiken, die wiederum zu neuen Ausgangsbedingungen führen können, die Forschung vor die Herausforderung, diese Prozesse neu zu erfassen, zu analysieren und nachzuzeichnen" Roll (2017: 15f.).

Für unseren Zusammenhang lässt sich die konstatierte Komplexität sehr konkret verdeutlichen. Die Angabe, ob sie ein Handy benutzten und welche Funktionen sie dabei in Anspruch nehmen, können viele Menschen noch einigermaßen verlässlich machen. Lautet die Fragestellung in einer Studie jedoch: „Wozu nutzen Sie das Smartphone und das mobile Internet?", wird es schon etwas ungenauer bzw. kommt es auf die Differenzierung der Fragestellung und die Vorgabe von exakten Auswahlmöglichkeiten an. Können die Befragten etwa nur zwischen „private Zwecken" und „beruflich" unterscheiden, bringt diese Untersuchung für unseren Zusammenhang wenig. Denn wir wissen dadurch noch nicht, was die privaten Zwecke sind, bzw. müssten nochmals unterscheiden, etwa zwischen „Private Nachrichten versenden, SMS", „E-Mails checken", „Suchmaschinen nutzen", „Videos anschauen", „Fotos machen", „Medienangebote konsumieren". Aber selbst dann wüssten wir immer noch nicht, wie viel digitaler Journalismus auf dem Smartphone konsumiert wird. Medienangebote könnte auch Unterhaltungsangebote meinen, Suchmaschinennutzung sich auf Alltagsfragen ebenso beziehen wie auf die Suche nach einem Online-Artikel einer Zeitung oder die Suche nach einem aktuellen, journalistischen Thema. Mit „Video schauen" können private Videos ebenso gemeint sein wie ein TV-Beitrag aus der tagesschau-App. Der entscheidende Punkt dürfte bereits klar geworden sein.

Es braucht sehr detailreiche und selektive Fragestellungen. Selbst bei der Frage: „Wie oft und wie lange nutzen Sie täglich journalistische Angebote über Ihr Smartphone?", bleibt Interpretationsspielraum. Denn für eine Gruppe der Befragten könnte „journalistische Angebote" nur Online-Artikel von Zeitungen bedeuten. Sie würden unter Umständen den TV-Beitrag auf YouTube nicht dazu rechnen oder ihren Lieblings-Podcast. Von einer anderen Gruppe von Befragten wiederum könnten alle Informationen zu aktuellen Themen als Journalismus (miss)interpretiert werden und sie würden unter Umständen auch den Twitter-Post eines Politikers oder eines Wissenschaftlers dazu zählen. Die Festlegung darauf, was als Journalismus verstanden werden soll, ist im Digitalzeitalter selbst für Wissenschaftler*innen nicht mehr so eindeutig bzw. nur differenziert zu klären (vgl. Bd 1. Unterkapitel Journalistische Qualität, S. 220ff.). Für normale Verbraucher*innen ist sie im Alltag viel schwerer zu beantworten. Bisweilen werden journalistische

Angebote unbewusst genutzt und nicht als solche identifiziert. Zudem vermengt sich die Nutzung journalistischer und nicht-journalistischer Angebote, z. B. bei Twitter oder anderen Social Media.

1.1 Annäherung an relevante Zahlen und Daten

Für uns bedeutet dies, dass wir uns bei der Antwort auf die Frage: „Wo und wie wird digitaler audiovisueller Journalismus genutzt?“, der Realität immer nur annähern und nicht zwingend von empirisch bestätigten Fakten ausgehen können. Aber es ist keineswegs so, als ob es keine deutlichen Anhaltspunkte gäbe. Bereits bei der schon zitierten ARD-ZDF-Onlinestudie konnten wir einige relevante Daten finden. Definiert man „aktuelle Nachrichten“, „Online-Videos von TV-Sendern“ und „Hintergrundberichte zu verschiedenen Themen“ als journalistische Angebote, so käme zusammengerechnet eine Zahl von 58 Prozent der Smartphone-Nutzer*innen heraus. Da aber Doppelnennungen möglich waren und da „Online-Videos von TV-Sendern“ auch nicht-journalistische Angebote einschließt, ist diese rechnerische Prozentzahl mit entsprechender Vorsicht zu behandeln. Es bleiben Ungenauigkeiten.

Ebenso verhält es sich bei einer Statista-Erhebung von 2017.[98] Dort gaben 69 der Befragten an, ihr Smartphone für Nachrichten zu nutzen. Aus dem entsprechenden Teil der frei zugänglichen Befragung wird allerdings nicht ersichtlich, ob mit dem Begriff „Nachrichten“ private Nachrichten (SMS) oder tagesaktuelle, journalistische Nachrichten gemeint waren oder ob die Kategorie beides gleichermaßen einschließt.

Ein ähnliches methodisches Problem tritt bei einer Untersuchung des Bundesverbandes der deutschen Digitalwirtschaft von 2018[99] auf. Dort werden unter anderem folgende Antwortrubriken vorgegeben: Nutzung von Social Networks, Nutzung von Apps, Bewertungen von Produkten und Services lesen, Sendungen von TV-Sendern über Mediatheken schauen, Suchmaschinen nutzen, Nutzung von Smart-TV. In jeder davon könnte sich theoretisch auch eine Nutzung journalistischer Angebote finden: Bei den Apps die tagesschau-App, bei den TV-Sendern eine Nachrichtensendung, bei den Social Networks ein Radiobericht. Die Bewertung von Services könnte Ratgeber-Journalismus meinen usw. Genauso kann aber auch nichts davon der Fall sein. Wir wissen es nicht exakt. Immerhin wissen wir aber aus der Studie, dass 84 Prozent der Befragten Online-News lesen. Diese Rubrik dürfte nach allgemeinem Ermessen eine deutliche Zahl an journalistischen Angeboten enthalten. In den anderen bislang zitierten Studien finden sich zwar andere Prozentsätze (51 Prozent bei der Deloitte-Studie, 33 Prozent bei ARD-ZDF-Onlinestudie); aber wir können festhalten, dass mindestens ein Drittel der Smartphone-Nutzer*innen ihr Gerät benutzt, um aktuelle Nachrichten und somit journalistische Angebote zu lesen.

---

98 Quelle: https://de.statista.com/statistik/daten/studie/166150/umfrage/nutzung-von-smartphone-funktionen-in-deutschland/ (27.1.2021, 12.33 MEZ).

99 Quelle: https://www.bvdw.org/fileadmin/user_upload/BVDW_Marktforschung_Digitale_Nutzung_in_Deutschland_2018.pdf (27.1.2021, 17.39 MEZ).

Auch wenn uns die bislang zitierten Studien nur unzureichenden Aufschluss über die konkrete Nutzung des digitalen audiovisuellen Journalismus geben, so liefern sie uns doch indirekte Anhaltspunkte. So kann zum Beispiel die Frage, ob Nutzer*innen digital überhaupt mit journalistischen Angeboten in Berührung kommen, eindeutig mit ja beantwortet werden. Ebenso lässt sich ablesen, dass die Nutzung von Journalismus und anderen Medienangeboten nicht mehr nach Geräten zu unterscheiden ist. Es wird deutlich, dass Radio und Fernsehen nicht mehr auf lineare Ausspielkanäle beschränkt bleiben, sondern die Inhalte zunehmend auch non-linear in Mediatheken, via Apps oder in Social Media konsumiert werden. Allgemeine Mediennutzungsstudien und Untersuchungsergebnisse sagen uns somit indirekt auch immer etwas über die mögliche Nutzung journalistischer Angebote. Es gibt jedoch (mindestens!) eine relevante Studie, die sich ganz explizit der Frage nach der Nutzung journalistischer Angebote widmet.

Reuters Digital News Report

Der Digital News Report[100] wird vom „Reuters Institute for the study of journalism" und der Universität Oxford beauftragt und in 40 Ländern der Welt jährlich erhoben. Der deutsche Teil des Reports[101] wird vom Leibniz-Institut für Medienforschung am Hans-Bredow-Institut (HBI) verantwortet. Im Folgenden werden nur die deutschen Untersuchungsergebnisse herangezogen. Die Studie ist repräsentativ. Befragt wurden nachrichtenaffine Onliner ab 18 Jahren. Die Stichprobe stellt ein strukturgleiches Abbild der Internetnutzenden Bevölkerung hinsichtlich der Variablen Alter, Geschlecht, Region und Bildung dar und wurde dementsprechend gewichtet.

Um ein gemeinsames Verständnis zu schaffen, was in einer ländervergleichenden Untersuchung mit dem Begriff „Nachrichten" gemeint sein solle, wurden den Befragten zu Beginn der Studie eine Definition gegeben. Mit Nachrichten waren Informationen über internationale, nationale, regionale/lokale oder andere aktuelle Ereignisse definiert, die über Radio, Fernsehen, Printmedien oder online (Webseiten und Social Media) zugänglich sind. Wir können hier also a) von journalistischen Angeboten ausgehen und b) davon, dass die Befragung den Durchschnitt der Bevölkerung widerspiegelt. Insofern erscheint mir diese Quelle als valide und aussagekräftig genug, um sie für meine Argumentation heranziehen zu können. Auf weitere Quellen wird daher an dieser Stelle verzichtet. Die im folgenden angegebenen Zahlen stammen aus der angegebenen Quelle Deutscher Digital News Report. Fehler bei der Übertragung oder der Interpretation sind allein mir (dem Autor dieses Buchs) anzulasten.

100 Quelle: https://www.digitalnewsreport.org/ (29.1.2021, 15.52 MEZ).

101 Quelle: https://www.hans-bredow-institut.de/uploads/media/default/cms/media/66q2yde_AP50_RIDNR20_Deutschland.pdf (29.1.2021, 15.55 MEZ). Vgl. auch Hölig, Sascha und Hasebrink, Uwe (2020): Reuters Institute Digital News Report 2020 – Ergebnisse für Deutschland. Unter Mitarbeit von Julia Behre. Verlag Hans-Bredow-Institut Juni 2020 (Arbeitspapiere des Hans-Bredow-Instituts | Projektergebnisse Nr. 50), Hamburg.

Zentrale Ergebnisse des deutschen Digital News Report

Das Nachrichteninteresse und die Nachrichtennutzungshäufigkeit blieben 2020 im Vergleich zu den Vorjahren auf hohem Niveau stabil. 94 Prozent der erwachsenen Onliner nutzen 2020 mindestens mehrmals pro Woche die Nachrichten (2019: 95 Prozent) und 71 Prozent sagten, dass sie sehr oder überaus an Nachrichten interessiert sind (2019: 68 Prozent). Erstmals wurde das Smartphone im Jahr 2020 von einer Mehrheit der erwachsenen Onliner als das am häufigsten verwendete Endgerät zur Nutzung digitaler Nachrichten angegeben (2020: 46 Prozent; 2019: 41 Prozent).

WhatsApp, YouTube und Facebook sind die sozialen Medien, die unter erwachsenen Internetnutzern in Deutschland am weitesten verbreitet sind und dementsprechend auch die Plattformen, auf denen anteilig die meisten Nutzer*innen mit Nachrichteninhalten in Kontakt kommen. 22 Prozent sahen im Jahr 2020 regelmäßig Nachrichten auf Facebook (2019: 22 Prozent), 16 Prozent auf WhatsApp (2019: 16 Prozent) und 14 Prozent auf YouTube (2019: 19 Prozent).

Ein Großteil der erwachsenen Internetnutzer (46 Prozent) hat keine Bedenken, bestimmte Nachrichten zu verpassen, wenn sie Quellen, für die man bezahlen muss, nicht verwenden. Das ist ein deutliches Indiz dafür, dass viele Nutzer hinter Bezahlschranken keine Exklusivität bzw. keinen Mehrwert vermuten, sondern dass die gleichen Informationen aus Quellen verfügbar sind, für die sie nicht zu bezahlen brauchen. Für die Geschäftsmodelle des digitalen audiovisuellen Journalismus ist das ein zentraler Punkt. Gleichzeitig ist die deutliche Mehrheit der erwachsenen Onliner in Deutschland der Ansicht, dass ein unabhängiger Journalismus für das Funktionieren einer Gesellschaft wichtig ist. Knapp vier von fünf Befragten halten ihn für sehr (28 Prozent) oder für äußerst wichtig (51 Prozent). Professioneller digitaler Journalismus hat also kein prinzipielles Nachfrageproblem, aber seine Erlösmodelle sind nicht gesichert. Über die Finanzierung und die Bedeutung des medienökonomischen Apriori habe ich schon gesprochen. Auffällig sind jedoch Meinungsunterschiede in den verschiedenen Altersgruppen der Befragten. Während fast 90 Prozent der über 55-Jährigen einen unabhängigen Journalismus für wichtig hält (88 Prozent), sind es in der jüngsten Altersgruppe der 18- bis 24-Jährigen nur noch 56 Prozent.

Bei der Herkunft der Nachrichten spielt der traditionelle „Rundfunk" die größte Rolle. Insgesamt sagten 70 Prozent, dass sie sich mindestens einmal in der Woche durch das lineare Fernsehen informieren, 45 Prozent hören klassische Radionachrichten. Hinzu kommen 23 Prozent, die Nachrichten von TV- und Radiosendern online konsumieren. Vergleicht man das Internet gesamt mit dem traditionellen Fernsehen, haben sich allerdings im Vergleich zum Vorjahr (2019) leichte Veränderungen ergeben. Beim Fernsehen gab es einen Rückgang um zwei Prozentpunkte, beim Internet einen Anstieg in der gleichen Größenordnung. Diese Veränderung lässt sich hauptsächlich in den mittleren Altersgruppen der 25- bis 54-Jährigen beobachten. Die Nutzung von Online-Angeboten traditioneller Nachrichtenanbieter aus dem Rundfunk- und Printbereich ist in allen Altersgruppen unter 55 Jahren angestiegen. Unter den 18- bis 24-Jährigen waren es 2020

63 Prozent, was einem Anstieg von sieben Prozentpunkten entspricht und unter den 25- bis 34-Jährigen lag die Quote bei 60 Prozent (+ 10 Prozentpunkte). Diese Zahlen können als Indiz dafür gelten, dass klassische TV- und Radionachrichten zunehmend auf dem Ausspielweg Online zu Nutzer*innen finden und ein neuer digitaler, audiovisueller Journalismus Realität geworden ist. Dem widerspricht nicht, dass daneben der traditionell, lineare Ausspielweg von vielen Menschen genutzt wird. Das additive Phasenmodell hat dieses Phänomen bereits theoretisch beschrieben. Die praktische Entsprechung findet sich in den genannten Zahlen wieder. Sie verdeutlichen noch einmal, warum hier von TV **und** AV Journalismus die Rede ist. Es existiert beides nebeneinander ebenso wie es den TV-Journalismus **im** digitalen, audiovisuellen Journalismus gibt.

Werfen wir zum Abschluss dieses Abschnitts und der Betrachtung des Reuters Digital News Report noch einen Blick auf die Social Media. Der Report konstatiert: „Auffällig ist der Anstieg der Reichweite von sozialen Medien als Nachrichtenquelle. In diesem Jahr nutzen 37 Prozent der befragten Onliner diese Plattform als Quelle für Nachrichten.“[102] Dieses Phänomen war in allen Altersgruppen zu beobachten, nicht ausschließlich bei den Jüngeren. Dort aber vermehrt. Zwar bliebt das Fernsehen auf hohem Niveau als Nachrichtenquelle relevant. Aber „(...); langfristig zeigt sich jedoch eine ähnliche Verschiebung wie bei den genutzten Nachrichtenquellen (insgesamt A. d. A). Das Fernsehen wird von weniger Menschen als wichtigste Quelle erachtet, während das Internet in der Gunst der Nutzer*innen ansteigt. Besonders soziale Medien können in der längerfristigen Betrachtung einen wachsenden Anteil verzeichnen.“[103] Dieser Befund gilt wiederum gleichermaßen über alle Altersgruppen hinweg.

Jüngere Altersgruppen und Social Media Nutzung

Schaut man differenzierter auf die jüngeren Altersgruppen, ergibt sich folgendes Bild. 83 Prozent der 18- bis 24-Jährigen nutzen das Internet regelmäßig (im Vgl. dazu TV bei 42 Prozent) und 72 Prozent als Hauptquelle (TV-Vergleich 17 Prozent). 37 Prozent in dieser Altersgruppe geben das Internet als ihre einzige Nachrichtenquelle an (TV-Vergleich 5 Prozent); bei Social Media sprechen 30 Prozent der Jüngeren von ihrer „hauptsächlichen“ Nachrichtenquelle, für fünf Prozent sind die Social Media die einzige Informationsquelle.

Warum zum Schluss dieses Kapitels die Fokussierung auf die jüngeren Zielgruppen? Dieses Kapitel, das uns auf das Kontextfeld der soziokulturellen Verhältnisse geführt hat, ist nicht zufällig mit Trends und Entwicklungen betitelt. Es soll gezeigt werden, was sich bereits verändert hat, was sich in naher Zukunft sehr wahrscheinlich verändern wird, aber auch was sich verändern kann, wenn die Entwicklung weiter voranschreitet wie bisher. Bei der Suche nach einer Antwort auf den letzten Teil der Frage bewegen wir uns selbstredend im spekulativen Bereich. Aber immerhin können wir begründete Vermutungen auf Grundlage bestehender Fakten anstellen. Eine dieser Vermutungen ist, dass jüngere Menschen

102 Deutscher Digital News Report, S. 17.
103 Ders., S. 22.

oftmals einen Trend bei der Nutzung neuer Medien setzen. Diesen Trend gibt es bereits seit einigen Jahren bei den Social Media – auch als Nachrichtenquelle.

Der Vermutung, dass der Trend auch stabil bleiben wird, könnte man widersprechen. So kann man beispielsweise argumentieren, dass jüngere Menschen älter werden und sich dann ihr Mediennutzungsverhalten ändert. Vereinfacht ließe sich das in Bezug auf unseren Zusammenhang so zuspitzen: in der Jugend Social Media als hauptsächliche Medienquelle, im Alter das Fernsehen oder sogar die Tageszeitung. Da die Social Media gerade noch (verhältnismäßig) neu (etwas mehr als eine Dekade alt) sind, ist es folgerichtig, dass sich dort eher jüngere Menschen tummeln. Wenn diese aber älter werden und sich deren Lebensumstände (Beruf, Familie, begrenzte Freizeit) verändern, tritt wieder ein traditionelles Mediennutzungsverhalten ein, das dem der jetzt älteren Menschen ähnelt. So lautet das Gegenargument zu meiner Trendthese.

Dieses Phänomen bezeichne ich mit dem Begriff des *Lebenszyklen-Effekt*. Bestimmte Verhaltensweisen sind durch das Alter geprägt. Dieses Muster bleibt über die verschiedenen Generationen hinweg stabil. Die Jugend wird eher Spaß orientiert sein, junge Erwachsene an Bildung und Karriere interessiert. Menschen, die eine Familie gründen, auf Sicherheit und Stabilität bedacht und an Themen aus ihrer Region interessiert usw. Das Alter, nicht die Zugehörigkeit zu einer bestimmten Generation, ist bei diesem Gegenargument das entscheidende Kriterium. Junge Menschen werden auch einmal alt und tun dann das, was die Alten jetzt tun. Die Alten taten in der Jugend schon das, was die Jugend jetzt tut – so die Argumentationslinie. Spätestens an diesem Punkt sieht man, dass sie in Bezug auf das Mediennutzungsverhalten logische Schwächen aufweist. Denn ein vor 1990 geborener Mensch konnte sich in seiner Jugend nicht in Social Media tummeln. Ein nach 1990 Geborener wiederum wird sich nicht an einen öffentlichen Münzfernsprecher erinnern.

Meines Erachtens spielt beim Mediennutzungsverhalten vielmehr der *Kohorteneffekt*, auch Generationeneffekt genannt, eine wichtige Rolle. Der Begriff der Generation ist jedoch etwas missverständlich. Denn er bezieht sich streng genommen nur auf die entsprechenden Jahrgänge. Als Kohorte hingegen wird eine Gruppe von Personen bezeichnet, denen ein oder mehrere, prägende Erlebnisse gemein sind. Insofern können Kohorten auch jahrgangsübergreifend zusammengesetzt sein. Ein heute 50-Jähriger und ein heute 60-Jähriger könnten also in Bezug auf ihr Mediennutzungsverhalten in derselben Kohorte sein, während dies bei einer heute 35-Jährigen und einer heute 25-Jährigen nicht der Fall ist. Im ersten Fall ist die Medienentwicklung nicht revolutionär vorangeschritten. Im zweiten Fall sehr wohl. Heute 50- und 60-Jährige wuchsen gemeinsam mit dem Fernsehen als Leitmedium auf. Heute 35- bis 40-Jährige wurden noch ohne Smartphone erwachsen, 25-Jährige kannte es hingegen schon als Jugendliche. Der Begriff der Kohorte ist somit auf eine gleichartige kulturelle, in unserem Fall mediale, Prägung bezogen.

Aus dem Kohorteneffekt kann ein entgegengesetzter Schluss gezogen werden als aus dem Lebenszyklen-Effekt. Die medialen Verhaltensweisen und Nutzungsgewohnheiten sind nicht bzw. nur indirekt durch das Alter eines Menschen geprägt.

Vielmehr kommt es darauf an, **wann** sie oder er geboren ist und welcher Kohorte der Mensch angehört. Der wichtige Aspekt ist die nachhaltige Prägung von Vorlieben und Verhaltensweisen in einem frühen Lebensstadium. Auf die Mediennutzung übertragen, bedeutet dies: Ein Mensch, der mit Smartphone und Social Media groß geworden ist, wird nicht zur gedruckten Tageszeitung wechseln, wenn er Rentner ist. Insofern trifft die Trendthese eher zu. Die Jüngeren ziehen bei der Mediennutzung die Älteren nach und nach mit. Ihr Nutzungsverhalten ändert sich nicht grundsätzlich, wenn sie selbst alt werden.

Diesen Kohorteneffekt beobachtet man schon jetzt bei Zielgruppen im mittleren, erwachsenen Alter (ca. 26 bis 34 Jahre), hier im Vergleich zu den Jugendlichen (ca. 12 bis 18 Jahre). Social Media sind dort etabliert. Zwar wechseln viele von Facebook auf Instagramm oder schauen mehr Streamingdienste als traditionelles Fernsehen, aber ein Anbieter-/Distributionswechsel ist kein Medienwechsel. Diese Generation sieht nach wie vor aber auch gern TV. Dies liegt daran, dass sie mit diesem Medium in ihrer Kindheit oder Jugend groß geworden ist. Social Media und TV stellen in dieser Altersgruppe keinen Widerspruch dar. Beide Medien werden in dieser Kohorte auch als Nachrichtenquelle genutzt, wie die zitierten Zahlen des Digital News Reports belegen. Eine massive Rückkehr zur Tageszeitung ist hingegen nicht zu beobachten. Der Lebenszyklen-Effekt tritt also bei zunehmendem Alter der untersuchten Gruppe nicht ein. Die untersuchte Gruppe bleibt bei den Medien, mit denen sie in Kindheit und Jugend groß geworden ist. Interessant wäre es in dem Zusammenhang, die heute 12- bis 18-Jährigen nach ihrer Mediennutzung zu fragen, wenn sie 30 sind. Entsprechende Langzeitstudien zur Mediennutzung kann es aber noch gar nicht geben, weil Smartphone und Social Media noch nicht so alt sind. Was es aber bereits gibt, ist eine Studie zum Medienverhalten der sogenannten „Generation Z".[104] Diese belegt für die Unterhaltung ein völlig anderes Mediennutzungsverhalten; in Bezug auf Journalismus wurde nicht untersucht. Ebenso konstatiert die Studie, dass bereits die Generation vor der Generation Z, gerade nicht zur „alten" Mediennutzung zurückgekehrt ist. Der Lebenszyklen-Effekt ist nicht mehr zu beobachten. Die Mediennutzung werde nicht „erwachsener" mit zunehmendem Alter der Mediennutzer, so die Studie.[105]

Wenn wir wissen, um zum Ausgangspunkt dieses Abschnitts zurückzukehren, dass vor allem Jugendliche Social Media als Nachrichtenquelle nutzen, ist dies zumindest ein aktueller Trend. Wenn wir weiterhin wissen, dass inzwischen in allen Altersgruppen Social Media (auch als Nachrichtenquelle) eine größere Rolle spielen als noch vor fünf Jahren und wenn wir schließlich sehen, dass bereits bei Internet- und Smartphone-Nutzung die jüngeren Zielgruppen die Treiber waren, scheint doch einiges mehr für die Trendsetter-These zu sprechen. Ob aus dem Trend „Nachrichtennutzung über Social Media" eine langfristige Entwicklung entsteht, ist noch nicht absehbar. Denn auch die jüngeren Kohorten vertrauen den traditionellen Medien im Informationsbereich bislang noch stärker als Social

104 Als Generation Z gelten in der Regel die Jahrgänge 1997 bis 2007.

105 Vgl. https://www2.deloitte.com/us/en/insights/industry/technology/digital-media-trends-consumption-habits-survey/summary.html (22.4.2021, 15:47 MEZ).

Media Quellen.[106] Professioneller Journalismus hat bei jüngeren Menschen also derzeit kein generelles Glaubwürdigkeitsproblem. Ob die Jüngeren deshalb aber mit zunehmendem Alter zur traditionellen Distribution (Zeitung, lineares TV und Radio) zurückkehren werden, darf stark bezweifelt werden. Naheliegender ist die Vermutung, dass sie verlässliche Informationen und glaubwürdige Nachrichten (schon jetzt) in Social Media erwarten.

Dieser Gedanke führt uns zu den Produzenten, also den Anbietern journalistischer Angebote. Folgt man der Trendsetter-These bzw. betrachtet schlicht die Veränderungen in der Mediennutzung der vergangenen fünf bis zehn Jahre, gelangt man zu dem Schluss: Das Interesse journalistischer Anbieter muss es sein, ihre Medienmarke auch in Social Media bekannt zu machen und junge Nutzer*innen dort abzuholen, wo sie ohnehin schon sind. Gleichzeitig muss die – vor allem in Deutschland mengenmäßig größere Zielgruppe der Älteren – (noch) weiter in gewohnter Weise bedient werden. Mit Blick auf die Zukunft und die Erkenntnis, dass zumindest die mittleren Altersgruppen bei der Mediennutzung tendenziell den Trends der Jüngeren folgen, wäre eine Fokussierung auf die älteren Bestandskunden fatal. Denn dadurch riskieren journalistische Anbieter perspektivisch gesehen zum Auslaufmodell zu werden. Lediglich auf die Demographie und die höhere Lebenserwartung der jetzt Älteren zu hoffen, wäre nicht nur phantasielos, sondern existenzgefährdend. Bereits beim Zeitungssterben in den 1990er Jahren wurde dies ersichtlich. Im Durchschnitt über 70-jährige Abonnenten sind keine Zukunftssicherung. Es gibt also warnende Vorbilder. Durch das medientechnische Apriori, den medienökonomischen Imperativ und vor allem durch die veränderten soziokulturellen Bedingungen (neue Medienkultur und Mediennutzung) hat der Transformationsdruck für den traditionellen Rundfunk-Journalismus in den vergangenen Jahren zugenommen. Der Wandel zum digitalen, audiovisuellen Journalismus ist Gegenwart geworden.

Distribution und aktuelle Ausspielwege

Wie schon an verschiedenen Stellen ersichtlich wurde, kann der Begriff Rundfunk heute nicht mehr so selbstverständlich verwendet werden wie vor zehn bis zwanzig Jahren. Es gibt lineare und non-lineare Ausspielwege, die Inhalte von TV und Radioanbietern verschwimmen im Web und Social Media mit denen von Medienhäusern und Zeitungen. Hier wird daher eine kurze Übersicht über die Ausspielwege oder Kanäle, auf denen audiovisueller Journalismus heute distribuiert wird, eingefügt. So wird auf einen Blick ersichtlich, was gemeint ist, wenn vom additiven Phasenmodell die Rede ist und warum es nicht möglich ist, Journalismus über seine Ausspielwege zu definieren. Denn diese sind genauso unterschiedlich, wie die Endgeräte, auf denen Mediennutzer*innen Journalismus heute konsumieren.

- Linearer Ausspielweg: TV über Antenne, Satellit, Kabel
- (Live-)Streamings über Web
- Web-TV (Sender)

106 Vgl. die entsprechenden Angaben im deutschen Digital News Report.

- Mediatheken (alle führenden TV-Sender)
- Internetseiten (alle Sender und Medienhäuser)
- Social Media (Instagram, Facebook, etc.)
- Video-Plattformen (z. B. YouTube)
- Mobile Kommunikation (z. B. Social Media auf dem Handy)

Diese Übersicht erhebt keinen Anspruch auf Vollständigkeit. Zu den klassischen Endgeräten (TV, Computer, Handy, Radio) kommt die Welt der *weareables* (Smart Watch, Fitnesstracker etc.)[107] und modernen Sprachassistenten (Alexa, Siri) hinzu. Im Zeitalter des Internet der Dinge kann Journalismus selbst auf Alltags-Gegenständen ausgegeben werden.[108] Für Journalismus-Anbieter bedeutet dies, dass sie sich nicht mehr auf einen Ausspielweg/Kanal konzentrieren können. Dies hat Auswirkungen auf ihre interne Organisation, (digitale) Strategien und Formate.

Im nächsten Kapitel wenden wir uns daher den Veränderungen zu, die aus journalistisch-redaktioneller Sicht als längerfristig zu erkennen sind.

2. Redaktionelle Veränderungen und Senderumbau

In dieses Kapitel fließen die Ergebnisse einer explorativen Umfrage ein, die ich in den Jahren 2017/2018 durchgeführt habe. Dabei habe ich rund vierzig Entscheider, hauptsächlich der öffentlich-rechtlichen Sender, zu aktuellen Entwicklungen im Journalismus und zu ihren Zukunftseinschätzungen befragt. Die Umfrage wurde mit einem Fragebogen unterstützt, die Hälfte diese Fragebögen (also 20) wiederum wurde systematisch ausgewertet.

Teilnehmende der Umfrage

Als Entscheider*innen wurden von mir Personen eingestuft, die redaktionelle und personelle Verantwortung tragen und aufgrund ihrer Funktion zum Zeitpunkt der Umfrage in der organisatorischen Hierarchie auf höherer Ebene anzusiedeln waren. (Abteilungsleiter*innen, Hauptabteilungsleiter*innen, Programmdirektor*innen). Einige der damals Befragten nehmen inzwischen andere Positionen in anderen Sendern ein, zwei sind Intendanten eines öffentlich-rechtlichen Senders geworden. Insofern ist die Umfrage nicht tagesaktuell, was für unseren Zusammenhang jedoch nicht entscheidend ist, da es um längere Entwicklungslinien geht. Wichtig ist hingegen, dass die Befragten in einer Position waren, in der sie Entscheidungen für die Zukunft trafen. Alle Befragten verfügen über langjährige, berufspraktische Kompetenz. Bei der explorativen Befragung handelte es sich um etwa einstündige Face to Face-Interviews. Die Antworten wurden als Hinweise auf interessante Aspekte gesehen, die dann von mir weiterbearbeitet worden sind. Von empirischer Bedeutung sind die Umfrageergebnisse nicht. Sie sind nicht repräsentativ, da auch keine Grundgesamtheit zu ermitteln gewesen wäre. Die Stichprobe ist

107 Wearables sind Computertechnologien, die man über verschiedene Geräte direkt am Körper trägt. Sie sind eine Form des *Ubiquitous Computing* (Allgegenwart der Datenverarbeitung).

108 Vgl. Vicari, Jakob (2019): Journalismus der Dinge, Halem Verlag, Köln.

für allgemeine Aussagen zu klein. Dennoch geben die Antworten der Befragten, in Kombination mit anderen Quellen und empirischen Studien, durchaus einen Einblick, in das, was sich in den vergangenen Jahren im organisatorisch-redaktionellen Bereich getan hat. Als solche Hinweise auf Entwicklungen sollten die Umfrageergebnisse gelesen werden und nicht als klassische Studie.

Der Fragebogen

Bei den Interviews habe ich mich zunächst auf einen Fragebogen gestützt, um dann weiter nachzufragen. Dieser war kein Korsett, sondern eine Leitplanke. Andere, ergänzende Themen wurden von den Befragten von sich aus angesprochen bzw. ergaben sich durch den Dialog.

Der Fragebogen bestand sowohl aus binären Codefragen (ja/nein), als auch aus Einschätzungs- bzw. Zustimmungsfragen. Hier wurden Thesen aufgestellt, die von den Befragten auf einer fünfstufigen Skala von „stimme voll und ganz zu" bis „stimme ganz und gar nicht zu" beantwortet werden konnten. Dazwischen lagen die Pole „stimme teilweise zu", „habe keine Meinung/Einschätzung zu der Frage" und „stimme eher nicht zu". Hinzu kamen offene Fragen, auf die die Befragten frei antworten konnten. Zu Beginn wurden Alter, Geschlecht, Position, formale Bildung und Ausbildung der Teilnehmenden abgefragt. Insgesamt ergab der Fragebogen folgendes Bild:

*Abb. 1 Fragebogen für Entscheider*innen*

	Entscheider innen für Fernsehredaktionen* Prof. Dr. Andreas Elter Variablenzuordnung Stand: 26.4.2018
Variable	**Frage**
	Komplex: Demografische Daten
	Komplex 2: Redaktionelle Organisationsform
V1	Wie ist Ihre Abteilung intern organisiert?
	Komplex 3: Routinen und Arbeitsweisen
V2	Welche Berufsrollen gibt es in Ihrer Organisationseinheit?
V3	Mit welchen anderen Organisationseinheiten des Senders arbeiten Ihre Mitarbeiter täglich zusammen?
V4	Arbeiten die Mitarbeiter Ihrer Abteilung hauptsächlich für Radio, TV, Online oder Social Media?
V5	Inwieweit arbeiten Ihre Mitarbeiter medienübergreifend in Bezug auf Online und Social Media?

V6	Wobei arbeiten Mitarbeiter generell medienübergreifend?
	Komplex 4: Strategie und Definition
V7	Unser Haus/Sender hat eine feste Strategie zum Thema Medienkonvergenz.
V8	Diese Strategie ist allen Führungskräften bekannt.
V9	Diese Strategie ist allen Mitarbeitern bekannt.
V10	Unser Haus hat keine Strategie aber ein Leitbild/Mission in Bezug auf Medienkonvergenz.
V11	Dieses Leitbild ist den Führungskräften bekannt.
V12	Dieses Leitbild ist allen Mitarbeitern bekannt.
V13	In unserem Haus gibt es unterschiedliche Strategien und Leitbilder.
V14	Diese Strategien und Leitbilder sind ineinander verzahnt und in Leitungsrunden miteinander abgestimmt.
V15	Die Strategien und Leitbilder stehen in jeder Organisationseinheit für sich allein.
	Komplex 5: Partizipation und Zuschauerbeteiligung
V16	Wie wichtig ist Ihnen der Dialog mit Ihren Rezipient*innen?
V17	Wie wichtig ist Ihnen die Partizipation der Rezipient*innen generell?
	Komplex 6: Fertigkeiten und Qualifikation
V18	Welche der genannten Fertigkeiten bzw. Tätigkeiten müssen Ihre Mitarbeiter als Gesamtheit oder einzelne Personen besitzen/ausüben? (Mehrfach ankreuzen erwünscht) Insgesamt 20 Auswahlmöglichkeiten.
	Komplex 7: Einschätzung und Thesen
V19	In fünf Jahren ist lineares Fernsehen eher die Ausnahme denn die Regel.
V20	In zehn Jahren werden alle journalistisch relevanten Medien primär webbasiert vermittelt/übertragen werden.
V21	Traditioneller Fernsehjournalismus wird von Rezipienten in der digitalen Welt als weniger bedeutend wahrgenommen.
V22	Andere gesellschaftliche Gruppierungen (Unternehmen, Verbände, Polizei, NGOs, Videoblogger) werden professioneller und übernehmen Aufgaben des traditionellen TV- Journalismus.
V23	In der digitalen Welt ist ein unabhängiger TV-Journalist wichtiger denn je.
V24	Dieser (siehe 5) kann nur durch öffentlich-rechtliche Sender gewährleistet werden.
V25	Dieser (siehe 5) ist durch das duale System von öffentlich-rechtlichen und privaten Free-TV gewährleistet.
V26	Das Duale System muss gegenüber neuen Konkurrenten (Google, Netflix, Amazon, etc.) medienpolitisch „geschützt“ werden, da es eine öffentliche Aufgabe übernimmt.

V27	Nur der öffentlich-rechtliche Rundfunk muss deswegen geschützt werden.
V28	Niemand muss geschützt werden.
V29	Öffentlich-rechtliche Sender müssen stärker (arbeitsteilig) zusammenarbeiten und Doppel-Strukturen abschaffen.
V30	Das werbefinanzierte Fernsehen ist ein Auslaufmodell.
V31	Für journalistischen Premium-Content wird es (ähnlich wie bei der Unterhaltung und im Sport) in ein paar Jahren ein Bezahlpublikum geben.
V32	Für (TV-) Journalismus bezahlt niemand – unabhängig vom Medium. Er wird immer werbefinanziert und quersubventioniert bleiben.
V33	Durch den Abfluss von Werbeeinnahmen werden journalistische Inhalte aus den Free TV verschwinden.
V34	Traditioneller Fernsehjournalismus wird unwichtiger, Cross- und Onlinejournalismus werden wichtiger.
V35	TV-Journalisten haben sich zu weit von der Bevölkerung entfernt.
V36	Die Zukunft des TV-Journalismus wird davon abhängen, wie stark Dialog und Interaktion mit den Rezipienten praktiziert werden.
V37	Es braucht keinen Crossmedia-Journalismus. TV-Journalismus ist bereits konvergenter Journalismus und kann Hypertext sowie Interaktion integrieren.
V38	In fünf Jahren verfügt die Bevölkerungsmehrheit über Smart-TV. Die gesamte Mediennutzung wird über den TV-Bildschirm laufen (also auch Social Media, Online und Radio)
V39	Jetzt bzw. in einigen Jahren verfügt die Bevölkerungsmehrheit (unabhängig von der Altersgruppe) über Smartphones. Auch „TV"-Journalismus wird sich primär dort abspielen, weil die Menschen mobiler geworden sind. Der „Zuhause-Fernseher" wird nur noch (oder fast nur noch) für Unterhaltung genutzt.
V40	Auch in Zukunft wird TV-Journalismus hauptsächlich auf einem „großen" Bildschirm (klassisches TV-Gerät) im heimischen Umfeld konsumiert werden.

Nicht alle Antworten spielen im Kontext dieses Buches eine Rolle, daher werden auch nicht alle Ergebnisse der systematischen Auswertung vorgetragen. Bei den qualitativen, offenen Fragen war eine systematische Auswertung nicht möglich, da sich nicht immer vergleichbare Antworten ergaben, die guten Gewissens hätten einheitlich kategorisiert werden können. Auf die beschränkte Aussagekraft der Umfrage sei daher noch einmal explizit hingewiesen. Dort, wo die Antworten jedoch vergleichbar sind und einen Erkenntnisgewinn ergeben bzw. andere wissenschaftliche Untersuchungen bestätigen, werden sie erwähnt.

2.1 Newsroom-Konzepte

Bei den Antworten auf die erste offene Frage (V1) ergab sich eine deutliche Mehrheit von mehr als 90 Prozent. Bis auf zwei Befragte erwähnten alle, dass sie teilweise oder ganz in der Form eines oder mehrerer Newsrooms organisiert werden bzw. dass eine Umstrukturierung nach diesem Organisationsmodell in naher Zukunft geplant ist oder gerade (zum Zeitpunkt der Befragung) auf ein Newsroom-Konzept umgestellt wird. Eine weitere systematische Erfassung war nicht möglich, weil erstens die Befragten eine zu große Varianz in der Hierarchie aufwiesen. Drei Redaktionsleiter*innen beispielsweise antworteten, ihre Redaktion arbeite noch als Redaktionseinheit, in ihrem Haus (Sender) gäbe es aber das Newsroom-Konzept durchaus als Modell. Zweitens aber hatten die Befragten unterschiedliche Auffassungen über den Begriff bzw. kristallisierten sich bei den Antworten unterschiedliche Newsroom-Konzepte heraus. Diese Unterschiede werden im Folgenden in einer Tabelle dargestellt.

Tab. II.1 Newsroom Konzepte

Newsroom-Konzept	Anzahl der Befragten mit Ja-Antwort (gesamt 18)
Vollständiger Newsroom	9
Newsroom nur in der Aktualität	5
Newsroom/Newsdesk für Fachredaktionen/Ressorts	1
Newsroom bei ausgewählten Fachredaktionen + Aktualität	3

Aus der Befragung lassen sich drei Schlüsse ziehen:

1. Eine deutliche Mehrheit der Sender arbeitet mit Newsroom- Konzepten.
2. Die Newsroom-Konzepte wurden in den TV- und Radiosendern zum Teil erst in den Jahren 2017 bis 2018 eingeführt oder in dieser Phase geändert. Frühere Newsroom-Konzepte (seit etwa 2007) waren davon betroffen und wurden (teilweise) revidiert.
3. Es gibt unterschiedliche Newsroom-Konzepte.

Newsroom-Konzepte sind nicht neu, sie wurden in den USA und Deutschland zunächst von Zeitungen (die Philadelphia Inquirer soll 1994 damit begonnen haben) eingeführt. In Radio- und TV-Sendern in Deutschland setzten sie sich erst später durch. Dort bestand noch bis in die frühen 2000er Jahre meist das Organisationsprinzip der Redaktion. Eine Redaktion betreute eine feste Sendung oder mehrere Ausgaben einer Sendung. Ausnahmen davon waren entweder Redaktionen, die ohnehin immer schon mehrere Sendungen betreuten (etwa die Sport- oder Kulturredaktion, die als Fachredaktionen organisiert wurden) oder die Nachrichtenredaktionen. Hier wiederum gab es, ein als „Newsdesk" bezeichnetes Konzept schon seit den 1990er Jahren, etwa bei tagesschau (ARD-Nachrichtensendung), heute (ZDF-Nachrichtensendungen) oder RTL Aktuell. Ausgesprochene Nachrichtensender (CNN, ntv, N-24) sind im TV-Bereich fast ausschließlich im Newsroom organisiert. Ausnahmen gab und gibt es dort wieder bei den Fachredaktionen (etwa Sport, Wirtschaft, Börse, Hauptstadt-Büros). Bei den öffentlichen-rechtlichen Radiosendern wiederum herrschte das Wellenprinzip vor. Das bedeutet die Redaktionen waren entlang ihrer Welle organisiert (etwa WDR 2 oder WDR 5 beim Westdeutschen Rundfunk), die zentrale Nachrichtenredaktion und der Newsdesk bestückten wiederum die Nachrichten auf (fast) allen Wellen, insofern diese keine eigenen Nachrichten produzierten.

Die Lokalstudios (Regionalberichterstattung in TV und Hörfunk) waren eigenständige Redaktionen, die entweder den Hauptprogrammen (Wellen) zuarbeiteten oder ihre eigene(n) Sendung (en) betreuten. Von einem einheitlichen Organisationsprinzip im audiovisuellen Journalismus konnte also schon vor dem Jahr 2000 nicht die Rede sein. Zum Teil bestanden und bestehen bis heute unterschiedliche Organisationsprinzipien in einem Haus nebeneinander, je nach spezifischen Anforderungen und Aufgaben. Die ersten eigenständigen Internetredaktionen wurden entweder (meist für die Aktualität) in den 1990er Jahren entweder im Newsdesk organisiert oder einer TV- bzw. Hörfunkredaktion beigeordnet, je nachdem, wessen Internetauftritt sie betreuten. In manchen (Privat)Sendern wiederum gab es eigene Tochterfirmen (etwa RTL interactive), die sich teilweise oder in Gänze um die verschiedenen Interauftritte der jeweiligen Sendungen oder des Senders kümmerten und mit den TV-Redaktionen zusammenarbeiteten bzw. Material von diesen nutzten.

Mit zunehmender Verschmelzung der Ausspielwege bzw. der Zusammenarbeit zwischen den verschiedenen Mediengattungen (Print, Online, Hörfunk, TV), stellte sich jedoch spätestens ab Mitte der 2000er Jahre die Frage nach Newsroom-Konzepten erneut. In diesem Zusammenhang war die Rede von crossmedialen Newsrooms (vgl. den nächsten Abschnitt).

Was kann man sich als Laie unter einem Newsroom vorstellen? Für die Aktualität und die Nachrichten kann diese Frage noch einigermaßen einheitlich beantwortet werden. Dabei handelt es sich räumlich um ein riesiges Großraum-Büro, in dem Redakteur*innen mit unterschiedlichen Aufgaben, die für verschiedene Sendungen arbeiten, zusammenarbeiten. Dadurch werden sich Synergieeffekte erhofft und eine bessere Abstimmung zwischen den einzelnen Sendungen sowie den verschiedenen Mediensparten wie Radio, TV und Online.

Sowohl die Planung als auch die konkrete Verteilung der Arbeitsaufträge an Journalist*innen sollen so besser koordiniert werden und Doppelbeauftragungen verhindert werden. Darüber hinaus wird in gemeinsamen Redaktionskonferenzen besprochen, welche Themen wie gewichtet werden und welche Positionierung der Sender in einem bestimmten Bereich einnimmt. Zeigen wir das Video aus dem uns zugegangenen User-Generated-Content? Haben wir die Rechte an bestimmtem Filmmaterial? Setzen wir durchgehend ein Thema über den ganzen Tag in allen Nachrichtensendungen in jedem Medium oder variieren wir? Was können wir unseren Nutzer*innen sendungsübergreifend an Zusatzmaterial zu unseren Sendungen anbieten? Verweisen wir in jeder TV- und Radiosendung auf unser Internetangebot? Solche und andere Fragen können von allen relevanten Beteiligten an einem Ort in direktem Austausch besprochen werden. Es geht um eine bessere Abstimmung, die mit einer gewachsenen Anzahl von Ausspielkanälen und Sendeformen immer notwendiger geworden ist, um zu gewährleisten, dass die gemeinsame Nachrichtenmarke von Nutzer*innen, Hörer*innen und TV-Zuschauer*innen sowohl in der linearen als auch in der non-linearen Welt wahrgenommen wird. So zumindest die Theorie bzw. die Idee hinter den meisten Newsroom-Konzepten.

Dass solche Konzepte nicht sofort von allen Betroffenen im gleichen Maß goutiert werden und es inhaltliche Kritik gibt, lässt sich ohne jegliche empirische Evidenz als These/Vermutung festhalten. Diese These systematisch zu überprüfen (etwa durch anonymisierte Befragungen unter den Mitarbeitenden), ist eine Aufgabe für die Journalismusforschung. Auf einige veröffentlichte Forschungsergebnisse wird im nächsten Abschnitt noch eingegangen. Bei meiner Befragung der Entscheider*innen finden sich Indizien, die für eine Bestätigung der These sprechen. So gestanden fast alle Entscheider*innen ein, dass es in ihren Sendern durchaus Kritiker*innen an Newsroom-Konzepten gibt.

Kritik an Newsroom-Konzepten

Aus verständlichen Gründen (Hausinterna) wurde die Kritikfrage unterschiedlich beantwortet. Alle Befragte sprachen jedoch davon, dass es sich bei der Umstellung auf Newsrooms um einen agilen Prozess handele. Die Konzepte würden stets den senderinternen Anforderungen untergeordnet, immer wieder überprüft und regelmäßig angepasst. Zum Teil sei auch in bestimmten Bereichen wieder auf das Redaktionsprinzip umgestellt worden, weil es sich als effizienter herausgestellt habe. Bisweilen scheiterte die Einführung von Newsrooms an der Architektur und mangelnden Flächen. Einige Senderverantwortliche warteten während der Befragungsphase auf einen Umbau ihres Hauses. Allen Befragten wurde zugesichert, dass ihre Aussagen nur in anonymer Form veröffentlicht werden. Einige Aussagen wurden gänzlich als vertraulich eingestuft und flossen daher nicht in die Auswertung ein. Summa summarum war der Teil der Entscheider*innen (etwa 80 Prozent), der offen Probleme ansprach, die deutliche Mehrheit. Die erwähnten Probleme reichten von mangelnder Akzeptanz in der journalistischen Belegschaft (z. B. persönliche Betroffenheit wegen Wechsels aus einer eher intimen Redaktionsatmosphäre mit guten sozialen Bindungen in eine eher anonyme Großraumbüro-Gemeinschaft) über Unverständnis an Sinn und Zweck der Umstellung und Kritik an der Kommunikation bis zu Zweifeln am Konzept selbst. Letztere erklärten sich unter anderem daraus, dass die bisherigen Abläufe bereits effizient gewesen seien und die Anzahl der internen Konferenzen und Absprachen erheblich gestiegen sei, ohne eine merkliche Verbesserung der journalistischen Arbeitsergebnisse geschaffen zu haben.

Interessant waren in diesem Zusammenhang die Antworten im Fragekomplex 4 (Strategie und Definition). Auf die Frage nach der Existenz einer digitalen Strategie und den Umgang mit neuer Medienkonvergenz (V7) in ihrem Haus antworteten 15 von 20 Befragten mit ja (2 antworteten mit „noch" nicht, 3 mit nein). Die Frage, ob diese Strategie bzw. ein entsprechendes Leitbild auch allen Mitarbeitenden bekannt sei, bejahten lediglich fünf. Es gab eine Verneinung, der Rest äußerte, er/sie wisse es nicht bzw. dazu müsse man die Mitarbeitenden selbst befragen. Hier ist nun zu bedenken, dass die Befragung zwei Jahre zurückliegt. Zu diesem

Zeitpunkt waren bestimmte organisatorische Veränderungen unter Umständen erst dem (Führungs-)Kreis bekannt und noch nicht den Mitarbeitenden.

Zwischen der digitalen Strategie und seiner internen Organisationsform gibt es einen unbestreitbaren Zusammenhang. Die Umstellung auf Newsroom-Konzepte gehört dazu. Sie passiert(e) in Radio- und TV-Sendern nicht zufällig in dieser Zeitspanne (Mitte bis Ende der 2000er Jahre). Vielmehr war sie eine Reaktion auf die digitalen Veränderungen, auf die Zeitungen und Online-Publikationen wesentlich früher mit Newsroom Konzepten reagiert hatten. Zudem sind ähnliche Change-Management-Prozesse mit entsprechenden ökonomischen, sozialen und kulturellen Implikationen auch in anderen Branchen zu beobachten.

In den Gesprächen mit Entscheider*innen stellte sich jedoch ebenfalls heraus, dass die Kritik keineswegs einhellig war. Viele Mitarbeitende sahen Newsroom-Konzepte als Gewinn für ihre tägliche Arbeit. Quantifizieren oder näher differenzieren lassen sich diese Antworten aber nicht. Dazu müsste, wie erwähnt, ein anderer Untersuchungsaufbau gewählt werden. Die geäußerte Kritik könnte neben inhaltlichen Aspekten auch mit Kommunikationsproblemen, dem sehr dispersen Adressatenkreis (alle Mitarbeitenden) oder dem Zeitpunkt der Befragung zusammenhängen.

Für meine Argumentation sind die angesprochenen Kritikpunkte nur insofern relevant, als dass sie verdeutlichen, dass wir uns im Feld der soziokulturellen Verhältnisse befinden. Es kommt nicht auf die technischen, politischen und ökonomischen Bedingungen allein an, sondern darauf, wie Menschen mit neuen Entwicklungen umgehen und wie sie neue Techniken annehmen. Dies gilt auch im Journalismus, sowohl für die Nutzer*innen als auch für Produzent*innen.

Vor allem aber geben die Antworten der Befragung Hinweise für die weitere Beschäftigung mit dem Thema. Erstens können wir nun begründet annehmen, dass es verschiedene Newsroom-Konzepte gibt. Zweitens, dass diese als Teil einer größeren digitalen Strategie zu verstehen sind. Drittens deuten sie auf tiefergreifende organisatorische Veränderungen und Anforderungen an den digitalen, audiovisuellen Journalismus hin. Im Folgenden wird daher wieder ein kurzer Blick auf die Forschung geworfen, um von phänomenologischen Einzelbetrachtungen zu allgemeinen, evidenten Aussagen zu gelangen.

Newsroom Konzepte und die Forschung

Zunächst einmal sei vorausgeschickt, dass auch die bisherige Forschung zu dem Thema zu ähnlichen Befunden gelangt wie unsere Zufallsumfrage unter den Entscheider*innen der Sender. Es gibt eine große Übereinstimmung zwischen beobachtetem Phänomen und empirischer Überprüfung durch die Wissenschaft. Gehen wir etwas tiefer ins Detail, so stellen wir fest, dass tatsächlich die Zeitungen bzw. deren Onlinepublikationen den Anfang machten. 97 Prozent (von 175 Befragten) stimmten schon 2007 der Aussage zu, dass Redaktionen „nicht mehr nur über einen, sondern über mehrere Verbreitungskanäle" informierten (Neuberger, Nuernbergk, Rischke 2009: 247). Meier kam schon fast vor einer Dekade zu dem Schluss:

> „Crossmediale Redaktionen sind mit den traditionellen Strukturen einer Redaktion nicht möglich: (...) Ressort-, programm- und medienübergreifendes Arbeiten wird an einem Newsdesk oder in einem Newsroom zum Prinzip" (Meier 2012: 205).

Ebenfalls zu diesem Zeitpunkt verwies der Journalismusforscher auf die Unterschiede und Gemeinsamkeiten zwischen den beiden aus dem US-amerikanischen Journalismus schon länger bekannten Begriffe. Der Newsdesk wird eher als Koordinationszentrale gesehen, der Newsroom als neuartiges (bauliches) Konzept, das ressort- und plattformübergreifendes Arbeiten ermöglicht.[109] In verschiedenen, auch internationalen, Studien (Larrondo et. al 2014 oder Garcia, Aviles, Kaltenbrunner, Meier 2014, alle zitiert bei Meier) kristallisierten sich unterschiedliche Formen des Newsrooms bzw. der medienübergreifenden Zusammenarbeit heraus. Diese zeigen wieder eine starke Übereinstimmung mit meiner Typisierung (vgl. Tab. II.2 Newsroom-Konzepte)

Tab. II.2 Newsroom-Konzepte nach Meier (2012)

Newsroom-Konzept	Bedeutung
Vollständige Integration	Alle in einem Newsroom
Cross-Media	Mitarbeitenden arbeiten hauptsächlich für einen Ausspielweg, Teamarbeit und medienübergreifendes Arbeiten wird aber befördert
Koordination	Ausspielwege und Medien existieren unabhängig voneinander. Einzelne Mitarbeitende arbeiten freiwillig und nicht organisatorisch vorgegeben für verschiedene Medien

Vergleicht man nun die beiden Tabellen (II.1 und II.2 Elter/Meier), würde vollständige Integration meiner Definition vom vollständigen Newsroom entsprechen; Cross-Media könnte in etwa mit Newsroom/Newsdesk bei Fachredaktionen gleichgesetzt werden. Für Koordination wiederum gibt es in meiner Tabelle (Tab. II.2) keine Entsprechung. Aufgrund der Umfrage könnten aber die beiden Angaben (kein Newsdesk) hier eingeordnet werden.

Bei allen Newsroom-Konzepten muss (Stand 2021) beachtet werden, dass spätestens seit der COVID-19-Pandemie Großraumbüro-Konzepte inzwischen auch aus einem anderen Blickwinkel betrachtet werden. Vielen Mitarbeitenden arbeiten im Home-Office, ebenso wie der „remote" (ferngesteuerte) Zugang auf Redaktionssysteme üblicher geworden ist.

109 Ebenda, 2007.

Newsrooms und soziokulturelle Verhältnisse

Bei Forschungsergebnissen zur redaktionellen Organisation wird oft davon ausgegangen, dass in einer integrierten oder teilintegrierten Form des Newsrooms alle Mitarbeitenden medienübergreifend arbeiten. Dies war schließlich der Grund für die Einführung des Prinzips. Allerdings ist dem nicht so. Es gibt auch in vollintegrierten Newsrooms Journalistinnen und Journalisten, die hauptsächlich oder ausschließlich für ein (ihr Mutter-)Medium arbeiten und nur gelegentlich oder gar nicht für andere Ausspielwege. Zu dieser sehr spezifischen Frage gibt es meines Wissens allerdings noch keine einschlägigen Untersuchungsergebnisse und Veröffentlichungen. Das Ausmaß der Integration eines Newsrooms, heruntergebrochen auf die exakten Tätigkeiten der Mitarbeitenden, wurde nur in einzelnen Fallstudien untersucht. Sprich die Antwort auf die Frage: Wie viel (journalistische) Mitarbeitende (Reporter*innen und Redakteur*innen) arbeiten tatsächlich regelmäßig für verschiedene Ausspielwege (Radio, TV, Internet, Social Media), wie viele gelegentlich und wie viele gar nicht?, ist für den audiovisuellen Journalismus nicht beantwortet.

Ebenso wie Nutzer*innen sind Journalist*innen Teil einer veränderten Medienkultur und der Digitalisierung. Aufgrund ihrer Tätigkeit in bzw. mit den Medien, sollte man ihnen aber nicht automatisch eine höhere Affinität zu medientechnischen Neuerungen unterstellen. Viele Journalist*innen haben dieselben Anpassungsschwierigkeiten, Vorlieben und Abneigungen für ein bestimmtes Medium wie Nutzer*innen auch. Ebenso gibt es unter ihnen Enthusiast*innen und Skeptiker*innen, „Early Adopter" (Menschen, die sofort jeden neuen technischen Trend begierig aufgreifen und umsetzen) und Traditionalist*innen (die bewusst auf historisch, ältere Techniken setzen). Festangestellte Journalist*innen können sich aber nicht aussuchen, in welchen Organisationszusammenhängen sie arbeiten. Diese sind ihnen durch ihre Arbeitgeber*innen vorgegeben, im privaten Umfeld bleiben sie dennoch normale Mediennutzer*innen.

Professioneller Journalismus wird zu einem wesentlichen Teil (noch) von Menschen und nicht von Maschinen betrieben. Menschen bewegen sich immer in einem soziokulturellen Umfeld. Eine Redaktion, ein Newsroom oder ein Sender waren und sind immer auch soziale Einheiten. Dieser Aspekt ist meines Erachtens in den bisherigen Betrachtungen zum Medienwandel nicht immer ausreichend berücksichtigt worden. Dabei ist ein soziologischer Ansatz der Journalismusforschung nicht neu. Das von mir entworfene Universalmodell kann diese Forschungslücke nicht schließen, das kann nur die empirische Forschung. Es kann aber zur Beschreibung für den Zusammenhang zwischen technischen Wandel (Medientechnik) und soziokulturellen Verhältnissen genutzt werden. Die Kontextfelder überlappen, eines kann nicht ohne das andere verstanden werden.

Was bedeutet diese Betrachtungsweise praktisch für das Thema Newsroom im audiovisuellen Journalismus? Nur aufgrund der Tatsache, dass ein Sender oder eine Zeitung eine konvergente Digitalstrategie verfolgt und verschiedene Ausspielwege bedient, bedeutet dies nicht, dass es keine Spezialisten mehr für einzelne Medienformen gibt. Nicht jeder kann oder will in allen Medienformen veröffentlichen.

Daraus ergeben sich, bisweilen aus Missverständnissen, Kritikpunkte am Konzept. An dieser Stelle soll, exemplarisch für andere Wissenschaftler*innen, nochmals der Journalismusforscher Meier zitiert werden:

> „Die Fallstudien belegen durchwegs, dass redaktioneller Wandel sehr komplex ist und in crossmedialen Redaktionen die Kulturen der jeweiligen Plattform-Redaktionen aufeinanderprallen. Kurzfristiger Aktionismus ist deshalb im Hinblick auf die Veränderung journalistischer Qualität meist weniger hilfreich als ein langfristiger Atem, denn das journalistische Handeln lässt sich nicht von heute auf morgen in neue Strukturen pressen" (Meier 2012:209).

Kulturfrage und Qualifikationsfrage

Eine differenzierte Betrachtung von Vor- und Nachteilen eines Newsrooms und einer generellen medienübergreifenden Verschmelzung ist aber nicht nur eine Frage der Kultur. Es ist auch eine Frage der Profession, also eine Fachfrage. Denn, um schon eine kleine Vorschau auf den dritten Teil dieses Bandes zu werfen, Medienkonvergenz bedeutet das Zusammenlaufen der verschiedenen Sprachen des Journalismus.

Zur Erinnerung: Im ersten Band habe ich ein Modell von sieben Gestaltungsebenen, von mir Sprachen genannt, des digitalen audiovisuellen Journalismus entwickelt (vgl. dort S. 287ff). Diese Sprachen korrespondieren mit den verschiedenen Wahrnehmungsebenen, auf denen Nutzer*innen journalistische Produkte (Beiträge, Filme, Audios, Videos etc.) entschlüsseln und verstehen können. Diese Sprachen werden in verschiedenen Ausspielformen und Mediengattungen kombiniert. So wird ein Audio die gesprochene Sprache mit internationalem Ton (IT) kombinieren, bei einem Video kommen mindestens die Filmsprache und die Bildsprache hinzu. Das bedeutet, dass diese Sprachen auch vom Produzenten gesprochen werden müssen. Simpler ausgedrückt: Journalist*innen, die Videos produzieren, müssen andere Sprachen sprechen als diejenigen, die einen Text (Schriftsprache und Formsprache) verfassen. Das ist keineswegs neu, sondern entspricht der traditionellen Trennung von Print, Hörfunk und Fernsehen. Journalist*innen, die in der jeweiligen Mediengattung hohe Qualität ablieferten, kannten (kennen) ihr Medium und dessen Wirkungsweisen ganz genau. Ausgebildete TV-Journalist*innen wissen in aller Regel, wie bestimmte Bilder auf die Rezipienten wirken und wie sie Bild und Text miteinander verknüpfen müssen. Das Texten zum Bild erfordert andere Kenntnisse als das Texten für Audio oder Print. Das Texten für Audio (gesprochene Sprache + O-Töne/IT) unterscheidet sich vom Texten für Printformen usw. So weit, so einleuchtend. Deswegen gab es die Trennung der Aufgabengebiete in den Sendern. Diese Differenzierung war nicht nur funktional, sie entsprach vor allem den Kenntnissen der Mitarbeitenden eines Senders. Um in meinem Bild zu bleiben: Sie sprachen die jeweiligen Sprachen ihres Mediums. Manche (freie) Journalist*innen sprachen auch alle Sprachen und konnten daher sowohl für Print, Radio als auch Fernsehen arbeiten. Aber eben nicht alle.

Wenn nun durch die technische Konvergenz und das Zusammenwachsen der Medien in einem Newsroom jede/r alle Sprachen können sollte, um gleichbleibende journalistische Qualität abzuliefern, stellt dies durchaus eine gravierende Herausforderung für die Organisation und Personalentwicklung dar. Im besten Fall sprechen alle schon alle Sprachen; im Regelfall ist das aber nicht so. Mitarbeitende müssen erst „Sprachkurse“ belegen. Dies meint, sie müssen die jeweils anderen Gestaltungsebenen des für sie neuen Mediums nicht nur kennen, sondern auch beherrschen. Oftmals werden diese Fortbildungen technisch verstanden. So werden Hörfunker*innen z. B. Kenntnisse des Bild-Schnitts beigebracht oder TV-Journalist*innen Audioschnitt-Programme. Redakteur*innen müssen das integrierte Mediensystem ihres Senders kennen und beherrschen. So weit, so gut. Doch die technische Kenntnis der Produktionsweise eines Mediums befähigt noch nicht dazu, die verschiedenen Gestaltungsebenen inhaltlich zu beherrschen. Dies führt zurück zur inhaltlichen Kritik und zur Erkenntnis, dass in einem Newsroom bisweilen nach wie vor jede/r Journalist*in für sein/ihr Medium arbeitet. Die verschiedenen Sprachen werden nicht ausreichend von allen beherrscht bzw. werden manche Sprachen von einer bestimmten Gruppe von Mitarbeitenden besser beherrscht als von einer anderen. Das Bild der Sprachen ist hilfreich zur Erläuterung des Sachverhalts. Denn selbst, wenn ich eine Fremdsprache erlernt habe und sie sehr gut beherrsche, werde ich mich in meiner Muttersprache immer noch schneller und besser verständigen können. Der Fall, dass ich mehrere Sprachen genauso gut wie meine Muttersprache verinnerlicht habe, ist seltener anzutreffen. Auch wenn sich die Grammatik (Darstellungsformen) der Sprachen ähneln, ist dies bei den spezifischen Präsentationsformen nicht mehr so. Selbstredend können auch diese erlernt werden. Entsprechende Weiterbildungsangebote werden den Mitarbeitenden angeboten. Aber ebenso wie eine Sprache, die ich erst dadurch richtig erlerne, dass ich sie regelmäßig spreche, werde ich ein neues Medium erst dadurch beherrschen, dass ich regelmäßig in ihm publiziere.

Selbst wenn die organisatorischen und technischen Voraussetzungen erfüllt sind und die Mitarbeitenden geschult wurden, heißt dies nicht, dass sie direkt für alle Medien gleichermaßen gleich gut abliefern können. Dies erklärt, warum es auch in voll integrierten Newsrooms Spezialist*innen gibt bzw. warum Mitarbeitende sich lieber in ihrer Muttersprache bewegen und daher das Konzept als solches in Frage stellen. Es ist also nicht nur eine Kulturfrage, sondern eine Frage der Ausbildung und Berufserfahrung. Dies haben Entscheider*innen und Führungskräfte erkannt.

Nach übereinstimmender Ansicht der von mir befragten Entscheider*innen erwartet niemand von ihnen, dass alle Mitarbeitenden jedes Medium perfekt beherrschen. Alle Befragten sehen die Newsroom-Konzepte als Prozess bzw. die volle Integration als Zukunft. Kommende Journalist*innen-Generationen werden daher schon seit längerer Zeit im Volontariat „crossmedial“ oder „trimedial“ (Online, Radio, TV) ausgebildet. Hier ist die Erwartungshaltung eine andere als bei Kolleginnen und Kollegen, die kurz vor der Rente stehen. Aber, dies machten alle Entscheider*innen deutlich, eine generelle crossmediale Kompetenz wird von allen Mitarbeitenden erwartet. Zugleich bestätigten sie aber auch im Gespräch, dass ein gewisses Spezialistentum bisweilen erwünscht bleibt. Erfolgreiche Sendungen sollen nicht dadurch gefährdet werden, dass Journalist*innen dort mit Zusatzaufgaben belastet werden, die sie erstens nicht so gut beherrschen und die ihnen zweitens die Zeit für ihre primäre Aufgaben nehmen. In der Praxis werden also sowohl crossmediale Allrounder als auch Spezialist*innen für ein bestimmtes Medium eingesetzt.

3. Crossmedia in der Praxis

Bei den Fragen nach den Arbeitsweisen (Komplex 3) antworteten sieben der Befragten, dass ihre Mitarbeitenden ausschließlich oder hauptsächlich für einen Ausspielkanal (meist TV) arbeiten. 13 antworteten, dass das journalistische Personal mindestens zwei Ausspielkanäle bedient. Niemand antwortete, dass jede/r Mitarbeitende ***alle*** im Sender vorhandenen Ausspielkanäle bedient. Es gibt also eine erhebliche Differenzierung, je nach Qualifikation und Zeitkapazität der Journalist*innen.

Bei der Frage nach der Zusammenarbeit der verschiedenen Medienformen bzw. Ausspielkanäle (V3 und V6) zeigte sich indes wieder ein einheitliches Bild. Alle 20 Befragten antworteten, dass ihre Mitarbeitenden regelmäßig mit den Organisationseinheiten anderer Medien zusammenarbeiten. Die Zusammenarbeit betraf vor allem die Planung und Themenrecherche, reichte über die Zulieferung von Material (Videos, Schnittbilder und O-Töne) bis zur Zulieferung sendefertiger Beiträge.

Viele Sender und Medienhäuser haben den Anspruch auf Vollintegration im Newsroom aufgegeben und sind stattdessen zu Newsdesk-Konzepten zurückgekehrt. Ein Beispiel dafür ist der niederländische „De Volkskrant“:

> „Die niederländische Zeitung war Trendsetter im Crossmedia-Journalismus mit einem integrierten Newsroom ab 2006, veränderte allerdings 2011 die Strategie und trennte erneut die Print- von der Onlineredaktion“ (Meier 2012:210).

Besucht man heutzutage verschiedene Newsrooms in Sendern oder bei Digitalpublikationen, so zeigt sich ein Bild des räumlichen Zusammenwachsens und der Kooperation bei Planung und Recherche, bei gleichzeitiger Trennung der Produktion von Sendungen bzw. Online-Auftritten. Dies spricht für die These, dass es Phasen des crossmedialen Zusammenarbeitens gibt bzw. gab. Das additive Phasenmodell der Medienentwicklung (vgl. Band 1) könnte hier also auf die Entwicklung der Organisationsformen übertragen werden. Als belegt kann diese These allerdings (noch) nicht gelten.

3.1 Cross-, Tri-, Trans-, Hyper- und Multimedialität

In den beiden vorhergehenden Abschnitten wurde der Begriff Crossmedia wie ein feststehender Begriff benutzt, der das medienübergreifende Arbeiten und die Verschmelzung der Ausspielformen charakterisierte. Dies ist jedoch nur eine mögliche Definition bzw. gibt es weitere verwandte Begriffe, die zum Teil dasselbe meinen, zum Teil aber andere Implikationen haben. Für Studierende, aber auch für Praktiker, ist das bisweilen verwirrend. Versuchen wir nun das sprachliche Dickicht etwas zu lichten. Dieser Versuch darf jedoch nicht mit einer allgemeingültigen Definition verwechselt werden.[110]

Crossmedia wird als Begriff in der Journalismusforschung meist so benutzt: „Es geht um eine Kombination von früher getrennten Bereichen oder – wenn man Crossmedia wörtlich nimmt – um das 'Kreuzen der Medien'" (Meier 2012: 203). In der Praxis können, wie schon bei den verschiedenen Ebenen der Medienkonvergenz, jedoch auch Märkte und Branchen, die Medieninhalte, die Organisationsformen, die Ausspielwege oder die Technik gemeint sein. Der Begriff bleibt etwas vage. Für den Journalismus im engeren Sinne können vier Bereiche identifiziert werden, in denen er verwendet wird:

- Digitale Strategien eines Medienhauses
- Crossmediale Zusammenarbeit und Organisationsformen (siehe Abschnitt Crossmedia in der Praxis)[111]
- Crossmediale Inhalte und Darstellungsformen im Journalismus (Formate)
- Crossmediale Veränderung des Berufsbildes (Tätigkeiten und Aufgaben von Journalist*innen)

Mehr oder minder synonym zu Crossmedia werden von Praktiker*innen Begriffe wie Mehrkanalstrategie, Digitalstrategie, Multiplattform-Publishing oder konvergente Produktion genutzt. Die inhaltliche Bedeutung variiert dann aber je nach Intention.

Unter Crossmedia ist jedoch meist zu verstehen, dass dieselbe Redaktion oder ein Newsroom für verschiedene Plattformen arbeitet, journalistische Inhalte und Recherchen in verschiedenen Kanälen dargeboten werden oder dass ein und dasselbe Produkt (etwa eine Nachrichtensendung) auf unterschiedlichen Wegen ausgespielt wird. Ein Fernsehbeitrag kann sowohl im linearen Fernsehen zu finden sein, derselbe Beitrag wurde aber unter Umständen auch in die Mediathek (non-linearer Verbreitungsweg) eingestellt oder wird über eine App live gestreamt. Dies ist gemeint.

Die verschiedenen Ausspielwege kreuzen aber nicht die Medien selbst, auch im Podcast werden Inhalte in auditiver Form ausgespielt oder in der Web-Reportage

110 Zum crossmedialen Konzept vgl. Otto, Kim & Köhler, Andreas (2018): Crossmedialität in Journalismus und Unternehmenskommunikation, Springer VS, Wiesbaden.

111 Dass dieser Begriff, wenn man ihn wörtlich nimmt, etwas missverständlich ist, wurde schon im Vorwort angesprochen. Dies ist auch der Grund, warum ich lieber allgemein vom digitalen, audiovisuellen Journalismus spreche und das additive Phasenmodell auf neue Formen und Formate anwende. Letztlich ist alles, was nicht ausschließlich Print (Zeitung) ist und mehr als nur Schrift und Standbild enthält, heutzutage digitaler, audiovisueller Journalismus. Wie er sich dann vermittelt und welche Darstellungs- bzw. Präsentationsform er nutzt, muss im Einzelfall benannt werden. Denn selbst das lineare TV oder Radio wird digital übermittelt. In aller Regel (außer bei einigen spezifischen Formaten und beim crossmedialen Storytelling) wird kein Medium mit dem anderen „gekreuzt". Auch auf einer Internetseite tauchen Video, Audio, Bild und Text getrennt auf. Sie verweisen lediglich aufeinander oder ergänzen sich. Eine Internetseite ist also eine additive Ausspielform (vgl. additives Phasenmodell) ***und*** ein neues Medium, betrachtet man seine medienspezifische Sprache (Dialogmöglichkeit, Kommentarfunktion etc.).

audiovisuell. Die medienspezifischen Sprachen (vgl. Kap. 3 und Band 1) sind geblieben. Ein TV-Beitrag verändert seine medienspezifische Sprache nicht dadurch, dass er bei YouTube oder Facebook hochgeladen wird und dort mit verschiedenen Endgeräten abrufbar ist. Es ist also wichtig, die verschiedenen Ausspielwege (TV, Radio, Social Media, Online) nicht mit den Medieninhalten zu verwechseln. Die einzelnen Inhalte bleiben meist Videos, Audios, Texte, Bilder, Grafiken oder Animationen. So ist ein GIF ein bewegtes, animiertes Bild. Ein User-Kommentar ist ein Text, ein „Daumen hoch" oder ein anderes Emoticon ein Pikto (Grafik, grafisches Element) oder ein Bild. Mein Medienbegriff zielt daher auf die spezifischen Präsentationsform ab und nicht auf den Ausspielweg/Kanal (vgl. Teil III).

Trimedialität

Mit diesem Begriff ist gemeint, dass ein Medienhaus/Sender drei Medien bedient. In der Regel sind dies Radio, TV und Internet. Internet kann dabei auch Social Media einschließen. Ob dabei in einem Newsroom medienübergreifend zusammengearbeitet wird oder die drei Zweige getrennt bleiben und alte Redaktionsstrukturen beibehalten werden, wird durch den Begriff nicht ersichtlich. Werden jedoch Bezeichnungen wie „trimediales Aktualitätenzentrum" oder „trimedialer Newsroom" genutzt, deutet dies auf medienübergreifende Zusammenarbeit hin. In Reinform meint der Begriff aber nur drei Medien unter einem Dach.

Transmedialität

Dies ist ein Begriff, der nicht auf die Organisationsstrukturen abstellt, sondern auf die Erzählweisen. Daher ist auch vom *transmedialen Storytelling* die Rede. Eine Geschichte oder ein Thema wird über die verschiedenen Medien hinweg erzählt, ist aber miteinander verknüpft. Dreimal derselbe Inhalt in drei verschiedenen Medien würde nicht das Kriterium der Transmedialität erfüllen. Das wäre Trimedialität. Wichtig ist, dass das Thema in einem Medium beginnt und dann in den anderen fortgesetzt wird. Im Journalismus ist echte Transmedialität kaum anzutreffen. Meist handelt es sich dort um *Multi-Plattform-Storytelling*. Transmediales Erzählen ist eher in der Werbung, der Fiction und der Unterhaltung verbreitet. Dabei geht es in der Tat um das Erzählen über Mediengrenzen hinweg. So kann eine Story (eine Serie) auf einem Streamingdienst beginnen und sich dann in Social Media unter dem Einfluss von Fans weiterverbreiten und zu einer eigenen Geschichte verselbständigen, die dann wiederum Rückwirkung auf die Serie hat. Oder es werden ganz bewusst bestimmte Teile einer Geschichte von vornherein auf verschiedene Medien verteilt, die dann erst in ihrer Gesamtheit eine vollständige Erzählung ergibt. Der US-amerikanische Kommunikationswissenschaftler Henry Jenkins drückt dies so aus:

> „Transmedia storytelling represents a process where integral elements of a fiction get dispersed systematically across multiple delivery channels for the purpose of creating a unified and coordinated entertainment experience. Ideally, each medium makes it own unique contribution to the unfolding of the story. So, for example, in *The Matrix* franchise, key bits of information are conveyed through three live action films, a series of animated shorts,

two collections of comic book stories, and several video games. There is no one single source or ur-text where one can turn to gain all of the information needed to comprehend the *Matrix* universe“ Jenkins (2007):1.

Für kurze, in sich abgeschlossene Ereignisse bietet transmediales Erzählen somit keinen inhaltlichen Mehrwert, da es darauf beruht, dass sich eine Geschichte weiterentwickelt und fortsetzen kann. In der Fiction nimmt die Story sogar ein Eigenleben an.

„Eine wichtige Rolle spielt Koheränz, also das widerspruchsfreie Zusammenspiel aller verwendeten Elemente. Wie die brasilianische Medienwissenschaftlerin Renira Rampazzo Gambarato (2013: 82)[112] betont, solle dadurch eine große überzeugende Geschichte erzählt werden, die eine Beteiligung des Publikums anrege. Ausdrücklich nicht gehe es darum, dieselben Inhalte auf verschiedenen Plattformen anzubieten.“[113]

Im Journalismus gibt es jedoch nur wenige Anwendungsfälle, wo dies so möglich wäre. Bisweilen werden Themenschwerpunkte zu besonderen Ereignissen transmedial angelegt. Sie können in einem Medium, etwa dem Radio, beginnen und sich dann über Social Media und TV fortsetzen. Dies bedeutet eine Schwerpunktsetzung und Zusammenarbeit des ganzen Senders. Die Verknüpfung zu einem kongruenten Handlungsstrang oder einer einzigen Geschichte ist dabei jedoch zweitrangig. Vielmehr geht es um das Zusammenspiel der Medien und die gegenseitigen Querverwiese. Inwiefern dies bereits als transmediales Erzählen im eigentlichen Wortsinn gewertet werden kann, soll hier nicht näher diskutiert werden. Ich würde es eher als transmediale Zusammenarbeit sehen.

Die Definition wird Journalist*innen in der Praxis weniger beschäftigen als die konkrete Organisation und Abstimmung der Sendeplätze und Aktionen. Wichtig bleibt für transmediale Projekte, dass ein Ereignis oder ein Thema andauert und somit überhaupt fortgesetzt erzählt werden kann. Um dies an einem Beispiel zu illustrieren: Ein Jahrestag zur deutschen Einheit könnte über den gesamten Tag hinweg auf allen Ausspielwegen eines Senders transmedial verknüpft werden, aber nicht die zentrale Kundgebung am Brandenburger Tor. Denn ihre zeitliche Ausdehnung bleibt begrenzt. Es würde keinen Mehrwert bringen, eine Geschichte dazu in einem Medium beginnen zu lassen, um sie dann erst in einem anderen aufzulösen. Dafür ist die Kundgebung zu schnell zu Ende. Ein mehrtägiges großes Musikfestival würde sich unter Umständen für ein transmediales Projekt eignen, nicht das einzelne Konzert einer Band; die Olympischen Spiele als solche, nicht der einzelne Wettkampf. Denn das transmediale Erzählprinzip ist mit zeitlicher Dauer verbunden. In der Fiction ist dieser Aspekt immer gegeben, im Journalismus nicht.

112 Gambarato, Renira Rampazzo (2013): Transmedia project design: Theoretical and analytical considerations. In: Baltic Screen Media Review, 1, S. 80–100.

113 Vgl. Journalistikon, Eintrag Transmedialität. https://journalistikon.de/transmedialitaet/ (16.3.2021, 19:20 MEZ).

Hinzu kommt, dass die entsprechenden Ereignisse einigermaßen planbar sein sollten, damit eine zusammenhängende Geschichte über die Medien hinweg erkennbar wird. Denn die Struktur einer (guten) transmedialen Geschichte ist einigermaßen komplex, sie spontan zu ändern zwar prinzipiell möglich, bedarf aber eines großen Koordinationsaufwandes. Zudem würden spätestens im Fall eines unvorhersehbaren Zwischenfalls (etwa Anschlag bei der Zentralkundgebung) alle Medien mit Sicherheit gleichzeitig live gehen und damit das vorher vereinbarte transmediale Konzept verlassen. Für den alltäglichen Journalismus stellt transmediales Erzählen eine Herausforderung dar, die es so in der Fiction nicht gibt.[114] Dort sind auch die unvorhersehbaren Ereignisse von Autoren vorher ins Drehbuch geschrieben worden.

Hypermedialität

Hypermedialität bzw. Hypertext bezieht sich auf die technische Seite der Medienkonvergenz. Bei Hypermedia-Systemen werden Texte mit Daten in einer Datenbank, Grafiken, Videos und verbunden. Eine nicht-lineare Verknüpfung wird geschaffen. Diese Verknüpfungen kennen Internetnutzer*innen als „Link". Das größte Hypertext-System stellt das World Wide Web (www)dar. Hier sind Verlinkungen und Verweise zu unterschiedlichen Präsentationsformen möglich, es findet aber kein Medienwechsel statt. Die oben erwähnten Präsentationsformen (Bild, Text, Ton etc.) bleiben im System Internet bzw. eine Verlinkung ist erst durch dieses möglich. In meinem Verständnis ist der Hypertext das medientechnische Apriori für das Entstehen des Internets. In journalistischen Zusammenhängen wird der Begriff dementsprechend vor allem zur Beschreibung der Möglichkeiten von Online-Angeboten genutzt.

Multimedialität

Dabei handelt es sich um einen in verschiedenen Zusammenhängen sehr unterschiedlich benutzten Begriff. Auf eine eindeutige Definition kann ich mich daher nicht festlegen. Im Wortsinn bedeutet der Begriff „mehrere oder viele Medien". Diese Medien sind in aller Regel miteinander verknüpft, etwa spielen Bild, Ton und Text zusammen. Nach dieser basalen Definition wäre schon das lineare Fernsehen multimedial. Der Begriff wurde in der Alltagswelt vielen Menschen durch die Multimedia-Player bekannt. Diese Abspielgeräte konnten verschiedene Ausgabemedien vereinen. Im Kern basieren sie auf Computerprogrammen, sind also digital. Mit derartigen Programmen konnten und können Medieninhalte – wie Video- und Audiodaten oder Bilder oder Grafiken – auf einem Computer-Bildschirm wiedergegeben werden. Zweifelsfrei ist der PC (entsprechend ausgestattet) ein Multimediagerät. Die Daten müssen jedoch zunächst über eine Schnittstelle (Kabel zu einem anderen Gerät, z. B. Handy, USB, Festplatte etc.) eingelesen werden. Dann werden sie vom Computerprogramm entschlüsselt, komprimiert oder in ein anderes Format gewandelt. Schließlich erscheinen sie als Bild, Ton oder Film auf dem Bildschirm. Bei alldem handelt es sich um multimediale Datenströme. Theo-

114 Nichtsdestotrotz gibt es auch im Journalismus einige interessante Experimente mit dieser Erzählweise. Vgl. beispielsweise das Projekt „Future of Food" des National Geographic.

retisch sind diese Vorgänge sehr gut mit Zeichentheorien erklärbar (vgl. Band 1, Zeichen und Code, S. 132). Nicht zufällig nutzt auch die Informatik die Metapher der Sprache. So gibt es verschiedene Texte, Quellcodes oder Computersprachen. Es geht um den Prozess des Speicherns, Kodierens und Dekodierens von Datenmengen. Dieser Prozess bezieht sich hier auf verschiedene bzw. eine unbeschränkte Zahl (daher Multi-) von Medien. Also Multimedia oder Multimedialität.

In der journalistischen Praxis hat sich der Begriff Multimedia oder multimediales Veröffentlichen inzwischen zur Beschreibung der verschiedenen Ausspielwege/Kanäle (TV, Social, Internet, Radio, Mobilfunk) durchgesetzt. Um den Begriff des Kreuzens (Crossmedia), eine festgelegte Anzahl von Medien (Trimedialität) oder eine Beschränkung auf non-lineare Medien und das Web (Hypermedia) zu vermeiden, bietet sich dieser weite (und daher entsprechend unspezifische) Begriff an. Er bleibt bewusst unbestimmt, denn er schließt alles ein. Wenn in Medienhäusern oder Sendern von einer Multimedia-Strategie die Rede ist, ist damit meist gemeint, dass die Inhalte und journalistische Produkte auf allen bekannten (und auch auf zukünftigen) technischen Ausspielwegen verbreitet werden sollen.

4. Neue Formate

Wenn im Folgenden von crossmedialen Formaten die Rede ist, begeben wir uns auf die Ebene der Inhalte und damit in das Kontextfeld der Zeichen. Denn alle medialen Inhalte werden durch Zeichen vermittelt, zu deren Verwendung wiederum das Zeichensystem bekannt sein muss und die verschiedenen medienspezifischen Sprachen angewandt werden. Im ersten Band habe ich Module des Additionsmodells identifiziert (Bd.1, S. 281) und auf theoretischer Ebene in einer Tabelle ihr Zusammenspiel verdeutlicht. An dieser Stelle soll nun von der praktischen Entsprechung dieses Modells die Rede sein. Dazu mache ich beispielhaft einige Formate aus, die ich als crossmedial tituliere. Damit ist nicht die Verschmelzung zu einem neuen Medium gemeint, sondern das Zusammenspiel verschiedener Mediensprachen und Präsentationsformen in Text, gesprochenem Wort, IT, Video, interaktiver Grafik etc. Dieses Zusammenspiel basiert auf veränderten technischen Möglichkeiten; dem digitalen Apriori. Neu ist ein relativer Begriff. Es sind keine tagesaktuellen Trends gemeint, sondern Formate, die überhaupt erst durch die Medienkonvergenz ermöglicht wurden und die mit den verschiedenen Möglichkeiten spielen. Das Adjektiv neu wird hier also nur im Vergleich zu und als Abgrenzung von den traditionellen Medienformen (Print, Radio, TV) benutzt.

Es stehen Beispiele im Vordergrund, die zeigen sollen, wie Crossmedialität auf Ebene der Inhalte praktiziert wird. Deswegen beginnt der exemplarische Überblick auch mit einer Medienform, die definitiv nicht als Trend oder Neuerung zu bezeichnen ist.

Crossmediale Angebote auf Websites

Wurden in den 1990er Jahren noch Printartikel auf den Online-Plattformen der Zeitungen eins zu eins übernommen, änderte sich diese Praxis allmählich mit der wachsenden Bedeutung von Websites für den Journalismus. Allerdings war dies ein langer Weg. Noch im Jahr 2000 kam der Journalismusforscher Neuberger zu dem Schluss, dass mehr als die Hälfte der Beiträge in den Onlineablegern deutscher Tageszeitungen aus Artikeln der aktuellen Printausgabe bestanden.[115] Dieser „Copy und Paste-Journalismus" sollte nicht im Nachhinein den Online-Journalisten angelastet werden, sondern war ein klarer Effekt des medienökonomischen Imperativs. Online-Redaktionen waren dünn besetzt, es ging um Zweitverwertung bereits bezahlter Artikel und Recherchen. Freie Journalist*innen mussten mit Verleger*innen über ihre ohnehin geringen Honorare streiten, wenn ihre Zeitungsartikel zusätzlich online gestellt wurden. Von den euphorischen Anfangserwartungen an einen „brandneuen Journalismus"[116] war wenig übriggeblieben.[117]

Weitere zwanzig Jahre später sieht die Realität wieder anders aus. Zwar sind die Bleiwüsten nicht gänzlich bewässert und es wachsen nicht überall Palmen, aber es gibt doch zahlreiche Oasen. Eine vernünftige Navigation und „Useability" (Gebrauchsfreundlichkeit für Nutzer*innen) gehören zum kleinen Einmaleins des Online-Journalismus. Inzwischen haben die meisten Verantwortlichen erkannt, dass eine reine Kopie von Printartikeln nicht dem Medium entspricht. Denn Online hat seine eigene, medienspezifische Sprache, die schnell in ein neues journalistisches Genre mündet. Diese, dem Medium spezifische Sprache und ihre Präsentationsformen, zeichnen sich vor allem durch den Hypertext und Verlinkungen aus. Dies ist ein solitäres Merkmal, das (lineares) Radio und Fernsehen nicht kennen. Die Non-Linearität des Mediums ermöglicht das Springen zwischen verschiedenen Medieninhalten, die nicht nach und nach gelesen oder angeschaut werden müssen. Weiterhin gehört zu den entscheidenden Merkmalen, dass eine Website sowohl als Speichermedium als auch als Sendemedium genutzt werden kann. Eine Website kann Live-Streamings einbinden ***und*** als Medienarchiv für ältere Beiträge dienen. Zudem sind die Inhalte einer Website im World Wide Web durch Suchmaschinen auffindbar. Kommentarfunktionen und Live-Chats bieten die Möglichkeiten des Rückkanals und eines (wenn gewollt) simultanen Austausch mit Nutzer*innen. Dies alles zusammengenommen, bezeichne ich hier als medienspezifische Sprache des Online-Journalismus. Die alten Sprachen (Textsprache, Bildsprache, Sprechsprache etc.) und deren Präsentationsformen (Text, Video, Audio) spricht Online-Journalismus ohnehin. Online kann also die verschiedenen Module des additiven Phasenmodells (vgl. Bd. 1, S. 281) kombinieren und über einen einzigen Kanal ausgeben.

Ist Online-Journalismus bzw. sind Websites also per Definition crossmedial? Nein, vielmehr sind sie per Definition multimedial. Denn ob die verschiedenen Medien-

---

115 Vgl. Roether, Diemut (2003): Kurze Geschichte des Online-Journalismus. In: Wieland, Melanie und Spielkamp, Matthias: Schreiben fürs Web, UVK, Konstanz, S. 275ff.

116 Dieser Slogan geht auf einen Artikel des Journalisten Joshua Quittner zurück, den er im Jahre 1995 unter dem Titel „The Birth of Way New Journalism" online veröffentlichte. Der gelernte Polizeireporter einer Tageszeitung arbeitete früh für die damals neuen Online-Magazine „Wired" und „Hot Wired", bis die etablierte New York Times auf ihn aufmerksam wurde, ihn ebenfalls engagierte. Quittner hat seine Erwartungen bei Vorträgen und in Artikeln später selbst revidiert. Zu dem Zeitpunkt (Mitte 1990er Jahre) galt der Artikel aber sogar als eine Art Manifest oder doch zumindest als starkes Statement für eine neue Form des Journalismus.

117 Ein interessanter Überblick über die frühen Jahre des Online-Journalismus in Deutschland findet sich bei Roether.

sprachen gekreuzt werden und damit ein neuer, eigener Inhalt (journalistisches Angebot) entsteht oder ob die verschiedenen Medieninhalte in den Präsentationsformen Video, Text, Audio unverbunden nebeneinander Bestand haben, ist nicht gesagt. Crossmedialität auf Websites ist keine technische Frage, sondern eine der inhaltlichen Konzeption. Wieder wird ersichtlich, es kommt nicht auf den Ausspielkanal an, sondern darauf wie er genutzt wird.

Exkurs: Journalistische Möglichkeiten und sozioökonomische Realität

Die multimediale Nutzung von Websites im journalistischen Kontext ist theoretisch unbegrenzt. Crossmediale Formate jeglicher Couleur mit aktiver Nutzereinbindung und hoher Partizipation wären ohne weiteres möglich.

Dennoch haben sich in der Praxis vor allem folgende Präsentationsformen herauskristallisiert, die immer wieder verwendet werden:

- Texte und Fotos
- Teaser zu anderen Artikeln und Verweise, Links
- Live-Ticker (bei entsprechenden Nachrichtenereignissen wie Sportevents, Abstimmungen, parlamentarischen Beratungen etc.)
- Animierte Grafiken (vor allem bei Erklärbeiträgen)
- Verlinkung oder Einbettung von Audios und Videos (etwa ab Mitte der 2000er Jahre vermehrt)
- Kommentarfunktion (bisweilen bei strittigen Themen deaktiviert)
- Live-Chat mit Nutzern (selten oder ereignisbezogen)

Die wesentliche Veränderung der vergangenen zwanzig Jahre im Online-Journalismus liegt nicht in den journalistischen Präsentationsformen. Längst nicht alles, was sich Online-Enthusiasten an neuen Präsentationsformen erhofft haben und womit sie experimentierten, hat sich durchgesetzt. Das Ausnutzen multimedialer Erzählformen oder die Produktion crossmedialer High-End-Projekte ist nicht die Regel, sondern die Ausnahme. Die Regel ist Effizienzsteigerung. Dies hat eindeutig mit dem medienökonomischen Imperativ (Aufwand im Vergleich zu Ertrag) zu tun. Online-Journalismus musste sich rechnen. Die Verleger*innen und Medienmanager*innen in Zeitungen und Medienhäusern schauten auf Zahlen, nicht auf tolle Projekte oder neue Formate. Dies ist einerseits verständlich, schließlich lag das Zeitungssterben nicht allzu lang zurück. Die Medienhäuser hatten ein Problem, denn auch Online verdiente kein Geld. Andererseits ist dieses Denken nicht nur kurzfristig, sondern kann fatale Folgen haben. Innovation entsteht so nicht, langfristig werden Chancen verpasst. Die Konkurrenz überholt und schließlich gibt es das Unternehmen gar nicht mehr. Bestenfalls wird es aufgekauft. Dieser Ablauf ist in der Geschichte des Journalismus mehrfach zu beobachten gewesen.

Die Beschränkung der Formate im Online-Journalismus hat aber nicht nur wirtschaftliche Gründe. Sie hat auch mit den soziokulturellen Verhältnissen zu tun. Tolle Projekte und neue innovative Formate müssen von Nutzer*innen angenommen werden. Hier stoßen wir wieder auf ein altes Phänomen, welches nun lediglich digitalisiert wurde. Journalistische Texte und Angebote sind Gebrauchstexte.

Die meisten Nutzer*innen wollen sich kurz und knapp informieren und sind unter Umständen gar nicht daran interessiert, zu interagieren oder bestimmte Anwendungen zu nutzen. Die Präsentationsformen passen sich also auch dem beobachteten und durch die Medienforschung festgestellten Nutzungsverhalten an. Zudem wurde der ursprüngliche Online-Journalismus von Social Media und mobiler Kommunikation überholt. Spezielle Formate und neue Präsentationsformen allein für stationäre Internetseiten zu entwickeln, würde heute niemand mehr in Erwägung ziehen. Eine weitere wichtige Entwicklung, die erklärt, warum die Formatvielfalt nicht so groß ist, liegt in der Automatisierung (vgl. Kap. Automatisierter Journalismus).

Im Online-Journalismus (im Vergleich zu linearem TV oder Radio) ist der Automatisierungsgrad sehr hoch. Automation beruht aber immer (nicht nur im Journalismus) auf Standardisierung, nicht auf Individualisierung. Es geht darum, Massen von etwas zu „fertigen“, niemals um kreative, individualistische Vorzeigeprojekte. Das Zusammenspiel von medienökonomischem Imperativ und medientechnischem Apriori wird hier außerordentlich sichtbar. Moderne Technik und Maschinen machen journalistische Produktionen günstiger. Vollautomatisierte Texterstellung ist schon heute nicht unüblich, selbst „Qualitätsmedien“ (etwa FAZ.net) und bekannte Nachrichtenagenturen nutzen diese Technik. Auch Fotostrecken und Videos werden von Algorithmen erstellt und voll automatisch ausgespielt. Automatisierte Technik und Algorithmen spielen in Online-Redaktionen noch auf einer anderen Ebene eine Rolle. Online-Journalist*innen konnten schon live über entsprechende Systeme nachvollziehen, wie ihre Artikel und Beiträge beim Publikum ankamen, während die meisten TV-Journalist*innen ihre Quoten erst am kommenden Tag sehen. Online-Journalist*innen waren auch die ersten, die sich mit dem sogenannten SEO (search engine optimated = Suchmaschinen optimiert) beschäftigten und damit auf die enorme Bedeutung von Algorithmen reagierten. Es ging und geht bis heute darum, dass Google (andere Suchmaschinen spielen in Deutschland keine wesentliche Rolle) Texte findet und diese entsprechend anzeigt.

Die ***Menge der Angebote*** im Online-Journalismus ist seit den 1990er Jahren deutlicher größer geworden. ***Die Vielfalt der Präsentationsformen*** hingegen nicht wesentlich. Online-Journalismus kann längst nicht mehr nur mit Printjournalismus verglichen oder an diesem gemessen werden. Er ist Teil eines audiovisuellen Journalismus, der sich zwischen traditioneller Medienwelt und Social Media bewegt. Im Internet steigt die Bewegtbild- und Audionutzung generell, während die Nutzung von Artikeln leicht sinkt. (ARD-ZDF-Onlinestudie 2020). Dies sagt noch nichts über die Verteilung von (Text)Artikeln und Videos auf publizistischen Internetseiten aus. Fakt ist, dass die Schriftsprache (geschriebener Text) als „Mutter“-Mediensprache weiterhin eine wichtige Rolle auf den verschiedenen Websites[118] spielt. Fakt ist aber auch, dass Online-Journalismus Videos oder Audios integrieren kann und im Wettbewerb zu Bewegtbild-Journalismus in TV und Social steht. Ob Online perspektivisch durch Journalismus in Social Media abgelöst wird,

118 Der Begriff wird hier gleichgesetzt mit Internetpräsenz oder Webauftritt, nicht mit Webseite. Der Begriff Homepage wird bewusst vermieden, weil er nur den Eingang zu einer Website (nicht das gesamte Angebot, den gesamten Auftritt) bezeichnet. Dasselbe gilt für den Begriff „landing page“.

lässt sich aktuell nicht seriös prognostizieren. Was aber bereits ersichtlich wird, sind die Unterschiede zwischen printbasierten Internetseiten (von früheren Zeitungen) und bewegtbildlastigen Angeboten. Letztere (Bewegtbild-Angebote) werden bereits jetzt ausschließlich in Social Media und via Videoplattformen verbreitet. Es lässt sich also trefflich darüber spekulieren, ob sich Online- und Crossmedia-Journalismus in Zukunft weiter voneinander entfernen werden. Eine mögliche Perspektive ist, dass Online zum (digitalen) Nachfolger von Print wird, während Crossmedia gemeinsam mit Radio und TV im digitalen audiovisuellen Journalismus aufgeht.

Zum Ende dieses Exkurses möchte ich wieder zum Ausgangspunkt und der Frage nach neuen Formaten zurückkehren. Eine Website ist per Definition multimedial (technische Bedingung), sie ist aber nicht crossmedial. Noch weniger ist sie ein Format oder eine spezifische Präsentationsform. Diese entstehen erst dadurch, dass technische und gestalterische Möglichkeiten verschmelzen und tatsächlich genutzt werden. Warum dies nicht immer der Fall ist, wurde in diesem Exkurs deutlich. Wenn aber neue technische Voraussetzungen, journalistische Kreativität und Nutzergewohnheiten zusammenpassen und nicht durch den medienökonomischen Imperativ gebremst werden, entstehen auch neue, crossmediale Formate. Ein Beispiel dafür sind die sogenannten One-Pager.

4.1 Scrollytelling und One-Pager

Scrollytelling ist eine Wortneuschöpfung bzw. Wortzusammensetzung aus Storytelling und scrollen. Der Begriff bringt die wesentlichen Merkmale dieser Erzählform auf den Punkt.

Für das Scrollytelling spielt das medientechnische Apriori eine entscheidende Rolle. Denn es musste eine bestimmte Stufe der Software-Entwicklung erreicht sein. Video und Audio mussten ohne Zeitversatz und ohne zusätzliches Herunterladen eines Players abspielbar sein und somit in Webseiten eingebettet. Der Start des Videos und Audios musste automatisch erfolgen und zwar exakt dann, wenn Nutzer*innen an die Stelle eines Videos bzw. Audios gescrollt hatten. Anfänglich waren solche Projekte recht aufwändig und sahen sehr unterschiedlich aus. Sie erhielten Preise bei Online-Wettbewerben und galten in vielen Redaktionen als Trend. Die Nutzer*innen nahmen sie aber nicht besser an als andere, weniger aufwändig produzierte Websites. Scrollytelling war zunächst eine Angelegenheit für Spezialisten, die sich branchenintern einen Namen machten und zeigten, was sie konnten. Im journalistischen (Nachrichten-) Alltag spielten sie keine große Rolle. Der Aufwand stand in keinem Verhältnis zu den Nutzerzahlen. Scrollytelling-Projekte wurden zu diesem Zeitpunkt auch als Multimedia-Reportagen oder *longreads* bezeichnet. Ihr bevorzugtes Ausgabemedium war der Computer-Bildschirm also ein horizontales Display. *Responsive Design* ermöglicht das Ausspielen zwar auf allen Endgeräten, aber konzeptionell ging man davon aus, dass Nutzer*innen die Geschichte am Computer lasen bzw. anschauten.

Mit One Pagern schlug dann die Stunde des Scrollytellings auf dem Smartphone. Die Grundvoraussetzungen für das Konzept lagen im beobachteten Nutzerverhalten. Da die meisten Menschen ihr Handy hochkant halten und Tastatur und Menüführung dort so angeordnet sind, bot es sich an, auch Bewegtbild und Grafik entsprechend anzupassen. Die neuere Generation der Social Media (etwa Instagram und Snapchat) setzt ebenfalls auf *verticals*, also Hochkantvideos, weil die Nutzer*innen Social Media oft auf dem Smartphone nutzen.

Viele One Pager berücksichtigen dieses Nutzerverhalten. One Pager sind Internetseiten, die ihre Inhalte auf nur einer einzelnen Seite darstellen. Zum Navigieren werden in der Regel Parallax Scrolling und Sprungmasken genutzt. Verschiedene Abschnitte der Seite können Nutzer*innen durch in der Navigationsleiste untergebrachte, Links erreichen oder (besser noch) einfach nach unten scrollen. Im Wesentlichen bleiben sie so auf einer Seite. Damit ist Scrollytelling für das Ausgabemedium Smartphone gut geeignet.

Mit einfacherer Software (z. B. Pageflow, readymag Word Press etc.) ließen sich entsprechende Projekte (etwa seit 2010) auch ohne größeren Programmieraufwand verwirklichen. Einfach bedienbar, schnell verständlich und übersichtlich musste es sein. Vorteil der One Pager ist, dass durch die Formatähnlichkeit und klare Navigation, Nutzer*innen die Bedienung intuitiv erfassen. Aus Sicht der Produzent*innen kommt der geringere Herstellungspreis (für die Technik) hinzu, da Layouts und Templates nicht erst entworfen und selbst programmiert werden müssen, sondern schon vorliegen und „nur" befüllt werden müssen. Die Grobstruktur ist damit bereits vorgegeben. So können sich Journalist*innen auf die Inhalte und das Storytelling konzentrieren.

Bei One Pagern wird meist mit Fotos, Texten und Videos gearbeitet. Aufwändigere, interaktive Grafiken, Animationen und Feedback-Möglichkeiten sind hingegen eher bei Webreportagen oder den Longreads der Fall. Dies entspricht dem Verhalten der Nutzer*innen. Auf dem Handy (begrenzte Bildschirmgröße) müssen die einzelnen Elemente der Story klar ersichtlich bleiben. Als Nutzer*in kann man zwar Texte und Grafiken auch größer ziehen, aber besonders nutzerfreundlich ist dies nicht. Zudem werden verschiedene Tabs nicht wie beim Computer nebeneinander, sondern untereinander angeordnet. Auch dies muss beim Konzept der One Pager bedacht werden. Komplexere Animationen oder Bild-im-Bild-Elemente eignen sich eher für den Computerbildschirm und die Verwendung einer Maus, nicht so sehr für den Konsum auf dem Smartphone. Konsequenterweise müssten solche Projekte dann eigentlich Storyclickings (von Story und anklicken) heißen. Doch diesen Begriff gibt es nicht.

Inzwischen wird der Begriff Scrollytelling meist in Kombination mit One Pagern und mobilen Ausspielwegen benutzt, obwohl auf einem Smartphone im eigentlichen Sinne nicht gescrollt (der Begriff stammt vom Rädchen auf der Computermaus) werden kann, sondern nur „gewischt" (Touchscreen-Technik). One Pager bieten sich durchaus auch im (nicht aktuellen) journalistischen Alltag auf Websites und Smartphones an, z. B. für Biografien oder Portraits. Aufwändigere Multimedia-Projekte hingegen erst bei Themen mit viel Erklärbedarf oder Rechercheprojekten mit viel Material.[119] Wenn aber große Datenmengen (vgl. auch Datenjournalismus) visualisiert und interaktiv aufbereitet werden, ist das Ausgabemedium Smartphone nicht sonderlich geeignet. So können Overlay-Effekte (z. B. Einblendung animierter Grafik auf Realbild) oder das Bewegen des Cursors über eine Grafik (mouse over) dort nur umständlich nachvollzogen werden. Neben der technischen Möglichkeit kommt es immer auf die Nutzerfreundlichkeit an. Bestimmte Präsentationsformen bieten sich nur für bestimmte Ausgabemedien an. Das soll hier festgehalten werden.

Scrollytellings verbinden generell die verschiedenen Elemente unterschiedlicher Mediensprachen miteinander. Sie verweben Text, Bild, Ton, Video, interaktive Grafik miteinander. Ein vollständiges Verständnis der Geschichte ist dann gegeben, wenn Nutzer*innen die verschiedenen Elemente in der, durch die Navigation vorgegebenen Weise gebrauchen. Einer guten Navigation und den Übergängen von einer Mediensprache zur anderen (etwa vom Text zu einem Video) müssen Scrollytelling-Produzent*innen also besondere Aufmerksamkeit widmen. Die Geschichte wird nicht ausschließlich linear erzählt, es gibt für Nutzer*innen immer Möglichkeiten, Links zu folgen oder sich selbst durch den Webauftritt zu navigieren. So können sie z. B. gezielt ein Video oder Audio ansteuern, um dann wieder im Text zu scrollen. An jeder Stelle der Erzählung kommen sie jedoch auf einen festen Hauptpfad zurück, der sie weiter bis zum Ende der Geschichte führt. Dieser Hauptpfad bzw. rote Faden ist zentral und mit der Navigation verbunden. Crossmedial sind solche Projekte durch die Kreuzung der Mediensprachen. Aber die einzelnen Bestandteile werden nicht zu einem reinen Medienbrei miteinander vermischt. Insofern meint crossmedial kreuzen/kombinieren, aber nicht vermengen bis zur Unkenntlichkeit. Das wäre auch gar nicht möglich, ein Video bleibt ein Video und ein Text ein Text – auch in crossmedialen Zusammenhängen. Entscheidend ist die Kombination der verschiedenen Elemente.

4.2 Weitere virtuelle Erzählformen

Webdokus und Webreportagen können auch auf dem Prinzip des Scrollytelling aufbauen, sie müssen es aber nicht. So können sie auch ausschließlich mit filmsprachlichen Mitteln gestaltet werden, dann wären sie aber nicht als crossmedial zu bezeichnen, sondern eine Ausspielform des Bewegtbild-Journalismus. Crossmedial werden sie erst wieder durch die Kombination der verschiedenen mediensprachlichen Elemente. Anders als bei vielen One Pagern bleibt ihre Erzählweise meist horizontal (zum Konsum auf einem Computerbildschirm oder im Smart-TV gedacht). Die Stories folgen einem Hauptpfad, der durch das Bewegt-Bild vorgegeben wird und nicht durch den Text. Scrollen ist möglich, aber nicht explizit

---

119 Hier sei exemplarisch auf den „Radmesser" des Berliner Tagesspiegel https://interaktiv.tagesspiegel.de/radmesser/index.html (17.2.2021, 14:47 MEZ), die „Pendler-Republik" des Spiegel https://cdn.www.spiegel.de/producing/wirtschaft/2018/pendler/v1/pendler.html (17.2.2021, 15:31 MEZ), der „Prozess" der Süddeutschen Zeitung https://gfx.sueddeutsche.de/pages/nsu-prozess/ (17.2.2021, 15:39 MEZ), „What Parler Saw" von propublicca,.org https://projects.propublica.org/parler-capitol-videos/ (17.2.2021, 15:12 MEZ), die NSU-Files des Guardian https://www.theguardian.com/world/interactive/2013/nov/01/snowden-nsa-files-surveillance-revelations-decoded (17.2.2021, 15:22 MEZ) sowie „Onkel Willi" (WDR) hingewiesen. https://reportage.wdr.de/onkel-willi#18102 (17.2.2021, 15:45 MEZ).

vorgesehen. Die Webdoku oder Reportage wird primär linear konsumiert. Es gibt einen Anfang, eine Mitte und ein Ende; sie bedient sich klassischer, dramaturgischer Elemente. Anders als Film oder TV-Doku, ist die (crossmediale) Webdoku oder Reportage jedoch durch Unterbrechungen geprägt. An einer bestimmten Stelle im Film werden die Nutzer*innen zu anderen Mediensprachen geführt, etwa zu interaktiven oder animierten Grafiken, Slide Shows, integrierten Videos oder abgeklammerten O-Tönen. Es gibt also einen Unterschied zwischen „normalen" Reportagen, die entweder text- oder bewegtbilddominiert sind und crossmedialen Projekten. Die Übergänge vom Longread oder Multmedia-Reportage zur Webreportage oder Webdoku bleiben fließend. Definitorisch gesehen vermischen sich dort die Begriffe Genre, Sujet, Darstellung- und Präsentationsform. Eine trennscharfe Abgrenzung ist in der Praxis selten möglich. Die verschiedenen Tendenzen sollten nun aber bereits deutlich geworden sein. Das vermutete Ausgabemedium (Smartphone oder Computerbildschirm bzw. Laptop und Tablet) spielen eine Rolle.

Ein bekanntes, viel zitiertes Beispiel für eine crossmediale Webreportage ist „Prison Valley".[120] Sie startet klassisch wie eine Reise-Reportage oder Dokumentation im TV und nimmt die Zuschauer*innen mit, indem sie durch klassische filmsprachliche Mittel (Dramaturgie, Bewegtbild, Sprechertext) Atmosphäre aufbaut und in das Thema einführt. In der Region (dem Tal der Gefängnisse) angekommen, können sich die Nutzer*innen (auf einer interaktiven Grafik) in ein Hotelzimmer einmieten und dort mehrere Gegenstände anklicken (etwa TV, Buch, Gästeliste) und dort stöbern, sprich den klassischen Erzählpfad verlassen und nun einzelnen Geschichten in der Geschichte folgen, um dort zu verweilen oder jederzeit wieder zurückzukehren und den Hauptfilm weiter zu schauen. Zudem können sich die Nutzer*innen auf der Webseite mit ihrem individualisierten Account anmelden. Die Webreportage kann so jederzeit unterbrochen werden und startet für alle Nutzer*innen individuell immer wieder dort, wo er/sie sie verlassen hat. Sie funktioniert hier nach dem Prinzip, dem sich auch Serien und Filme auf Streaming-Plattformen bedienen.

Dies ist nur ein Beispiel für die crossmediale Verbindung der Mediensprachen sowie einer individualisierten Nutzung. Verschiedene Nutzer*innen konnten die Story auf unterschiedliche Weise erleben, die sie selbst festlegten. Insofern war Prison Valley nicht nur crossmedial, sondern auch interaktiv. Selbstredend handelte es sich wieder um ein Thema, das keine Tagesaktualität hatte, sondern um einen journalistischen Dauerbrenner. Das Hauptthema war die wirtschaftliche Seite des US-Strafvollzugs und dessen Bedeutung für bestimmte Bundesstaaten und Regionen. Insofern hatte Prison Valley eine ausreichende Haltbarkeit für ein aufwändiges Projekt. Solche Projekte sind technisch möglich und stellen einen Mehrwert für die Nutzer*innen dar. Zudem verbinden und potenzieren sie die

120 Vgl. http://prisonvalley.arte.tv/?lang=de (17.2.2021, 14:31 MEZ).
Das Pendant im textbasierten Journalismus bzw. das dort viel zitierte Beispiel war der Webauftritt „Snowfall" der New York Times. Vgl. https://www.nytimes.com/projects/2012/snow-fall/index.html#/?part=tunnel-creek (17.2.2021, 14:33 MEZ). Beide Projekte wurden mit zahlreichen Preisen ausgezeichnet und müssen als „Leuchttürme" bezeichnet werden, nicht als Alltagsgeschäft des audiovisuellen Journalismus.

unterschiedlichen, gestalterischen Möglichkeiten der Produzenten. Zum Regelfall im digitalen, audiovisuellen Journalismus sind sie aber nicht geworden. Dazu haben (einfache) One Pager das größere Potenzial.

Snaps und Instastories

Instagram und Snapchat gehören zur zweiten Generation der Social Media Plattformen. Diese werden hauptsächlich auf Smartphones genutzt, Bewegtbilder sind hier vor allem verticals, werden also bewusst im Hochkant-Format produziert. Crossmedial sind die dort gesendeten Kurzvideos, Fotos oder Clips insofern, als dass sie mit grafischen Elementen und verschiedenen Filtern, Effekten und Texten angereichert und verbunden werden bzw. mit diesen (Effekten) direkt aufgenommen werden. Das Foto und Bewegtbild steht also nicht für sich allein. Für den Journalismus schienen diese Plattformen zunächst (!) eher ungeeignet: erstens wegen des Programmumfeldes (Privatvideos, Werbung oder Influencer-Programme, also Werbung bzw. gesponsorte Inhalte zum Zweck des Marketings); zweitens wegen der kurzen Form und der Tatsache, dass sich die Inhalte schnell selbst löschten. Instagram war zudem ursprünglich lediglich eine Foto-App für Privatnutzer. Der Name „Instagram" ist eine Kombination der Wörter „instant" („sofort") und „telegram" („Telegramm"). Doch die Plattform hat sich stark gewandelt und ermöglicht heute (Stand 2020/21) das Speichern und Versenden von längeren (bis zu 10 Minuten) Bewegtbild-Formaten (über IGTV bzw. kürzere Reihenclips/Reels).

Im Laufe der Zeit wurden beide Plattformen mit ihren crossmedialen, (bunten) Formaten auch bei „älteren" Nutzer*innen (Zielgruppe bis 29) populärer. Bei Snapchat konnten einzelne Clips auch früher schon hintereinander aufgenommen werden, um so eine längere Story zu bauen.[121] Dadurch begünstigt, experimentierten und experimentieren auch journalistische Anbieter mit diesem Format, insbesondere Jugendprogramme.[122] Bereits zum US-Wahlkampf 2020 hatte der WDR eine Story aus mehreren einzelnen Clips gebaut, die insgesamt auf die Gesamtlänge einer Kurzreportage kam.

Diese Erzählformen (Snaps oder Instastories) ermöglichen auch serielle Handlungsstränge (wenn man es geschickt plant) und die Chance, häppchenweise zu erzählen. Die Geschichte kann also als Fortsetzung aufgebaut werden, ohne den Nutzer*innen sofort das Ende verraten zu müssen. Sie bietet für Storyteller*innen bei näherer Betrachtung einige Möglichkeiten. Inwieweit dabei die Crossmedialität und das jüngere Zielpublikum sowie die seriellen Möglichkeiten im Vordergrund stehen, kommt selbstredend auf die Intention der Erzähler*innen an. Ein deutlicher Vorteil ist die recht unaufwändige und kostengünstige Produktion. Außer einem Smartphone, kostenfreiem Account bei der entsprechenden Plattform und stabiler Internetverbindung braucht es aus technischer Sicht nichts mehr. Ein

121 Ein Beispiel unter vielen dafür, wie die crossmedialen Elemente auch für journalistische Inhalte eingesetzt werden können, bietet der WDR. Vgl. https://www1.wdr.de/mediathek/video/sendungen/video-nrw-wahlen---jana-tag--snapchat-102.html (16.2.2021, 20:12 MEZ).

122 Ein Beispiel dafür sind die Social-Media-Angebote von „funk", dem Jugendkanal von ARD und ZDF, der im Web und auf Drittplattformen sendet.

weiterer Vorteil ist die Tatsache, dass die Angebote auch auf Social-Media-Plattformen der ersten Generation (z. B. Facebook) weiterverbreitet werden können.

Instastories und Snaps sollten allerdings inhaltlich und gestalterisch gut geplant sein, damit sie journalistische Inhalte solide transportieren können. Wie in fast allen Social-Media-Formaten bieten sich hier zudem personalisierte ON-Formen (Reporter*innen sind zu sehen) an. Erstens, weil die Produktion dadurch noch günstiger wird; zweitens, weil es den Sehgewohnheiten und der Erwartungshaltung der Nutzer*innen in diesem medialen Umfeld entspricht. Reine journalistische Draufsichten ohne Erfahrungselemente wirken bei Instagram und Snapchat nicht zeitgemäß. Neben der gestalterischen Darstellung spielt aber vor allem die Ansprechhaltung eine große Rolle. Denn geteilt werden solche Stories nur, wenn sie eine Reaktion beim Publikum hervorrufen oder dieses einbinden. Idealerweise bauen solche Formate ein Fanpublikum oder zumindest eine interessierte „community“ (Gemeinschaft) auf.

Vielen traditionellen, journalistischen Anbietern stehen dabei (noch) die eigene Haltung und der vermeintliche Objektivitätsanspruch im Wege. In sozialen Medien wird in der Regel personalisiert und subjektiv erzählt. Das bedeutet aber nicht, dass es polemisch oder unreflektiert zugehen muss. Diesen gedanklichen Spagat zwischen journalistischem Anspruch und medialem Umfeld (Werbung, Influencer Stories) hinzubekommen, ist eine der Herausforderungen dieser Medien im digitalen, audiovisuellen Journalismus. Die Refinanzierbarkeit ist für kommerzielle Anbieter eine weitere. Auch für traditionelle Anbieter lohnt ein Blick in diese Welt. Denn somit können jüngere Zielgruppen auf andere Angebote der eigenen Medienmarke aufmerksam gemacht werden. Insgesamt haben sich die entsprechenden Formate im Journalismus deutlich stärker verbreitet als z. B. Webreportagen. Es gibt zahlreiche Einzel-Experimente sowie am Markt etablierte, journalistische Anbieter.

Einer davon ist die Traditionsmarke Tagesschau. Dies ist besonders interessant, weil traditionelle Nachrichteninhalte zunächst einmal nicht als potenzielle Quotenrenner bei Instagram und Snapchat erwartet werden durften. Doch die Erfahrung lehrt, dass auch Nutzer*innen dort (z. B. auf Instagram) seriöse News-Angebote schätzen. Nach eigenen Angaben konnte das Social Media Team der Tagesschau auf Instagram im Jahr 2020 die Zwei-Millionen-Marke überschreiten[123] Inzwischen erreicht die Redaktion über einen TikTok-Account auch die jüngsten Zuschauer*innen und Nutzer*innen (13- bis 17-Jährige). Mit all ihren Social Media Angeboten zusammengenommen (wieder nach eigenen Angaben) erzielt die Redaktion inzwischen (Stand 2020) 12 Millionen Interaktionen pro Monat (Likes, Shares, Kommentare) und nimmt damit eine Spitzenreiterposition in deutschen Social-Media-Rankings ein. Der Tageschau kommt als öffentlich-rechtlichem Anbieter zugute, dass er in Social Media keine direkten Gewinne erzielen muss. Die Frage der Refinanzierbarkeit stellt sich, anders als für kommerzielle

123 Vgl. Interview mit Patrick Weinhold (Head of Social Media tagesschau-redaktion) vom 17.9.2020 bei https://www.buchreport.de/news/pp-wie-die-tagesschau-redaktion-instagram-einsetzt/ (16.2.2021, 18:35 MEZ).

Anbieter, vor allem mittelbar (Ressourceneinsatz). Über den Streit mit den Verlegern, die bereits in den klassischen Internetangeboten (Printähnlichkeitsvorwurf) eine unzulässige Bevorteilung der gebührenfinanzierten öffentlich-rechtlichen Anbieter sahen, wurde hier schon an anderer Stelle berichtet. Das Gegenargument dazu lautet, dass es expliziter Auftrag der öffentlich-rechtlichen Sender ist, alle Zielgruppen zu erreichen. Die Technikneutralität (Erreichbarkeit der Inhalte unabhängig vom Ausspielweg) war und ist in Staats- und Medienverträgen bewusst vorgesehen. Das Tagesschau-Team hat noch ein weiteres, schwerwiegendes Argument:

> „Das Team erkennt auf Drittplattformen einen Bedarf an Nachrichten aus einer vertrauenswürdigen und verlässlichen Quelle. Die Accounts der Tagesschau bieten einen entsprechenden Leuchtturm der Glaubwürdigkeit zwischen falschen Behauptungen und Hetz-Kommentaren. Wir bieten leicht teilbare Informationen, die Nutzerinnen und Nutzer verwenden können, wenn sie Gegenrede gegen die Verbreitung von Hass und Falschnachrichten leisten wollen. Eine jüngst verstärkte Community-Redaktion tritt auf unseren eigenen Accounts zudem für ein konstruktives Diskussionsklima unter Beiträgen ein." [124]

Die Tagesschau hat erkannt, dass die Inhalte für Social-Media-Plattformen anders aufbereitet/dargeboten werden müssen als in den linear verbreiteten Medien (Radio, TV). Es braucht selbst bei identischer Darstellungsform (z. B. Nachricht) eine andere Präsentationsform.[125] Bleiben wir in diesem Zusammenhang bei Instagram und der Tagesschau als Beispiel.

Mikro-Storytelling

Obwohl eine längere Entwicklungslinie auf die steigende Beliebtheit von Bewegtbild (Videos, Short-Clips) in Social Media und im Web hindeutet, punkten viele Anbieter (darunter die Tagesschau) auch mit Fotos (Standbild) und Grafiken bei den Nutzer*innen. Die Erklärung dafür ist simpel. Beim Scrollen oder Anschauen eines Feeds ist die Verweildauer für das einzelne „Item" (Thema) immer kürzer geworden. Was in früheren Tagen das Überfliegen der Titelseite einer Tageszeitung war, bei der der Blick an einer Schlagzeile oder einem außergewöhnlichen Foto hängenblieb, kann heute in etwa mit dem Mikro-Storytelling verglichen werden. Natürlich gibt es die medienspezifischen Unterschiede und das Nutzungsverhalten auf einem Smartphone ist ein anderes als das beim Zeitung überfliegen. Aber das Prinzip ist ähnlich. Es geht um die kurze Aufmerksamkeitsdauer der Rezipienten, die schnell abwandern, wenn der dargebotene Inhalt sie nicht direkt packt. Während bei einer Tageszeitung eine Schlagzeile oder ein Foto als Anreißer fungierten, um dann die Aufmerksamkeit auf einen längeren Artikel zu lenken, verhält sich das beim Mikro-Storytelling allerdings anders. Dieses muss den Inhalt in sehr kompakter Form selbstständig und komplett vermitteln. Es ist sozusagen die

124 Ebd.

125 Zum Unterschied zwischen Darstellungsformen und Präsentationsformen im Journalismus vgl. die fünf Elemente des professionellen Journalismus (Bd. 1, S. 217 ff.).

Schlagzeile und der Artikel in einer einzigen Präsentationsform. Ergänzungen sind (erst einmal) nicht vorgesehen, da die Nutzer*innen schnell zur nächsten Info, dem nächsten Item oder zurück in ihre privaten Nachrichten und Mails wechseln.

Mikro-Storytelling bedeutet also die Kunst, eine Geschichte in knapper Zeit auf den Punkt zu bringen. Wenn man so will, kann man dies als Weiterentwicklung der oft zitierten, vermeintlichen BBC-Regel „You can tell every story in thirty seconds“ (Du kannst jede Geschichte in 30 Sekunden erzählen) verstehen. Mikro-Storytelling bedeutet, in sich abgeschlossene Geschichten oder Nachrichten zu vermitteln, die unmittelbar von Nutzer*innen erschlossen werden können. Dies ist eine große journalistische Herausforderung, gerade wegen der Kürze. In der Praxis bedeutet dies, den Kern einer Information zu erfassen, sich auf diesen zu beschränken und ihn verständlich auf den Punkt zu bringen.

Ein Beispiel: Will man die Botschaft vermitteln, dass trotz gesunkener Inzidenzzahlen bei COVID-19 die Ansteckungsfahr wegen möglicher Mutationen gestiegen ist, wäre es beim Mikro-Storytelling nicht sinnig, erst den einen und dann den anderen Experten im O-Ton zu Wort kommen zu lassen. Denn das würde zu lange dauern. Geeignet wären in diesem Fall zum Beispiel zwei (simplifizierte und sofort erfassbare) Grafiken auf einem gemeinsamen Hintergrund. Die eine Grafik zeigt die Abnahme der Inzidenz in einem festgelegten Zeitraum und Gebiet (z. B. ganz Deutschland), die andere – direkt daneben – den Anstieg der Ansteckungen mit der Mutation im selben Zeitraum. In diesem Fall wäre das Mikro-Storytelling also mit einer einzigen, guten Infografik möglich. Diese wäre in weniger als zehn Sekunden (bei entsprechender Aufbereitung) auch auf einem Smartphone-Bildschirm erfassbar. Hier läge die „Kunst“ also in der Reduktion und Entschlackung der visuellen Info. Hintergründe, warum diese Entwicklung sich so abzeichnet und wie diese von Experten (unterschiedlich) bewertet wird, würde dieses Mikro-Storytelling nicht liefern. Aber das hätte eine Sprechernachricht mit demselben Inhalt auch nicht, auch sie hätte nur den „Fakt“ als solchen vermittelt und hätte mehr als zehn Sekunden dafür benötigt.

Dieses Beispiel erfasst die Möglichkeiten des Mikro-Storytelling selbstredend noch nicht in Gänze. Es sollte lediglich verdeutlichen, dass nicht die Darstellungsform (im Beispiel Nachricht), sondern die Präsentationsform (im Beispiel Grafik) beim Mikro-Storytelling das entscheidende Kriterium ist. Ein Vorteil dieser Präsentation besteht neben der Kompaktheit und Kürze auch darin, dass sie ohne Ton verständlich ist. Auch dies ist ein entscheidendes Kriterium für den Ausspielweg Smartphone, auf dem viele Inhalte (gerade unterwegs) nicht immer mit Kopfhörern oder angeschalteten Lautsprecher konsumiert werden. Für den Ausspielweg Smartphone sollte das Mikro-Storytelling auch ohne Ton funktionieren. Dies stellt eine weitere Herausforderung der Präsentationsform dar, mit der sich allerdings auch schon Printjournalist*innen konfrontiert sahen. Eine weitere grafische Präsentationsmöglichkeit wäre in unserem Beispiel eine Animation gewesen, die die gegenläufigen Entwicklungen in Form zweier Kurvenverläufe dargestellt hätte. Dabei wäre allerdings zu bedenken gewesen, dass die Darstellung auch in einem vertikalen Ausspielweg funktionieren muss und es dort kaum Ausdehnungsmöglichkeiten in die Breite gibt. Statt einer Kurve wäre daher vielleicht ein senkrecht verlaufendes, animiertes Turmdiagramm eine Präsentationsmöglichkeit gewesen. Auch dieses hätte ohne Ton funktioniert und wäre gleichzeitig in einem Vertical gut darstellbar gewesen. Diese kurzen Überlegungen sollen nochmals verdeutlichen, dass es neben dem reinen Inhalt beim Mikro-Storytelling immer konzeptioneller Überlegungen für die Präsentation bedarf. Nicht, obwohl der Inhalt so kurz ist, sondern exakt deswegen und weil er auf verschiedenen Ausspielwegen gleichermaßen funktionieren muss. Diese konzeptionellen Erfordernisse stellen sich so bei einer klassischen Infografik im TV nicht (z. B. Bildschirmbreite, Schriftgrößen, kein Ton). Die Infografik beim Mikro-Storytelling ist also noch einmal eine, etwas andere Präsentationsform als die Infografik im TV.

Auf der Suche nach Alternativen zum entscheidenden O-Ton (z. B. von Politikern) bieten sich beim Mikro-Storytelling in Social Media Fotos mit Textzitaten an. Die entsprechende Person wird gezeigt, ihr O-Ton (in den zentralen Punkten) verschriftlicht. So können Aussagen verschiedener Personen direkt gegenübergestellt und von Nutzer*innen verglichen werden, z. B. Einschätzungen oder auch Zahlenangaben. Wenn dann noch – zum Beispiel bei variierenden Zahlenangaben – eine neutrale Quelle zitiert wird, bietet dies einen zusätzlichen Mehrwert und ermöglicht Nutzer*innen einen Vergleich und ggf. sogar eigene Einschätzungsmöglichkeit der Politikerzitate.

Mikro-Storytelling zählt inzwischen zu den etablierten Präsentationsformen im digitalen, audiovisuellen Journalismus. Während sich Webreportagen oder aufwändige, crossmediale bzw. multimediale Projekte eher bei inaktuellen Themen finden, wird das Mikro-Storytelling auch in der Aktualität praktiziert. Kurze Video-Clips mit eingeblendetem Text oder Piktogrammen, Fotokacheln, animierte Kurzgrafiken etc. sind üblich geworden. Diese Präsentationsformen tragen den kurzen Wahrnehmungsspannen und dem hohen Verweischarakter der Social Media Rechnung. Ebenso wie Suchmaschinen-optimierte Texte (SEO) der zunehmenden Bedeutung von Algorithmen Rechnung tragen. Neben diesem „snackable content" (leicht und schnell konsumierbaren Inhalten) gibt es die traditionellen Präsentationsformen (Magazinbeiträge, ausführliche Nachrichten, Hintergrundberichte und längere Dokumentation) nach wie vor, auch im Ausspielweg Web in nonlinearer Form auf Video-Plattformen oder in Mediatheken. Es wäre also kulturpessimistisch bzw. übertrieben zu sagen, der digitale audiovisuelle Journalismus sei im Allgemeinen oberflächlicher oder kurzlebiger geworden. Die entsprechenden Angebote der Sender sind vorhanden. Ob und wie sie von wem genutzt werden, müssen wieder empirische Studien klären.

360-Grad-Videos

360-Grad-Videos bieten Nutzer*innen die Möglichkeit, in ein Geschehen einzutauchen und verschiedene Perspektiven in einem Rundumblick wahrzunehmen. Dabei gibt es jedoch noch einen wesentlichen Unterschied zu immersiven, virtuellen Welten. 360-Grad-Videos können auch in einem zweidimensionalen Umfeld ohne VR-Brille auf dem Computerbildschirm, Handy-Display oder Tablet angeschaut werden. Die Nutzer*innen navigieren sich dabei mit der Maus oder mit Pfeiltasten durch das Geschehen und können so einen Rundumblick erhalten. Sich selbst im Raum bewegen, können sie nicht und es findet in der Regel auch keine Interaktion statt. Dies unterscheidet „einfache" 360-Grad-Videos von durchkomponierten virtuellen Anwendungen. 360-Grad-Videos sind meines Erachtens noch keine VR (virtuelle Realität) und auch kein immersives Medium, werden aber oft in diesem Zusammenhang erwähnt.

Die meisten journalistischen 360-Grad Anwendungen werden derzeit (Stand Jahresbeginn 2021) von Nutzer*innen auf Bildschirmen wiedergegeben und nicht mit/durch virtuelle Brillen. Anwendungen, die speziell für eine Verwendung mit Brille konzipiert werden, sind Leuchttürme in der Medienlandschaft.[126] In diesem Bereich (preisgekrönte Großprojekte) gibt es fließende Übergänge von dokumentarischen zu musealen Projekten (etwa VR-Projekt in der Gedenkstätte Sachsenhausen, virtualisierte Rundgänge durch Museen oder der Besuch in einer Zeche). Dies sind großartige Wissens- und kollektive Erinnerungsprojekte, Journalismus in Reinform sind sie nicht.

Da Nutzer*innen, um die Anwendungen voll zu erfassen, eine VR Brille benötigen, liegt zudem ein Medienbruch vor. Mit einer VR-Brille auf einen Bildschirm/Display zu schauen, würde keinen Sinn ergeben. Das aufwändige VR-Projekt nur für den Ausspielweg Bildschirm zu produzieren indes, würde den Aufwand nicht rechtfertigen.[127] „Echte" VR-Projekte müssen durch eine VR-Brille konsumiert werden, also das Medium wechseln/brechen. Für journalistische Videos und Beiträge reichen zweidimensionale Displays. 360-Grad-Videos kaschieren dies. Sie vollziehen keinen Medienbruch (Wechsel von 2D zu 3D), sondern bleiben in der zweidimensionalen Welt auf den gewohnten Ausgabemedien (Bildschirmen/Displays). Für Nutzer*innen gibt es bei journalistischen 360-GradVideos allerdings schon einen Mehrwert – den Rundumblick, wie der Name schon sagt.

Vorbilder für 360-Grad-Videos sind im (Foto-) Bildjournalismus Panaromaaufnahmen oder „Fisheye" (Fischauge/Rundumblick) Perspektiven. Diese gibt es schon länger. Ebenso war das „Stiching" – das Zusammensetzen von, aus verschiedenen Perspektiven gefilmten, Aufnahmen zu einer Gesamtaufnahme – bei der Fotografie schon länger üblich. Beim Bewegtbild ging dies lange Zeit aber nicht. Um eine Omnivison (Alles-Blick) auch für Video zu ermöglichen, gibt es inzwischen verschiedene Möglichkeiten; etwa die Kombination von mehreren kleinen Kameras/Go Pros an einem Rig, rotierende Kameras oder mosaikbasierte Kameras. Selbst mit Smartphones und geringem Zusatzequipment (App) lassen sich inzwischen 360-Grad-Videos machen, der Consumer-Technik sei Dank. Virtuelle Hausbesichtigungen oder Verkaufsvideos aller Art (Küchenzusammenstellung, Autoauswahl etc.) sind üblich und werden nicht mehr als technische Sensation empfunden. Sie entsprechen den Sehgewohnheiten vieler Nutzer*innen.

---

126 Beispiele dafür sind u. a. „Inside Auschwitz – 360°" und „Der Kölner Dom in 360° und VR" (beides WDR-Produktionen).

127 Trotz steigender Verkaufsraten können journalistische Anbieter nicht davon ausgehen, dass Endverbraucher*innen eine VR-Brille besitzen. Das Projekt „Google Glass", das eine bezahlbare VR bzw. AR (Augmented Reality/erweiterte Realität) versprach, wurde 2015 wieder eingestellt. Eine voll VR-fähige Brille (etwa Oculus Rift) kostet (Stand Feb. 2021) immer noch etwa 500 Euro. Vor allem aber ist es unwahrscheinlich, dass Nutzer*innen diese VR-Brille für journalistische Zwecke nutzen. Der Hauptanwendungszweck für VR beim Endkunden sind Spiele.

Für den Journalismus stellt sich die Frage, bei welchen Themen sich 360-Grad-Videos anbieten. Bei der Bundespressekonferenz oder klassisch, nachrichtlichen Ereignissen wohl kaum. Die Erweiterung des Blickes würde weder einen Schauwert noch einen Erkenntnisgewinn bringen. Insofern verwundert es wenig, dass die meisten journalistischen 360-Grad-Videos sich bildstärkeren Themen zuwenden. Berichte von Seenotrettungsbooten im Mittelmeer, aus Krisen- und Kriegsgebieten (Flüchtlingscamps und zerstörten Städten), Naturkatastrophen (Vulkanausbruch) gehören dazu. Weiterhin sind klassische Reisereportagen, Konzert- und Festivalberichte, Tierdokumentationen (z. B. bei National Geographic), Wissenschaftsthemen (z. B. bei Arte) und außergewöhnlichere Selbsterfahrungs-Reportagen im Extremsport-Bereich beliebte Themen für eine 360-Grad-Präsentation. Dabei verschwimmen die Unterschiede zwischen Journalismus und anderen Kommunikationsgattungen allerdings schnell. Der reine Schauwert (ohne Information) scheint noch oft das Motiv für die Verwendung von 360-Grad-Videos zu sein. Beim Bericht aus einem Flüchtlingscamp oder der Auslandsreportage aus Aserbaidschan steht der journalistische Anspruch (relevante Zusatzinformation durch zusätzliches Bild) noch im Fokus. Bei einem 360-Grad-Video aus einem Kampfflieger-Cockpit oder einem neuen Armee-Hubschrauber ist die Grenze zwischen journalistischer Berichterstattung und Public Relations hingegen sehr schnell überschritten. Und 360-Grad-Videos von Achterbahn-Fahrten (einem der beliebtesten 360-Grad-Thema auf der Videoplattform YouTube) haben mit Journalismus rein gar nichts zu tun. Trotz aller Begeisterung für die neuen technischen Möglichkeiten bleiben die Anwendungen für 360 Grad im Journalismus (noch) begrenzt, bzw. ähneln sich die Themen (derzeit) sehr stark. Denn so viele unterschiedliche, gleichermaßen bildstarke Themen, bei denen ein 360-Grad-Blick wirklich einen Mehrwert bietet, gibt es im (aktuellen) Journalismus nicht.

Die New York Times (NYT) hat mit „Daily 360“ ein ehrgeiziges Projekt gestartet und durchgehalten.[128] Jeden Tag wird hier ein neues Video veröffentlicht. Allerdings muss man dazu sagen, dass die US-Amerikaner auf ein weltweites Korrespondenten-Netz und weltweite Themen, Kooperationen mit anderen Medienpartnern und globale Freelancer zurückgreifen können, um das Projekt am Leben zu erhalten. Aber selbst bei der renommierten NYT ähneln sich die Themencluster – sehr viele Reisereportagen, Katastrophen-Berichterstattung und Wissenschaftsthemen. Keine Finanzpolitik, Handelskriege oder geostrategischen Analysen. Für 360 Grad gelten dieselben medialen Regeln, die auch schon im (linearen) TV galten und greifen, nur in verstärkter Form: Das Bild dominiert die Nachricht.

Abgesehen von den inzwischen üblichen 360-Grad-Videos gibt es, wie erwähnt, auch im journalistischen Bereich „echte“ VR-Anwendungen,[129] wenn auch seltener. Diese Anwendungen zeichnen sich durch Immersion und Interaktivität aus. Nutzer*innen können in verschiedene Rollen schlüpfen und die Geschichte aus verschiedenen Perspektiven erfahren bzw. mitfühlen. Zuschauer*innen tauchen dabei selbst ins Geschehen ein. Sie laufen in den Realitäten umher, über die

128 Vgl. https://www.nytimes.com/video/the-daily-360 (21.2.2021, 18:11 MEZ).

129 Vgl. dazu auch Feyder, Manuela und Rath-Wiggins, Linda (2018): VR-Journalismus. Ein Handbuch für journalistische Ausbildung und Praxis, Springer VS, Wiesbaden.

berichtet wird, sie verändern ihre Sichtweise und teilweise verwandeln sie sich in der virtuellen Realität sogar selbst zu Protagonisten, die mit Menschen innerhalb der Reportagen interagieren oder Gegenstände untersuchen können. Ein Beispiel:

> „In der Virtual-Reality-Reportage des US-amerikanischen Medienunternehmens Empathetic Media erleben sie die alltägliche Gewalt in Kolumbien in 3-D. Sie stehen zwischen den Fronten von Militär und Guerilla, erleben Militärpatrouillen oder beobachten das Leben armer Kolumbianer, die Guerilla-Kämpfern Lebensmittel aushändigen müssen.“[130]

Diese Art journalistischer Erzählweisen verlangen ein anderes Storytelling als normale journalistische Produktionen. Die Realität wird hier durch das Drehbuch vorgezeichnet. Solche Anwendungen sind *gescriptet*. Das heißt, das Drehbuch legt den fiktiven Protagonisten bestimmte reale Dialoge und Aussagen in den Mund bzw. ordnet bestehende Aussagen und Ereignisse so an, dass sie dramaturgisch wie ein einziger, zusammenhängender Handlungsstrang wirken. Bei dem Beispiel oben sieht man als Nutzer*in nicht den realen Guerillero im Bild, sondern einen graphisch animierten Charakter. Eine reine Dokumentation erlebter Fakten ist dies nicht mehr. Wir befinden uns in einem Grenzbereich des Journalismus, der allerdings nicht neu ist und auch nicht nur in diesem Medium vorkommt. Auch das *reeanactment*,[131] z. B. bei einigen historischen TV-Dokumentationen, bedient sich ähnlicher Erzähltechniken. Das bedeutet nicht, dass sich Autor*innen etwas frei ausdenken, um dieses Missverständnis gleich aufzuheben. Es ist aber freilich etwas anderes als ein originaler O-Ton einer realen Person in einer realen Szene. Das Storytelling bei diesen Formaten ist essenziell und orientiert sich eher an der Logik eines Spiels, um Interaktion zu ermöglichen, als an der Logik einer vermeintlich objektiven journalistischen Darstellung. Fakt bleibt, dass solche Anwendungen bisher eher selten sind und nur mit einer entsprechenden Brille von Betrachter*innen konsumiert werden können. Inwieweit sie im Journalismus gängig werden, lässt sich zurzeit noch nicht absehen. Echte VR wirft aus journalistischer Sicht weitere Fragen auf.

Exkurs: Immersion und Journalismus

Neben dem Storytelling und der technischen Seite drängt sich eine eher medienethische Überlegung bzw. Frage des professionellen journalistischen Selbstbildes auf. Immersive Medien zeichnen sich ja nicht primär nur dadurch aus, dass sie einen Rundumblick und Bewegung der Nutzer*innen im Raum ermöglichen, sondern durch Interaktion und das Hervorrufen von Emotionen. Nutzer*innen sollen in das Geschehen eintauchen und es möglichst hautnah miterleben oder sogar selbst gestalten. Wie passt das zum Journalismus? Wie fast immer gibt es bei der Suche nach einer Antwort mindestens zwei Seiten. Einerseits argumentieren Befürworter des Einsatzes immersiver Medien im Journalismus damit, dass die

130 https://www.goethe.de/de/kul/med/21128870.html (21.2.2021, 18:15 MEZ).

131 Reenactment nennt man die Inszenierung konkreter Ereignisse, für die es aber keine Bilddokumente gibt bzw. geben kann, in möglichst authentischer Art und Weise. Bisweilen schlüpfen dafür Schauspieler in die Rolle historischer Personen und sprechen deren überlieferte Originaltexte nach. Es handelt sich also nicht um erfundene Inhalte.

Tragweite bestimmter Geschichten erst dadurch wirklich erfahrbar wird, dass Nutzer*innen diese selbst spüren. Preisgekrönte, klassische Reportagen und Dokumentation wurden schließlich nicht zuletzt dafür gelobt, dass sie dieses Miterleben durch klassische mediensprachliche Mittel ermöglicht haben. Der Journalist, so ein Anspruch einer guten Reportage, soll Auge und Ohr des Zuschauers sein und diesem einen möglichst realen und ungetrübten Blick auf das Geschehen ermöglichen. Dies sei mit VR-Medien nur noch intensiver möglich geworden, so die Befürworter von VR im Journalismus.

Aber soll Journalismus Nutzer*innen zu Empathie oder gar aktiver Handlung ermutigen? Auch hier würden viele mit einem klaren Ja antworten und darauf verweisen, dass sie mit ihren Beiträgen und Filmen bei Zuschauer*innen schließlich etwas bewirken wollten und nicht nur einfach etwas darstellen. Andere hingegen würden dies verneinen und als klaren Grenzübertritt ansehen. Deren journalistisches Selbstbild wäre dann unter Umständen von der Maxime geprägt, dass Journalist*innen sich nicht mit einer Sache gemein machen soll, auch nicht mit einer guten.[132] Wenn aber das Ziel eines Beitrags/Videos/Films das Erzeugen von Empathie und Emotion ist, stellen sich dann Journalist*innen nicht automatisch auf eine Seite und verlassen wegen der spezifischen Medienlogik von VR immer ihre deskriptive Beobachterposition?

Diese Frage soll und kann hier nicht beantwortet werden. Letztlich muss dies jede*r Journalist*in mit sich selbst ausmachen bzw. mit ihrer/seiner Redaktion. Aber VR-Storytelling erfordert immer einen dramaturgischen Eingriff in das Geschehen. Dies sollte mit diesem Exkurs deutlich werden. Hinzu kommt, dass immersive Medien die Möglichkeit bieten, das Medium vergessen zu machen. Anwender*innen von „echten" VR-Geschichten sehen immer nur die Geschichte, in der sie sich gerade befinden. Sie sehen das Medium nicht, denn das sitzt ja auf ihrem Kopf. Das ist der Unterschied zu traditionellen Medien, bei denen die Betrachter*innen immer auch das Medium bzw. Endgerät selbst im Blick haben. Sie sind nicht so abgeschottet wie mit einer Brille. Andere Mitbetrachter*innen sitzen vielleicht auch noch neben ihnen; der Raum, in dem sie sich befinden, bleibt sichtbar. So können sie niemals gänzlich in die Geschichte abtauchen, weil sie ihre Umwelt nicht komplett ausblenden können. Das Medium (Handy-Display, Computerbildschirm, TV-Gerät) bleibt immer ein Guckkasten mit Rahmen. So trägt es stets die Botschaft „ich bin ein Medium" mit sich, egal, welche Geschichte auf dem Display gerade erzählt wird. Diese Metaebene (ich bin ein Medium) und Reflexion des Gesehenen erzählt die VR-Brille aber gerade nicht mehr mit. Dies mag sich sehr theoretisch anhören, ist es aber nicht. Wer einmal eine entsprechende, gut gemachte VR-Geschichte auf einer professionellen Brille erlebt hat, wird dieses Argument besser nachvollziehen können. Der Begriff Immersion bezeichnet genau dieses Phänomen. Die virtuelle Realität (wenn keine Computeranimation) wirkt wie echt, sie ist es aber nicht. Darin könnte für den Journalismus ein Problem bestehen, wenn die Geschichten „zu gut" erzählt werden. Sie könnten von

132 Diese Maxime bzw. diese Formulierung ist ein Zitat, das dem verstorbenen Journalisten Hanns Joachim Friedrichs zugeschrieben wird. Die damit verbundene Haltung ist jedoch Teil der journalistischen Professionsethik und findet sich auch in anderen Zusammenhängen wieder.

Nutzer*innen für *die* Realität gehalten werden und nicht nur für einen Ausschnitt der Realität.

Mit diesen übergeordneten Überlegungen soll der Überblick über aktuelle Formate im cross- bzw. multimedialen, audiovisuellen Journalismus abgeschlossen werden. Wenden wir uns nun den veränderten Produktionsbedingungen journalistischer Inhalte zu.

5. Produktion journalistischer Inhalte

Dass erst die Digitalisierung bestimmte Produktionsformen ermöglicht hat, ist für uns inzwischen eine Binsenweisheit. Starten wir den unvollständigen Überblick in den Redaktionen, so hat sich vor allem eine wesentliche Veränderung ergeben, die inzwischen als Selbstverständlichkeit gelten kann. Es handelt sich um sogenannte integrierte Newssysteme.

5.1 Integrierte Newssysteme

Bereits zu Beginn der 1990er Jahre war es nicht unüblich, dass Redakteur*innen mehrere Anwendungen auf ihrem Computerbildschirm auf einen Blick erkennen und nutzen konnten. Damals war auch schon von integrierten Systemen die Rede, de facto handelte es sich aber um Teilintegration. Denn der Videoschnitt, das Archiv, einlaufende Agenturen oder selbst die Tagesangebote der eigenen Außenstudios waren dort nicht ersichtlich. Aus journalistischer Sicht haben sich die Möglichkeiten für den audiovisuellen Bereich erheblich verändert in den vergangenen zwei Dekaden. Hier steht die Perspektive der internen Nutzer*innen solcher Systeme im Vordergrund. Damit sind Journalist*innen in den Redaktionen gemeint, auch wenn die Veränderungen natürlich alle anderen Gewerke eines Senders oder Medienhauses betreffen.

Bis zum heutigen Zeitpunkt ist die Entwicklung weiter vorangeschritten und inzwischen können die Nutzer*innen in aller Regel folgende Funktionen in einem integrierten System nutzen:

- Nachrichtenagenturen lesen und Textpassagen/Zitate direkt kopieren
- Bildagenturen (Videomaterial) sichten und simultan beim Einlaufen des Materials schneiden
- Zugriff auf Bild- und Tonarchive, Material kann exportiert werden
- Zugriff auf verschiedene Content-Management-Systeme und Layouts
- Zugriff auf alle einlaufenden Zuspielungen, z. B. von Außenstudios oder Fremdanbietern (sichten und schneiden)
- Schnitt und Vertonung am Arbeitsplatz
- Einbinden von Grafiken (der hausinternen Grafikabteilung oder Zulieferung)
- Erstellen von simplen grafischen Elementen und einbinden in den Schnitt (z. B. Inserts, Namenstitel)
- Export in den Sendeablauf
- Freigabe von fertigen Beiträgen und Senden aus dem Sendeablauf (CvD)

- Eigene Streams erstellen (Web bedienen)
- Social Media Plattformen mit Bild, Text und Ton aus dem System bedienen
- Rechteliste erstellen
- Eigenes Material/eigenen Schnitt archivieren

Weitere Funktionen ließen sich hinzufügen. Wichtig ist dabei zu beachten, dass diese Funktionen nicht in allen Systemen aller Sender bzw. Medienhäuser gleichermaßen vorhanden sind. Dies liegt aber nicht an der technischen Möglichkeit, sondern entweder an der Tatsache, dass nicht alle Funktionen benötigt werden oder daran, dass konkurrierende Systeme nicht miteinander kompatibel sind und von einem ins andere System gewechselt werden muss. Inzwischen hat fast jedes Medienhaus/Sender seinen eigenen, festen Workflow (Produktionsablauf) etabliert. Bänder, Videokassetten, der Gang zum Schnittplatz (außer bei aufwändigeren Produktionen oder besonderen Ansprüchen an das Schnittsysteme, z. B. Spezialeffekte) haben sich erledigt. Dies bedeutet, dass eine sehr schnelle Produktion möglich geworden ist. Das einlaufende Material wird inzwischen direkt digitalisiert und steht schon während des Einlaufens (bis zur Stelle, an der sich die Überspielung gerade befindet) zur Verfügung, von kurzen Versätzen einmal abgesehen oder von technisch größeren Problemen. Durch nonlineare Schnittprogramme lässt sich ankommendes Material in bestehende Beiträge oder bereits laufende Sendungen einfügen. Vor allem in der Aktualität und im Nachrichtengeschäft stellt dies einen enormen Zeitgewinn dar. Voraussetzung dafür ist allerdings, dass das gesamte (Bild-)Material (Agenturen, eigene Drehs, Zuspielungen von Studios und Fremdmaterial) über einen zentralen *Ingest* (Einspielpunkt) erfasst und digitalisiert wird.

Bei bestimmten Formaten muss das Bildmaterial erst gewandelt werden, bevor es ins System gelangen kann. Dann kann es immer noch zu Zeitverzögerungen kommen. Aber im Prinzip ist eine Live-Produktion möglich geworden. Innerhalb einer laufenden TV-Sendung (falls in einem Sendeschema gearbeitet wird) können noch während der Sendung weitere Beiträge gefertigt werden. Insbesondere bei *Breaking News* hat sich diese Produktionsweise als vorteilhaft erwiesen, da noch neues Material in die Sendung gelangen kann, was zu früheren Zeiten erst in der kommenden Sendung hätte verwertet können. Alles in allem bieten integrierte Nachrichtensysteme aus Sicht von Nachrichtenleuten einen klaren Vorteil. Sie sind schneller als alte Produktionsweisen und ermöglichen eine aktuellere Berichterstattung. In einigen Sendern war dies bereits zu Beginn des 21. Jahrhunderts der Fall, in anderen wurden diese Systeme erst nach und nach aufgebaut. Manche Redaktionen arbeiten auch heute noch klassisch mit einem Schnittplatz und eingespielten Material, insbesondere bei längeren Produktionen, die nicht aktuell gesendet werden müssen. Aber technisch gesehen könnten auch diese am integrierten System fertiggestellt werden, wenn es entsprechend konfiguriert ist. Lange Zeit stand das Archiv in integrierten Systemen nicht vollständig zur Verfügung, da altes Material (das noch auf physischen Bild- und Tonträgern vorlag) erst digitalisiert, dann ins System eingespeist und für die entsprechende Suche auch noch verschlagwortet werden musste. Viele Sender entschieden sich daher dazu, nicht das ganze Archiv digital zugänglich zu machen und ins integrierte Newssystem einzustellen, da das Material im Alltagsgeschäft zu wenig verwendet worden wäre oder es zu viel Ressourcen gebunden hätte. Dies stellt also in der Praxis noch eine Einschränkung da. Bestimmtes Material liegt nicht im System vor.

Integrierte Newssysteme bieten die Verbindung von früher getrennten Systemen (Text, Schnitt, Sendung) im TV und audiovisuellen Journalismus. Doch bei allen Synergieeffekten darf nicht vergessen werden, dass vor dem Bildschirm (noch) ein Mensch sitzt. Dieser kann nicht non-linear arbeiten, selbst wenn er non-linear denken kann. Denn er/sie hat nur zwei Hände. Bestimmte Arbeitsschritte, auch wenn sie technisch parallel möglich sind, können von ***einem*** Menschen nur nacheinander bewerkstelligt werden. Zwei Menschen können parallel arbeiten und sind dadurch letztlich schneller. Insofern bleiben die einzelnen Komponenten der früheren Produktion auf Seiten der Redaktion erhalten. Diese sind nach wie vor:

- Recherchieren
- Agenturen lesen
- Material sichten und auswählen
- Schnitt erstellen
- Text erstellen
- Text einsprechen
- fertigen Beitrag senden
- Dokumentation und Archivierung

Diese einzelnen Schritte können zwar nun in beliebiger Reihenfolge vollzogen werden; es ergäbe aber wenig Sinn erst zu recherchieren, wenn der Beitrag schon fertig ist oder den Schnitt zu erstellen, ohne das Material gesichtet zu haben. Der Kalauer und damit implizierte Vorwurf, dass Journalist*innen dies ohnehin schon immer getan haben, wird hier bewusst eingebaut. Denn er verweist auf ein ernsthaftes Problem. Bei dem enormen Zeit- und Produktionsdruck (vor allem im Nachrichtengeschäft und bei aktuellen Produktionen) sowie der geforderten Menge an Output wäre es ungerecht, Redakteur*innen Schlampigkeit oder Faulheit vorzuwerfen. Dennoch haben sich auch schon zu analogen Zeiten immer wieder Fehler eingeschlichen, weil es (zu) schnell gehen musste. Jeder praktizierende Journalist*in weiß, wovon hier die Rede ist.

Der alte US-amerikanische Anspruch „Be first, but first be right“ (Sei der Erste, aber zuerst sei richtig!) gilt unverändert. Moderne Produktionsbedingungen können nicht den Wegfall journalistischer Sorgfalt rechtfertigen. Der Vorteil der Schnelligkeit kann aber in bestimmten Fällen zum Nachteil werden, da die Zeit zur Reflexion oder doppelten Prüfung fehlt. Da nun die technische Seite der Produktion schneller geworden ist, hat auch auf redaktionell-inhaltlicher Seite der Druck zugenommen, schneller zu veröffentlichen. Ab einem gewissen Punkt (Stichwort zwei Hände) ist eine Beschleunigung aber für den Menschen nicht mehr möglich – es sei denn, durch die Hilfe von Maschinen und automatisierten Produktionsweisen. Diese sind keine Zukunftsvision mehr, sondern zum Teil schon journalistischer Alltag (vgl. Abschnitt automatisierte Produktion).

Bewusst war bislang im Zusammenhang der integrierten Newssysteme von Redakteur*innen und nicht von Reporter*innen die Rede. Denn Redakteur*innen sitzen am Schreibtisch vor dem Computer und haben stets vollen Zugriff auf das System; Reporter*innen haben dies nicht bzw. nicht vollständig. Vor allem aber holen sie das Material, das später benutzt wird, ja erst ein; sie filmen, interviewen oder recherchieren vor Ort. Doch auch die Arbeitsweise von Reporter*innen hat sich verändert, wie in den folgenden Abschnitten noch deutlich werden sollte.

Smart Production

Smart Manufacturing (SM, deutsch: intelligente Fertigung) ist ein technologisches Konzept, das über das Internet verbundene Maschinen für die Überwachung des Produktionsprozesses nutzt. Es ist oft mit dem Schlagwort *Industrie 4.0* verbunden und verweist auf automatisierte Produktionsweisen und beständige Optimierung. Der Begriff *lean management (schlanke Produktion)* wird ebenfalls in diesem Zusammenhang erwähnt. Damit sind Synergien und Einsparpotentiale gemeint, die sich durch neue Fertigungsmöglichkeiten ergeben. Zentral ist bei all diesen Begriffen die IT basierte Verbindung und Kommunikation zwischen verschiedenen (technischen) Systemen.

In der Medienbranche hat sich der Begriff *smart production (schlanke bzw. clevere Produktion)* durchgesetzt. Damit sind ebenfalls IT gestützte Produktionsweisen gemeint und eine Effizienzsteigerung. Diese Entwicklung ist ökonomisch getrieben (medienökonomischer Imperativ), wird aber erst durch die neue Technik (medientechnisches Apriori) ermöglicht. Was ist damit nun in einem Sender/Medienhaus konkret gemeint?

Auch hier sei wieder darauf hingewiesen, dass es sich bei dem Begriff nicht um eine exakte Definition oder eine mathematische Größe handelt. Jeder Sender kann unter smart production etwas anderes verstehen. Aber zwei Punkte bleiben zentral: Es handelt sich um IT basierte Arbeitsprozesse und es geht um (mittel- und langfristige) Kosteneinsparungen. Kurzfristig muss für die Umstellung auf smart production in den meisten Häusern zunächst investiert werden, langfristig fallen dadurch Kosten weg.

So können beispielsweise teure Übertragungswagen (SNG) bereits mittelfristig in vielen (aktuellen) Produktionen durch smarte Lösungen ersetzt werden. Eine davon ist zum Beispiel die LiveU Central. Laut Herstellerangaben ermöglicht sie Anwendern,

> „Live-Feeds und Einstellungen von allen verknüpften LiveU Units zentral zu überwachen und zu steuern. Als browserbasierte Web-Anwendung ist LiveU Central sowohl per Computer wie auch per Tablet an jedem beliebigen Ort zugänglich.“[133]

Damit hat sich also die Arbeitswelt von Reporter*innen „im Feld“ verändert. Für Reporter*innen vor Ort ist der Einsatz eines LiveU-Rucksacks eine verhält-

133 Vgl. https://www.liveu.tv/de/ip-solutions/liveu-central (03.03.2021, 10:22 MEZ).

nismäßige und günstige Möglichkeit, live zu schalten oder Material und fertige Beiträge ins Mutterhaus oder direkt in den Sendeplan zu exportieren. Wie bei den integrierten Newssystemen wird eine schnelle Produktion ermöglicht, die sich von der einer SNG (Satellite News Gathering) nicht mehr wesentlich unterscheidet. Im Gegensatz zu einer SNG (größere Übertragungswagen) ist ein Rucksack aber letztlich von einer Person (Kameramann/Kamerafrau) zu bedienen. Es braucht nicht mehr so viele Menschen wie früher für eine schnelle Live-Produktion. Dies ist, wie erwähnt, nur ein Beispiel. Die IT basierte Vernetzung aller relevanten Produktions- und Sendesysteme innerhalb eines Medienhauses oder *remote* Steuerung (Fernbedienung) sind weitere Beispiele für smart production. Da sich die technischen Anwendungen rasant verändern, wird bewusst auf weitere Beispiele verzichtet. Die Gefahr, den aktuellen Stand nicht angemessen abzubilden, wäre zu groß. Dies ändert aber nichts am Gesamtbefund bzw. der grundsätzlichen Bedeutung von smart production. Zusammengefasst lassen sich folgende, für den Journalismus zentrale, Entwicklungen festhalten:

- Leichtere und schnellere Produktion im Allgemeinen
- Kleinere und damit flexibel einsetzbare Reportereinheiten im „Feld“ (z. B. auch bei Auslandsberichterstattung oder im Lokalen)
- Fernsteuerung von Kameras und deren Verknüpfung über eine Live-Regie (z. B. auch bei Sportereignissen oder anderen Großevents)
- IT basierte Vernetzung eines ganzen Senders
- Kopplung von Produktions- und Sendeabläufen
- Mehr oder minder technisch „unbegrenzte“ Ausspielwege
- Cloud basierte Lösungen (statt eigenen Servern)
- Mittelfristige Kostenersparnis durch Effizienzsteuerung und Reduktion des Personals

Wie bei den integrierten Newssystemen, die ihrerseits schon als Teil der smart production verstanden werden können, zeigt sich, dass diese Entwicklung mehr bedeutet als nur eine marginale Umstellung. Bei konsequenter Anwendung muss der gesamte Workflow (Arbeitsablauf und Produktionsprozess) überprüft und ggf. umgestellt werden. Dass dies wesentliche Implikationen für die Tätigkeit von Journalist*innen und ihre Arbeitsroutinen hat, dürfte deutlich geworden sein. Ebenso, dass es sich um einen Changeprozess auf allen Ebenen eines Medienhauses (Senders) handelt. In diesem Prozess stehen verschiedene Sender an verschiedenen Stellen der Entwicklung. Dies ist leider eine sehr allgemeine Aussage, aber genauer kann man dies derzeit nicht fassen. Auch hier gilt wieder die Erkenntnis, dass nicht jeder Sender alle technischen Möglichkeiten nutzt bzw. dass innerhalb eines Senders einerseits smart produziert wird, andererseits noch konventionell. Eine Entwicklung indes haben inzwischen fast alle Sender und Medienhäuser sowie Bürgerjournalist*innen vollzogen, wenn auch wieder in unterschiedlichem Ausmaß.

5.2 Mobile Reporting

„Die beste Kamera, die du haben kannst, ist immer die, die du dabeihast, wenn etwas passiert". Diese Alltagsweisheit von Bildjournalist*innen der analogen Zeit bringt schon einen wesentlichen Zweck des mobile reporting gut auf den Punkt.

Die Kamera, die jede und jeder heute immer dabeihat, steckt im Handy oder dem Mobile, wie die US-Amerikaner das Gerät nennen. Diese Kamera ist nicht nur eine Fotokamera, sie kann auch Bewegtbild aufzeichnen (und senden). Inzwischen verfügen Handys über so gute Kameras, dass sie sendefähige TV-Bilder liefern. Der Ton bleibt bisweilen noch ein Problem, aber da hilft die entsprechende (leicht transportable) Zusatzausstattung. Der Markt ist groß und es gibt fast für jeden Geldbeutel und Geschmack entsprechende Mikrofone, Halterungen, Windschutz, Objektiverweiterungen, Apps etc. Interessenten sollten sich hier auf den einschlägigen Internetseiten und Blogs kundig machen. Auf eine Empfehlung wird wieder bewusst verzichtet. Der Begriff mobile reporting kann in der deutschen Übersetzung zweifach verstanden werden. Denn er kann mit „mobiler Berichterstattung" oder mit „Handy-Berichterstattung" übersetzt werden. Beides wäre korrekt. Mobile Berichterstattung meint mehr als die Möglichkeiten des Smartphones. Sie kann sich auf VJ- und DSLR-Kameras oder mobile Sendeeinheiten (Black Magic) beziehen. Mobile, oder um dieses Fremdwort auch noch aufzulösen, bewegliche Berichterstattung ist ein Oberbegriff, der alle möglichen Arten der nicht stationären Berichterstattung meinen kann. Im Folgenden geht es mir aber um die Berichterstattung mit dem Smartphone. Hier wird „mobile" als US-amerikanischer Ausdruck für Mobiltelefon (Handy) genutzt. Exakter noch müsste man von Smartphone reporting sprechen. Denn ein normales Mobiltelefon war ja tatsächlich nur ein Telefon ohne Kamera und sonstige Funktionen.

Bei Markteinführung der ersten Smartphones war das mobile reporting noch Laien und dem user generated content vorbehalten, auch weil die Qualität zum Teil noch zu wünschen übrigließ. Viele Sender wollten die „Wackelbilder mit Rauscheton" nicht zeigen oder allenfalls als Standbild, weil sie als unprofessionell galten. Aber spätestens nach der Notlandung eines Airbus auf dem Hudson River (15. Januar 2009) erkannten auch journalistische Profis die Bedeutung des mobile reporting und der Social Media zugleich. Denn dieses Bild vom Ende des Flugs 1549 ging um die Welt – dank Twitter. Ein damals erst drei Jahre altes (soziales) Medium hatte die Story vor allen anderen. Dieses und andere folgende Nachrichtenereignisse (z. B. während des sogenannten Arabischen Frühlings) rüttelten die etablierten Medien wach.

Denn zwei essenzielle Dinge wurden offensichtlich: Erstens die beste Kamera ist die, die man dabeihat, wenn etwas passiert. Zweitens diese Kameraart (das Mobile) kann auch sofort senden, nämlich über Social Media. Drittens aber wurde bestätigt, dass ein einzelne/r mit kleinem Gerät an ganz andere Orte gelangen kann als ein Kamerateam, das immer auffällt. Diese Erkenntnis galt bereits für die

VJ (Ein Mann-/Frau-Videoreporter).[134] Aber auch deren Kamera ist nicht so klein wie ein Handy, vor allem aber kann man mit einer Videokamera nicht senden.

Für das mobile reporting im Journalismus kann man rückblickend fünf Phasen bzw. Verwendungszwecke ausmachen:

1. Phase: Kostengünstige Produktion für Bürgerjournalist*innen, Vlogger, Youtuber etc.
2. Phase: Produktionsmittel für Social Media Ausspielkanäle (auch bei traditionellen Sendern und Medienhäusern)
3. Einsatz in Breaking News Situationen oder als Ersatz für nicht vorhandene Ausstattung in Ausnahmefällen
4. Zusatzproduktionsmittel bei klassischen Produktionen (z. B. zweite Kamera bei TV-Reportagen oder Dokumentationen)
5. Regelproduktion (neben klassischer Produktion) in allen Ausspielwegen

Diese Phasen sind wieder im Sinne des additiven Phasenmodells zu verstehen. Das heißt, sie gelten nicht für alle Sender gleichermaßen bzw. kann sich ein Sender in mehreren Phasen gleichzeitig befinden, je nach Redaktion bzw. Verwendung.

Phase 5, also die Regelproduktion im alltäglichen Geschäft von (etablierten) TV-Sendungen, hat gerade erst begonnen. Bei Medienhäusern oder Web-TV-Sendern sieht dies wieder anders aus. Dort ist Mobile Reporting schon länger üblich. Der Grund dafür ist simpel. Der Anspruch an die Qualität von Bewegtbild war dort anfänglich nicht so hoch und vor allem waren keine professionellen Kamerateams vorhanden. Traditionelle TV-Redaktionen hingegen verfügen über Kameraleute mit professionellen TV-Kameras. Insofern würde es bei TV-Sendern wenig Sinn ergeben, generell auf den etablierten Qualitätsstandard zu verzichten, außer eben in Ausnahmefällen (Phase 3). Zudem gilt für das mobile reporting dieselbe Aussage wie bei den Newssystemen. Eine einzelne Person kann Arbeitsschritte nur nach und nach vollziehen, nicht parallel. Dies ist bei Drehaufnahmen „im Feld" sehr entscheidend. Ein Kamerateam kann zum Beispiel schon drehen, während Reporter*innen noch weitere Fakten recherchieren oder Vorgespräche mit Interviewpartnern führen. Zudem sind gelernte Kameraleute Fachleute fürs Bild, Reporter*innen sind i. d. R. primär Journalist*innen. Eine Arbeitsteilung zwischen professionellem Kamerateam und Reporter*innen bleibt beim traditionellen TV immer eine Frage, der inhaltlichen, technischen und gestalterischen Qualitätssicherung. Das mobile reporting wird aller Voraussicht nach die Kamerateams beim TV nicht gänzlich ersetzen. Dennoch hält es auch dort Einzug in die Regelproduktion. Denn dadurch kann die Arbeit von Kameraleuten ergänzt werden (siehe zweite Kamera), dort helfen, wo es kein Kamerateam gibt, oder dafür sorgen, dass Kameraleute für wichtige Aufgaben frei bleiben und nicht durch 0815-Produktionen gebunden sind. Zudem kann die Menge an Bildmaterial erheblich gesteigert werden. Ereignisse, die früher gar nicht berichtet worden wären, können jetzt

134 Videoreporter (VJ) sind in vielen Sendern etwa seit Mitte der 1990er Jahre im Einsatz, haben die Zwei-Personenteams (Kamera und Tonassistenz) aber nicht gänzlich verdrängt. Es gibt beides, je nach Einsatzzweck.

ohne großen Kostenaufwand gecovert werden. Es kommt also wieder einmal nicht auf die Technik an, sondern auf deren (intelligente) Verwendung durch Menschen.

Auch wenn TV-Redaktionen und etablierte Sender über feste Kamerateams verfügen, bedeutet dies nicht, dass sie immer aus dem Füllhorn schöpfen könnten und Kamerateams in den Sendern jederzeit verfügbar wären. Schon immer haben sich Redaktionen überlegen müssen, zu welchem Zweck sie wann Personal und technische Ressourcen nutzen. Dieser Aspekt sollte nicht vergessen werden. Wenn dann noch der Druck zunimmt, verschiedene Ausspielwege zu bedienen und das Programmangebot ausweiten zu müssen, kann auch das mobile reporting als Teil der smart production, im Sinne von intelligenter Produktion, verstanden werden.

Wie erwähnt, ist das mobile reporting in vielen Redaktionen und Sendern inzwischen in der Außenproduktion angekommen. Die Einsatzzwecke sind dabei so verschieden wie die Sender und die jeweiligen Redaktionen. Bei den einen wird regelmäßig ein Beitrag pro Sendung von einem/r mobilen Reporter*in mit dem Handy produziert, bei anderen gibt es Zulieferungen für das Programm oder das Video-Angebot für Social Media wird hauptsächlich durch Handyreporter*innen bestückt. Um auch das, von Social Media unabhängige Senden zu ermöglichen, haben viele Häuser eigene Apps entwickelt, mit denen Material von außen über das Handy in die Zentrale überspielt werden kann. Schnittsoftware auf dem Handy ermöglicht Rohschnitte, Live-Aufnahmen könnten komplett mit Sprecherkommentar auf dem Server hochgeladen werden etc. pp. Mobile Reporting ist auch außerhalb der bekannten, kommerziellen Plattformwelt (Periscope, Twitter, Facebook live etc.) sendefähig geworden. Es braucht aber nach wie vor noch eine Internetverbindung bzw. mobile Daten, die von Fremdfirmen zur Verfügung gestellt werden. Es gibt daher Situationen in der Aktualität, bei denen das mobile reporting an seine Grenzen stößt. Nämlich immer dann, wenn – um es völlig untechnisch auszudrücken – die Leitungen belegt sind und es keinen Empfang gibt.

Hier hilft nur eine, von Mobilfunk- und Internetbetreibern unabhängige, eigene „Verbindung", also entweder ein autonomes Netz oder der Satellit. (DSNG = Digital, Satellite Newsgathering, digitale Satellitenübertragung). Als reines Aufnahmegerät oder als mobiler Schnittplatz taugt das Handy dann aber immer noch. Nur das Senden ist in solchen Fällen erst zeitversetzt möglich, wenn es wieder Empfang gibt.

6. Automatisierter Journalismus

Automatisierter Journalismus ist auf alle Mediensparten bezogen ein vergleichsweise junges Phänomen. Im textbasierten Internetjournalismus ist die Entwicklung relativ weit vorangeschritten. Dort gibt es mehrere Fallbeispiele für die konkrete Anwendung bei Medienhäusern und Nachrichtenagenturen.[135] Sollte sich das, auch als *Roboterjournalismus oder algorithmischer Journalismus* bezeichnete, Phänomen in allen journalistischen Bereichen flächendeckend durchsetzen, müsste

135 Vgl. dazu Haim, Mirco. und Graefe, Andreas(2017): Automated news: Better than expected? Digital Journalism, 5(8), 1044–1059.

man in der Tat von einer neuen Phase der modernen Journalismusgeschichte sprechen.[136] Noch ist eine flächendeckende Verbreitung der Vollautomatisierung aber nicht abzusehen. Mit Vollautomatisierung ist in diesem Zusammenhang die komplette Übernahme der Produktion journalistischer Beiträge durch Computer und Maschinen gemeint. Andere Anwendungen, Teilautomation und automatische Assistenten sind bereits bekannt und werden genutzt.

Es gibt ein generelles Argument, das gegen Vollautomatisierung ***aller*** journalistischen Präsentationsformen in naher Zukunft spricht. Um dies zu verstehen, muss zunächst definiert werden, was mit automatisiertem Journalismus (i. d. R.) gemeint ist: Unter automatisiertem Journalismus versteht man die Erstellung von journalistischen Inhalten mit Hilfe von Algorithmen. Es handelt sich um eine Anwendung der *Natural Language Generation* (NLG),[137] einem Teilgebiet der *Künstlichen Intelligenz* (KI). Dies bedeutet unter anderem, dass er immer dann gut funktioniert, wenn eine große Datenmenge vorhanden ist und gleichzeitig die Darstellungsform stark standardisiert ist. Dies ist im Journalismus bei weitem nicht immer der Fall. Automation bringt dann keinen Mehrwert. Zudem wäre er zu teuer, wenn er nur für Einzelfälle angewandt wird.

Bei Automation geht es fast immer um Mengen und Skalierungen. Deswegen ist Standardisierung eine Grundvoraussetzung für Automation. Dies ist in einer Fabrik nicht anders als im Journalismus. Aufgrund der Standardisierung wird automatisierter Journalismus im textbasierten Onlinejournalismus daher vor allem bei Themen wie Börsenberichterstattung, Sport-Tickern oder Wetterberichten genutzt, aber auch bei Nachrichten oder bei der Wahlberichterstattung (für die automatisierte Auswertung und Aktualisierung von Zahlen und Daten). Was automatisierter Journalismus (bislang) jedoch nicht leisten kann, sind Interpretationen, komplexe Hintergrund-Analysen oder sprachlich anspruchsvolle bzw. außergewöhnliche Essays. Dies ist das Argument, warum es bislang für komplexere journalistische Artikel und Beiträge immer noch des Menschen (Journalist*innen) bedarf. Andererseits darf man nicht vergessen, dass künstliche Intelligenz bei entsprechender Programmierung und Datenlage auch komplexere Zusammenhänge erfassen und (nach Vorgaben) gestalten kann. In diesem Zusammenhang sei auf die sogenannte Maschinenliteratur hingewiesen, von Algorithmen verfasste Kurzgeschichten, Romane und Drehbücher.[138] Noch sind dies Experimente, um die Möglichkeiten und Grenzen von KI zu testen und keine Serienproduktion. Wenn aber auch kreative Arbeitsprozesse in Zukunft von Maschinen übernommen werden können, stellen sich Fragen für die gesamte Arbeitswelt und für den Journalismus.

Für Standardtexte mit sich wiederholenden Vokabular und ähnlichen Themen ist die Hürde schon jetzt genommen worden. Man denke beispielsweise an *Chatbots*

136 Zu diesem Gedankengang vgl. auch Bd.1, S. 279f.
137 NLG = Generierung menschlicher Sprache und Sprachstrukturen durch Maschinen.
138 Vgl. dazu https://www.spektrum.de/kolumne/schreiben-roboter-bald-romane/1437710 (03.03.2021, 18.49 MEZ).

oder *Social Bots*[139] Fast jeder Mensch ist damit schon einmal in Berührung gekommen, entweder bei seiner Online-Bank, einer Reisebuchung, Bewertungen in Internetportalen oder bei Social Media, um nur einige Anwendungsbeispiele zu nennen. Da wir jedoch den audiovisuellen und nicht den textbasierten Journalismus behandeln, stellt sich die naheliegende Frage, wie es sich beim Bewegtbild mit dem algorithmischem Journalismus verhält.

6.1 Automation und Bewegtbild

Hier sind von Algorithmen vollautomatisch erstellte, sendefertige (also vertonte) Beiträge bzw. Videos (noch) nicht üblich. Es gibt jedoch einige Entwicklungen, die in diese Richtung weisen. Bevor wir weiter in diese Richtung blicken, gilt es drei Dinge auseinanderzuhalten. Zunächst einmal soll hier zwischen Onlineportalen und Webauftritten von Medienhäusern auf der einen Seite und etablierten TV-Sendern auf der anderen Seite unterschieden werden. Die Entwicklung hier und dort kann aufgrund technischer Grundvoraussetzungen bzw. Ausrichtung nicht direkt miteinander verglichen werden. Für Web und Online sind Videos im Nachrichtenbereich und aktuellen Journalismus zwar keineswegs neu, jedoch waren sie historisch gesehen nicht deren Kerngeschäft. Bei TV-Sendern ist dies anders. Alle Vollprogramme haben eigene, zum Teil sehr große, Nachrichtenabteilungen und produzieren zudem weitere aktuelle TV-Berichte auf allen Ebenen der regionalen, nationalen und internationalen Berichterstattung. Der zweite Unterschied besteht zwischen der Vor-Produktion von fertigen Beiträgen und Videos und der Liveberichterstattung. Was dies für die automatisierte Produktion bedeutet, wird später noch näher erläutert.

Vorausgeschickt sei hier aber schon einmal, dass nicht jede Automatisierungstechnik auf KI und Algorithmen beruht. Es gibt auch andere Formen der Automation und dem Einsatz von Robotern, Kameraroboter zum Beispiel. Der dritte wichtige Unterschied betrifft also den zwischen Algorithmen basierter Automation und (normaler) Software basierter Automation.[140]

Zunächst einmal soll ein allgemeinerer Blick auf die Möglichkeiten und (bisherigen) Grenzen der automatisierten Bewegtbildproduktion geworfen werden. Dazu unterscheide ich wiederum drei Bereiche, in denen Automation bislang schon eingesetzt wird:

- Bildschnitt
- Texterstellung
- Spracherstellung

139 Chatbots oder kurz Bots sind Computerprogramme, die aufgrund von Regeln durch künstliche Intelligenz KI (engl. artificial intelligence AI) entwickelt werden. Die Bots ermöglichen, dass man mit einem technischen System chatten kann. Je mehr Chatbots auf AI aufgebaut sind, desto mehr fühlt es sich an, als würde man mit einem echten Menschen chatten. Die gleiche Grundlage gilt für Social Bots, die in den sozialen Netzwerken eingesetzt werden.

140 Ein Überblick über verschiedene Automationsstandards im Allgemeinen und deren Bedeutung für Industrie und Wirtschaft findet sich bei : https://www.redhat.com/de/topics/automation (22.08.2021, 15.23 MEZ).

Bei der Automatisierung des Bildschnitts gibt es inzwischen interessante Anwendungen. Im Consumer-Bereich sind automatisierte Schnittprogramme, die verschiedene Bilder zu einem kleinen Clip oder längerem Film zusammenbauen und Nutzer*innen eine Schnittfolge vorschlagen, keine Neuheit mehr. Einige Leser*innen werden deren Funktionen vielleicht schon selbst bei der Erstellung eines Urlaubvideos, als Benutzer*innen von Action Cams oder für Handyvideos genutzt haben. Diese Programme werden immer professioneller und können inzwischen auch unterschiedliche Bildformate verarbeiten. Neben der Auswahl an thematischen Schnittvorlagen bieten sie Vorschläge mit passender Musik, auf deren Takt automatisch geschnitten wird, ebenso wie Spezialeffekte und Überblendungen. Es ist möglich, jederzeit in den manuellen Modus zu wechseln, um die Reihenfolge oder Länge der Aufnahmen individuell anzupassen. Effekte wie ein Vintage-Look, Kamerafahrten, Zooms, Spiegelungen oder Slow-Motion-Effekte können per Drag & Drop auf die entsprechende Stelle im Video angewandt werden. Hier wird wieder bewusst kein konkretes Programm, App oder Anwendung benannt, es reicht eine entsprechende Anfrage bei einschlägigen Suchmaschinen, um herauszufinden, welche Art von Programmen gemeint ist. Was für den Consumer verfügbar ist, ist für Hollywood natürlich auch keine Überraschung mehr. Bei Spielfilmen werden für Rohschnitte schon seit längerer Zeit automatisierte Programme genutzt, um das Material vorzubereiten.

Ein interessantes Experiment soll hier jedoch besonders hervorgehoben werden, weil es über die bisherigen Entwicklungen hinausgeht und meinen Gedankengang weiter vorantreibt. So hat ein Zusammenschluss aus mehreren Computern bzw. ein „Supercomputer“ (Watson von IBM) einen Kinotrailer vorgeschnitten.[141] Die Computer hatten zuvor die Grammatik (Regeln des Genre Horrorfilm-Trailer) erlernt, in dem sie etwa 100 Trailer von Horrorfilmen auswerteten und diese mit dem Rohmaterial des Films (Morgan) abglichen. Übrig blieben lediglich zehn Sequenzen, aus denen dann abschließend der Trailer durch menschliche Filmeditoren (Cutter) geschnitten wurde. Die Vorarbeit hatte Watson hingegen ganz allein erledigt. Wie war das möglich? Dazu wandten seine Algorithmen drei Schritte an:

1. *Visuelle Analyse*: Personen, Objekte und Szenerien wurden zunächst als solche identifiziert. In einer Datenbank standen 24 Emotionen zur Verfügung, die Watson verschiedenen Personen zuordnete. Darüber hinaus verknüpfte er jede Szenerie mit einer von insgesamt 22.000 Kategorien.

2. *Audio-Analyse*: Watson untersuchte, welche Art von Musik im Hintergrund der Szenen spielte und welche Tonlage welchen Charakteren eigen war.

3. *Analyse der Szenen*: Dabei wurde beispielsweise klassifiziert, welche Lichteinstellungen oder Locations für Spannung sorgten.

Wenn wir nun unsere Metapher der verschiedenen Sprachen des audiovisuellen Journalismus auf diesen fiktiven Stoff anwenden, erlernte Watson Elemente aus drei Sprachen:

141 Vgl. https://www.ibm.com/blogs/think/2016/08/cognitive-movie-trailer/ (05.03.2021, 13.54 MEZ).

- Formsprache: Genrespezifische Gestaltung (hier Trailer für Horrorfilm)
- Filmsprache: Bedeutung und Zusammenhang von einzelnen Sequenzen (etwa Spannung erzeugen)
- Internationale Sprache: Gezielter Einsatz von Hintergrundmusik

Dieses Beispiel soll zeigen, dass inzwischen eine Verbindung zwischen Automation und *machine learning* (lernende Maschinen) gegeben ist. Die Maschine merkt sich nicht nur bestimmte programmierte Vorgaben und Standards und wendet diese einfach immer wieder an, etwa bei den Consumer-Programmen. Das heißt, um es auf menschliche Kognition zu übertragen, die Beispiele werden nicht einfach nur auswendig gelernt und wiederholt, sondern es werden Muster und Gesetzmäßigkeiten in Daten erkannt und auf unbekannte Beispiele angewandt. Beim menschlichen Lernen würde man von einer Transferleistung sprechen. Dieser Transfer ist das eigentlich neue Element in der Entwicklung. Watson hat nach festen Regeln die Filmaufnahmen identifiziert und ausgewählt, sie dann aber selbstständig aus dem Filmmaterial zu Sequenzen zusammengesetzt. Dieser Vorgang beinhaltet eine Fähigkeit, die prinzipiell kreative Prozesse ermöglicht, und eine Kombination verschiedener Ebenen von ***künstlicher Intelligenz***. Wenn Watson in der Lage war, Elemente der verschiedenen Sprachen (durch entsprechende Vorbilder, Ansicht von 100 Trailern des entsprechenden Genres) zu erlernen, stellt sich die Frage, ob Watson oder irgendein anderer „Supercomputer" diese Transferleistung nicht auch bei anderen Anwendungszwecken vollbringen könnte.

Ein interessantes (fiktives) Experiment wäre es zum Beispiel, ähnliche Computersysteme wie Watson, sagen wir mit tausend TV-Kurznachrichtenfilmen zu speisen und deren Machart analysieren zu lassen. Auch ohne nur annähernd über die Speicherkapazität eines Supercomputers zu verfügen, kann man zu der Vermutung gelangen, dass der Computer dabei bestimmte Muster erkennen würde. Denn Kurznachrichten sind oft nach einem ähnlichen Schema aufgebaut. Dies könnte in etwa so aussehen:

1. Establishing Shot (Halbtotale von einer Szenerie, Außenaufnahme)
2. Heransprung (Nahaufnahme) von einem Gebäude oder Zoom auf ein Schild (Schriftzug) oder eine Fahne bzw. Symbol.
3. Halbtotale von einem Innenraum
4. O-Ton einer Person X (z. B. Regierung)
5. Zwischenschnitt
6. O-Ton einer anderen Person Y (z. B. Opposition)
7. Schlusseinstellung (selbes Motiv wie 3., aber andere Einstellungsgröße, Fahrt oder Zoom auf Detail oder Schild/Fahne)

Wahlweise könnte der Film auch durch weitere O-Töne (etwa von Experten) oder eine andere Szene (etwa Straße mit Passanten und deren O-Tönen/Vox Pop) ergänzt werden.

Selbstredend ist dies nur eine Vermutung, die ich nicht empirisch nachweisen kann. Aber dieses Muster entspricht dem klassischen Aufbau eines Nachrichtenfilms bzw. den filmsprachlichen Regeln, die auch in Praxisratgebern für Journalist*innen vermittelt werden. Denn ein Nachrichtenfilm folgt festen Regeln ebenso wie jedes andere Genre oder jede Präsentationsform, sei es in der Fiction oder im Journalismus. Es geht nicht um den Vorwurf der Phantasielosigkeit an Autor*innen. Die (Handwerks-)Regeln, die wiederum mit den verschiedenen Sprachen korrespondieren, sind zwingend notwendig für die schnelle Rezeption und das Verständnis bei Nutzer*innen und Zuschauer*innen; ebenso wie die normale Sprache Grammatik (Morphologie und Syntax), Semantik und Pragmatik braucht, um verstanden zu werden. Neue Handwerksregeln für die verschiedenen Präsentationsformen entstehen wiederum durch Beobachtung und Produktion von neuen Beiträgen, ebenso wie sich Sprache durch ihre Sprecher*innen im Laufe der Zeit verändert.

Wenn aber Menschen, in unserem Fall Journalist*innen, Regeln erlernen können und feste Schemata und Strukturen nutzen, um sich zu verständigen, müssten dies doch auch intelligente Maschinen können? So die Grundannahme meines Gedankengangs, der an dieser Stelle wieder zurück zu Watson führt. Watson konnte dies, nachdem er zuvor die Regeln eingespeist bekommen und erlernt hatte. Algorithmen basieren auf Programmierung. Programmierung ist regelhaft, Sprache aber in weiten Teilen auch. Dies ist die Schnittstelle, an der ich ansetzen möchte, um mögliche Anwendungen der Automation und der KI für den Journalismus aufzuzeigen. Der Unterschied zwischen Menschen und Maschinen besteht m. E. noch darin, dass Menschen spontan von einer Regel abweichen können. Einer Maschine müsste man erst einprogrammieren, dass sie ihre Programmierung verlässt. Bedeutet Kreativität also die beständige Abkehr von der Regel, der Struktur oder dem Muster? Nein, denn Bestsellerautor*innen halten sich präzise an die Regeln, z. B. der Dramaturgie, ebenso wie sich gute journalistische Erzähler*innen oder routinierte Nachrichtenredakteur*innen an ihre Regeln halten. Niemand würde ihnen deswegen mangelnde Kreativität vorwerfen. Auch wenn wir alle dieselbe Grammatik mit demselben Vokabular nutzen, sprechen wir nicht alle dieselben Sätze. Kreativität entsteht also sowohl aus dem Befolgen der Regel als auch aus dem Nichtbefolgen bzw. der Kombination von beidem. Zudem sind Regeln immer das Muster, eine Struktur und niemals der Inhalt. Es kommt auf den Zusammenhang von Regel und inhaltlicher Gestaltung an, die Kombination von Bekanntem mit Neuem oder das Erschaffen einer neuen (Kreation = Erschaffen) Regel. Dies führt noch einmal zurück zu Watson und seinen Fähigkeiten. Der bzw. die Computer waren in der Lage, zehn Sequenzen aus der Fülle des Materials zu filtern; zum endgültigen Trailer setzen sie aber noch menschliche Editoren zusammen. Neben der technischen Seite kommt die ökonomische und organisatorische Variante hinzu. Einerseits würden sich bestimmte Anwendungen noch nicht „rechnen"; andererseits müssten sie in bestehende Systeme eingebaut werden, was eine Änderung der Arbeitsabläufe nach sich ziehen würde und ebenfalls Kosten verursachen würde. Die Technik allein ist hier also nicht der entscheidende Punkt.

Bei der Texterstellung wiederum sind wir schon weiter. Wie oben bereits erwähnt, wird diese im journalistischen Alltag angewandt. Die Beispiele wurden schon genannt. Es bleibt also noch die Frage nach der Spracherstellung. Alexa, Siri oder Google Assistent werden bereits vielfältig eingesetzt. Sie erkennen Sprache und führen z. B. Anweisungen aus oder sie wandeln Sprache in Text (speech to text). Für unseren angenommenen Anwendungsfall, also die Vertonung eines Berichts, müsste es umgekehrt laufen. Text müsste in Sprache gewandelt werden (text to speech). Diese TTS-Systeme sind Realität bzw. Sprachassistenzsysteme können dies bereits. Menschliche Sprache soll sich aber nicht wie Computersprache anhören. Intonation, Modulation und Sprechgeschwindigkeit spielen gerade im Journalismus eine wichtige Rolle. An diesem Punkt kommt die SSML-Technik zum Einsatz. SSML ist die Abkürzung für Speech Synthesis Markup Language.[142] Die deutsche Übersetzung (Sprachsynthese-Auszeichnungssprache) ist in diesem Fall nicht selbsterklärend. Gemeint ist, dass auch menschliche Spracheigenschaften wie etwa Stimmhöhe, Sprechpausen bei Interpunktion, Betonungen oder Sprechgeschwindigkeit durch Computersysteme nachgebildet werden. Im besten Fall wird also der erwünschte Effekt erreicht. Es hört sich so an wie bei einem Menschen. Selbstredend sind diese Systeme noch nicht perfekt, aber Maschinenstimmen klingen heute schon deutlich anders als noch vor fünf Jahren. Wie sie in weiteren fünf Jahren klingen werden, kann hier nicht prognostiziert werden. Aller Wahrscheinlichkeit nach dürfte der technische Fortschritt aber nicht abreißen.

Bildschnitt, Texterstellung und Spracherstellung aus Texten sind also getrennt voneinander bereits im Gebrauch.

Für die Produktion von vertonten Videos und nachrichtlichen Kurzbeiträgen, müssten sie allerdings miteinander verknüpft werden können. Und dort liegt eine entscheidende inhaltlich-gestalterische Hürde. Ein automatisierter Text verlangt "nur" Kreativität im Storytelling und im textlichen Ausdruck. Ein Video hingegen verlangt zusätzlich kreative Bildgestaltung, Schnitttechnik und Soundeinsatz. Diese Gestaltungsmittel müssen zudem (schlüssig) zusammenspielen. Diese Mehrdimensionalität mag der Grund sein, weshalb KI-Videos noch nicht so weit sind, als dass man sie für das selbständige Erstellen von Beiträgen nutzen könnte. Virtuelle News-Sprecher (als animierte Sprechpuppe/Avatar) tragen nur Texte vor. Sie verbinden nicht die Bild- mit der Textebene. Diese Überlegung verweist schon auf den dritten Teil dieses Buches und lässt erahnen, warum ich den Begriff der verschiedenen Sprachen des Journalismus gewählt habe. Die verschiedenen Gestaltungsebenen eines Videos oder eines TV-Beitrags sind mehrfach codiert und miteinander verknüpft. Zudem handeln Menschen auch intuitiv innerhalb bestehender Regelsysteme. Eine KI bräuchte exaktere Vorgaben bzw. Programmierungen und könnte Zweifelsfälle der Gestaltung nicht intuitiv lösen. KI-Assistenten helfen jedoch bereits heute Kreativen bei ihrer Arbeit.

KI Assistenz bei der Videoproduktion

Eine vollautomatisierte Produktion von Nachrichtenbeiträgen im Bewegtbild ist bei TV-Sendern derzeit nicht üblich. Zum einen fehlt die Verknüpfung der verschiedenen notwendigen Anwendungen sowie die Integration in bestehende,

142 Zu den Anwendungsmöglichkeiten von SSML vgl. https://docs.microsoft.com/de-de/azure/cognitive-services/speech-service/speech-synthesis-markup?tabs=csharp (18.3.2021, 18.10 MEZ).

News-, Archiv und Sendesysteme. Zum anderen bliebe die Auswahl von Themen und Inhalten immer noch eine Aufgabe für Redakteur*innen.

KI basierte Vorauswahl und Teilautomation der Videoproduktion ist jedoch bei Webportalen und Internetauftritten von Medienhäusern anzutreffen, die keinen klassischen Sendebetrieb kennen und keinen linearen Ausspielweg nutzen. Medienhäuser und TV-Sender starten bei der automatisierten Videoproduktion an unterschiedlichen Stellen der Entwicklung bzw. haben unterschiedliche Grundvoraussetzungen. Medienhäuser bieten z. B. keine ausgesprochenen TV-Vollprogramme an. Es gibt kein durchgehendes Sendeschema, es handelt sich um Einzelbeiträge und Sendungen. Die Arbeitsabläufe sind nicht mit einem klassischen Fernsehsender vergleichbar. Bewegtbild im Informationsbereich verbreiten die meisten Medienhäuser nicht linear, sondern non-linear auf anderen Wegen (z. B. Videos auf der Internetseite oder in Social Media) Um den Aufwand dabei überschaubar zu halten, nutzen sie, neben dem Einkauf von Videos bei Agenturen oder der Kooperation mit TV-Sendern, teil- und vollautomatisierte Systeme für ihre Videoproduktion.

Wer beispielsweise einmal die Quellenangabe unter einem Video auf Focus Online betrachtet hat, wird dort bei einigen Videos den Hinweis auf *wochit* gefunden haben. Es geht hier wieder nur um ein Beispiel zur Verdeutlichung, nicht darum eine bestimmte Anwendung oder ein Medienhaus in den Vordergrund zu stellen. Wochit zählt nach eigenen Angaben unter anderen CBS, Pro Sieben SAT 1 oder Burda zu seinen Kunden.[143] Das System funktioniert nach dem Prinzip des nonlinearen Schnitts, es kann Bewegtbild und Fotos kombinieren, auf Bildarchive zugreifen und es stellt verschiedene Aufnahmen zu Sequenzen (ähnlich wie bei den Consumer-Programmen) zusammen. Zudem kann es kleinere Videos komplett selbständig produzieren, die direkt in Social Media veröffentlicht werden. Eine automatisierte Vertonung ist hingegen kein Standard. Entweder werden die Videos noch von Redakteur*innen vertont oder es handelt sich um Clips mit Originalton (O-Tönen) sowie Fotostrecken mit Texteinblendung. Die Produktion mit wochit oder ähnlichen Systemen ermöglicht es Redakteur*innen, schnell einen fertigen Schnitt vorliegen zu haben und diesen dann weiter bearbeiten zu können. Die Qualität ist durchschnittlicher Standard, normale Nutzer*innen werden den Unterschied beim Schnitt nicht erkennen bzw. haben einen anderen Anspruch an Social Videos als einen professionellen TV Beitrag.

Automation in der Live- und Studioproduktion TV

Das aktuelle Angebot von professionellen TV-Sendern unterscheidet sich vor allem bei der Live- und Studioproduktion von dem der Medienhäuser. Zwar produzieren auch Web-TV Sender in Studios, aber bei Medienhäusern ist die Anzahl von Einzel-Videos wesentlich höher als der von zusammenhängenden Studioproduktionen oder Liveproduktionen. Großevents werden unter Umständen von den Medienhäusern live gestreamt, aber die klassische Live-Berichterstattung im Regelbetrieb bleibt eine Domäne der TV-Sender, nicht zuletzt aufgrund des linearen

143 https://www.wochit.com/solutions/media/ (10.3.2021, 17.45 MEZ).

Ausspielwegs und der festen Sendeabläufe. Bei TV-Sendern wird nach wie vor in Sendeabläufen und in Sendeformaten gearbeitet bzw. hat sich das inhaltliche Angebot in seinen Präsentationsformen nicht grundlegend verändert. Es wird nur anders verbreitet. Nach wie vor gibt es Nachrichten, verschiedene Arten von Magazinsendungen, Talks und feste Sendeplätze für längere Dokumentationen und Reportagen sowie Live-Sondersendungen. Das Gros der journalistischen Programmangebote wird damit abgedeckt, andere Angebote sind entweder hybride Formate oder können anderen Kommunikationsformen (etwa Unterhaltung, z. B. Spielfilm oder Serie) zugerechnet werden. Diese journalistischen Programmangebote im TV werden entweder im Studio live gesendet oder dort aufgezeichnet. Hinzu kommen Außenübertragungen (AÜ) bei der regelmäßigen Live-Berichterstattung. Für diese Art von Produktionen werden zunehmend (teil-)automatisierte Systeme eingesetzt.

In der Studioproduktion kommen „robot cameras“ (Roboterkameras) zum Einsatz, die Positionen im Studio automatisch ansteuern. Die Sendeabläufe sind standardisiert und die Abläufe vorher programmiert. Es stehen dann nicht mehr zwingend Kameraleute hinter Studiokameras, sondern die Kameras steuern sich selbst und nehmen eigenständig Fahrten vor. So kommen klassischen TV-Nachrichtensendungen oder Magazine inzwischen ohne große Manpower in Studio und Regie aus. Vollautomatisiert sind diese Produktionen aber nicht. So wird, außer im sogenannten Selbstfahrerbetrieb (Moderator und ein Line-Producer in der Regie), der Bildschnitt von Bildmischer*innen und Regisseur*innen vorgenommen, die eingreifen können, falls der standardisierte Sendeablauf verlassen werden muss.

Bei Live-Sendungen oder Talks mit mehreren Personen, die sich spontan zu Wort melden und deren Wortmeldung schnell ins Bild muss, wäre eine Vollautomation nicht hilfreich. Der Mensch kann hier schneller reagieren, da er sich nicht an eine programmierte Reihenfolge von Bildschnitten halten muss. Live-Regie bleibt in Menschenhand, aber diese Menschen bedienen sich eben auch automatisierter Systeme. Diese Art der Automation ist Software basiert. Algorithmischer Journalismus ist das nicht. Die Maschinen führen festgelegte Abläufe immer gleich aus, sie müssen hier keine Muster erkennen oder etwas erlernen.

In der Außenproduktion für Beiträge oder Reportagen drehen immer noch Menschen die Bilder. Hier wird bzw. kann nicht sinnvoll automatisiert werden. Denn die Drehorte variieren ja. Wo sollte eine automatisierte Kamera stehen? Festinstallierte Kameras, die über Fernsteuerung programmiert und zusammengeschaltet werden, gibt es jedoch in der Sportberichterstattung. In einem Stadion gibt es feste Plätze für die Kameras (etwa Führungskameras, die dem Spielverlauf folgen); Totale, die das ganze Stadion im Blick hat; Kameras, die auf das Publikum gerichtet sind; schwebende Kameras, die aus der Luft über den Platz oder das Spielfeld filmen; Hintertor-Kameras etc. Beobachter*in einer Live-Übertragung eines Fußballspiels im TV kennen die entsprechenden Bilder. Bei Wiederholungen oder Slow-Motions hilft ebenfalls eine teilautomatisierte Bildregie. In diesen Fällen (feststehende Kamerapositionen) ist Automation möglich und gebräuchlich.

Weitere Beispiele für Automation ließen sich ergänzen. Das Grundprinzip sollte aber wieder erkennbar geworden sein. Es gibt viele Bereiche, in denen KI-Assistenten oder Software basierte Automation Journalist*innen bei ihrer Arbeit helfen. Völlig übernommen haben sie deren Aufgaben aber nicht. Dies wäre auch nicht sinnvoll, wie hier deutlich geworden ist. Zudem würde dies schwerwiegende ethische Fragen aufwerfen, spätestens bei der Themenauswahl und Gewichtung.

Auf Nutzer*innenseite, also bei der Distribution journalistischer Inhalte, wird KI bereits seit längerer Zeit eingesetzt. Dieser Aspekt wurde unter anderem schon im Zusammenhang mit Suchmaschinen angesprochen. Es soll nicht verschwiegen werden, dass Medienhäuser und Sender auch eigene KI basierte Anwendungen entwickelt haben, um ihren Nutzer*innen Nachrichten vorzuschlagen oder Nachrichten auszuwählen, die vermutlich deren Geschmack entsprechen. Hierbei spielen Algorithmen eine wesentliche Rolle, die immer mehr vom Nutzer*innenverhalten lernen und sich auf dieses einstellen. Auch diese Entwicklung wirft ethische und professionelle Fragen auf. Ist es bei journalistischen Angeboten vertretbar, Menschen eine Auswahl entsprechend ihrem Geschmack vorzuschlagen, oder wäre es nicht gerade Aufgabe des Journalismus, Menschen andere Angebote zu machen? Dies ist nur eine davon. Sie kann aber an dieser Stelle weder beantwortet noch weiter diskutiert werden. Denn dies würde den Rahmen sprengen und soll anderen Publikationen vorbehalten bleiben. Festgehalten werden soll hier lediglich, *dass* diese Diskussion geführt werden muss und bereits geführt wird. Der Einsatz von KI sollte auf jeden Fall für die Nutzer*innen transparent sein.

Auf Seite der journalistischen Produktion gibt es jedoch noch einen Bereich, bei dem Algorithmen und KI, noch auf eine andere Art genutzt werden als bislang vorgestellt. Dieser Bereich ist der Datenjournalismus.

6.2 Datenjournalismus

Datenjournalismus bzw. in der amerikanischen Bezeichnung treffender als „data driven journalism“ (datengetriebener Journalismus) gab es, je nach Definitionsansatz, schon immer. Bereits zu analogen Zeiten bedienten sich Journalist*innen bei ihren Rechercheprojekten jeder Menge Datenmaterials, seien es Statistiken, wissenschaftliche Studien oder Originaldokumente. Die Suche in diesen Daten war aber Handarbeit bzw. die Daten lagen gar nicht digitalisiert vor. Dies ist inzwischen anders. Daten liegen meist in digitalisierter Form vor und können mit Hilfe von Algorithmen ausgewertet werden. Datenjournalismus in seiner heutigen Bedeutung geht aber noch einen Schritt darüber hinaus. Er ist nicht nur ein Hilfsmittel, vielmehr entsteht durch Daten überhaupt erst die Story. So ist der Begriff datengetriebener Journalismus (DDJ) bzw. Datenjournalismus zu verstehen.[144] Mit Datenjournalismus geht meist auch die visuelle Aufbereitung einher, er ist also

144 Um einen Überblick über aktuelle Entwicklungen zu bekommen, empfiehlt sich ein Blick auf die entsprechenden Preise und Auszeichnungen in diesem Bereich. Vgl. etwa https://datajournalism.com/awards (12.3.2021, 17.32 MEZ). Auch beim Grimme Online Award werden immer wieder datenjournalistische Projekte nominiert und ausgezeichnet. Vgl. https://www.grimme-online-award.de/ (12.3.2021, 17.38 MEZ).

als Teil des digitalen, audiovisuellen Journalismus zu verstehen und wird meist über Webseiten publiziert. Dort kommen interaktive Anwendungen hinzu und so können datenjournalistische Projekte oftmals auch als crossmedialer Journalismus verstanden werden, da sie die verschiedenen Mediensprachen (interaktive Grafik, Text, Foto, evtl. Video, O-Töne etc.) miteinander kombinieren. Datenjournalismus ist aber kein Format, sondern ein System bzw. eine Herangehensweise und wird in verschiedenen Präsentationsformen genutzt. Das reicht von einer komplexeren, animierten Infografik bis zu aufwändigen, crossmedialen Webprojekten. In einigen Medienhäusern und Sendern gibt es inzwischen datenjournalistische Teams, in denen Datenjournalist*innen mit Grafiker*innen und Programmier*innen als feste Organisationseinheit zusammenarbeiten. Datenjournalismus wird oft (aber nicht ausschließlich) bei großen Rechercheprojekten angewandt; internationale Zusammenarbeit (etwa bei den NSA-Files oder den Panama Papers) ist daher nicht selten. Die Stunde des DDJ hat immer dann geschlagen, wenn es gilt, aus einer Menge Rohdaten Geschichten herauszulesen bzw. diese überhaupt erst einmal zu entdecken. Dabei helfen Algorithmen und die Automation der Suche durch KI, um wiederkehrende Muster und Strukturen erkennen zu können. Ebenso steht es bei der visuellen, grafischen Aufbereitung dieser Daten.

Ohne hier weiter ins Detail gehen zu können,[145] darf der (neue) digitale Datenjournalismus durchaus als sprechendes Beispiel für die Anwendung von KI basierter Automation im Journalismus genannt werden. Je nachdem, ob man den Begriff enger oder weiter definiert, sind seine Anwendungen entweder als Großprojekte oder als alltagstaugliche Präsentationsform sowie Methode der modernen Recherche zu verstehen.

Im dritten und letzten Teil dieses Buches geht es nun um die Arbeitsweisen und Handwerkszeuge, die Journalist*innen im TV und audiovisuellen Journalismus anwenden.

Literatur

Altendorfer, Otto (2016): Mediennutzung – Grundlagen, Trends und Forschung. In: Altendorfer, Otto & Hilmer, Ludwig (Hrsg.): Medienmanagement. Springer VS, Wiesbaden.

Altmeppen Klaus-Dieter, Bucher Hans-Jürgen und Löffelholz, Martin (Hrsg.) (2000): Online-Journalismus, Perspektiven für Wissenschaft und Praxis, VS Verlag, Wiesbaden.

Bilandzic, Helena et. al (Hrsg) (2016): Rezipientenforschung, UVK, Konstanz und München.

Bruns, Axel (2009): *Vom Gatekeeping zum Gatewatching.* In: Journalismus im Internet, Neuberger, Christoph, Nuernbergk, Christian und Rischke, Melanie (Hrsg.) Springer VS, Wiesbaden, S.107–128.

Feyder, Manuela und Rath-Wiggins, Linda (2018): VR-Journalismus. Ein Handbuch für journalistische Ausbildung und Praxis, Springer VS, Wiesbaden.

Gambarato, Renira, Geneane Carvalho, Alzamora (Hrsg.*):* Exploring Transmedia Journalism in the Digital Age. IGI Global, Hershey, PA.

Göttlich, Udo; Heinz, Luise; Heinz; Herbers, Martin R. (2018): Das Fernsehen und der Second Screen. Aktuelle Aspekte der mediatisierten Mediennutzung. In: Kalina, Andreas,

145 Interessierte Leser*innen werden hier wieder auf die einschlägigen Internetseiten (Suchworte Datenjournalismus, DDJ, data driven journalism) verwiesen sowie auf die Einführung von Lorenz Matzat. Vgl. Matzat, Lorenz (2016): Datenjournalismus: Methode einer digitalen Welt. UVK, Konstanz/München.

Krotz, Friedrich, Rath, Matthias und Roth-Ebner, Caroline (Hrsg.): Mediatisierte Gesellschaften, Seite 71 – 86, Nomos, Konstanz.

Haim, Mirco und Graefe, Andreas (2017): Automated news: Better than expected? Digital Journalism, 5(8), 1044–1059.

Hölig, Sascha und Hasebrink, Uwe (2020): Reuters Institute Digital News Report 2020 – Ergebnisse für Deutschland. Unter Mitarbeit von Julia Behre. Verlag Hans-Bredow-Institut Juni 2020 (Arbeitspapiere des Hans-Bredow-Instituts | Projektergebnisse Nr. 50), Hamburg.

Jenkins, Henry (2006): Searching for the Origami Unicorn – The Matrix and Transmedia Storytelling. In: Jenkins, Henry: Convergence Culture – Where Old and New Media Collide. New York: New York University Press.

Jenkins, Henry (2007): Transmedia 101. 21.3.2007 In: http://henryjenkins.org/2007/03/transmedia_storytelling_101.html (10.2.21/14.14 MEZ).

Matzat, Lorenz (2016): Datenjournalismus. Methode einer digitalen Welt. UVK, Konstanz, München.

Meier, Klaus (2012): Crossmedialität. In: Meier, Klaus und Neuberger, Christoph (Hrsg.): Journalismusforschung. Nomos Konstanz, S. 119–132

Pagel, Sven (2003): Digitalisierung der Wertschöpfungsprozesse in Fernsehunternehmen: Integriertes Content Management in Fernsehunternehmen, VS Verlag, Online.

Roether, Diemut (2003): Kurze Geschichte des Online-Journalismus. In: Wieland, Melanie und Spielkamp, Matthias: Schreiben fürs Web, UVK, Konstanz, S. 275ff.

Roll, Julia (2017): Relevanz und Ziel der Arbeit. In: Kommunikation im öffentlichen Raum. Springer VS, Wiesbaden.

III. Sprachen und Regeln

In diesem Kapitel dringen wir zum Kern des Universalmodells vor, dem Kontextfeld der Zeichen. Wie im ersten Band beschrieben, sind Zeichen der Ausgangspunkt jedweden journalistischen Produktes. Journalismus beruht auf Sprache, Sprache basiert auf Zeichen. Dennoch definieren sie den Journalismus nicht als solchen. Denn mit denselben Sprachen und Zeichen können auch Kommunikate in anderen Gattungen (Werbung, PR etc.) erzeugt werden. Zwar gibt es spezifische journalistische Darstellungsformen wie Berichte und Reportagen, Dokumentationen oder Kommentare. Sie entstehen aber erst durch die Kombination von Zeichen und Sprachen mit Inhalten, journalistischer Funktion und Intentionen sowie kontextuell.

Ein aktuelles Beispiel dafür ist die Diskussion, um die vermeintliche Dokumentation „Lovemobil".[146] In dem Film wurde vorgegeben, die Realität von Sexarbeiterinnen darzustellen. Dabei setze die Regisseurin zwei Schauspielerinnen und Bekannte ein. Dies wurde dem Publikum nicht kenntlich gemacht. Die Sprachen und der Inhalt waren dieselben wie bei einer Dokumentation. Die Intention und der Kontext aber nicht. Denn die Dokumentation ist eine journalistische Darstellungsform, die sich der Realität, Wahrhaftigkeit und Authentizität verschreibt und nicht der Fiktion. Genau das tat „Lovemobil" nicht.[147]

Dokumentationen, die die Technik des „reenactment" nutzen, also mit von Schauspieler*innen nachgespielten Szenen arbeiten, können hingegen Journalismus bzw. eine hybride Form (zwischen Journalismus und Fiktion) bleiben, wenn sie korrekt arbeiten und Einblendungen wie „nachgestellte Szene" oder „Spielszene" enthalten. Ein nachvollziehbares Beispiel dafür sind historische Dokumentationen. Wenn dort historische, also tote, Personen zu Zuschauer*innen sprechen, wird automatisch klar, dass es sich dabei um Schauspieler*innen handeln muss. Napoleon oder Bismarck werden nicht selbst im Film auftreten können. Auch bei investigativen Dokumentarfilmen ist Zuschauer*innen in der Regel klar, dass eine illegale Geldübergabe nicht real ist. Denn Kriminelle werden sich kaum bei einem Verbrechen filmen lassen. Daher resultieren auch die bekannten Symbolbilder wie Geldkoffer oder Briefumschläge in Naheinstellungen.

In journalistischen Dokumentationen sind diese fiktiven Elemente genau dies, Elemente eines Filmes und nicht der Film selbst. Denn der besteht aus weiteren Elementen wie realen Szenen und O-Tönen von Experten. Dadurch wird auch der Kontext der gespielten Szenen für Zuschauer*innen transparent.[148] Es wird offensichtlich, dass bestimmte Szenen nur deshalb gestellt wurden, weil sie einfach

146 Zur Diskussion und zur Distanzierung durch den ausstrahlenden Sender NDR vgl. https://www.ndr.de/der_ndr/unternehmen/NDR-distanziert-sich-vom-Dokumentarfilm-Lovemobil,ineigenersache106.html (24.3.2021, 18:17 MEZ).

147 Die Deutsche Akademie für Fernsehen (DAFF) unterstrich in einer Stellungnahme zum Film, dass Glaubwürdigkeit das zentrale Qualitätsversprechen für Dokumentarfilme ist. Vgl. epd Medien Nr. 70a, 13.4.2021.

148 Diesen Aspekt betonte auch die Deutsche Akademie für Fernsehen. Werden fiktionale Elemente in Dokumentationen verwendet, müssten diese zwischen Regie, Redaktion und Produktion „auf adäquate Art und Weise kommuniziert und gekennzeichnet sein". Bei Lovemobil hatte die Regisseurin nicht nur die

nicht gefilmt werden konnten. Darin, in der journalistischen Funktion und in der Transparenz, liegt der Unterschied, nicht in den Sprachen.

Grundsätzlich lassen sich anhand der Diskussion um „Lovemobil" generelle Fragen zu Themen wie journalistische Glaubwürdigkeit, dem Unterschied zwischen Autorenfilm, künstlerischer Dokumentation und journalistischer Dokumentation oder den Grenzen von Arrangement und Inszenierung führen. Dies ist sicherlich interessant, würde hier aber zu weit führen. Fakt bleibt: „Lovemobil" war für die Zuschauer eine Täuschung, nicht mehr und nicht weniger. Wäre es anders deklariert worden und wären die Spielszenen kenntlich gemacht worden, hätte es eine sehr interessante Hybridform des Journalismus sein können. Das war aber nicht der Fall. Was für unseren Zusammenhang relevant ist, ist die Tatsache, dass der Film dieselbe Sprache verwendet hat, mit der auch der Journalismus zu uns spricht.

Die spezifischen Sprachen des Journalismus sind immer der Ausgangspunkt bzw. die Grundlage seiner Kommunikate. Deswegen werden sie im Universalmodell als Kern angesehen. Die Regeln der Sprachen und ihrer Muster zu verstehen und anzuwenden, wird als journalistisches Handwerk bezeichnet. Dieses Buch ist jedoch kein reiner Praxisratgeber, sondern ein Hand- und Lehrbuch. Es geht darum, die Verbindung zwischen Theorie und Praxis aufzuzeigen und ein insgesamt stimmiges Modell zu entwerfen.

Dieses Kapitel beginnt mit einer Übersicht der von mir definierten sieben Sprachen. Wenn anschließend von Regeln die Rede ist, geht es mir um die konkrete Anwendung. Mit dem Begriff der Regel sind Vorgehensweisen gemeint, nach denen die Elemente der Sprachen angeordnet werden, um journalistische Produkte hervorzubringen. Diese Regeln sollten nicht starr und ohne Reflexion ausgelegt werden, sie sind keineswegs als Naturgesetze zu interpretieren. Der Begriff Regel bezieht sich auf die Regelhaftigkeit. Die Tipps und Hinweise können reproduziert und auf unterschiedliche Fallbeispiele angewandt werden. Bei stilistischen Fragen bleibt immer Spielraum für Auslegung. Gestaltungsregeln sind daher als Empfehlungen zu verstehen. Sie können verworfen, erweitert und verändert werden. Dennoch geht es nicht um reine Geschmacksfragen. Auch handwerkliche Regeln entstehen nicht zufällig oder willkürlich. Sie basieren auf kollektivem Erfahrungswissen (Praxistheorien) sowie empirischer und hermeneutischer Herleitung (wissenschaftlichen Erkenntnissen und Forschung). Ich erhebe keinen Absolutheitsanspruch oder behaupte, nur die vorgestellten Regeln gelten. Durch den Rückbezug auf Zeichen- und Handlungstheorien, unterscheidet sich dieser dritte Praxisteil aber vom Ansatz anderer Ratgeber, die mit „journalistischer Konvention" nur anekdotisch argumentieren oder ihre Regeln gar nicht begründen. Die theoretische Herleitung, Reflexion der jeweiligen Regel und die Gesamteinbettung in mein Universalmodell steht für mich im Vordergrund.

Aber auch ich verdeutliche meine Regeln an Beispielen aus der Praxis bzw. konstruierte Beispiele um zeigen, wie die jeweilige Regel in der Praxis angewandt wer-

Zuschauer*innen getäuscht, sondern auch die beauftragende Redaktion des NDR nicht auf den Einsatz der Schauspielerinnen hingewiesen.

den kann. Bei der Filmsprache handelt es sich dann meist nur um Beitragsanfänge, da für vollständige Transskripte der Platz fehlt. Bei der Formsprache gehe ich ausschließlich deskriptiv vor und verzichte auf Beispielen. Bei der Schriftsprache nutze ich auch vollständige Nachrichten, aktuelle Artikel oder längere Textpassagen. Die Argumentation mit Praxisbeispielen hat Vor- und Nachteile. Einerseits wird so eine eher abstraktere Regel oder ein allgemeiner Hinweis deutlicher und plastischer. Es erhöht sich vermeintlich oder tatsächlich der Nutzwert. Andererseits besteht immer die Gefahr, dass der notwendige Transfer nicht mehr vollzogen wird und Menschen zu sehr bei den Details des Beispiels verweilen, statt zu erkennen, wofür es denn exemplarisch stehen sollte. Dies ist insbesondere bei Filmen oder im Bewegtbild so, da sie mehrfach kodiert sind. So kann es zum Beispiel sein, dass man bei einem Video oder einem TV-Beitrag die Bildgestaltung einer bestimmten Szene, eine bestimmte Perspektive oder den Ton (IT) für exemplarisch hält, den Sprechertext aber vielleicht nicht. Zeigt man nun den Beitrag als Beispiel, kann es passieren, dass sich dennoch der Text im Kopf der Zuhörer*innen festsetzt. Dies nur als Beispiel für die Probleme, die bei der Verwendung von Beispielen im Zusammenhang mit mehrfach gestalteten „Werkstücken" entstehen können. Zudem muss bedacht werden, dass alle Produkte des audiovisuellen Journalismus (Webseiten, Instastories, YouTube-Videos, TV-Beiträge, Dokumentation etc.) immer unter realen Produktionsbedingungen erstellt wurden und nicht im „Labor". Der im TV ausgestrahlte Alltagsbeitrag und selbst die preisgekrönte Dokumentation wussten nicht, dass sie einmal als Beispiele für Seminare, Fortbildungen oder Lehrbücher herhalten müssen. Sie sind in bestimmten Kommunikationskontexten zu einer bestimmten Zeit entstanden. Dies weist noch auf einen weiteren Nachteil von Beispielen hin. Sie können schnell veralten oder neue Erkenntnisse können die alte Regel überholt haben. Dennoch möchte auch ich nicht auf Beispiele verzichten. Ich habe Beispiele ausgewählt oder konstruiert, bei denen es nicht auf die konkreten Inhalte ankommt, sondern immer auf das Prinzip, die Struktur oder das Muster. Es ist also in diesem Zusammenhang unerheblich, wie alt oder aktuell das jeweilige Beispiel ist. Grundsätzlich zähle ich darauf, dass Leser*innen die Abstraktion und Übertragbarkeit erkennen können.

Zudem aber bleibt mein Universalmodell, hier nun im Kontextfeld der Zeichen vor allem der Ansatz der sieben Sprachen, jedoch so flexibel, dass jederzeit neue Erfahrungsregeln aus der Praxis oder neue wissenschaftliche Befunde ergänzt werden können. Das Modell ist damit so generativ wie die definierten sieben Sprachen selbst. Es kann also niemals überholt sein, allenfalls die Beispiele des Modells. Die Regeln des Modells müssen jedoch immer anhand der Praxis bestätigt oder verworfen werden. Im Unterschied zum wissenschaftlichen Vorgehen der Verifikation und Falsifikation stellt sich bei Gestaltungsregeln und stilistischen Hinweisen jedoch die Frage der Anwendbarkeit und Praktikabilität.

1. Sprachen des Journalismus

Oftmals wird im Zusammenhang mit Bewegtbild-Produkten (Filmen, TV-Beiträgen, Dokumentationen, Videos etc.) von verschiedenen Ebenen eines Filmes gesprochen. Damit sind Bild, Text und Ton gemeint. Es gibt aber noch mehr Ebenen und diese Ebenen sind nicht spezifisch für das Bewegtbild. Deswegen habe ich versucht, ein Äquivalent zu finden und die Anzahl der Ebenen auszuweiten. So möchte ich zeigen, wie diese Ebenen einzeln oder in Kombination für verschiedene journalistische Produkte genutzt werden und wie sie zu neuen journalistischen Formen zusammengesetzt werden können. Da ich meine Argumentation aus den Zeichen- und Handlungstheorien (vgl. Band I) ableite, schien mir der Begriff der Sprachen angemessen. Denn meines Erachtens können mit dem von mir definierten Sprachbegriff alle journalistischen Produkte (und andere Kommunikate) sowohl praktisch erstellt als auch theoretisch analysiert werden. Es ist der umfassendere Begriff.

Letztlich ist jedes abstrakte Zeichensystem eine Sprache. Die „Sprache" der Chemie oder der Mathematik mit ihren Formeln und Gleichungen, die Lichtstimmungen eines künstlerischen Art House-Films oder der Enigma-Code, um (nicht journalistische) Beispiele zu nennen, verstehe ich also auch als Sprachen bzw. Elemente von Sprachen. Ich habe bewusst einen kombinierten semiotischen und handlungstheoretischen Sprachbegriff gewählt und übertrage diesen auf den Journalismus. Denn Journalismus „spricht" immer, er will kommunizieren und sich verständigen. Das ist seine Aufgabe, er richtet sich immer an eine Öffentlichkeit (vgl. Kontextfeld der Öffentlichkeit). Verständigung durch sprachliche Zeichen ist dabei die Grundvoraussetzung.

Schriftsprache

Unumstritten ist dies bei Texten (Artikeln, Beiträgen, Überschriften) der Fall. Journalistische Texte werden immer in einer Sprache verfasst, egal in welcher. Gemein ist diesen Texten, dass es sich um Schriftsprache handelt. Ob in online oder Print, die Texte folgen den sprachlichen Regeln von Grammatik und Rechtschreibung, wenn auch wie fast jeder Text (auch dieser) mit (unbeabsichtigten) Fehlern. Journalistische Artikel und Beiträge sind jedoch nicht mit Texten einer wissenschaftlichen Publikation, eines Gesetzes, einer Gebrauchsanweisung oder einer Verwaltungsvorschrift zu vergleichen. Journalistische Texte nutzen die Schriftsprache, folgen dabei aber zusätzlich weiteren (stilistischen) Regeln. Während Grammatik und Rechtschreibung noch am ehesten als statisches Regelwerk verstanden werden könnten[149] und es dort richtig und falsch gibt, ist dies bei journalistischen Regeln nicht der Fall. Sie sind dynamisch zu verstehen. Falsch oder richtig sind dort keine treffenden Kategorien, eher verständlich/unverständlich oder passend/unpassend (für den jeweiligen Verwendungszweck). Dieser Aspekt der Auslegung wird uns im Folgenden noch oft begegnen.

Journalistische Schriftsprache wird vor allem im textbasierten Journalismus eingesetzt, also bei Texten (Artikeln) zum Lesen. Audiovisueller Journalismus wiederum basiert nicht auf Schrifttext (auch wenn dort ebenfalls Schriftsprache eingesetzt wird, etwa bei Einblendungen, nicht vertonten Grafiken oder Slideshows), sondern auf gesprochener Sprache. Es geht meist um Texte zum Hören. Audio-

149 Aber selbst in diesem Bereich (Grammatik und vor allem Rechtschreibung) gibt es Veränderungen, Sprache entwickelt sich immer weiter. Regeln werden der Sprachpraxis angepasst.

visueller Journalismus bedient sich also mindestens einer weiteren Sprache, der gesprochenen.

Gesprochene Sprache

Bei einem spezifischen Audio-Beitrag wird deutlich, dass er mehr ist als vorgelesene Schriftsprache. Er arbeitet mit Sprache und Geräusch; Musik und Atmo. Aber selbst bei einem vorgelesenen Print-Artikel wird durch Intonation, Sprechgeschwindigkeit, Pausen, Stimmenhöhen, Akzent, Dialekt und Aussprache dem vorgelesenen (schriftsprachlichen) Text eine andere Bedeutung verliehen. Ein gesprochener Text ist immer durch seine jeweiligen Sprecher*innen geprägt. Geschulte Sprecher*innen werden einen Text anders bzw. akzentuierter „interpretieren" als Laien. Mit dem Begriff der gesprochenen Sprache wird hier jedoch ein anderer Aspekt betont. Es geht um Texte, die geschrieben wurden, um dann gesprochen zu werden. Solche Texte unterliegen anderen Regeln als die Schriftsprache bzw. brechen bewusst mit deren Regeln. Gesprochene Sprache, gerade im Journalismus, wird von mir als eigene Sprache definiert. Sie ist sowohl Grundlage für Audio-Journalismus wie für audiovisuellen Journalismus.

IT + Atmo

Bereits beim auditiven Journalismus (z. B. Radiobeiträge oder Podcasts) kommt neben der gesprochenen Sprache eine weitere wichtige Sprache hinzu. Denn neben dem Sprechertext gibt es eine zweite Tonspur, auf der Geräusche oder Musik bereits vorgemischt vorliegen. In der Vertonung (der Sprachaufnahme im Studio oder am Mikrofon vor dem Computer) wird der Sprechertext aufgesprochen. Die Spuren werden dabei zusammengemischt, es entsteht der sogenannte Sendeton. Sendeton, egal, ob beim Radio oder bei audiovisuellen Beiträgen (TV, vertontes Video, Clip), besteht somit aus dem Sprechertext, Geräuschen oder/und Musik, Atmos sowie den O-Tönen. O-Töne sind Passagen aus Interviews oder Statements (z. B. von Pressekonferenzen), das O steht für original, also Originalton. Damit sind die Passagen der gesprochenen Sprache gemeint, die nicht von Autor*innen bzw. Sprecher*innen eingesprochen werden, sondern von Interviewpartner*innen oder anderen O-Ton-Gebern (z. B. Agenturen oder aus dem Archiv) stammen. Der Begriff IT, also in der Regel die Musik, die Atmo und die Geräusche, sind international verständlich. Das I in IT steht für international, also internationaler Ton. Denn Musik und Geräusche können unabhängig von der jeweiligen Sprache von Hörer*innen in unterschiedlichen Kulturen verstanden werden. Eine Explosion, Straßenlärm, das Knistern eines Feuers oder starke Wind- und Regengeräusche, um nur einige Beispiele zu nennen, sind überall gleich verständlich oder unverständlich, wenn nicht ordentlich aufgezeichnet wurde. Sie stellen eine eigene (Geräusch-)Sprache dar.

Wichtig ist, dass beim audiovisuellen Journalismus kein Bild ohne Ton bleibt. Selbst Schriftgrafiken sind nicht tonlos, es wird in der Regel eine neutrale Raumatmo untergemischt. Ein stummes Bild würde irritieren. Geräusche und Atmo setzen oft auf einer unbewussten Wahrnehmungsebene bei Hörer*innen und Zuschauer*innen an. Denn auch im natürlichen Leben ist niemals etwas gänzlich stumm. Es gibt immer einen Ton und sei er auch noch so leise oder unauffällig. Es würde für das Hirn wie ein Fehler wirken, wenn wir nichts hörten.

Beim audiovisuellen Journalismus kommen neben der gesprochenen Sprache und IT/Atmo noch weitere Sprachen hinzu, nämlich die verschiedenen Sprachen des Bildes, von denen nun die Rede sein wird.

Bildsprache

Bildsprache begegnet uns bereits bei Fotos, Grafiken und Standbildern, nicht erst beim bewegten Bild. Sie reicht von den abgebildeten Einstellungsgrößen, bis zur Motivauswahl und Farbe. Mit bildsprachlichen Mitteln lassen sich unterschiedliche Bildaussagen bei Betrachter*innen hervorrufen. Sie sind keine reine Dekoration. Bildsprache zielt auf kontrollierte Wirkung eines Dialogs. Bildsprache interpretiert eine Wirklichkeit durch Akzentuierung und Zuweisung einer Bedeutung, etwa durch eine Verschiebung von Vorder- und Hintergrund oder der Abbildungsgröße im Vergleich zur Größe des abgebildeten Objektes. Bildsprache wird in der bildenden Kunst und Malerei ebenso genutzt wie in der visuellen Kommunikation oder eben im Journalismus. Mittel der Bildsprache sind u. a. Perspektiven, Schärfen und Unschärfen, Brennweiten, Ordnung und Unordnung von verschiedenen Objekten im Bild, Standpunkt der Kamera, Helligkeit und Kontrast, Lichtsetzung etc. pp.

Es gibt also zahlreiche Gründe die Bildsprache als eigene Sprache mit eigenen Regeln zu definieren.[150] Bildsprache besteht aus Zeichen, die sich direkt oder indirekt auf das abgebildete Objekt beziehen lassen, also entweder auf Similes oder auf Indizes. Im Dialog mit Betrachter*innen bilden sie entweder das ab, was gemeint ist. Ein Bild von einem Wald zeigt einen Wald und meint einen Wald (Simile). Oder sie verweisen auf etwas, was gemeint ist, aber noch indirekt erschlossen werden muss. Das Foto eines Lava spuckenden Vulkans verweist auf einen Vulkanausbruch oder ein Foto von einem zerstörten Damm auf eine Überschwemmung. Bereits mit Bildsprache allein lassen sich spezifische Aussagen treffen. Sie ist immer aktive Kommunikation mit Betrachter*innen. Diesen Effekt erzielt Bildsprache durch das Bild an sich. Idealtypisch können daher Betrachter*innen mit völlig unterschiedlichen kulturellen Hintergründen ein Bild gleich interpretieren, wenn die Aussage eindeutig ist. Als Beispiel seien hier einige (keineswegs alle) Straßenschilder genannt. Denn sie zeigen das, wovor sie warnen, z. B. einen herabfallenden Stein oder ein über die Straße springendes Reh. Das springende Reh ist aber schon eine geographische Variante und wird vor allem in Mitteleuropa verstanden. In Australien, dies ist nicht als Scherz gemeint, ist es ein Känguru und im Norden der skandinavischen Länder ein Rentier. Dieser kleine Unterschied verweist auf einen weiteren Bereich der Bildsprache, der kulturgebunden ist und somit nicht von allen Betrachter*innen gleichermaßen voraussetzungslos erschlossen werden kann.

---

150 Für die theoretische Herleitung dieser Argumentation vgl. auch die Abschnitte „Ikon und Indices" sowie „Piktogramme" im Zusammenhang der Zeichentheorien (Band 1, S. 134–136).

Der Bereich der Symbole, von dem nun die Rede sein wird, ist noch schwerer zu decodieren als die „einfache" Bildsprache. Daher trenne ich ihn von der Bildsprache ab und spreche von Symbolsprache. Damit entferne ich mich von der Tradition der Kunstgeschichte oder historischen Bildwissenschaft, die den Dreiklang von Semantik, Syntax und Pragmatik als Bildsprache versteht. Ich reduziere für meinen Anwendungszweck (Journalismus) Bildsprache begrifflich auf ihre Semantik und Syntax. Warum?

Der Grund dafür liegt darin, dass ich mit der Symbolsprache eine neue, eigene Sprache definiere, die die pragmatischen Aspekte von Bildsprache einschließt. Dies wiederum geschieht, weil sich Symbolsprache nicht nur auf Bildsprache beziehen lässt, sondern auch auf Schriftsprache oder gesprochene Sprache (vgl. z. B. die Pragmatik bei den Sprechakten). Wird Symbolsprache nur als ein Element der Bildsprache verstanden, ist das meines Erachtens zu kurz gesprungen Denn wenn Bilder oder Texte als Metaphern oder direkte Symbole genutzt werden, bewegen wir uns immer im Bereich der Pragmatik. Die Verwendung von sprachlichen Zeichen ist kontextabhängig und sie setzt ein Vorwissen bei Betrachter*innen voraus. Daher mache ich an dieser Stelle einen Unterschied zwischen Bildsprache und Symbolsprache.

Symbolsprache

Auf der textuellen Ebene sind zum Beispiel Metaphern, Andeutungen oder fiktive Erzählpersonen als Symbolsprache einzuordnen. All diese rhetorischen Stilmittel werden sowohl im textbasierten Journalismus auf Ebene der Schriftsprache sowie im audiovisuellen Journalismus auf Text- und Bildebene genutzt. Symbolsprache gehört damit zum festen Arsenal der Ausdrucksmittel im Journalismus, auch wenn nicht alle journalistischen Darstellungsformen Symbolsprache im selben Ausmaß nutzen. Auch dass bestimmte Metaphern und Sprachbilder (etwa Spitze des Eisberges, Trümmerfeld der Verwüstung, Bollwerk etc.) als abgegriffen gelten und daher empfohlen wird, sie nicht für journalistische Texte zu nutzen, widerlegt nicht die Tatsache, dass Symbolsprache im Journalismus genutzt wird. Sie bestätigt sie vielmehr. Denn man müsste nicht von etwas abraten, was es nicht gibt.

Innerhalb der Bildsprache nimmt die Symbolsprache, unabhängig von der Textebene oder in Kombination mit ihr, eine besondere Bedeutung ein. Dies beginnt wieder bei einfach Piktogrammen. Ein Totenkopf (z. B. auf einer Chemikalienflasche) weist auf Giftstoffe hin, eine Flamme auf Brandgefahr. Rote Umrandungen bedeuten in der Regel auf einem Verkehrsschild ein Verbot, blaue Zeichen ein Gebot oder eine Erlaubnis (etwa beim Parkschild). Smileys und andere Emoticons (gefühlsausdrückende Zeichen) werden bei SMS oder in Social Media eingesetzt. All diese alltagsgebräuchlichen Piktogramme werden auch im Journalismus als bildhafte Zeichen genutzt. Sie sind entweder noch Ikons (dann wäre es Bildsprache) oder eben schon Symbole, weil sie auf etwas hindeuten, dass sich nur kulturgebunden erschließen lässt. In diesem Sinne soll Symbolsprache hier verstanden werden.

Weitere Beispiele für visuelle Symbolsprache im Journalismus sind Bilder von bekannten Gebäuden. Den Reichstag werden Zuschauer*innen als Parlament decodieren, das Weiße Haus oder Downing Street Number 10 als Regierungssitz, den Eiffelturm als Wahrzeichen für Paris, den Zuckerhut als Symbol für die Stadt Rio de Janeiro. Hier wird also mit einem Bild bereits eine Aussage über den Ort des Geschehens/Ereignis oder sogar über handelnde Akteure (etwa Regierung oder Parlament) getroffen, ohne dass es eines Textes oder einer Schrifteinblendung bedürfte. Dies gelingt, weil diese Bilder/Fotos gängige Symbolsprache sind. Denn Symbole müssen, wenn sie der Kommunikation dienen, immer von Betrachter*innen entschlüsselt werden. Dies geschieht, wenn ein gemeinsames Grundverständnis von Sender und Empfänger über die Bedeutung des Symbols vorliegt. Dies wiederum setzt Vorwissen voraus, das oft kulturgebunden ist. Symbolsprache bewegt sich also zwischen dem Kontextfeld der Zeichen und dem Kontextfeld der soziokulturellen Verhältnisse. Einfache Symbole wie Piktogramme sind oft nationenübergreifend verständlich und die Decodierung gelingt schnell. Bei textuellen Symbolen muss das Vorwissen größer sein.

Wenn etwa das Nachrichtenmagazin „Der Spiegel" im Zusammenhang mit der Barschel-Affäre von „Waterkantgate" sprach, war dies eine Wortneuschöpfung und ein Sprachbild der Symbolsprache, das hohes Vorwissen voraussetzte und nicht gleichermaßen in einem anderen Land verstanden worden wäre. Die Wortkombination von „Waterkant" (als Symbol für die norddeutsche Küstenregion) und Watergate (für einen der größten politischen Skandale der neueren US-Geschichte) sowie der Transfer und Bezug auf die damaligen politischen Ereignisse in Kiel war durchaus anspruchsvoll. Dennoch dürfte das Wort-Symbol von vielen Leser*innen entschlüsselt worden sein, weil es in einem spezifischen Kontext genutzt wurde und sich auf Ereignisse bezog, die bekannt waren. Symbolsprache setzt Vorwissen auf mehreren Ebenen voraus.

Dies ist nur ein Beispiel, warum sowohl textuelle Symbole als auch Bildsymbole bisweilen missverstanden werden können. Wenn sie aber treffend sind, kann mit nur einem Bild oder einem Wort ein kompletter Sinnzusammenhang erschlossen werden. Deswegen wird Symbolsprache im Journalismus verwendet und unterscheidet sich von reiner Schrift- bzw. Bildsprache, auch wenn sie deren Zeichen verwendet. Denn zu den Zeichen kommt die Erwartung ihrer Entschlüsselung durch die Rezipient*innen hinzu. Vereinfacht ausgedrückt: Der Sender geht davon aus, dass das Symbol verstanden wird. Symbole sind arbiträr, wie alle sprachlichen Zeichen. Arbiträr darf aber in diesem Zusammenhang nicht mit willkürlich übersetzt werden, sondern mit festgelegt. Die Beziehung zwischen dem Bezeichnenden (Signifikant, Lautbild, Zeichengestalt) und dem Bezeichneten (Signifikat, Bedeutung eines Zeichens) beruht auf menschlicher (kulturgebundener) Konvention und gesellschaftlicher Vereinbarung statt auf physikalischen Gesetzmäßigkeiten. Dies erklärt auch, warum die Hermeneutik (Auslegung/Interpretation) eine so große Rolle spielt. Wichtig ist, dass Sender und Empfänger Übereinkunft über die Bedeutung der Zeichen erzielen und dasselbe Verständnis darüber haben.

Filmsprache

Filmsprache soll hier als Syntax und Semantik des bewegten Bildes verstanden werden. Dies bedeutet, sie gilt in Kinofilmen ebenso wie im TV oder in Videos; ebenso wie die Bildsprache auf alle Standbilder – seien es Gemälde, Plakate oder Fotos – angewandt werden kann. Dies ist ein sehr weitgehendes Verständnis, das grundlegende Merkmale einer (bildhaften) Zeichen-Sprache als Grundvoraussetzung sieht und nicht ihre spezifischen Merkmalsausprägungen. Denn selbstredend sieht ein Kinofilm anders aus als ein TV-Beitrag und ein TV-Beitrag anders als ein Web-Video. Entscheidend ist an dieser Stelle aber nur, dass alle dieselbe Sprache nutzen. Genauso wie die Bildsprache oder Schriftsprache ist die Filmsprache als universell und generativ (vgl. dazu das Kapitel Zeichentheorien Band I) anzusehen. Mit filmsprachlichen Mitteln lassen sich völlig verschiedene Produkte und Kunstwerke erstellen. Umgekehrt kommen Bewegtbilder, es sei denn, sie würden willkürlich zusammengeschnitten, nicht ohne die Grammatik der Filmsprache aus. So kann Filmsprache unabhängig von Ton und Text verstanden werden. Eine Bewegtbild-Produktion (jedweder Art) kann zum Teil bereits auf der reinen Bildebene weitgehend erschlossen werden. Beispiele dafür sind international verständliche Stummfilme ohne Text oder heutzutage Videos, die mit oder ohne Schrifteinblendungen (aber ohne Ton) funktionieren.

Oft wird im journalistischen Bereich jedoch das filmsprachlich gestaltete Bewegtbild mit der gesprochenen Sprache und IT/Atmo (also mit Text und Ton) verknüpft. Im Bereich der Pragmatik, also hier dem Verständnis von Filmsprache, kommt es wie bei Schrift- und Bildsprache auf das Vorwissen der Betrachter*innen an. Dann wird Filmsprache mit Symbolsprache verknüpft. Ein journalistischer TV-Beitrag nutzt meist alle Sprachen und muss auf allen Sprachebenen decodiert werden. Ein TV-Beitrag oder ein Video sind also immer mehrfach codiert. Wesentlich ist das Zusammenspiel der verschiedenen Sprachen und deren (zielführende) Kombination. Ein filmsprachlich sinnvoll erstellter Beitrag kann, wenn dies nicht der Fall ist, von seinem (Sprecher-)Text oder von Geräuschen (IT-Atmo) konterkariert werden, was zwangsläufig zu Unverständnis bei Zuschauer*innen führen muss. Die verschiedenen Sprachen müssen aufeinander abgestimmt sein und nicht nur einzeln zu Zuschauer*innen sprechen, sondern zusammen. Dies ist bereits eine der wichtigsten Regeln für Bewegtbild-Macher*innen.

Die originären Codes der Filmsprache sind Bildgeschwindigkeit, Sequenzen sowie Schnitt/Montage. Ihre anderen Codes, etwa Einstellungsgrößen, Mise en Scène (Bildaufbau und Anordnung der abgebildeten Dinge zueinander) oder Licht, kennt bereits die Bildsprache. Ein Film oder TV-Beitrag nutzt jedoch noch mehr: die sprachlichen Mittel der Fotografie (Bildsprache), des Radios (gesprochene Sprache und IT/Atmo), der grafisch-visuellen Kommunikation (kombinierte Schrift-Bildsprache) und des Kinos (Filmsprache) sowie seine eigene Formsprache.

Formsprache

Die letzte der von mir definierten Sprachen ist die am wenigsten reglementierte bzw. dort kann und will ich keine allgemeingültigen Regeln aufstellen. Warum, wird sich Ihnen bestenfalls im Laufe des entsprechenden Kapitels (2.7) erschließen. Formsprache im audiovisuellen Journalismus unterscheidet sich im Vergleich zu den anderen hier vorgestellten Sprachen (mit Ausnahme der Symbolsprache) dadurch, dass sie keine eigenen Zeichen nutzt. Sie entwickelt ihre Sprachform durch die Verwendung der Zeichen anderer Sprachen, schafft dadurch aber etwas Neues. Deswegen habe ich sie als eigene Sprache definiert. Üblich ist das im Journalismus nicht. Vielen Journalist*innen wird der Begriff vermutlich auch erst einmal nichts sagen. Bekannter ist er zum Beispiel im Bereich des (Produkt-)Designs. So kann ein neues Automodell beispielsweise eine spezifische Formsprache haben, die an ein Vorgängermodell erinnert oder sich bewusst von allen Vorgängern absetzt. Auch in der Architektur spricht man von Formsprache. In beiden Fällen bezieht sich der Begriff wortwörtlich auf eine (äußere) Form, aber auch auf eine Stilrichtung. Hat ein Objekt eher gerade Linien oder sind sie geschwungen oder gewölbt? Welche historischen Vorbilder wurden zitiert? Ist der Gesamteindruck eher funktional-nüchtern oder verspielt? Dies sind nur einige Fragen, die man auf die Suche nach dem Wesen der jeweiligen Formsprache stellen kann. Am ehesten verständlich wird der Begriff, wenn man ihn in Bezug zu journalistischen Formaten setzt. Sendungsformate sind immer Gefäße für bestimmte Inhalte. Sie haben also eine äußerliche Form oder sagen wir besser ein visuelles Erscheinungsbild. Diese Herleitung erklärt vielleicht zunächst am besten, wie ich den Begriff anwenden möchte. Eines sei noch vorausgeschickt: Formsprache finden wir in vielen Bereichen des audiovisuellen Journalismus.

1.1 Sprachen und journalistische Produkte

Mit den sieben vorgestellten Sprachen können m. E. alle journalistischen Produkte[151] hergestellt werden. Ein wichtiges Element fehlt allerdings noch. Es handelt sich um den, für Internetartikel spezifischen, Hypertext bzw. die Verlinkungen und die Möglichkeit, Inhalte mit anderen zu teilen. Da diese Verweise (Links) aber ebenfalls gelesen werden können, ordne ich sie der Schriftsprache zu, auch wenn es eine spezifische Art der Schriftsprache ist, die eben dieses Medium (Web) auszeichnet. Interaktion, Partizipation und Dialog mit Rezipient*innen zählen gemeinhin ebenfalls zu den Spezifika des Online-Journalismus. Aber erstens müssen sie nicht zwingend verwendet werden, es gibt auch jede Menge journalistische Internetartikel, die „nur“ gelesen/bzw. angeschaut werden sollen. Zweitens nutzen auch andere Medien (etwa TV oder Radio) partizipative Elemente und Interaktion (etwa bei Call-Ins oder Zuschaueraufrufen). Drittens vermitteln sich Interaktion, Dialog oder Partizipation nur durch Sprache(n). Ein interaktiver Chat wäre z. B. Schriftsprache, Emoticons Bildsprache, Video-Calls gesprochene Sprache, UGC (user generated content), Bild-, Film- und gesprochene Sprache bzw. alles in Kombination, je nachdem welcher nutzergenerierte Inhalt gemeint ist. Partizipativer Journalismus entsteht also nicht durch spezifische, neue Sprachen, sondern durch

151 Mangels eines übergeordneten Begriffes, der alle journalistischen Einzel-Hervorbringungen bezeichnen würde, spreche ich hier von Produkten. Damit soll keineswegs auf den Warencharakter von Artikeln, Beiträgen, Videos, Audios, interaktiven Grafiken etc. verwiesen oder dieser impliziert werden. Produkt in der von mir verwendeten Bedeutung bezieht sich auf das Verb produzieren, somit auf den Prozess des Herstellens. Denn dafür sind die Sprachen die Voraussetzung.

die (andere, interaktive) Nutzung bereits bestehender Sprachen. Dass dies besonders im Online-Journalismus der Fall ist und Partizipation (Teilhabe/Mitwirkung der Nutzer*innen) im Web und Social Media besonders verbreitet ist bzw. erst durch diese Medien die Phase des partizipativen Journalismus (vgl. Band I, additives Phasenmodell) eingeläutet wurde, habe ich bereits mehrfach erwähnt. Aber für das Modell der sieben Sprachen hat dies keine Rückwirkung (abgesehen vom Hypertext als besondere Ausprägung der Schriftsprache).

Im Folgenden füge ich eine kleine tabellarische Übersicht ein, die zeigen soll, wie verschiedene journalistische Produkte durch die Kombination verschiedener Sprachen entstehen. Bei dieser Aufteilung habe ich folgende Grundüberlegung angestellt. Meines Erachtens lassen sich alle denkbaren journalistischen Produkte auf fünf Grundelemente reduzieren. Diese Überlegung hat mit den Möglichkeiten menschlicher Wahrnehmung zu tun. Da man Journalismus weder anfassen (fühlen) noch riechen oder schmecken kann, sondern nur lesen, hören oder sehen, um ihn dann zu verstehen (Kognition) oder etwas dabei zu empfinden (Emotion), ergibt sich diese Aufteilung durch die Sinnesorgane. Journalismus wird immer durch Ohren oder Augen eines Menschen aufgenommen, bevor er im Hirn weiterverarbeitet werden kann.

Tab. III.1 Beispiele: Zuordnung der Sprachen zu den 5 Grundelementen

Sprache/ Journalistisches Produkt	Text	Audio	Video/Bewegtbild	Grafik	Foto
Schriftsprache	X	X	X(Option)	X(Option)	
Bildsprache	X	X	X	X	X
Gesprochene Sprache		X	X		X
IT/Atmo		X	X	X	
Filmsprache			X		
Symbolsprache (immer Option!)	X	X	X	X	X
Formsprache	X	X	X	X	X

Die fünf Grundelemente haben für mich in etwa dieselbe Bedeutung wie Primärfarben (plus schwarz und weiß) in der Farbenlehre Hier noch einige Beispiele zum besseren Verständnis meiner Überlegung: Eine (klassische) Zeitung besteht aus Text, Fotos und Grafiken. Ein Radiobeitrag, Podcast oder sonstiges Audio sind immer Audios. Ein TV-Beitrag oder eine ganze Sendung, ein YouTube-Kanal oder Einzelbeitrag, ein Clip sind immer Video bzw. Bewegtbild (die Begriffe werden in diesem Zusammenhang synonym verwendet).[152] Eine Fotostrecke (und sei sie animiert) besteht immer aus Foto, eventuell noch Grafik oder Text (Schrift). Eine datenvisuelle Aufbereitung vermittelt sich durch Grafik und Text. Eine Webreportage ist eine Form von Video. Eine crossmediale Anwendung verknüpft Audio, Video, Grafik, Foto und Text oder nur einzelne Elemente davon. Selbst der „Journalismus der Dinge“ (der sich über verschiedene Geräte bzw. Gegenstände transportiert) muss gehört, gesehen oder gelesen werden.

Wenn man die Reduktion noch weitertreiben will, könnte man im Prinzip zwei Kategorien bilden: den Journalismus zum Sehen und den Journalismus zum Hören. Denn letztlich werden auch Text, Grafik oder Fotos gesehen. Diese Reduktion wäre logisch, da Journalismus immer durch die Sinnesorgane Ohr oder Auge aufgenommen wird, aber nicht universell. Denn dann gäbe es keine Unterscheidung mehr zwischen Print und TV. Beides wird „gesehen“. Da beim Text aber eine Lesefähigkeit (Alphabetismus) vorausgesetzt wird, gibt es ein wichtiges Differenzierungsmerkmal zwischen diesen beiden Erscheinungsformen. Man muss nicht zwingend lesen können, um Videos oder Grafiken zu verstehen, für Zeitungs- und Onlineartikel (Text) ist dies aber unabdingbare Voraussetzung. Unter Berücksichtigung der menschlichen Wahrnehmungsorgane und der derzeit gängigen journalistischen Produkte, habe ich daher die Aufteilung in die fünf Grundelemente beibehalten. Sie erscheint mir gleichermaßen funktional wie universell.

Zudem lassen sich, wie oben gezeigt, die sieben Sprachen diesen fünf Grundelementen zuordnen. Dies ist insofern entscheidend, da wir nun von der Seite der Rezipient*innen zu den Produzent*innen wechseln. Journalist*innen sind auch nur Menschen, zumindest was ihre Sinnesorgane angeht. Insofern stehen ihnen Augen und Ohren zur Verfügung, um Artikel, Videos, Audios oder Grafiken zu erstellen. Da sie dabei Geräte jedweder Art (Computer, Handy, Kameras etc.) nutzen, müssen sie auch ihre Hände benutzen. Dies macht den Journalismus aber noch lange nicht zu einer haptischen Tätigkeit. Denn viel wichtiger als die Hand ist das Hirn. Vor oder spätestens beim Erstellen eines journalistischen Produktes werden sich Journalist*innen immer etwas gedacht haben. Auch wenn das Kritiker*innen bisweilen bezweifeln. Diesen Kritiker*innen sei versichert, Journalist*innen denken sich immer etwas. Es geht physiologisch nicht anders.

Denn bevor ein Text, ein Audio oder ein Video entsteht, gibt es immer eine Idee davon. Der vorangegangene Satz hat zwei Konnotationen. Erstens ist mit dem Begriff der Idee ein Gedankenbild gemeint. Bevor ein Mensch ein Wort schreibt, muss er es im Hirn gehabt haben. Zweitens ist hier die konkretisierte Idee gemeint, also beispielsweise eine Skizze, eine Gliederung, eine Stoffsammlung, verschriftlichte Rechercheergebnisse, Exposés, Treatments oder ausführliche Story-Boards. Selbst drei Stichworte auf einem Zettel stellen schon eine Konkretisierung einer Idee dar. Denn sie haben den Kopf verlassen und wurden niedergeschrieben.

152 Die Differenzierung wird nur deswegen beibehalten, weil der Begriff Video oft mit der Herstellung durch eine Video- oder Handykamera verbunden wird. Bewegtbild bezieht sich dann als Unterscheidung auf, mit Film- oder Fernsehkameras aufgezeichnete Aufnahmen. Letztlich sind beides aber Videos, wenn man den lateinischen Wortursprung (Video= Ich sehe) bemüht. Diese Produkte werden immer gesehen.

Bleiben wir bei der ersten Konnotation, dem Gedankenbild. Journalismus ist eine Form von Kommunikation. Jedwede Kommunikation beruht auf dem Prozess von Codierung und Decodierung und sei dieser noch so einfach. Während Rezipient*innen etwas denken oder fühlen, nachdem sie das journalistische Produkt mit Hilfe ihrer Sinnesorgane (Auge/Ohr) aufgenommen und mit Hilfe ihres Hirns decodiert haben (also gelesen, gesehen oder gehört), funktioniert der Prozess auf Seiten der Produzent*innen umgekehrt. Sie haben ein Gedankenbild von dem, was sie mitteilen wollen und codieren dies dann in Zeichen verschiedener Sprachen. Dabei gehen sie davon aus, dass die Sprachen (Zeichensysteme) von den Rezipient*innen verstanden werden. Dies ist der grundlegende Prozess von Kommunikation. Das Kommunikat als solches (der Text, das Video etc.) ist keine Kommunikation. Es ist immer nur ein Mittel zum Zweck der Kommunikation. Diese entsteht erst im letzten Schritt des Prozesses, beim Decodieren auf Seiten der Rezipient*innen. Ein Artikel, der von niemand gelesen wird, ist keine Kommunikation. Hingegen bleiben Artikel, Audios oder Videos, die von Leser*innen oder Zuschauer*innen missverstanden (also nicht wie beabsichtigt decodiert) werden, immer Kommunikation. Kommunikation muss also nicht zwingend erfolgreich sein, um als solche bezeichnet zu werden Sie muss lediglich geschehen.

Dass jedwede menschliche Kommunikation nicht störungsfrei verläuft, ist eine Binsenweisheit. Warum sollte es im Journalismus anders sein? Diese Frage ist einerseits rhetorisch zu verstehen. Andererseits möchte ich sie zu einem Aussagesatz umformulieren: Im Journalismus sollte es anders sein. Denn Journalismus ist eine Kommunikationsform und keine Kunstform. Künstler*innen kann es im Prinzip einerlei sein, ob sie verstanden werden. Manche Künstler*innen und Kunsttheoretiker*innen werden argumentieren, dass Verständigung nicht das Ziel von Kunst sei, sondern das Hervorbringen von Kunstwerken. Der (künstlerische) Ausdruck zählt dort bereits, nicht erst der Eindruck, der bei Betrachter*innen entsteht. So können Journalist*innen nicht argumentieren. Das Werk bzw. Kommunikat (Artikel, Video, Audio) im Journalismus muss immer entschlüsselt werden, ansonsten wäre es ein Artefakt.

Diese Erkenntnis ist bisweilen desillusionierend für Journalist*innen, wenn sie sich gerade mit einem „Werk“ abquälen. In der Erkenntnis, dass Journalismus keine Kunst ist, liegt jedoch auch Hoffnung. Denn sie bedeutet, aus umgekehrter Perspektive, dass Journalismus erlernbar ist. Genauer gesagt: Seine Regeln können erlernt werden.

Dieser Gedanke führt uns zurück zu den sieben Sprachen. Denn Sprachen sind immer regelhaft. Erst durch das Befolgen der Regeln, also der gezielten und sinnhaften Verwendung von Codes, kann Kommunikation entstehen. Dass diese Regeln nicht unumstößlich sind und sich ständig verändern, habe ich bereits erwähnt. Wichtig bleiben zudem der jeweilige Kontext, das Format und der Adressatenkreis. Nichtsdestotrotz gibt es einige Regeln, die sich allgemein in der journalistischen Praxis bewährt haben. Diese werden nun vorgestellt und kategorisiert. Wenn wir jetzt in den Bereich des journalistischen Hirn- und Handwerks wechseln, so sollen – um im sprachlichen Bild zu bleiben – die Handwerkskoffer (die sieben Sprachen) mit Werkzeugen (Regeln der Sprachen) gefüllt werden.

2. Regeln der einzelnen Sprachen

Jede Sprache folgt ihren eigenen Regeln. Bei der Schriftsprache sind dies zum Beispiel Grammatik und Rechtschreibung. Dies hat die journalistische Schriftsprache mit der allgemeinen Schriftsprache gemein. Sind Journalist*innen unsicher, wie ein bestimmtes Wort geschrieben werden muss, können sie im Rechtschreib-Duden oder Wahrig nachschauen und bei Formulierungsfragen hilft der Blick in das Stilwörterbuch. Es gibt bereits ein etabliertes Regelwerk, das auch für Journalist*innen gilt. Hinzu kommen noch die spezifischen journalistischen Regeln. Ein vergleichbar festes Regelwerk wie Grammatik und Rechtschreibung für die Schriftsprache, gibt es bei der Bild- und Filmsprache nicht oder sagen wir besser, ein allgemein anerkanntes Regelwerk. Zudem steht in der Schule, anders als Lesen und Schreiben, das Sehen und Bild interpretieren nicht zwingend auf dem Lehrplan. Ein guter (theoretisch ausgerichteter) Kunstunterricht kann helfen, aber bildsprachliche Regeln sind generell nicht so stark nominiert wie die deutsche Grammatik. Bei der Symbol- und Formsprache wird es noch schwieriger ein allgemein anerkanntes Regelwerk zu finden. Und doch werden alle Sprachen im audiovisuellen Journalismus verwendet. Die verschiedenen Sprachen werden nur selten zusammen gelehrt und wenn, dann eher an der Universität als an der Schule. Aber selbst dort müsste man dann schon mehrere Fächer belegt haben. Ein Abschluss in Design, Kunstgeschichte oder Filmwissenschaft (Disziplinen, in denen wir die Vermittlung der Regeln von Bild-, Film-, Symbol- und Formsprache vermuten könnten), sind keineswegs Voraussetzung, um TV- oder audiovisuelle/r Journalist*in zu werden. Ebenso kein Abschluss in Germanistik, Politik, Wirtschafts- oder Gesellschaftswissenschaften. Unsere Muttersprache hingegen haben wir alle, Journalist*innen und Rezipienten, auf der Schule gelernt. Dort gibt es also ein gemeinsames Vorwissen, auf das Journalist*innen bei der Schriftsprache zurückgreifen können. Bei der Bildsprache ist das aber unter Umständen schon nicht mehr der Fall.

Mein Begriff der „journalistischen Sprachen“ kann nicht mit anderen natürlichen Wortsprachen[153] gleichgesetzt werden. Ich strebe nicht an, eine neue Grammatik und Rechtschreibung des Journalismus vorzulegen. Vielmehr bediene ich mich Erkenntnissen und Erfahrungen anderer Disziplinen und versuche sie auf den Journalismus und audiovisuelle Kommunikation im Allgemeinen zu übertragen.

Bei bestimmten journalistischen Sprachen orientiert sich das Regelwerk noch stark an den Regeln der natürlichen Sprachen (etwa bei der Schriftsprache oder der gesprochenen Sprache). Andere (Bilder- und Filmsprache, IT und Atmo) lösen sich von natürlichen Sprachen. Und dann gibt es noch eine dritte Kategorie journalistischer Sprachen (Formsprache, Symbolsprache), die sich erst aus den Sprachen der beiden anderen Kategorien ergibt. In der ersten Kategorie findet sich daher eine deutlich größere Anzahl von Regeln als in der dritten, die oftmals auf Konvention, Erfahrung und Erprobung beruht. Ein investigatives TV-Magazin könnte auch

153 Der Begriff „natürliche Wortsprache“ wird hier universell als Bezeichnung für geschriebene und gesprochene Sprachen (Deutsch, Englisch, Spanisch, Arabisch etc.) benutzt, im Gegensatz zu formellen oder konstruierten Sprachen.

eine instrumentelle, elegische Titelmusik haben. Es gibt keine „Regel“ oder ein „Gesetz“, die das verbietet. Offensichtlich haben sich aber dynamisch, elektronische Musiken durchgesetzt. In diesem Sinne ist Regelhaftigkeit in der dritten Kategorie zu verstehen. Insgesamt sollten alle, von mir aufgestellten Regeln als Empfehlungen und nicht als unumstößliche Gesetze verstanden werden.

2.1 Schriftsprache

Ein wesentlicher Unterschied zwischen journalistischen und anderen Gebrauchstexten besteht darin, dass journalistische Texte immer eine Längenbegrenzung haben. Die Ausführung zu einem Gesetzestext ist so lang wie sie sein muss. Ein journalistischer Text/Video/Audio hat immer eine vorgegebene Zeilenanzahl oder Minutenlänge. Dies hat Auswirkungen auf den journalistischen Stil. Er muss schlicht schneller zum Punkt kommen als andere Texte.

Zahlreiche Ratgeber beschäftigen sich mit Textregeln für die journalistische Schriftsprache.[154] Ziel dieser Übersicht ist es daher nicht, alle Regeln und Tipps zu erfassen. Stattdessen werden hier Grundregeln behandelt, die sich übereinstimmend in fast allen Ratgebern finden lassen. Ich konzentriere mich auf wenige Regeln, durch die ein Text verständlicher wird. Diese Auswahl unterteile ich in fünf Abschnitte. Die Regeln sind, kursiv und fett gedruckt, hervorgehoben.

- Kurz und prägnant texten
- Fachausdrücke und Fremdwörter
- Verbalstil
- Verbindende Worte
- Journalistischer Stil

Kurz und prägnant zu texten, ist ein ständiger Anspruch an Journalist*innen, gerade in der Aktualität. Dies beginnt bei der Satzlänge. Es gibt keine exakt messbare Anzahl von Wörtern für einen journalistischen Satz. Auch längere Sätze können verständlich sein. In diesem Buch wurden den Leser*innen viele längere Sätze zugemutet. Dies zeigt, dass die Regel nicht absolut ist. Einschübe (Parenthesen) habe ich ebenfalls nicht immer sparsam verwendet, anders als es die Regel besagt. Für journalistische Texte sollten Sie sich aber an beide Regeln halten. Sie sind eine gute Orientierung. ***Besteht ein Satz aus mehr als 14 Wörtern oder nutzt mehr als einen Einschub, sollte Sie ihn noch einmal genauer anschauen.*** Der vorhergehende Satz bestand aus 21 Wörtern, widerspricht also der Regel, die er aufstellt. Sätze zu kürzen, darf nicht zum Fetisch werden. Es zählt das redliche Bestreben. Das Verständnis und die Zusammenhänge müssen erhalten bleiben. Manchmal braucht es dazu auch einen längeren Satz.

Mindestens ebenso wichtig wie die Satzlänge ist der Satzbau. Ist ein Satz zwar lang, aber sinnvoll gegliedert, bleibt er verständlich. Bei der Satzgliederung helfen bisweilen sogar Einschübe. Sie sollten dies aber immer überprüfen (siehe oben).

154 Immer noch empfehlenswert für Einsteiger*innen ist der Klassiker „Deutsch für Profis“ von Wolf Schneider.

Hilfreich ist die Regel: ***Ein Satz, ein Gedanke.*** Hauptsachen gehören in den Hauptsatz, Nebensachen in den Nebensatz. Wird ein Satz zu lang oder kann nicht mehr gut gegliedert werden, beginnt ein neuer.

Für einen lesbaren Stil ist zudem Abwechslung bei den Satzlängen hilfreich. Nur sehr kurze Aussagesätze hintereinander können schnell zum Stakkato werden, gelesen wirken sie abgehackt. Nur lange Sätze hingegen muten Leser*innen sehr viel Geduld zu. Zum Verständnis ist sehr aufmerksames Lesen erforderlich.

Die Regeln zur Satzlänge und zum Satzbau sollen hier an zwei Beispielen verdeutlicht werden. Dabei ist das erste Beispiel als Negativbeispiel zu verstehen, das zweite als die bessere Variante.

> **Beispiel 1 Satzlänge und Satzbau:** Der 48-jährige Kapitän, der vor der balearischen Insel Mallorca abgestürzten Boeing 737, einer Schmalrumpfmaschine, dessen Frau ihn wegen häuslicher Gewalt angezeigt hatte und der seinen Wohnort aus Angst vor Strafverfolgung in den vergangenen Monaten häufig gewechselt hatte, befand sich bei einem Arzt aus Mannheim wegen einer bipolaren Störung in Behandlung.

> **Beispiel 2 Satzlänge und Satzbau** Der Kapitän des Flugzeugs, das vor Mallorca abgestürzt ist, hatte psychische Probleme. Er wurde ärztlich behandelt. Seine Frau hatte ihn wegen häuslicher Gewalt angezeigt. Der Mann wechselte in den vergangenen Monaten mehrfach seinen Wohnort. Die Polizei geht davon aus, dass er so verhindern wollte, gefasst zu werden.

Auch das zweite Beispiel ist keineswegs perfekt. Perfekte journalistische Texte gibt es ohnehin nicht, nur schlechtere und bessere. Ich will nicht zeigen, wie etwas richtig oder falsch gemacht wird. Das wäre eine Anmaßung. Vielmehr soll an den Beispielen immer eine Regel bzw. eine einzelne Handlungsempfehlung verdeutlicht werden.

Die Regeln zur Satzlänge und Satzbau wurden im zweiten Beispiel besser befolgt als im ersten. Hinzu kommt, dass die adverbiale Bestimmung „Kapitän, der vor der balearischen Insel Mallorca abgestürzten Boeing" durch einen kurzen Relativsatz aufgelöst wurde. Zwar entsteht so ein Einschub, aber die Regel „Einschub vermeiden" greift hier nicht. Denn der Satz wird auf diese Weise verständlicher.

Zudem befolgt das zweite Beispiel dadurch eine weitere Regel, die lautet: ***Das Verb weiter nach vorn ziehen.*** Der US-amerikanische Schriftsteller Mark Twain soll sinngemäß über den deutschen Satzbau gewitzelt haben: „Die Deutschen tauchen mit dem Subjekt eines Satzes auf der einen Seite in den Atlantik ein, um mit dem Verb an der anderen Seite wieder aufzutauchen."[155] In der Tat hat die deutsche Sprache ihre eigenen grammatikalischen Regeln. Aber auch im Deutschen ist es möglich, das Verb voranzustellen und den Satz entsprechend umzubauen.

Manchmal ist es nicht möglich, zwei Regeln, die beide für sich allein gelten, zusammen auf ein und dasselbe Beispiel anzuwenden. Hält man sich an die eine Regel, bricht man damit eine andere. In solchen Fällen müssen Texter*innen immer abwägen, also die Regeln auslegen. Beispiele für solche Abwägungsfälle

155 Ob dieses Zitat tatsächlich von Mark Twain stammt oder ihm nur (posthum) in den Mund gelegt wurde, konnte ich nicht zweifelsfrei klären. Lesenswert ist sein humoristischer Essay zur deutschen Sprache immer noch. Vgl. Übersetzung nach Ana Maria Brock (2017): Twain, Mark: The Awful German Language. Die schreckliche deutsche Sprache. Nikol Verlag, Hamburg.

begegnen uns in der Praxis ständig, bereits im kommenden Abschnitt erneut. Eine Regel auszulegen, ist aber nur möglich, wenn man auch andere Regeln kennt und einschätzen kann. Deswegen sind Regelwerke und handwerkliche Tipps sehr sinnvoll, allein sind sie nicht der Weisheit letzter Schluss. Der (tägliche) Umgang mit den verschiedenen Sprachen und ihrem Regelwerk ist journalistisches Handwerk und seine Reflexion zugleich.

Aufmerksamen Leser*innen dürfte nicht entgangen sein, dass der zweite Beispieltext auf einige Detailinformationen des ersten verzichtet. So wird der Flugzeugtyp nicht erwähnt. Mallorca muss ohne den Zusatz „balearische Insel“ auskommen. Wir wissen nicht mehr, dass der Arztbesuch des Flugkapitäns in Mannheim war und aus der bipolaren Störung wurden psychische Probleme. Ist das eher passend oder unpassend? Was hat dies mit Verständlichkeit und sprachlichen Regeln zu tun? Auf die erste Frage lautet die Antwort: In diesem Fall ja, aber keineswegs in allen Fällen. Details zu kennen bzw. zu recherchieren, ist für Journalist*innen immer essenziell. Aber es müssen nicht alle Details in den Text einfließen. Die Aufgabe von Journalist*innen ist die Selektion von Fakten. Was ist wichtig? Was nicht? Dies führt uns zur zweiten Frage: Was haben die Auslassungen mit sprachlichen Regeln zu tun? Sehr viel, denn es können niemals alle vorhandenen Informationen in einem Text verarbeitet werden. Die Regel dazu lautet: ***Verständlichkeit vor Vollständigkeit.*** In diesem Fall waren die erwähnten Details für die Nachricht nicht wichtig. Wichtig war zu erfahren, dass der Flugzeugkapitän psychisch krank war und dass er sich offenbar auf der Flucht befand, bevor er den Flug antrat. Der Absturz selbst und die Opferzahlen wären in unserem fiktiven Beispiel einen Tag vorher gemeldet worden. Konstruieren wir nun ein Beispiel, bei dem die genannten Details wichtig gewesen wären.

> **Beispiel 3: Bedeutung von Details** Der Kapitän des Flugzeugs, das vor Mallorca abgestürzt ist, war psychisch krank. Die Flugunfalluntersucher schließen einen Pilotenfehler dennoch definitiv aus. Derzeit konzentrieren sie sich bei ihren Ermittlungen auf die Maschine, eine Boeing 737. Die Boeing 737 ist eine Schmalrumpfmaschine. In jüngster Vergangenheit gab es bei Schmalrumpfmaschinen vermehrt technische Probleme.

In diesem Fall sind die Informationen Schmalrumpfmaschine und Boeing 737 von Bedeutung. Die Zusatzinformation, dass der Pilot wegen häuslicher Gewalt gesucht wurde, hingegen nicht. Denn es geht um die Suche nach der Unfallursache. Solange noch darüber spekuliert wurde, ob der Pilot sich vielleicht wegen etwaiger Schuldgefühle oder Verzweiflung das Leben hatte nehmen wollen, war die Information noch wichtig. Dieses Beispiel soll verdeutlichen, dass es bei journalistischen Texten immer auf den Kontext und den Moment der Ausstrahlung ankommt. Somit kann das Weglassen von Informationen einmal die Verständlichkeit befördern (Beispiel 2), in einem anderen Fall sind dieselben Informationen hingegen zwingend notwendig (Beispiel 3). Dafür treten dann andere Fakten und Details in den Hintergrund und werden nicht erwähnt. Es kann also keine Regel abgeleitet werden, die besagt, Details sind immer wichtig. Die Regel lautet vielmehr: ***So viel Details wie nötig, nicht, wie möglich.***

Schauen wir uns das Beispiel 3 noch unter weiteren Aspekten an. Dort werden die Worte „Flugunfalluntersucher“ und „Schmalrumpfmaschine“ verwendet. Dies sind keine Wörter, die im alltäglichen Sprachgebrauch üblich sind. Eine weitere Regel besagt aber: ***Nutze einfache Worte.*** Ist das Beispiel deswegen ein Negativbeispiel?

Nein, denn welche anderen Begriffe hätten hier verwendet werden können? Statt Flugunfalluntersucher (abstraktes und langes Wort), hätte von „den Behörden" die Rede sein können. Aber dann wäre die Frage, welche Behörden? Die Polizei, die Staatsanwaltschaft, die Luftraumüberwachung? Alles wäre in dem Fall falsch. Der Begriff technische Forensiker anstelle von Flugunfalluntersucher, wäre nicht verständlicher. Zudem handelt es sich dabei um ein Fremdwort. Der Begriff Schmalrumpfmaschine hätte wahrscheinlich auch nicht verständlicher ausgedrückt werden können. Die Erläuterung (Maschine mit schmalem Rumpf) ergibt sich aus dem Wort.

Fremdwörter und Fachausdrücke

Grundsätzlich gilt jedoch: ***Fachausdrücke und Fremdworte sparsam verwenden. Fachausdrücke erklären.*** Diese Regel ergibt sich unmittelbar aus der Handlungstheorie. Es geht um Verständigung und gelungene Kommunikation. Fachausdrücke und Fremdwörter sind oftmals für Rezipient*innen nicht zugänglich. Im Alltag kennen dies viele vom Arztbesuch. Bisweilen, wenn nicht erläutert, fällt es schwer, die eigene Diagnose zu verstehen. Umgekehrt wird ein medizinisches Handbuch nicht ohne Fachausdrücke auskommen, ebenso wie ein juristischer Kommentar, eine technische Anleitung oder eine philosophische Abhandlung. Bei journalistischen Texten ist dies aber gerade nicht der Fall. Sie dürfen keinen ausschließenden Code benutzten. Dies bedeutet, sie müssen eine Sprache verwenden, die für Jede und Jeden unmittelbar verständlich ist. Fachausdrücke und Fremdwörter verhindern dies. Denn sie brauchen fast immer eine Übersetzung bzw. schließen bestimmte Gruppen aus, die diese Begriffe nicht kennen (können). Insofern handelt es sich bei dieser Regel um eine starke Regel, die Texter*innen auf jeden Fall beherzigen sollten. Allerdings ist es nicht immer möglich, bestimmte Fachausdrücke ganz zu vermeiden. Entweder erklären sie sich selbst (wie beim Beispiel Schmalrumpfmaschine) oder sie müssen erläutert werden. Fachausdrücke wie Aerosole oder Inzidenzwert, die während einer bestimmten Zeitspanne sehr häufig verwendet werden, sickern allmählich in den allgemeinen Sprachgebrauch ein. Es kommt somit immer auch auf den Kontext an. Solche Ausdrücke können verständlich werden, aber nur dann, wenn sie vorher oft genug erklärt worden sind. Im Zweifelsfall ist eine Erklärung zu viel besser als eine zu wenig.

Bei Fremdwörtern ist ebenfalls Fingerspitzengefühl und Auslegung gefragt. So werden zum Beispiel die Begriffe Internet, Design, Computer oder Toilette in der Regel nicht mehr übersetzt. Bei anderen Substantiven wie Gravitation oder Eloquenz wäre der deutsche Begriff verständlicher. Dasselbe gilt für Verben wie sich echauffieren, delektieren, aggregieren. Ob hingegen amüsieren, akzeptieren oder tolerieren noch übersetzt werden müssen, bleibt im Ermessensspielraum. Aber wenn sich ein ebenso treffendes deutsches Verb findet, ist dies die bessere Variante. Hier können selbstredend nicht alle, etwa 60.000 aktiven Fremdwörter der deutschen Sprache, aufgeführt und entsprechend übersetzt werden. Diese Arbeit soll Journalist*innen in der Praxis überlassen bleiben. Die schiere Anzahl zeigt, wie schwer diese einfache Regel bisweilen zu befolgen ist. Sprache verändert sich, was heute verständlich ist, ist es morgen vielleicht nicht mehr und umgekehrt. Die Regel als solche bleibt jedoch bestehen. Bei „einfacher Sprache",[156] die Menschen mit Leseschwächen oder geringen Sprachkenntnissen das Verständnis erleichtern soll, ist die Regel noch wichtiger. Journalistische Sprache ist jedoch nicht automatisch einfache Sprache. Allgemeine Verständlichkeit und das Verständnis beim jeweiligen Zielpublikum, sind dort die Kriterien.

Nicht direkt zu den Fachausdrücken, aber in eine ähnliche Kategorie gehören Abkürzungen, etwa ABM, ABS oder GAU. Diese sollten immer einmal ausgeschrieben werden. Geschieht dies, wird auch deutlich, warum Wortschöpfungen wie Super-GAU unsinnig sind. GAU bedeutet bereits größter anzunehmender Unfall und kann nicht mehr gesteigert werden. ABS steht für Antiblockiersystem, ein ABS-System wäre also ein Antiblockiersystem-System, eine ABM-Maßnahme eine Arbeitsbeschaffungsmaßnahme-Maßnahme. Diese wenigen Beispiele verdeutlichen, warum es wichtig ist, Abkürzungen zu hinterfragen. Ebenso sollten Sie verfahren, wenn eine fremdsprachige Redensart ins Deutsche übersetzt wird, etwa „das macht Sinn". Im Englischen schon, denn dort heißt es „it makes sense". Im Deutschen wäre: Das ist sinnvoll oder das ergibt Sinn besser. Apropos Sinn: Bei Fremdwörtern gilt dasselbe wie bei Abkürzungen. Fragen Sie sich immer, was sie bedeuten. Beispielsweise bedeutet oktroyieren bereits aufdrängen oder aufzwingen. Aufoktroyieren ist daher eine unnötige Dopplung. Wie gesagt: Nicht alle Fremdwörter oder Fachausdrücke lassen sich gut übersetzen. Sie zu hinterfragen und dann gegebenenfalls zu ersetzen, ist jedoch stets sinnvoll.

Verbalstil nutzen

In kaum einem Ratgeber zum journalistischen Texten fehlt dieser Hinweis bzw. diese handwerkliche Regel. Bürokratischer Nominalstil soll so vermieden werden.

> **Beispiel Nominalstil** Der Angeklagte wurde wegen der Gründung einer kriminellen Vereinigung zur Herstellung synthetischer Drogen verurteilt.
>
> **Beispiel Verbalstil** Der Angeklagte wurde verurteilt, weil er eine kriminelle Vereinigung gegründet hatte, die synthetische Drogen herstellte.

Nominalstil erkennen Sie oft an vielen Worten mit -ung, -keit oder -heit als Endungen. Diese können Sie in der deutschen Sprache nicht gänzlich vermeiden, Sie sollten sie aber immer überprüfen. Die Regel lautet: ***Verbalstil statt Nominalstil***

Beide Beispiele oben folgen, das sollte inzwischen nicht mehr verwundern, wieder nicht allen Regeln. Denn der Begriff „synthetisch" ist ein Fremdwort. In den Beispielen hätte er durch das Adjektiv künstlich ersetzt werden können. Leser*innen hätten sich dann aber fragen können, ob es auch natürliche Drogen gibt. Die Antwort ist ja, es wäre also nicht falsch gewesen, künstlich zu schreiben. Allerdings legt der Begriff künstlich auch die Wortbedeutung „unecht" nahe. Waren es also keine echten Drogen, die die Organisation hergestellt hatte? Doch, sogar sehr

156 Zur Definition und Verwendung vgl. https://www.bpb.de/apuz/179341/leichte-und-einfache-sprache-versuch-einer-definition (13.4.2021, 16.42 MEZ).

gefährliche. Wären die Begriffe „chemische Drogen“ oder „Labordrogen“ besser gewesen? Welches Vorwissen setzen alle Begriffe voraus? Kennen alle Leser*innen den Unterschied zwischen, beispielsweise Haschisch und Crystal Meth? Oder nur Liebhaber der Netflix-Serie „Breaking Bad“? Und welche Rolle spielt das für die Meldung? Wäre es nicht die beste Lösung gewesen, auf das Adjektiv ganz zu verzichten und zu riskieren, nicht ganz korrekt zu sein? Oder den zusätzlichen Satz einzufügen: Die Drogen wurden in Chemielaboren produziert (produziert, um zwei Mal hergestellt hintereinander zu vermeiden). Urteilen Sie selbst!

Wie Ihr Urteil auch ausfallen mag, nehmen wir aus diesem Beispiel eine weitere Regel mit: ***Adjektive überprüfen.*** Außerdem wäre es in beiden Beispielen möglich, statt „Der Angeklagte wurde verurteilt“ zu schreiben, wer ihn verurteilt hat:

Das Landgericht Stuttgart (Beispiel) verurteilte einen Mann, weil er eine kriminelle Vereinigung gegründet hatte, die Drogen herstellte.

Der Begriff „kriminelle Vereinigung“ hätte theoretisch auch noch aufgelöst werden können, z. B. durch die Worte Mafiaring oder Verbrecherbande. Der Begriff „Gründung einer kriminellen Vereinigung“ ist jedoch ein juristischer Fachausdruck, der den entsprechenden Tatbestand im Strafrecht bezeichnet. Verbrecherbande wäre vielleicht nicht vollkommen exakt gewesen und Mafiaring sogar unter Umständen völlig falsch. Wir sehen wieder einmal, wie schwierig es ist, gleichermaßen korrekt und verständlich zu formulieren.

Bleiben wir noch beim Verbalstil und den Verben selbst. Es gibt ausdrucksstarke Verben und blassere. ***Nutzen Sie ausdrucksstarke Verben.*** Hilfsverben (haben, sein, werden) lassen sich in der deutschen Sprache nicht vermeiden. Aber bei Modalverben wie müssen, können, dürfen etc. lohnt ein genauerer Blick. Ein Modalverb ist ein Verb, das in Verbindung mit einem reinen Infinitiv etwas anderes ausdrückt als das Verb im Infinitiv allein, also das Geschehen modifiziert (verändert). Ein Beispiel dafür:

> Helga kann heute nicht zur Arbeit gehen. Dieser Satz hat eine andere Bedeutung als: „Helga will heute nicht zur Arbeit gehen“ und eine andere als „Helga darf heute zu Hause bleiben“. In allen drei Fällen vermuten wir bereits unterschiedliche Hintergründe bzw. Motive. Im ersten Satz wird Helga wahrscheinlich krank gewesen sein, im zweiten Satz hatte sie vielleicht einfach keine Lust und im dritten Satz Urlaub. Modalverben drücken Möglichkeiten und Notwendigkeiten aus. Der Satz: Helga geht heute nicht zur Arbeit mit der entsprechenden Erweiterung in einem Nebensatz (weil sie krank ist, weil sie keine Lust hat, weil sie Urlaub hat) wäre auch eine Option. Aber hier wurden die Modalverben nicht zufällig verwendet. Sie drückten etwas Unterschiedliches aus.

Ein anderer Fall ist es in diesen Beispielen:

> Die Mannschaft XY konnte die Mannschaft Z mit einem 3 zu 0 bezwingen. (Die Mannschaft XY bezwang die Mannschaft Z mit 3 zu 0.
>
> Der Wähler wollte sich bei der Wahl nicht entscheiden. (Der Wähler entschied sich nicht bei der Wahl.)
>
> Das Rezept mochte nicht gelingen. (Das Rezept misslang/glückte nicht.)

In diesen Beispielen lassen sich die Modalverben vermeiden ohne den Sinn des Satzes zu verändern. Solche Fälle/Sätze sind gemeint, wenn die Regel ***Modalverben***

überprüfen aufgestellt wird. Weitere Beispiele finden Sie in der Alltagssprache und im Journalismus sowie wahrscheinlich auch in diesem Text.

Ausdrucksstarke Verben sind immer besser als blasse. Statt eine „Mitteilung machen", schreiben Sie besser mitteilen. Statt eine „Betrachtung anstellen", betrachten. Durch Nominalstil werden Verben künstlich aufgebläht, nicht etwa ausdrucksstärker.

Tab. III.2 Beispiele für aufgeblähte Verben

Nominal	Verbal
Verantwortung tragen	verantworten
Versorgung bereitstellen	versorgen
Arbeiten durchführen	arbeiten
mit der Leitung betraut sein	leiten

Ein Aufblähen von Verben entsteht auch durch unnötige Vorsilben.

Beispiele:

- anmieten statt mieten
- ankaufen statt kaufen
- aufaddieren statt addieren (zusammenzählen)
- nachkontrollieren statt kontrollieren
- vorankündigen statt ankündigen
- vorprogrammieren statt programmieren

Nutzen Sie immer das einfache Verb, zumal das aufgeblähte Verb bisweilen, etwa vor-programmieren, ein Pleonasmus (überflüssige Wiederholung) ist.[157]

Im Zusammenhang mit dem Verbalstil stellen Ratgeber zudem die Regel auf ***aktiv*** zu formulieren ***statt passiv***. Für eine Aktivkonstruktion braucht ein Satz immer ein handelndes Subjekt. Im obigen Fall waren es die Ratgeber. Übrigens spreche ich Sie, werte Leser*innen, in diesen Abschnitten so oft direkt an, um Passivkonstruktionen oder das Wort „man" zu vermeiden. Demselben Zweck dient das vereinnahmende „wir". Einige Menschen mögen dies nicht, weil sie es als anbiedernd empfinden. Ich nutze es hier aber aus oben genannten Gründen bewusst. Will (man) das Passiv – da ist es doch wieder hineingerutscht – vermeiden, müssen Texter*innen festlegen, wer im aktiven Satz handelt. Dies ist im Journalismus

157 Oft wird in der Alltagssprache ein Pleonasmus, etwa „alter Greis", „tote Leiche" oder „vorläufiges Provisorium" als Tautologie bezeichnet. Das ist aber nicht ganz richtig. Als Tautologie wird in der Sprachwissenschaft vielmehr eine rhetorische Figur bezeichnet, die durch wortähnliche Dopplung etwas hervorheben oder verstärken möchte. Etwa „angst und bange", „nie und nimmer" oder „ganz und gar". Davon unterschieden wird wiederum die Perissologie, „mit Fug und Recht", "mit Wonne und Lust", „mit Spott und Hohn". Wer sich näher für rhetorische Figuren und Stilformen interessiert, dem sei die Dissertation von Elmar Besch empfohlen. Vgl. Besch, Elmar: Wiederholung und Variation. Untersuchung ihrer stilistischen Funktionen in der deutschen Gegenwartssprache. Lang, Frankfurt am Main/Bern u. a. 1989.

ohnehin wichtig – nicht nur aus sprachlichen, sondern auch als inhaltlichen Gründen. Zwei Beispiele:

Dem Gesetz wurde heute zugestimmt.

Besser: Der Bundesrat hat dem Gesetz heute zugestimmt.

Es wurden Ausgangssperren verhängt.

Besser: Die Regierung/die Kommune hat Ausgangssperren verhängt.

Es lohnt sich immer für Texter*innen, Passivkonstruktionen kritisch zu beäugen. Sie gänzlich zu vermeiden, ist aber nicht möglich. Es gibt Sätze, die das Passiv zwingend erfordern. Das ist immer dann der Fall, wenn jemand oder eine Sache etwas „erduldet", denn dann sind er/sie oder es nun einmal passiv. Bisweilen werden Sätze länger, wenn sie aktiv statt passiv formuliert werden. In solchen Fällen bleibt wieder ein Ermessenspielraum für Schreibende.

Verbalstil und aktive Formulierungen dienen nicht nur der Verständlichkeit. In Kombination mit der Regel, ***Wortschönfärberei (Euphemismen) zu entlarven*** und der Regel, Fremdwörter und Fachausdrücke zu vermeiden, helfen sie auch bei der journalistischen Aufgabe, Sachverhalte so auszudrücken, wie sie sind. Es folgt abschließend ein Beispiel, das den Unterschied zwischen einem zugespitzten Verschleierungstext und einem journalistischen Text zeigt. Verschleierungstexte oder Elemente davon werden manchmal in Pressemitteilungen verwendet, um schlechte Nachrichten besser aussehen zu lassen. Dies müssen Journalist*innen erkennen und entsprechend umformulieren.

Beispiel Pressetext-Stil (zugespitzt) Durch die Freisetzung von 5.000 Vollzeit-Stellen erhoffte sich unser Unternehmen XY ökonomische Synergieeffekte. Doch die Durchführung dieser Maßnahme brachte nicht den angestrebten Erfolg. Externe Faktoren der Preisbildung durch internationale Player und der Nachfrageverlust in Folge der Umschichtungen zu virtuellen Markplätzen ließen uns keine andere Möglichkeit, als den Insolvenzverwalter einzubestellen.

Beispiel Journalistischer Text Das Unternehmen XY steht vor der Pleite (oder hat Insolvenz angemeldet, falls Sie Pleite als zu umgangssprachlich empfinden). Obwohl XY 5000 Vollzeit-Stellen gestrichen hat, geht es dem Unternehmen wirtschaftlich nicht besser. Der Preisdruck durch ausländische Konkurrenten und durch den zunehmenden Online-Handel waren laut Pressesprecher von XY zu groß.

Der letzte Satz verdeutlicht, dass sich der journalistische Text keine eigene Einschätzung erlaubt bzw. stellt transparent dar, woher die entsprechende Information stammt, nennt also die Quelle (laut Pressesprecher von XY). Auch dies (Quellen zu nennen) ist im Journalismus – jenseits stilistischer Vorgaben – eine professionelle Regel.

Verbindende Wörter und Formulierungen

Befolgen Sie die bisherigen Regeln, entstehen bereits aussagekräftige Sätze. Vermutlich sind sie kurz und prägnant. Die Reihung von aussagekräftigen Sätzen führt jedoch nicht zwingend zu einem verständlichen Text. Die einzelnen Sätze müssen auch einen Sinnzusammenhang ergeben. Dabei helfen Verbindungswörter. Zudem gibt es Fälle, in denen der Text durch verbindende Wörter stilistisch gefälliger wird.

> Die Abiturprüfungen werden in diesem Jahr bundesweit um drei Monate verschoben. Die Kultusminister der Länder haben sich verständigt. Es soll verhindert werden, dass jedes Bundesland eine eigene Regelung beschließt. Den Schulen bleibt überlassen, wie sie die Abiturienten auf die Prüfungen vorbereiten. Die Kultusminister einigten sich darauf, Sport als Hauptfach im Abitur anzuerkennen.

Ist der Text verständlich? Falls Sie dies bejahen, fragen Sie weiter: Ist er gut lesbar? Dann vergleichen Sie den Text oben mit diesem Vorschlag:

> Die Abiturprüfungen werden in diesem Jahr bundesweit um drei Monate verschoben. **Darauf** haben sich die Kultusminister der Länder verständigt. **So** soll verhindert werden, dass jedes Bundesland eine eigene Regelung beschließt. Den Schulen bleibt überlassen, wie sie die Abiturienten auf die Prüfungen vorbereiten. **Außerdem** einigten sich die Kultusminister darauf, Sport als Hauptfach im Abitur zuzulassen.

Besser, schlechter, kaum ein Unterschied? Urteilen Sie selbst! Ich denke, die drei verbindenden Wörter helfen dem Text. Der Unterschied zum ersten Text ist hier nur gering. Für das Verständnis sind die Verbindungswörter nicht zwingend notwendig.

Ein dritter Vorschlag zu dieser Meldung:

> Die Kultusminister der Länder haben sich **darauf** verständigt, die Abiturprüfungen in diesem Jahr bundesweit um drei Monate zu verschieben. **Dadurch** soll verhindert werden, dass jedes Bundesland eine eigene Regelung beschließt. Die Schulen dürfen selbst entscheiden, wie sie die Abiturienten auf die Prüfungen vorbereiten. **Darüber hinaus** einigten sich die Kultusminister darauf, Sport als Hauptfach im Abitur zuzulassen.

Bei diesem Vorschlag habe ich das Passiv im ersten Satz aufgelöst. Der Satz wird jedoch länger und das Stichwort „Abiturprüfungen" kommt spät. Die Verbindungswörter „so" und „außerdem" habe ich durch „dadurch" und „darüber hinaus" ersetzt. Was ist jetzt richtig, was falsch? Weder das Eine noch das Andere. In beiden Fällen habe ich Regeln beherzigt. Ich bevorzuge den zweiten Textvorschlag. Warum? Mir sind die Abiturprüfungen wichtiger als die aktive Formulierung. Denn ich möchte sofort wissen, warum es geht.

Mit dem dritten Vorschlag möchte ich zeigen, dass Verbindungswörter austauschbar sind (so oder dadurch; außerdem oder darüber hinaus), aber keineswegs beliebig. Nehmen wir den letzten Satz: Ein jedoch, aber oder hingegen hätte hier nicht gepasst. Denn es gibt keinen Widerspruch zwischen der Entscheidung, das Abitur zur verschieben und dem Beschluss zum Hauptfach. Das Beispiel ist fiktiv, schauen Sie bitte nicht auf den Inhalt. Wichtig für den letzten Satz ist jetzt nur, dass darin eine *weitere* Entscheidung zum Abitur erwähnt wird, die nichts mit der ersten zu tun hat. Daher passen alle verbindenden Wörter, die eine Ergänzung ausdrücken. Die Bedeutung ist entscheidend, nicht das jeweilige Verbindungswort.

Letztlich habe ich durch die Verbindungswörter den Text nicht wesentlich verändert. Das war für das Verständnis auch nicht notwendig. Wie angedeutet, gibt es aber Fälle, in denen Texte zwingend Verbindungswörter brauchen, um überhaupt einen Sinnzusammenhang zu ergeben. Arbeiten wir mit diesem Beispiel weiter:

> Die Zahl der Straftaten ist in Deutschland im vergangenen Jahr insgesamt gesunken. Die Justizminister der Länder sind unzufrieden. Die Statistik hat sich bei Einbrüchen und Diebstählen verbessert. Bei schweren Gewalttaten bleibt sie auf hohem Niveau. Es wurden weniger Morde gezählt als im Vorjahr. Die Zahl der Körperverletzungen ist sprunghaft gestiegen.

Verständlich oder unverständlich? Wie hängen die Fakten miteinander zusammen? Was will uns der Text sagen?

Hier derselbe Text mit verbindenden Wörtern:

> Die Zahl der Straftaten ist in Deutschland im vergangenen Jahr insgesamt gesunken. Die Justizminister der Länder sind **dennoch** unzufrieden. Die Statistik hat sich bei Einbrüchen und Diebstählen verbessert. Bei schweren Gewalttaten bleibt sie **aber** auf hohem Niveau. Es wurden **zwar** weniger Morde gezählt als im Vorjahr. Die Zahl der Körperverletzungen ist **jedoch** sprunghaft gestiegen.

In diesem Fall bin ich davon überzeugt, dass die Meldung verbindende Wörter braucht. Denn es gibt vier Gedankengänge in der Meldung: Erstens, die Gesamtzahl der Straftaten ist gesunken. Zweitens, die Zahl der Gewalttaten hat sich nicht verändert, sie ist nach wie vor hoch. Drittens, bei den Gewalttaten gibt es einen Unterschied zwischen Morden und Körperverletzungen. Viertens, bei Morden sank die Zahl, bei Körperverletzungen gab es einen Anstieg.

Streng ausgelegt, haben die verschiedenen Zahlen nichts miteinander zu tun. Es sind parallele Entwicklungen. Die Statistik zählt einmal alle Straftaten, das andere Male differenziert sie zwischen verschiedenen Delikten (Einbruch, Diebstahl, Mord, Körperverletzung). Wird das Leser*innen ohne Vorwissen sofort klar, wenn sie keinen entsprechenden Hinweis bekommen? Wodurch wird der scheinbare Widerspruch zwischen dem ersten Satz (Abnahme der Gesamtzahl) und dem zweiten (Justizminister unzufrieden) verständlich? Sollten die Justizminister nicht zufrieden sein, wenn die Zahl der Straftaten gesunken ist?

Verbindende Wörter oder ein kompletter Umbau der Meldung sind notwendig, damit sie verständlich wird. Verbindende Wörter geben Orientierung und führen Leser*innen durch den Text.

Hier noch ein dritter Vorschlag:

> Die Zahl der Straftaten ist im vergangenen Jahr insgesamt gesunken. Die Justizminister der Länder sind **dennoch** nicht zufrieden mit den Zahlen. **Denn während** es weniger Einbrüche und Diebstähle gab, ist die Zahl der Gewalttaten nicht gesunken. **Dies** liegt an der gestiegenen Zahl von Körperverletzungen, die Zahl der Morde ist niedriger als im Vorjahr.

Und ein vierter Versuch:

> Im vergangenen Jahr wurden insgesamt weniger Straftaten verübt als im Vorjahr. Die Justizminister der Länder sind ***trotzdem*** nicht zufrieden. ***Denn*** die Zahl der Körperverletzungen ist deutlich gestiegen. Sie sorgt dafür, dass es in der Statistik für Gewaltdelikte keine Veränderung gibt, ***obwohl*** weniger Morde gezählt wurden.

Die Meldung hätte auch noch völlig anders formuliert werden können. Mir ging es nicht um das beste Beispiel, sondern darum zu zeigen, wie Sie mit verbindenden Wörtern arbeiten können. Ebenso sollte deutlich geworden sein, dass verbindende Wörter allein manchmal noch nicht ausreichen. Ich habe in den beiden letzten Vorschlägen die Formulierungen „dies liegt an" bzw. „sorgt dafür" eingefügt. Dies ist ein starker Eingriff in den Text, denn ich stelle hier einen Zusammenhang her. Den muss es erst einmal auch inhaltlich geben. Die beste sprachliche Konstruktion nutzt nichts, wenn falsche Zusammenhänge hergestellt werden. In meinem Beispiel bin ich von folgender Voraussetzung ausgegangen: Für die Gesamtstatistik zählen ***alle*** Delikte, die ich für das Beispiel auf vier beschränkt habe. Bei den Gewalttaten werden nur Körperverletzung und Mord zusammengezählt. Dadurch konnte ich einen Zusammenhang herstellen, der auch stimmt.

Die Realität ist viel komplexer, insbesondere bei Zahlen und Statistiken, Verhältnissen und Vergleichen. Deswegen gilt die Regel: ***Zahlen sparsam verwenden und ggf. runden.*** Statt der exakten Zahl ist zum Verständnis bisweilen die gerundete Angabe besser. Also statt 1.000,050 besser rund eine Million oder statt 1.100.500 besser mehr als eine Million. Allerdings stößt diese Regel schnell an Grenzen. Wäre 1.400.000 immer noch mehr als eine Million oder schon fast eineinhalb Millionen? Wie immer kommt es auf den Zusammenhang und den Aussagewunsch an. Wie wichtig ist die korrekte Zahl? Wie wichtig das bessere Verständnis? Besonders bei Vergleichen wird es schwierig: Die Angabe so groß wie ein Fußballfeld, werden Leser*innen vielleicht noch einschätzen können. Aber spätestens bei vier oder fünf Fußballfeldern nutzt der Vergleich wenig, da kein Bild im Kopf entsteht. Der Vergleich ist genauso abstrakt wie die korrekte Angabe der Quadratmeterzahl. Wer kann sich einen Hektar vorstellen? Ansprechende Vergleiche, die richtig sind, sind dann gefragt oder im Zweifelsfall doch wieder die korrekte Zahl/Mengen- bzw. Größenangabe. Die Zahlenregel bedarf immer einer sorgfältigen Auslegung.

Verbindende Wörter, erklärende Zusätze und Interpretationshilfen sind für die Orientierung in journalistischen Texten jedoch zwingend erforderlich, gerade bei Statistiken. Diese Erkenntnis wurde jüngst während der COVID-19-Pandemie bestätigt. Dieser Gedanke führt zu grundlegenden Überlegungen zum journalistischen Stil.

2.2 Journalistischer Stil

Wissenschaftler*innen und Fachexpert*innen bemängeln bisweilen (zu Recht), dass Journalist*innen zu ungenau arbeiten, Fakten und Zahlen nicht exakt wiedergeben. Auch der Vorwurf, Journalist*innen würden übertreiben oder bewusst sensationalisieren, ist nicht gerade selten zu hören. An beidem ist etwas dran und es gibt durchaus Fälle, in denen es genauso ist. Es gibt aber auch Fälle, bei denen Wissenschaftler*innen und Expert*innen jedweder Couleur nicht dieselbe Sprache sprechen wie Journalist*innen. Dieses Missverstehen resultiert (wenn auch nicht ausschließlich) aus dem journalistischen Stil. Während Wissenschaftler gewohnt sind, bis auf die Nachkommastelle die exakte Zahl anzugeben, werden Journalist*innen eher Größenordnungen angeben.

Denn der journalistische Stil dient der Verständlichkeit. Nicht jeder Journalist, der eine Zahl rundet, hat eine böse Absicht. Dies ist nur ein Beispiel. Auch die Zuspitzung oder die Suche nach dem Besonderen ist Teil des journalistischen Stils. Dies liegt an der Tatsache, dass das „Normale“ keine Geschichte ist. Denn es ist bereits bekannt und muss nicht mehr berichtet werden. “Hund beißt Mann, ist keine Nachricht. Mann beißt Hund, ist eine Nachricht“, lautet sinngemäß eine Empfehlung aus US-amerikanischen Journalistenratgebern. Der Sinn dieser journalistischen Regel kann natürlich generell in Frage gestellt werden. Aber auch im Alltagsgespräch erwähnt man in der Regel nicht das „Normale". Kaum jemand wird erzählen: „Stell Dir vor, was mir heute passiert ist. Ich bin wieder pünktlich zu Arbeit erschienen.", sondern schon eher: „Stell Dir vor, was mir heute passiert ist. Ich habe mehr als zwei Stunden auf dem Weg zur Arbeit im Stau gestanden". Dieser Grundansatz menschlicher Kommunikation (das Neue oder das Außergewöhnliche zu erwähnen, nicht das Alltägliche) ist im Journalismus lediglich besonders stark ausgeprägt. Auch Wissenschaftler*innen werden diese Erkenntnis letztlich teilen. Sollte eine Versuchsreihe zum tausendsten Mal dasselbe Ergebnis zu Tage gefördert haben, wird dies keine Veröffentlichung wert sein. Erst wenn die tausendste Versuchsreihe ein anderes Ergebnis ergeben hat als alle anderen zuvor, könnte dies zu einer neuen Erkenntnis führen. Es könnte auch ein Messfehler oder eine Standardabweichung gewesen sein. Aber erst die Abweichung von der Norm würde Aufmerksamkeit erregen, nicht die Norm. Diese Herleitung ist stark vereinfacht. Aber es sollte hier lediglich ein generelles Prinzip verdeutlicht werden.

Das Prinzip Journalismus basiert auf der Suche nach dem Außergewöhnlichen, dem Besonderen – also der Story, wie US-Amerikaner*innen sagen würden. Dies wiederum hat (indirekt) Auswirkungen auf den Stil. Journalistischer Stil zeichnet sich unter anderen durch folgende Merkmale aus:

- Hervorheben des Neuen oder Außergewöhnlichen
- Verständlich sein
- Interesse wecken (bei Leser*innen)
- Reduzieren und selektieren (bei Fakten und Zahlen)
- Vereinfachen und dadurch ggf. zuspitzen
- Einordnen und vergleichen (für die Leser*innen)

Mit diesen Stilmerkmalen korrespondieren die handwerklichen Regeln. Dies erläutere ich, wieder nur exemplarisch, jeweils an einer entsprechenden Regel. Andere Regeln habe ich bereits genannt bzw. werde ich noch bei den kommenden Sprachen des Journalismus erwähnen.

- Hervorheben des Neuen oder Außergewöhnlichen
  - (Regel: Das Wichtige nach vorn im Satz)
- Verständlich sein
  - (Regel: Satzlängen und Satzbau)
- Interesse wecken (bei Leser*innen)
  - (Regel: Verbalstil und aktiv formulieren)
- Reduzieren und selektieren (bei Fakten und Zahlen)
  - (Regel: So viel Details wie nötig, nicht wie möglich)
- Vereinfachen und dadurch ggf. zuspitzen
  - (Regel: Verständlichkeit vor Vollständigkeit)
- Einordnen und vergleichen (für die Leser*innen)

– (Regel: Verbindende Wörter und Formulierungen nutzen: deshalb, dadurch, dies bedeutet, dafür ist…verantwortlich, dies liegt an etc.)

Die Regeln zu befolgen, führt (im Idealfall) zu journalistischem Stil. Journalistischer Stil lässt sich umgekehrt durch die angewandten Regeln im Text erkennen. Der journalistische Stil ist kein Selbstzweck, er dient der Kommunikation mit Rezipient*innen (Leser*innen, Nutzer*innen, Zuschauer*innen). Damit schließt sich der Kreis meiner Herleitung aus der Handlungs- und Zeichentheorie.

Hinzuzufügen bleibt an dieser Stelle, dass der journalistische Stil wiederum aus den journalistischen Aufgaben (Funktionen) abgeleitet werden kann bzw. dort eine Entsprechung findet. Diese Funktionen werden in der Journalistik entweder abstrakter mit folgenden Schlagworten beschrieben:

- Selbstbeobachtung der Gesellschaft
- Herstellen von Öffentlichkeit
- Frühwarnsystem
- Kritik und Kontrolle (vierte Gewalt)

oder konkreter mit:

- Informieren
- Wissen vermitteln
- Erklären und einordnen
- Aufklären

Ich habe hier wieder nicht alle Funktionen und Aufgaben erfasst, die die Journalistik vom praktischen Journalismus einfordert. Wer sich weitergehend informieren möchte, dem empfehle ich den ersten Band dieses Handbuchs bzw. die einschlägigen (dort zitierten) Lehrbücher.

Im Zusammenhang mit meinem Ansatz der Sprachen möchte ich darauf hinweisen, dass alle Funktionen nur bei erfolgreicher Kommunikation erfüllt werden. Für Kommunikation bedarf es spezifischer Texte (in Schrift, Sprache oder (Bewegt-)Bild). Journalismus ohne Sprachen gibt es nicht. Um den Zusammenhang deutlicher zu machen, nutze ich folgende Argumentationskette:

Theorie (u. a. Demokratietheorie) führt zu journalistischen Funktionen und Aufgaben (u. a. Kontrolle, Kritik, Meinungsbildung)

– Journalistische Funktionen führen zu spezifischen Texten (Sprachen)
– Sprachen folgen spezifischen (handwerklichen) Regeln
– Durch das Befolgen von Regeln entsteht journalistischer Stil
– Journalistischer Stil führt zu erfolgreicher Kommunikation

Mit dem letzten Punkt soll nicht ausgesagt sein, dass ausschließlich journalistischer Stil zu erfolgreicher Kommunikation führt. Auch andere Stile können dieses Ziel erreichen. Aber Fachsprache wird meist nur von Fachleuten verstanden. Verständliche Texte außerhalb des Journalismus nutzen daher oftmals (bewusst oder unbewusst) einzelne Elemente des journalistischen Stils. So ist der Begriff hier gemeint, nicht als Privileg des Journalismus.

2.3 Journalistischer Stil und journalistische Darstellungsformen

Leser*innen, die auch andere Lehrbücher und Ratgeber gelesen haben, könnten den Begriff „journalistischer Stil" unter Umständen missverstehen bzw. anders, als ich ihn hier meine. So ist oftmals von „journalistischen Stilformen" oder „journalistischen Darstellungsformen" die Rede. Diese bezeichnen spezifische Textgattungen wie etwa Reportage, Kommentar oder Nachricht. Meine Verwendung des Begriffs bezieht sich nicht auf eine spezifische Darstellungsform, sondern auf den gesamten Journalismus und Texte darüber hinaus. Denn die aufgestellten Regeln gelten immer, nicht nur für eine spezielle Textgattung. Daher bevorzuge ich statt des Begriffes journalistische Stilform den Begriff journalistische Darstellungsform. Journalistischer Stil wird in allen Darstellungsformen und in der Literatur genutzt; selten hingegen in Gesetzestexten, wissenschaftlichen Aufsätzen oder in bürokratischen Publikationen. Es ist ein übergeordneter Begriff zur Charakterisierung der Textart. Darunter ordne ich die Ebene der journalistischen Darstellungsformen an. Bereits im ersten Band habe ich anhand einer Aufstellung versucht, zu erläutern, wie verschiedene Begriffe zusammenhängen bzw. sich voneinander unterscheiden. Diese Aufstellung greife ich nun auf und ergänze sie um den Begriff des journalistischen Stils:

Haltung[158] = Selbstverständnis der Journalist*innen oder einer sozialen Gruppe (z.B. Redaktion)

Berichterstattungsfeld = Übergeordneter Themenbereich/Ressort (z. B. Politik, Kultur, Sport)

Journalistische Funktion = Intention in Hinblick auf die Wirkung und die Aufgabe (z. B. informieren, aufklären oder kommentieren)

Journalistischer Stil = Sprache, Art des Textes (im Unterschied zu anderen Texten)

Journalistische Darstellungsform = Textgattung (z. B. Nachricht oder Reportage)

Journalistische Präsentationsform = Textgattung in einem spezifischen Ausspielkanal (z. B. TV oder Radio)

Auf Regeln bzw. Tipps für spezifische Darstellungsformen im Print und textbasierten Journalismus gehe ich hier nicht gesondert ein. Erstens, weil es bereits eine recht große Zahl einschlägiger Ratgeber und Handbücher dazu gibt (vgl. Literaturliste am Ende dieses Kapitels). Der zweite Grund liegt darin, dass ich mich hier auf den audiovisuellen Journalismus konzentriere, nicht auf den rein textbasierten oder ausschließlich auditiven (Radio). Die Darstellungsformen begegnen uns hier immer dann wieder, wenn sie in einer spezifischen Präsentationsform (z. B. TV- oder Webreportage) in Erscheinung treten. Denn darin liegen die Unterschiede zu Print oder Audio, auf die ich hinweisen möchte und die den audiovisuellen Journalismus auszeichnen.

158 Haltung darf hier nicht mit Meinung oder Einstellung verwechselt werden. Vgl. auch Band 1, S. 215,216.

2.4 Gesprochene Sprache

Die gesprochene Sprache verändert sich noch schneller als die geschriebene Sprache. Ihr übergeordnetes Regelwerk beruht zwar auch auf Grammatik und Rechtschreibung; in der gesprochenen Sprache ist die Auslegung aber nicht so streng bzw. wird schneller verändert. Ich unterteile dieses Kapitel in fünf Abschnitte:

- Gesprochene Sprache im Journalismus
- Auslassen und verkürzen
- Alltagssprache und Sprachstil
- Sprache und Sprechen
- Intonation und Tempo
- Rhetorische Mittel

Vier Vorbemerkungen sind noch wichtig:

- Regeln der journalistischen Schriftsprache gelten auch für die gesprochene, journalistische Sprache.
- Der Begriff der Regel ist hier noch stärker als Hinweis oder Tipp zu verstehen als bei der Schriftsprache.
- In der gesprochenen Sprache sind Konventionen üblicher als feste Regeln.
- Die Schriftsprache hat sich der gesprochenen Sprache angenähert.

Gesprochene Sprache

Ein Beispiel für die letztgenannte Vorüberlegung stammt aus der Zeit Online vom 19.4.2021. Ich zitiere im Folgenden aus dem Artikel „Aufstand der Superreichen“[159] In dem Artikel geht es um die Pläne einiger großer Fußballvereine, eine „Superliga“ zu gründen:

> „Zwölf der größten Clubs Europas haben die Gründung einer Superliga angekündigt. Das würde den Fußball für immer verändern. Und mit einem Grundprinzip des Sports brechen.“

Der Textausschnitt unterscheidet sich von der klassischen Schriftsprache darin, dass der letzte Satz mit „und“ beginnt. Dies ist in der klassischen Schriftsprache unüblich. Konjunktionen (Bindewörter) wie das Wort „und“ dienen laut deutscher Grammatik dazu, Haupt- und Nebensätze zu verbinden, daher der Name. Das bedeutet, der ganze Satz bleibt erhalten. Hier beginnt mit der Konjunktion jedoch ein neuer Satz. Dies ist typisch für die gesprochene Sprache. Denn erstens werden die einzelnen Sätze so noch kürzer, zweitens sind sie leichter zu sprechen. Drittens wird in diesem Fall durch den Satzbeginn mit „und“ deutlich, dass das Wort wie bei einer Aufzählung gemeint ist. Es bedeutet XY und (auch noch) das. Es wirkt wie eine Steigerung. Ein(e) strenge(r) Deutschlehrer(in) hätte den

159 Vgl. https://www.zeit.de/sport/2021-04/super-league-fussball-spitzenclubs-ungleichheit-profit-drohung-kritik?utm_source=pocket-newtab-global-de-DE (21.4.2021, 15.10 MEZ).

Punkt zwischen den beiden Sätzen im Schulaufsatz gestrichen und das „und“ klein geschrieben, weil es eine Konjunktion ist.

Eine weitere Textstelle aus dem Zeit-Artikel:

> „Vor allem geht es, natürlich, ums Geld. (...) Zum Vergleich: Die Sieger der aktuellen Champions League nehmen etwa 130 Millionen mit nach Hause.“

Das „natürlich“ wird durch Kommata abgesetzt. Auch dies kann als Hinweis auf gesprochene Sprache gedeutet werden. Denn in der Schriftsprache hätten dort keine Kommata gestanden. Der kurze Einschub verdeutlicht, dass das natürlich völlig unnatürlich (vgl. Intonation) hier betont werden soll. In einem Skript für einen Radio oder TV-Beitrag arbeiten Sprecher*innen so, um sich selbst ein Zeichen zu setzen, dass sie das entsprechende Wort (etwas) betonen. Im geschriebenen Text würde die Hervorhebung ohne Einschub mit Kommata untergehen. Die Hervorhebung dient der Kommunikation mit Leser*innen ebenso wie die Betonung bei der gesprochenen Sprache. In einem normalen schriftsprachlichen Satz ohne Kommata-Einschub ginge das „natürlich“ unter. Zudem gilt strenggenommen, dass es dann auch überflüssig wäre. Warum natürlich? Kann es unnatürlich um das Geld gehen? Natürlich ist im Normalfall also ein Füllwort, das ersatzlos gestrichen werden kann. Wird es jedoch betont oder hier mit Kommata extra abgesetzt, signalisiert dies eine Bedeutung. Die Bedeutungen in diesem Fall könnten unter Umständen sein: „warum auch anders?“, „das war ja klar“, „das habe ich mir gleich gedacht“. Was der Autor des Textes sich gedacht hat, kann ich natürlich nicht überprüfen. Bei mir als Leser ruft das „natürlich“ in diesem Satz aber exakt diese Assoziation hervor. Die Hervorhebung, so meine Annahme, ist kein Zufall. Sie will mir etwas mitteilen ebenso wie eine Betonung in einem gesprochenen Satz. Das „natürlich“ ist wichtig und in diesem Fall kein überflüssiges Füllwort. Füllworte können Stilelemente der gesprochenen Sprache sein. Dort werden sie, anders als bei der Schriftsprache, nicht immer aus dem Text gestrichen. Denn sie entsprechen der „normalen“ gesprochenen Sprache und sorgen dafür, dass der gesprochene Text flüssiger wird.

Auch der Zwei-Worte Satz „Zum Vergleich:“ ist schriftsprach unüblich, sprechsprachlich jedoch wieder ein beliebtes Stilelement. In der gesprochenen Sprache können Sätze oder Fragen sogar aus nur einem Wort bestehen. Beispiel: „Der Verdächtige war an diesem Tag am Ort des Verbrechens. Zufall?“

Aus dem geschriebenen Artikel haben wir schon drei „Regeln“ für die gesprochene Sprache abgeleitet. Diese Regeln sind:

- **Sätze dürfen mit Konjunktionen beginnen**
- **Füllworte müssen nicht immer gestrichen werden – vor allem, wenn sie eine Funktion im Satz haben**
- **Zwei- und Ein-Wortsätze sind erlaubt.**

Diese „Regeln“ der gesprochenen Sprache lassen sich wieder aus der Handlungstheorie herleiten. Sie sind nicht unbegründet, denn sie dienen dazu, die Kommunikation mit Hörer*innen /Zuschauer*innen natürlicher zu gestalten. Durch sie entsteht der Eindruck, dass tatsächlich jemand zu ihnen spricht und nicht nur einen Text vorliest. Eine alte Regel für Radiojournalist*innen lautet: ***Lass das Blatt (Dein Script) zwischen Dir und den Hörern verschwinden.*** Dies ist einfacher, wenn auf dem Blatt gesprochene Sprache steht.

Bleiben wir bei unserem Beispiel aus der Welt der Schriftsprache. Im zitierten Text heißt es an anderer Stelle:

> „Eine Super League würde die wachsende Kluft nicht schließen. **Im Gegenteil.** Der Effekt würde noch mehr verstärkt. Die Reichen blieben fortan komplett unter sich und würden sich die noch höheren Einkünfte teilen. **Noch mehr Geld, verteilt auf noch weniger Clubs.** Man muss kein Mathematiker sein, um sich auszurechnen, was das bedeutet. **Für die, die drin sind. Und vor allem für die, die nicht.**“

In diesem Abschnitt wimmelt es von unvollständigen Sätzen, die so in der Schriftsprache (früher) von Redakteur*innen redigiert worden wären. Dann hätte der Text vermutlich so oder so ähnlich gelautet:

Eine Super League würde die wachsende Kluft nicht schließen. **Das Gegenteil wäre der Fall.** Der Effekt würde noch mehr verstärkt. Die Reichen blieben fortan komplett unter sich und würden sich die noch höheren Einkünfte teilen. **Es würde noch mehr Geld in die Liga fließen, verteilt auf noch weniger Clubs.** Man muss kein Mathematiker sein, um sich auszurechnen, was das **für die Clubs, die dabei wären, bedeutet und vor allem für die Clubs, die nicht dabei wären.**

Wir nehmen zwei weitere Regeln für die gesprochene Sprache mit:

- **Unvollständige Sätze sind erlaubt.**
- **Ein Wechsel der Modi ist erlaubt.**

Die letztgenannte Regel bezieht sich darauf, dass der Autor des Zeit-Artikels zu Beginn der zitierten Textpassage den Konjunktiv nutzt, dann aber in den Indikativ wechselt. Da es sich um Pläne handelt, ist der Konjunktiv der grammatikalisch korrekte Modus. Die Superliga ist eine Möglichkeit, keine Tatsache. Das wird im Zusammenhang des Artikels deutlich. Um die umständlichen Formulierungen des Konjunktivs zu vermeiden und die Passage damit nicht zu überfrachten, „erlaubt“ sich der Autor hier in den Indikativ zu wechseln. Auch das entspricht den Gewohnheiten der Alltagssprache und dient letztlich der Verständlichkeit und einer natürlichen Kommunikationssituation. Auf die Frage, was sie mit einem Lottogewinn machen würden (sehr unwahrscheinliche Möglichkeit, also Konjunktiv), antworteten die meisten Menschen wahrscheinlich nicht:

> „Ich würde aufhören zu arbeiten, kaufte mir drei Luxusautos und spendierte meiner Tochter eine Eigentumswohnung“

Denn das hört sich doch sehr gespreizt an. Die wahrscheinlichere Variante lautet:

> „Bei einem Lottogewinn? Dann kündige ich, kaufe mir drei Luxusautos und spendiere meiner Tochter eine Eigentumswohnung."

Ein vorerst letztes Beispiel aus dem Zeit-Artikel:

> „Dass sich ein Club durch eigene Anstrengungen seinen Platz in der höchsten aller Ligen erspielen kann: **war einmal.** Die UEFA beeilte sich am Sonntag in einem gemeinsamen Statement mit den Verbänden und Ligen aus England, Spanien und Italien mitzuteilen, was sie von der Super League hält: **gar nichts**"

Auch hier werden wieder die Regeln der geschriebenen Sprache zugunsten sprechsprachlicher Hinweise (Regeln) gebrochen. Hier werden Sätze umgestellt, damit das Fazit am Ende steht und entsprechend betont (im Text durch die Doppelpunkte hervorgehoben) wird. Dadurch wirken die Sätze eindrücklicher. In der klassischen Schriftsprache hätten sie sich wahrscheinlich so gelesen:

> „Es war einmal so, dass sich ein Club durch eigene Anstrengungen seinen Platz in der höchsten Liga erspielen konnte. Die UEFA beeilte sich und teilte mit (....), dass sie von der Superliga gar nichts hält."

Für unsere Regelsammlung nehmen wir mit:

- **Sätze dürfen bewusst umgestellt werden.**

Dies ist bereits in der Schriftsprache möglich, doch hier handelt es sich um eine besondere Umstellung, die durch die Dopplung (war einmal, gar nichts) fast den Rang eines rhetorischen Stilmittels einnimmt.

Wir haben also in einem schriftsprachlichen Text bereits sechs Hinweise auf sprechsprachliches Texten gefunden. Es gibt weitere, die ich hier nicht aufliste. Dieses Beispiel verdeutlicht noch einmal den Gedankengang meiner Vorüberlegung: Schriftsprache im Journalismus hat sich der Sprechsprache angenähert. In diesem Beispiel (Zeit-Artikel) mag dies auch daran liegen, dass es denselben Artikel auch zum Hören auf der Internetseite gibt. Wenn also ein Text gleich so geschrieben ist, dass er auch gut gehört werden kann, hat dies einen pragmatischen Vorteil: Es müssen nicht zwei verschiedene Texte formuliert werden.

Aber Achtung: Es gibt mindestens ebenso viele Beispiele, in denen die Schriftsprache klare Vorteile hat. Einige Sprachenthusiasten, nicht nur strenge Deutschlehrer*innen, werden sich vermutlich die Haare raufen, wenn sie in ihrer Sicht „Verhunzungen" der deutschen Sprache bemerken. Aber wie eingangs erwähnt: Sprache verändert sich und unterliegt (ungeschriebenen) Konventionen. Selbst der Duden hat seine Rechtschreibregeln geändert, u. a. weil Menschen einfach nicht mehr so schreiben, wie es die (alten) Regeln vorsahen. Menschen sprechen heute nicht mehr so wie im Mittelalter oder in der Romantik. Das berücksichtigt der Journalismus, er ist nicht der Verursacher dieser Sprachveränderung. Die Annäherung der journalistischen Schriftsprache an die gesprochene Sprache ist keine reine

Marotte, sondern der Versuch, auch mit Menschen zu kommunizieren, die keinen Hochschulabschluss besitzen.

Die Annäherung will ich daher gar nicht als gut oder schlecht bewerten. Ich wollte lediglich darauf hinweisen, dass sie existiert und warum. Meines Erachtens wird der zitierte Text durch seine sprechsprachlichen Elemente verständlicher und gefälliger zu lesen. Dies ist eine Meinung unter vielen.

Auslassen und verkürzen

„Regeln“ zur gesprochenen Sprache sind oft Erlaubnisse. Texter*innen dürfen es so machen und müssen sich nicht zwingend an die Regeln der Schriftsprache halten. In vielen Fällen empfiehlt es sich sogar. Dies sollte bereits deutlich geworden sein. Die gesprochene Sprache ist freier und darf sich bisweilen von der Grammatik entfernen. Dass Sätze umgestellt werden dürfen, wissen wir bereits. Eine weitere Regel, wieder im Sinne von Hinweis oder Erlaubnis, besteht bei Auslassungen. Diese Auslassungen (Ellipsen) können sich auf einzelne Worte oder Satzteile beziehen. Ein Beispiel:

> Bundeskanzlerin Merkel fährt allein zum Krisengipfel, Macron (fährt) mit seinem Außenminister.

Das zweite „fährt“ kann weggelassen werden. Ein weiteres Beispiel:

> Von den Subventionen fließen drei Milliarden in die Landwirtschaft, in die Industrie vier. Der Außenhandel wird mit drei Milliarden bezuschusst.

Hier sind die Auslassungen (fließen und Milliarden im Nebensatz) zu verkraften. Abgesehen davon, dass sich trefflich über die Formulierung (Subventionen fließen) streiten lässt (Können Subventionen fließen?), bleibt der Satz verständlich. Darum geht es mir. Dass die Industrie nicht Äpfel oder Birnen oder Millionen statt Milliarden bekommt, ergibt sich aus dem Zusammenhang der beiden Sätze. Das ist aber nicht immer so. Wenn die Auslassung so weit geht, dass der Satz unverständlich oder falsch wird, sollten Sie Auslassungen und Verkürzungen vermeiden.

Die „Regel“ lautet: ***Ellipsen nutzen, wo sie inhaltlich passen.***

Sprachkritiker, etwa von der TAZ,[160] bemängeln die häufige, falsche Verwendung von Auslassungen. Folgendes Beispiel wird dort angeführt:

> „Das Runde muss in das Eckige, die Geldscheine ins Sparschwein“

Was ist hier passiert? Zum einen wurde ein bekannter Fußballer-Ausspruch genutzt, um ein Sprachbild zu entwerfen. Zum anderen wurde das Verb im Nebensatz ausgelassen. Diese Auslassung ist grammatikalisch falsch. Denn Geldscheine sind Plural. Sie *müssen* also ins Sparschwein. Der Singular passt noch zum ersten Satzteil, der bedeutet „Der Ball muss ins Tor“. Es ist ***ein*** Ball. Aber nicht mehr zum zweiten Satzteil, denn der muss im Plural stehen (Geldscheine). Ich konnte

160 Vgl. dazu https://taz.de/Lob-des-Fehlers/!345715/ (21.04.2021, 19.14 MEZ).

den Kritiker nicht fragen, ob er mit folgender Formulierung einverstanden gewesen wäre:

„Das Runde muss in das Eckige, der Geldschein ins Sparschwein"

Sprachliche Bilder bleiben Geschmackssache. Aber grammatikalisch und journalistisch wäre die Auslassung im durchgehenden Singular meines Erachtens vertretbar. Wichtig bleibt die Kritik dennoch. Falsche Ellipsen helfen niemand. Bei korrekter Verwendung kann in der gesprochenen Sprache eine Ellipse einen Satz jedoch anschaulicher machen. In vollem Bewusstsein mich der Sprachkritik auszuliefern, sage ich sogar: Durch eine Ellipse kann ein gesprochener Satz, denn hier geht es nicht um die Schriftsprache, richtig Fahrt aufnehmen. Natürlich kann ein Satz keine Fahrt aufnehmen, er fährt ja keinen Rennwagen. Ebenso wenig wandern Geldscheine über den Tresen statt ins Sparschwein. Ein Geldschein hat keine Beine und an den Füßen keine Schnürstiefel mit Profilsohlen.

Letztlich kann jeder Satz und jeder Text kritisiert werden. Damit müssen wir als Journalist*innen leben. Ein wenig Humor schadet dabei nicht. Berechtigte Kritik sollten Sie immer ernst nehmen. Falsche Auslassungen bleiben falsch. Aber was wäre uns entgangen, wenn die Menschheit deshalb gleich alle Auslassungen ausgelassen hätten? Es gibt Ellipsen, die zu feststehenden Redewendungen wurden:

„Ich kam, sah und siegte"

„Flach spielen, hoch gewinnen"

„Erst die Arbeit, dann das Vergnügen"

Auch Literaten nutz(t)en die Ellipse als Stilmittel:

„Zwei Augen, ein kurzer Blick,
Die Braue, Pupillen, die Lider.
Was war das?
Von der Menschheit ein Stück! Vorbei, verweht, nie wieder."

Wollen wir Kurt Tucholsky seine Auslassungen vorwerfen?

Ausrufe

Ausrufe, wie „ha", „oha" „autsch", „Pfui Spinne", „Ach Du Schreck", „Schluss jetzt", „Passt", sind in der Schriftsprache verpönt. Es sei denn, sie sind Teile von direkter Rede im Text (Zitate von Interviewpartnern). Denn wie der Name Ausruf schon sagt, werden sie ausgerufen und nicht geschrieben. Sie sind ein Element der gesprochenen Sprache. Im audiovisuellen Journalismus dürfen sie daher benutzt werden, etwa dann, wenn mit dem Ausruf ein Bild bewusst kommentiert wird.

Ausrufe bewusst in den Sprechtext einzubauen, bleibt sehr umstritten. Manche Redakteur*innen empfinden dies als kindisch oder Comicsprache und streichen diese Formulierungen umgehend heraus. Wie gesagt: Dies gilt für die Schriftsprache. In der gesprochenen Sprache, vor allem in Kombination mit Bild, können Ausrufe eine kommentierende, ironisierende oder beschreibende Funktion haben. Die Regel lautet also: ***Ausrufe dürfen Sie nutzen, wenn sie passen.*** Was als passend empfunden wird, hängt aber stark vom Adressaten ab und ist geschmäcklerisch. Insofern sollten Sie Ausrufe im Sprechtext immer sorgfältig prüfen.

Kehren wir noch einmal kurz zu den erlaubten Auslassungen in der gesprochenen Sprache zurück. Formulierungen wie: „Jetzt geht es los“, dürfen zur „Jetzt geht's los“ verkürzt werden. Das „es“ fällt in der Alltagssprache, gerade bei schnellem Sprechen, oft weg. Im Sinne dieser Konvention kann es auch bei der gesprochenen journalistischen Sprache wegfallen. Das Verständnis leidet nicht und die Phrase wirkt dadurch umgangssprachlicher. Ist Umgangssprache also das Kriterium für gesprochene journalistische Sprache? Ja und nein.

Alltagssprache und Sprachstil

Für die journalistische, gesprochene Sprache gilt die Regel: ***Spreche so allgemeinverständlich wie möglich.*** Dies bedeutet aber nicht, dass es einfach reicht, dem Volk aufs (wieder eine es-Verkürzung) Maul zu schauen. Denn Alltagssprache ist nicht immer grammatikalisch korrekt. Ein Buch des Sprachkritikers Bastian Sick trägt den bezeichnenden Titel: „Der Dativ ist dem Genitiv sein Tod“. Damit spielt er auf die falsche Verwendung des Genitivs in der deutschen Sprache an. Der Kritiker Sick wird seinerseits kritisiert. Hauptkritikpunkt ist die als dogmatisch empfundene Herangehensweise Sicks an Sprache und die damit verbundene strikte Einteilung in „richtig“ und „falsch“. Ich habe diese Begriffe bewusst bei meinem Regelwerk vermieden. Nicht nur aus Furcht, selbst kritisiert zu werden. Dafür finden aufmerksame Leser*innen sicherlich andere Ansatzpunkte. Ich wiederum halte es für falsch, Sprache in falsch und richtig einzuteilen. Professionelle Sprachwissenschaftler*innen und Linguist*innen weisen immer wieder zu Recht darauf hin, dass sich Sprache entwickelt und sich selbst die Grammatik ändert. Dies sollte jeder, selbst oder fremd ernannte, journalistische Sprachkritiker berücksichtigen. An dieser Stelle geht es mir darum, auszusagen, dass die Übernahme von Alltagssprache in den Journalismus Grenzen hat.

Auch wenn in der Mundart bewusst ironisierend mit der deutschen Grammatik gespielt wird, etwa im Kölschen „Dem Chantal singe Jürtel sing Schnall.“ (Die Schnalle von Chantals Gürtel), stellt dies keinen Freisprechschein für einen „falschen“ Genitiv dar. Die Unterschiede zwischen Hochsprache, Alltagssprache, Bildungssprache, Umgangssprache, Mundart (Dialekt) und Soziolekt (Ausdrucksweise einer bestimmten gesellschaftlichen Schicht) sind das Terrain für Sprachwissenschaftler*innen. Journalist*innen sollten sich aber bewusst sein, dass es diese Unterschiede gibt und wann sie warum welchen Sprachstil verwenden. Dabei kommt es immer auf den Aussagewunsch, die Sprechsituation und die adressierten Zielgruppen an. Ein „Grüß Gott“ als Begrüßung zu einer TV-Sendung wird in Bayern verstanden, in Norddeutschland ein „Moin, Moin“. Ebenso verhält es sich mit der Schrippe in Berlin oder der Semmel in Oberammergau. Die Regel dazu lautet:

Mundart darf von Journalist*innen genutzt werden, wenn sie vom Publikum verstanden wird.

Mundarten verkörpern regionale Spezifika und sind identitätsstiftend. In einer bundesweiten Nachrichtensendung hingegen empfehle ich das Hochdeutsch. Dort gilt dann die Regel:

Regionalspezifische Ausdrücke und Dialekt mit der adressierten Zielgruppe abgleichen.

Der Ausdruck Umgangssprache hat neben (grammatikalischen) Fehlern und Dialekten noch eine weitere Konnotation. Umgangssprache enthält Elemente des Soziolekts und verrät daher vermeintlich oder tatsächlich die gesellschaftliche Herkunft der Sprecher*innen. In der Sprachwissenschaft ist dies ein viel behandeltes Thema. Journalist*innen empfehle ich die Lektüre von George Bernhard Shaws Pygmalion, besser bekannt in seiner Musicalfassung als „My Fair Lady". Das Ruhrgebietsdeutsch hat lange Zeit um seine Anerkennung als Dialekt bzw. Regiolekt kämpfen müssen. Nicht zuletzt Kabarettisten wie Jürgen von Manger (alias Tegtmeier) ist es zu verdanken, dass es nicht mehr als Soziolekt gesehen wird. Was bedeutet das aber nun für die gesprochene Sprache im Journalismus? Die Regel lautet:

Umgangssprachliche Formulierungen sind erlaubt.

Pleite statt Insolvenz, Bares statt Geld, futtern statt essen – all dies ist umgangssprachlich, aber lässt in keiner Weise Rückschlüsse auf die soziale Herkunft oder Bildung der Sprecher*innen zu. Dringen wir nun weiter zu den Grenzen der gesprochenen Sprachen im Journalismus vor. Wie steht es mit Begriffen wie Moneten, Knete, Zaster, Asche, Kies, Kröten, Penunze oder Piepen als Synonym für Geld? Diese Begriffe entstammen den Diebes- und Gaunersprachen, sind somit Jargon einer bestimmten Gruppe und zugegebenermaßen sehr veraltet. Aber wie steht es mit Schnee statt Kokain, Schore für Heroin, drücken, einen Schuss setzen, auf Turkey sein, einen Affen schieben – Begriffe aus der Rauschgiftszene. Setzen Sie diese ein oder nicht? Anschaffen, auf den Strich gehen, auf Freier warten – ist dies Vulgärsprache oder Jargon? Ist der Begriff verständlich und passt zum Thema? Reden Ihre Protagonist*innen im Beitrag so oder nicht? Stigmatisieren Sie damit Ihre Protagonist*innen durch unnötige Klischees? Dies sind die Fragen, die Sie sich in diesem Zusammenhang stellen sollten. Die Regel dazu lautet:

Jargon nur dann, wenn er in unmittelbaren Zusammenhang mit dem Thema steht und authentisch ist.

Peinlich wird Jargon dann, wenn er falsch verwendet wird. Denn Jargon dient oft zur (bewussten) Selbstabgrenzung einer Gruppe. So werden beispielsweise Jugendliche es immer als anbiedernd empfinden, wenn sie in vermeintlicher Jugendsprache (Yo Mann, Krass Alter, fettes Gerät) von Erwachsenen angesprochen werden. Denn Jugendliche dürften schnell bemerkt haben, dass meine Beispiele der Jugendsprache einer anderen Generation entstammen. Daher gilt die Regel:

Anbiederung durch gewollte Identifikation mit der Zielgruppe vermeiden.

Wir sehen also: Sprachstil in der gesprochenen, journalistischen Sprache ist immer vom Kontext abhängig. Eine Regel möchte ich abschließend ergänzen:

Vulgärsprache vermeiden!

Das Gesäß dürfen Sie als Popo (wenn es nicht kindisch wirkt) oder als Hinterteil, verlängerter Rücken oder ähnlich bezeichnen, aber nicht das Wort mit A am Anfang und sch am Ende nutzen. Aber selbst dort gibt es Ausnahmen: Das Arschleder heißt nun einmal so und nicht Gesäßleder. Wo Umgangssprache aufhört und Vulgärsprache anfängt, bleibt Auslegungssache bzw. Konvention. Ist das Wort mit Sch am Anfang und ß(e) am Ende in die Alltagssprache übergegangen? Was ist ein Schimpfwort? Was eine Beleidigung? An Formulierungen wie „Diese Entscheidung war von keinerlei Sachkenntnis getrübt", „Ihre Meinung berührt mich nur am Rande" oder „Diese Meinung hat er/sie sehr exklusiv", ist rein sprachlich nichts zu beanstanden. Anders ist es hingegen bei der beliebtesten Beleidigung der Deutschen. Sie ist Vulgärsprache. Mit konkreter Anrede und durch ein „mit Verlaub" ergänzt, äußerte sie Joschka Fischer einst im Bundestag. Der „griesgrämige Kabinettsgrufti" hingegen entstammt nicht der Vulgärsprache, ebenso wenig wie Herbert Wehners Replik auf die Aussage „Und da beißt die Maus keinen Faden ab", die da lautete „Sie sind keine Maus, Sie sind eine Ratte". Gepflegt beleidigen und schimpfen ist möglich, es bereitet bisweilen immensen Spaß. Aber was hat so etwas in einem gesprochenen, journalistischen Text verloren? Sie ahnen es vielleicht schon: Meist gar nichts. In einer Satire oder in einem pointierten Kommentar sind fulminante Seitenhiebe jedoch erlaubt, aber bitte immer sprachlich gepflegt. Für die Satire gelten noch andere Regeln. Sie ist nicht nur von der Presse-, sondern auch von der Kunstfreiheit gedeckt. Böhmermanns Schmähgedicht gegen Erdogan lässt grüßen. Dort jedoch wurde Vulgärsprache bewusst beleidigend eingesetzt. Das sollten Sie in journalistischen Texten, auch gesprochenen, unterlassen. Viel schöner ist es, ohne Vulgärsprache auf den wunden Punkt zu kommen.

2.5 Sprache und Sprechen

Für die gesprochene journalistische Sprachen gelten dieselben Ausspracheregeln wie für die Hoch- und Alltagssprache. Hier werden nun, sehr exemplarisch, einige davon aufgelistet. I. d. R. empfiehlt es sich, falls Sie Ihre Texte selbst sprechen, einige Stunden Sprechunterricht zu nehmen. Die Regeln hier können und wollen diesen nicht ersetzen. Es soll lediglich im Sinne der Konsistenz des Gesamtmodells gezeigt werden, dass auch der Bereich der Phonetik bzw. Phonologie (Sprachlaute und Lautstrukturen) in mein Modell integriert werden kann. Er liegt im Bereich der Sprechakte, also der Handlungstheorien. Durch verständliches Sprechen wird der Text verständlicher, Kommunikation kann gelingen bzw. misslingen, wenn Texte nicht richtig ausgesprochen werden. Dies hat nur wenig mit einer Ausbildung zur Sprechschauspieler*in zu tun. Eine verständliche Aussprache wird von mir lediglich als wichtiger Bestandteil des audiovisuellen Journalismus verstanden, weil dessen Texte nun einmal gesprochen werden. Welche Regeln helfen dabei? Zunächst einmal:

Wenn Sie sich unsicher sind, wie ein Wort ausgesprochen werden soll, nutzen Sie den Ausspracheduden oder andere einschlägige Ratgeber bzw. Datenbanken. Dort werden Ihnen die Worte entweder in Lautschrift dargestellt oder Sie können sich Sprechbeispiele anhören. Eine detaillierte Beschreibung der Lautbildung und Artikulation hilft Laien hingegen meist nicht so viel. Dabei wird erklärt, wo im Mund- oder Rachenraum ein bestimmter Laut ausgesprochen werden muss oder wie Sie als Sprecher*innen den Mund formen müssen, um den Laut hervorzubringen. Begriffe wie dental (leicht an die Zähne stoßend), labial (an den Lippen vibrierend) oder guttural (kehlig im Rachenraum) sind vielleicht noch verständlich, aber spätestens bei der Beschreibung: „gutturaler Stimmritzenverschlusslaut" wird es schwierig. Für Journalist*innen ist es natürlich immer gut, mehr zu wissen. Aber dieses Wissen brauchen Sie i. d. R. nicht für einen normalen journalistischen Sprechunterricht. Logopädische Phänomene nehme ich bewusst aus.

Also, was hilft in der Regel schon etwas weiter? Hier ein paar Regeln:

- **Lockern Sie den Kopf, Kiefer und Mund vor dem Sprechen.** Auch beim Sprechen benötigen Sie Muskeln, derer Sie sich vielleicht gar nicht bewusst sind. Machen Sie sich etwas warm.
- **Öffnen Sie den Mund beim Sprechen.** Diese Regel hört sich vielleicht lächerlich an. Wie will man mit geschlossenem Mund schon sprechen können? Gemeint ist aber: Öffnen Sie ihn bewusst. Denn dies führt zur nächsten Regel:
- **Artikulieren Sie deutlich und nuscheln Sie nicht.**

Dies bedeutet auch:

- **Sprechen Sie die An- und Endlaute mit, aber überbetonen Sie nicht.**

Und nun wieder eine vermeintliche Binsenweisheit:

- **Atmen Sie beim Sprechen.**

Natürlich atmen Sie, nur vielleicht nicht an der richtigen Stelle. Manche Menschen atmen vor dem Text ein und danach aus. Das ist falsch und unter Umständen sogar tödlich, je nach Textlänge. Sie dürfen also während des Sprechens atmen. Am besten an den richtigen Stellen, also z. B. am Satzende oder auf Satzzeichen wie dem Komma zwischen Haupt und Nebensatz bzw. bei Relativsätzen. Nicht nur hier zeigt sich der Zusammenhang zwischen dem Text (der gesprochenen Sprache) und dem Sprechen selbst. Kurze oder gut strukturierte Sätze ermöglichen mehr Atempausen.

Grundsätzlich sei hier wieder erwähnt, dass ich exemplarisch vorgehe und keine einschlägigen Ratgeber oder Sprechtrainer*innen ersetzen möchte. Dezidierte Atemtechniken und auch Regeln zur Stimmbildung stelle ich nicht vor. Es geht mir immer um leicht umsetzbare Regeln, die Sie schnell anwenden können. Einen Tipp zum Atmen habe ich aber doch:

- **Atmen Sie beim Sprechen eher aus als ein.**

Natürlich sollen Sie auch einatmen. Aber das geschieht schon automatisch. Der Mensch hat einen natürlichen Atemreflex. Das Ausatmen wird jedoch oft vergessen. Eine Pause im Text oder ein Punkt sind die richtigen Stellen dafür.

Die nächste Regel betrifft die Stimme. Wie gesagt, ich kann hier keine professionelle Stimmbildung ersetzen. Was ich aber sagen kann, ist:

- **Finden Sie Ihre natürliche Stimmlage und bleiben dabei.**

Damit meine ich, dass Sie nicht bewusst höher oder tiefer sprechen sollen, weil es sich vielleicht besser anhören könnte. Das Verstellen der Stimme kann sehr schnell ermüden und sogar Schäden an den Stimmbändern hervorrufen. Falls Ihre Stimme tatsächlich zu „dünn“ sein sollte, helfen Ihnen Expert*innen. Das sind aber Ausnahmefälle. Denn Sie brauchen keine besonders tiefe oder kräftige Stimme, um vor dem Mikrofon zu bestehen. Sie müssen keinen vollen Hörsaal oder ein ganzes Theater nur mit ihrer natürlichen Stimme beschallen. Dafür gibt es das Mikrofon und die Tontechnik. Dazu noch ein letzter Praxistipp:

- **Erschrecken Sie nicht, wenn Sie Ihre eigene Stimme zum ersten Mal aufgezeichnet hören.**

Sie nehmen Ihre eigene Stimme vielleicht anders wahr als Ihre Umwelt, gerade wenn sie durch Begrenzer und technische Geräte „geschleust“ wurde. Falls Sie die Gelegenheit dazu haben, lassen Sie sich das von Tontechniker*innen genauer erklären.

Die kommenden Regeln betreffen den Bereich der Intonation und das Sprechtempo. Auch hier gilt wieder: Alle Angaben ohne Gewähr und ohne Anspruch auf Vollständigkeit.

Intonation und Tempo

Der Begriff Intonation ist hier nicht präzise gewählt bzw. bezeichnet viel mehr als ich ansprechen könnte: Wort- und Satzmelodie, Sprachfärbungen, Tonhöhen und Betonung. Fachleute bitte ich daher gleich um Nachsicht. Journalist*innen möchte ich wieder nur einige generelle Hinweise geben. Völlig unabhängig davon, ob Sie einen Dialekt sprechen oder nicht, werden Ihnen andere Menschen unter Umständen anhören können, woher Sie stammen. Der typische rheinische Sing-Sang, die breiten Vokale des Ruhrgebiets, das leichte Stolpern über den spitzen Stein bei den Hanseaten, das rollende R einiger Bayern oder die weichen Konsonanten bei (einigen) Franken –allein die Sprachmelodie verrät unsere regionale Herkunft bzw. wo wir das Sprechen erlernt haben. Das ist selbst bei Fremdsprachen so. Und damit sind jetzt nicht die typischen Unterschiede zwischen US-amerikanischem und britischem Englisch gemeint oder die zwischen dem in Spanien gesprochenen Spanisch und dem in Lateinamerika. Das beste Deutsch spricht man in Hannover, englischer Sprachstandard ist Oxbridge-Englisch. Schönes Italienisch lernen Sie nur in Rom. Bitte vergessen Sie solch wertende Aussagen sofort wieder. Vor allem aber: Warum sollte man Ihnen nicht anhören dürfen, woher Sie stammen? Seien

Sie sich dessen nur bewusst. Spezifische Sprachmelodien und Sprachfärbungen sind völlig in Ordnung. Sprechen in der Hochsprache bleibt ein Konstrukt. Dennoch hilft es oftmals bei der Verständigung bzw. können sich Hörende dann voll auf den Inhalt konzentrieren. Wenn die Sprachmelodie, der Dialekt, der Akzent oder die spezifische Intonation so eindringlich sind, dass sie vom Text ablenken, ist Vorsicht geboten. Denn dann konzentrieren sich die Zuhörer*innen mehr darauf, wie Sie etwas sagen, als darauf, was Sie sagen. Das ist der wunde Punkt. Sie müssen also als Journalist*in nicht krampfhaft versuchen, Ihre sprachlichen Eigenheiten (die nun einmal jeder Mensch besitzt) komplett weg zu trainieren. Ihre Eigenheit kann sogar ihr Merkmal werden und Sie von anderen Sprecher*innen unterscheiden. Aber die Verständlichkeit Ihrer Texte sollte nicht darunter leiden. Der Hinweis, hier verzichte ich ganz bewusst auf den Begriff der Regel, lautet also:

Überprüfen Sie Ihre sprachlichen Eigenheiten.

Gehen Sie dabei nicht zu kritisch mit sich um. Leichte Sprachfärbungen und Eigenheiten können durch Sprechtraining beseitigt werden. Das lohnt sich fast immer. In der Praxis werden Sie sicherlich schon beide Phänomene beobachtet haben: Menschen, die mit dem breitesten Dialekt überaus selbstbewusst auftreten und Menschen, die sich noch für den kleinste vermeintlich „falsche" Satzmelodie selbst rügen. Fragen Sie sich immer nach dem Verwendungszweck Ihres Sprechens. Natürlich sollten Journalist*innen im audiovisuellen Journalismus das Konstrukt Hochsprache beherrschen, gerade wenn ihre Beiträge bundesweit ausgestrahlt werde. Aber es gilt auch:

Journalist*innen sind keine professionellen Sprecher*innen

Das ist gewollt, nicht zuletzt aus pragmatischen Gründen. Für einen kürzeren Beitrag einen Sprechprofi zu engagieren, ist schlicht zu aufwändig und/oder zu kostspielig. Journalist*innen sprechen ihre Texte aber auch aus anderen Gründen selbst. Nur Sie selbst wissen, was Sie genau ausdrücken wollen. Ihre „Spreche" verleiht Ihrem Text Authentizität. Bei aufwändigen Produktionen lohnt es sich, über einen Sprechprofi nachzudenken. Geschulte Sprecher*innen holen aus dem Text immer noch etwas mehr heraus.

Abgesehen von Sprechmelodie oder Sprachfärbung bezeichnet der Begriff der Intonation meist die Betonung. Dabei gibt es wiederum Regeln. Der Begriff der Regel, dies sei hier noch einmal erwähnt, ist von mir im Sinne von regelhaft, also wiederholbar gemeint. Ich wähle den Begriff, um Hinweise zu kennzeichnen, die sich auf verschiedene Anwendungsfälle übertragen lassen. In diesem Sinne stellen auch die Hinweise zur Betonung „Regeln" dar. Eine davon lautet:

Gehen Sie am Satzende mit der Stimme leicht nach unten.

Außer bei Fragesätzen, da ist es komplexer. Handelt es sich um W-Fragen (Wer? Was? Warum? etc.) oder geschlossene (Entscheidungsfragen)? Bei einem W-Fragesatz geht die Stimme am Satzende mit der Stimme nach unten, bei einer geschlossenen Frage leicht nach oben.

Der wichtigste Aspekt der Satzbetonung liegt aber in der simplen Erkenntnis, dass ein Satz überhaupt eine gewisse Sprachmelodie hat und dass es Haupt- und Nebenbetonungen gibt. Daraus folgt die Regel:

Betonen und akzentuieren Sie Ihre Sätze.

Oder in der Negation:

Leiern Sie nicht alles in der gleichen Melodie monoton herunter.

Das ermüdet Zuhörer*innen ungemein, Ihr Publikum hört Ihnen dann irgendwann gar nicht mehr zu. Dazu passt auch die Regel:

Variieren Sie Ihr Sprechtempo.

Neben der Tatsache, *dass* Sie akzentuieren und variieren sollen, spielt natürlich eine Rolle, *wie* Sie akzentuieren. Hier kann ich wieder nicht die Tiefe gehen. Aber der Marschrichtung für Journalist*innen lautet:

Halten Sie sich zunächst an Regelaussprache und Regelbetonung.

Hinweise und Beispiele für die Regelbetonung finden Sie bereits in YouTube-Videos, etwa bei der Deutschlehrerin Michaela Fröhlich oder natürlich in einschlägigen Handbüchern, wie dem Aussprache-Duden. Natürlich gibt es jede Menge Ausnahmen von der Regelbetonung und Regelaussprache. Auf eine gehe ich gleich ein. Zunächst aber noch der Hinweis: Was für die Betonung eines Satzes gilt, gilt bereits bei einem einzelnen Wort. Jede Silbe eines Wortes hat ihre spezifische Betonung.

Beispiele (die betonte Silbe ist jeweils unterstrichen): ka-putt, Ele-fant, Kate-go-rie

Viele Worte haben eine prominente Silbe, die primär betont wird, während die anderen Silben nicht hervorgehoben werden. In aller Regel werden Sie die Regelbetonung als Muttersprachler*in unbewusst verinnerlicht haben. Es gibt jedoch auch Fälle, in denen ein und dasselbe geschriebene Wort durch unterschiedliche Betonung unterschiedliche Bedeutung erlangt. Ein Beispiel dafür ist das Wort: Paris. Pa-ris meint die französische Hauptstadt, Pa-ris hingegen ist der Sohn des trojanischen Königs Priamos. Der Vorname von Frau Hilton wird jedoch wieder wie die Stadt ausgesprochen, nur englisch. Ein weiteres Beispiel in dieser Kategorie ist das Verb übersetzen. Ich kann einen Text in eine andere Sprache übersetzen oder mit der Fähre ans andere Flussufer übersetzen, je nachdem wie ich das Wort betone.

Hier nun ein Beispiel, das von der Regelaussprache abweicht: Die Stadt Coesfeld im Münsterland müsste eigentlich Cösfeld gesprochen werden. Aber da kommt das westfälische Dehnungs-E ins Spiel. Ebenso wie bei Soest (gesprochen Sost) oder Buer (gesprochen Bur). In genannten Fällen handelt es sich nicht um Umlaute wie ae (ä), oe (ö) oder ue (ü). Aber das Dehnungs-E gilt wiederum nicht für alle Städte bzw. Vororte der westfälischen Region. Oespel spricht man Öspel, Laer wie Lär. Eigennamen halten sich nicht immer an die „normale“ Betonung. Magdeburg wird mit g geschrieben, aber mit k gesprochen. Troisdorf ist als Trosdorf bekannt, usw. Weitere Beispiele werden Sie selbst kennen.

Die Regel dazu lautet: **Eigennamen immer überprüfen**

Wenden wir uns wieder den ganzen Sätzen und der Betonung zu. Dort gibt es eine einfache Zusatzregel, die die Regelbetonung ergänzt.

Sprechen Sie Sätze sinnbetont.

Dabei gibt es einen Zusammenhang zwischen Akzentuierung und Intonation. In Aussagesätzen liegt der Hauptakzent im Deutschen in der Regel am Satzende. Das wiederum hat auch mit dem Satzbau zu tun. Der Hauptakzent eines Satzes ist meist auch der tiefste oder höchste Ton eines Satzes.

Beispiel: Ich spiele gerne Tennis.

Wo läge der Hauptakzent? Im beschriebenen Regelfall auf Tennis.

Falls sich aber der Satz anschließt: „Meine Frau mag Fußball." könnten die Betonungen/Akzente im ersten Satz auch auf „ich" und „Tennis und im zweiten auf „Frau" und „Fußball" liegen. Das ist hier mit sinnbetontem Sprechen gemeint. Denn im Zusammenhang dieser beiden Sätze, soll der Unterschied zwischen ihrer Frau und ihnen betont werden. Die Regel gilt dennoch weiter: Tennis und Fußball bleiben betont. Es gibt also verschiedene Akzente in einem Satz. Mit der zusätzlichen Betonung von „ich" und „Frau" fokussieren Sie auf den Unterschied.

Ein journalistisches Beispiel für dieselbe Regel:

Die Regierung ist für das Embargo. Die Opposition will Gespräche.

Regierung – Embargo; Opposition – Gespräche; Ich – Tennis; Frau – Fußball. Diese Beispiele mögen sich vielleicht zu simpel anhören und Sie an „Ich Tarzan, Du Jane" erinnern. Falls das so ist, ist das aber gar nicht einmal eine so falsche Fährte. Denn die Begriffspaare der Gegensätze verkürzen die Sätze so, dass noch ein Sinn bestehen bleibt, der aus dem Kommunikationskontext erschlossen werden kann. In Handels- bzw. Behelfssprachen wie dem Pidgin wird u. a. durch bewusste Reduktion das Sprachverständnis gefördert. Ein Kind in der frühen Phase seines Spracherwerbs handelt ähnlich beim Ausruf: „Papa, Pipi!". Der besorgte Vater weiß dann zwar nicht, ob es schon zu spät ist. Aber er weiß, worum es geht. Die Betonung bzw. Akzentuierung eines Satzes ist also auch immer eine Frage des Sinns und der Aussageabsicht. Denn Betonung und Intonation dienen der Kommunikation, vor allem im journalistischen Zusammenhang. Das ist hier mein Punkt, nicht die Verkürzung. Aber das Zusammenspiel von Syntax und Semantik wird durch bewusste Intonation verstärkt.

Natürlich können Sie einen Satz unterschiedlich und anders betonen, als es die Regel vorsieht. Aber ist das sinnvoll? Versuchen Sie es einmal mit folgendem Beispiel. Machen Sie mehrere Durchläufe, in denen Sie jedes Mal den Hauptakzent auf ein anderes Wort des Satzes legen.

Beispiel: Das Kabinett hat heute das neue Gesetz beschlossen.

Hören sich folgende Beispiele komisch an?

Das Kabinett hat heute das neue Gesetz beschlossen

Und die Betonung: Das Kabinett hat heute das neue Gesetz beschlossen, schon etwas gewohnter?

Dann wäre die Übung im Sinne der Regel gelungen. Die Worte Kabinett, Gesetz und beschlossen sind wichtig, wenn es um den Sinn des Satzes geht. Im Regelfall.

Wenn Sie aber betonen wollen, dass das Kabinett heute und nicht gestern das Gesetz beschlossen hat, hätte die Betonung auch auf heute liegen können. Das wäre zwar ungewohnt. Wenn aber dann noch der Satz folgt: Gestern hatte es darüber noch erbitterten Streit zwischen den Minister*innen gegeben, würde der Sinn der Betonung verständlicher. Sie können also durch Akzentuierung und Verlagern der Betonung, Sätzen einen unterschiedlichen Sinn verleihen. Wichtig ist außerdem der Kontext, also die Sätze davor bzw. danach. Aber die Regelbetonung sollten Sie niemals außer Acht lassen.

Gesprochene Sprache und das Sprechen sind komplex. Aber sie unterscheiden sich im Journalismus nicht grundsätzlich von der gesprochenen Sprache. Bestimmte Ausdrücke sind journalistischer Stil, davon war schon die Rede. Aber die Ausdrücke oder Redewendungen werden im Journalismus nicht anders ausgesprochen als in der normalen Sprechsprache. Zum Schluss möchte ich noch eine Regel für die (aus)gesprochene Sprache ergänzen.

Achten Sie darauf, dass aufeinanderfolgende Worte oder Wortzusammenhänge nicht anstoßen. Setzen Sie einzelne Worte beim Sprechen deutlich voneinander ab.

Das Beispiel dafür stammt aus einem meiner Seminare. Eine Teilnehmerin textete in einem Beitrag über einen Zirkus: „Der Zirkus sitzt zurzeit auf dem Gelände der St. Stephan Schützen fest.“ Ich verstand aber: „Der Zirkus sitzt zurzeit auf dem Gelände der St. Stephan Schützenfest“ und stolperte über den Satz. Gelesen wird das Missverständnis nicht so deutlich. Sprechen Sie bitte einmal beide Sätze laut aus. Geschriebene gesprochene Sprache (das Manuskript) ist immer noch etwas anderes als ausgesprochene gesprochene Sprache, gerade bei schneller oder etwas undeutlicher Aussprache. Auch Rückbezüge, die geschrieben noch funktionieren, können beim Sprechen zu Stolperfallen werden. Etwa bei Satzkonstruktionen wie „Die Wissenschaftler dachten sich etwas dabei, als *sie sich* gegen eine Veröffentlichung ihrer Daten aussprachen. Das „sie sich“ ist eine typische Stolperfalle beim Sprechen. Solche Sätze lassen sich meist leicht umbauen, das hilft vor dem Mikrofon.

Auch gleich klingende Laute etwa d/t, p/b, g/k e/ä, s/z, die zwischen Wortende und Wortanfang zweier aufeinanderfolgender Wörter aneinanderstoßen, sind beim Sprechen eine Herausforderung. Sprechen Sie einmal diesen, von mir komplett sinnfrei, konstruierten Satz:

> Er ta*t* *d*eutlich toben, als er geizi*g* *K*irchenleut immer ähnlich dump babbeln*d*, *T*ee trinkend beobachtete.

Und vergleichen Sie die Aussprache mit dieser Satzkonstruktion:

> Er tobte deutlich, als er die geizigen Kirchenleute beobachtete, während er Tee trank. Sie babbelten immer ähnlich dump.

Bemerken Sie den Unterschied? Bitte achten Sie jetzt nicht auf den Inhalt oder wundern sich darüber, dass es natürlich dumpf und nicht dump heißen muss. Achten Sie nur auf die Aussprache.

Bei berühmten Zungenbrechern wie

> „Brautkleid bleibt Brautkleid, Blaukraut bleibt Blaukraut",
>
> „Der Whiskymixer mixt Whisky",
>
> „Auf den sieben Robbenklippen sitzen sieben Robbensippen, die sich in die Rippen stippen, bis sie von den Klippen kippen",

beruht das Sprechproblem auf unterschiedlichen Phänomenen, etwa Wiederholung, Verdrehung oder Liason (Zusammenziehen ganzer Silben). Zungenbrecher sind bewusst als Sprechübungen konstruiert worden, um phonetische Besonderheiten zu verdeutlichen. Die Gefahr, Zungenbrecher unbewusst zu konstruieren, ist gering.[161] Eine ungewollte Klangverbindung durch anstoßende Laute hingegen rutscht schnell ungewollt in ein Sprechmanuskript.

Das Prinzip des lauthaften Gleichklanges wird im Journalismus aber auch ganz bewusst eingesetzt, etwa bei Alliterationen. Folgende Beispiele sind zugegebenermaßen schon etwas veraltet, stammen dafür aber alle aus der journalistischen Praxis:

„Schummel-Schumi", „Roter Raser-Rambo", „Baby-Beweis", „Baby-Benz", „Eis-Eltern", „Hunger-Hund", „Klum-Kugel", „Schnitzel-Stefan", „Suppen-Sylvie", „Boxen-Blockade", „Beach-Beauties", „Klinsi-killt-King-Kahn", „Tanga-Terror".

Eine Alliteration beruht darauf, dass die betonten Stammsilben benachbarter Wörter (oder Bestandteile von Zusammensetzungen) den gleichen Anfangslaut (Anlaut) besitzen. Sie ist also eine rhetorische Figur, die ihre Kraft durch das (aus)sprechen gewinnt. Geschrieben ist sie nur halb so schön oder doof, je nach individuellem Geschmack.

Es gibt zahlreiche andere rhetorische Figuren, die Journalist*innen verwenden. Einige davon stelle ich im folgenden Abschnitt vor. Sie fragen sich vielleicht, warum ich die rhetorischen Figuren nicht schon bei der Schriftsprache behandelt habe. Denn zahlreiche Artikel und Texte bedienen sich dieser Stilformen. Der Grund dafür ist simpel: Im ursprünglichen Wortsinn meint Rhetorik die Kunst der Rede, nicht der Schreibe. Der Begriff leitet sich aus dem altgriechischen „rhētorikḗ" ab. Dass der Begriff heutzutage auch für Techniken der Meinungsbeeinflussung, Überzeugung oder Werbung genutzt wird, ist mir bewusst. Aber darum geht es hier nicht. Sondern darum, noch einmal den Unterschied zwischen geschriebener

161 Für Selbstlerneinheiten beim Sprechunterricht empfehle ich die Zungenbrecher. Mehr als 100 Beispiele finden Sie unter anderem hier: https://www.heilpaedagogik-info.de/zungenbrecher/287-zungenbrecher-deutsch-sprueche.html (30.4.2021, 09.29 MEZ).

Sprache und gesprochener Sprache deutlich zu machen und zu erklären, warum ich diese bewusst unterscheide. Man darf nie vergessen, dass die rhetorischen Figuren aus einer Zeit stammen, in der viele Menschen nicht lesen und schreiben konnten und der mündliche Vortrag entscheidend war. Dies ist beim audiovisuellen Journalismus immer noch so. Kaum jemand wird die Texte nachlesen, sondern immer nur hören. Und was guten Redner*innen billig war und ist, sollte Journalist*innen recht sein. Rhetorische Stilformen/Figuren erweitern das Portfolio der Ausdrucksmöglichkeiten, auch im Journalismus.

2.6 Rhetorische Mittel

Die Ellipse und die Alliteration habe ich schon angesprochen. Selbstredend gibt es noch zahlreiche weitere Sprachfiguren und rhetorische Mittel, die ich nicht alle hier aufzählen werde. Es geht wieder um eine exemplarische Auswahl. Wer an mehr interessiert ist, findet zahlreiche Beispiele im Web oder sei wieder auf einschlägige Handbücher verwiesen. Wichtig ist in unserem Zusammenhang, dass die rhetorischen Figuren bzw. Stilmittel in der gesprochenen journalistischen Sprache der Gedankenführung sowie der Erklärung und Veranschaulichung dienen, nicht der Beeinflussung oder Überredung. Denn der Journalismus zielt im Vergleich zur anderen Kommunikationsgattungen (etwa der PR, politischen Propaganda oder der dezidierten Werbung) nicht auf eine konkrete Handlung beim Publikum. Die journalistischen Funktionen (aufklären, erklären, informieren, unterhalten, kommentieren, vgl. dazu Band 1) genügen sich zunächst immer selbst. Ob und wie die Zuhörenden danach handeln, bleibt ihnen überlassen. Nun aber zurück zu den rhetorischen Figuren.

Assonanz:

Die Assonanz ist ein Stilmittel und bezeichnet den sprachlichen Gleichklang zweier oder mehrerer Wörter. Etwa „seit Jahr und Tag“ oder „von Rang und Namen“.

Anapher:

Ein Wort oder mehrere Wörter werden zu Beginn von aufeinanderfolgenden Sätzen oder Satzteilen wiederholt. Das Wiederholte wird als besonders bedeutsam für den Text angesehen. Beispiel: Der Bayern-Trainer, ja der Trainer der Gegner, hat gesagt, das hätte einen Elfmeter geben müssen.

Epipher (oder Ephipora):

Ein Wort oder Wortgruppen werden am Ende aufeinanderfolgender Sätze wiederholt. Beispiel: Der Verein hat die Champions League verspielt, der Verein hat die Meisterschaft verspielt und der Verein hat jegliche Sympathie bei den Fans verspielt. Der Zweck der Epipher ist derselbe wie der einer Anapher. Es geht um eine Verstärkung des Gesagten durch Wiederholung.

Klimax:

In mehreren Stufen werden bei der Klimax Wörter, Wortgefüge oder Satzteile aneinandergereiht und bewegen sich dabei auf den Höhepunkt zu. Beispiel: Zunächst beschritt der Angeklagte alle Vorwürfe, dann gab er zu, von der Sache gewusst zu haben. Schließlich legte er ein Geständnis ab.

Parallelismus:

Sätze oder Teilsätze, die aufeinander folgen, weisen dieselbe Syntax auf. Beispiele:

Leicht ist der Plan, schwer ist die Umsetzung.

Vertrauen ist gut. Kontrolle ist besser.

Da staunt der Laie und der Experte wundert sich.

Es gibt verschiedene Arten von Parallelismen, auf die ich hier nicht gesondert eingehe.

Rhetorische Frage:

Dies ist eine Frage, die keine Antwort erwartet. Beispiel: (aus einem journalistischen Kommentar): Wer glaubt denn noch, dass die Parteien ihre Wahlversprechen einlösen? Die Antwort ist offensichtlich. Der Kommentator will seine Einschätzung verstärken. Der Aussagesatz hätte gelautet: Niemand glaubt mehr, dass die Parteien ihre Wahlversprechen einlösen. In journalistischen Kommentaren und Meinungsstücken ist die rhetorische Frage sehr gebräuchlich, seltener findet sie sich in Berichten. Aber auch da kann sie angewandt werden, wenn auch nicht in Reinform. Beispiel: War das nun das Ende der Leidensgeschichte des B? Theoretisch könnte die Antwort ja oder nein sein. Aber praktisch erahnen die Zuhörenden schon, dass nein gemeint ist. Natürlich ging die Geschichte noch weiter. Sonst wäre die Frage nicht gestellt worden.

Personifikation:

Tiere, Pflanzen, abstrakte Begriffe, Städte, Länder, Gebäude Naturerscheinungen oder leblose Dinge werden als handelnd oder sprechend dargestellt, also vermenschlicht. Die Personifikation ist im Journalismus umstritten. Strenge Korrektoren verlangen sogar, sie zu vermeiden. Aber sie wird beständig genutzt. Beispiele:

Das Kanzleramt äußerte sich nicht dazu.

Russland hat im UN-Sicherheitsrat sein Veto eingelegt.

Aus dem Elysee-Palast dringt nichts nach außen.

Zudem gibt es zahlreiche Beispiele für Personifikation, die fest in der Alltagssprache verankert sind und auch von Journalist*innen genutzt werden. Wer sollte es ihnen auch verbieten? (Rhetorische Frage). Beispiele dafür:

Blätter tanzen im Wind; Die Zeit rennt; der Wind rüttelt an Häusern etc. pp.

Personifikationen weisen bereits in Richtung einer weiteren Kategorie rhetorischer Figuren, die im Journalismus sehr gebräuchlich ist: die Tropen. Nein, der Begriff ist nicht klimatisch gemeint. Zu den Tropen zählen unter anderem Metapher, Allegorie, Hyperbel, Litotes oder Katachrese. Ich behandele diese Kategorie hier bewusst noch nicht, denn ich zähle sie bereits zur Symbolsprache. Eine Trope ist immer uneigentlich und bildhaft gemeint. Wenn jemand beispielsweise sagt: „Heute hat es ja wieder mal Bindfäden geregnet." und das Gegenüber entgegnet: „Du bist gut. Das waren doch keine Bindfäden mehr, das waren Stricke", unterhalten sich die Sprecher auf einer rein symbolischen Ebene. Natürlich ist beiden klar, dass es weder Bindfäden noch Stricke oder Taue regnen kann. Aber das Bild ist einprägsam, weil es auf Konvention und Vorwissen beruht. Im Englischen ist der Begriff „it's raining cats and dogs" gebräuchlich. In der deutschen Übersetzung ergibt dies keinen Sinn, aber es ist auch eine Unterart der Trope, eine Metapher. Tropen sind immer kultur- und sprachgebunden und nur im Kontext verständlich.

Das Gemeinte wird nicht direkt formuliert, sondern durch eine sprachliche Wendung ersetzt. Diese stammt entweder aus dem näheren Umfeld (Grenzverschiebungs-Trope) oder aus einem anderen Vorstellungsbereich (Sprung-Trope). Aber es entsteht immer ein Sprachbild im Kopf des Zuschauers. Daher ordne ich die Tropen dem Bereich der Symbolsprache zu. Es gibt sprachliche Symbole und visuelle Symbole. Insofern ist die Symbolsprache weder allein der gesprochenen Sprache noch der Bildsprache zuzuordnen, sondern stellt eine eigene Sprache dar, die allerdings mit Hilfe anderer Sprachen erzeugt wird.

2.7 Symbolsprache

Bleiben wir zunächst bei den sprachlichen Symbolen. Dies sind in der Regel rhetorische Mittel oder Ausdrücke und Redewendungen, die ein Bild in den Köpfen der Zuhörenden erzeugen. Im Gegensatz zur normalen gesprochenen Sprache geschieht dies aber auf symbolischer Ebene und nicht konkret. Hier zwei Beispiele, die den Unterschied aufzeigen sollen:

Konkrete (bildhafte) Sprache:

> „Noch einmal um eine Ecke und schon steht man mitten auf dem Suq und wird von den vielen Eindrücken und Gerüchen beeindruckt. Vorbei an Metzgereien, an einer hängt ein ganzer Kamelkopf zum Verkauf, an einer anderen ein halbes Lamm, führt der Weg zur Färbergasse. Sie liegt etwas tiefer als der Rest der Altstadt. Hier werden Stoffe und Leder noch in Handarbeit in großen Bottichen in vielen Handgriffen gefärbt, gebleicht und dann getrocknet. Ein leicht beißender Geruch dringt in die Nase. Leder ist der Exportschlager in Fes und Leder gibt es hier in allen vorstellbaren Farben: in gelb, rot, blau, grün."

Der Text stammt aus einer Reisereportage und wurde von mir nur leicht umformuliert. Die Reportage versucht, durch detailgenaue Beschreibung ein möglichst konkretes Bild entstehen zu lassen. Es handelt sich aber nicht um Symbolsprache. Nun dieselbe Szenerie mit Mitteln der Symbolsprache dargestellt:

> „Selbst Theseus wäre hier verloren gewesen: Die verwinkelten Gassen und Wege der Altstadt von Fes sind berüchtigt. Unser Ariadnefaden heißt Hassan. Ohne ihn hätten wir hier nie wieder herausgefunden. Zielstrebig führt uns der Touristenführer um die nächste Ecke und schon öffnet sich der Blick auf den Suq. Wie die Ameisen wuseln die geschäftigen Händler hier herum, Esel werden mit „Yalla, Yalla" Rufen durch das Labyrinth gesteuert. Oder ist es ihr innerer Kompass, der sie den Weg finden lässt? Jetzt ziehen wir den Kopf an einer Maueröffnung ein und folgen Hassan im Gänsemarsch durch das steinerne Nadelöhr. Am liebsten würden wir uns mit einer Wäscheklammer auf der Nase bewaffnen. Es stinkt wie auf einer Zugtoilette, die einen Monat lang nicht geputzt wurde. Wir haben die bekannte Talsohle mit der Färbergasse erreicht. Wie Fleischstücke im Gulasch brodeln hier Stoffe und Leder in riesigen Suppentöpfen. In den Bottichen wird das Material gefärbt und gebleicht. Und anschließend auf den Steinmauern ausgelegt, damit die Sonne den letzten Arbeitsschritt erledigen kann. Das Luftgetrocknete erstrahlt danach in den schönsten Farben des Regenbogens. Der Anblick entschädigt für den Gestank. Während Nase und Auge noch darum streiten, wer von ihnen das wichtigere Sinnesorgan ist, führt uns Hassan bereits zur nächsten Attraktion."

Im zweiten (bewusst übertriebenen) Beispiel finden wir zahlreiche Beispiele für Elemente der Symbolsprache. Ich habe sie im Text unterstrichen. Es handelt sich um Vergleiche, Metaphern, Katachresen, Wortneuschöpfungen, Anspielungen und jede Menge Personifikationen, also Tropen. Können Sie den Unterschied zwischen bildhafter, aber konkreter, und Symbolsprache nachvollziehen? Selbstredend werden die meisten Journalist*innen nicht bewusst überlegen: „Wäre jetzt eher eine Metapher oder eine Wortneuschöpfung angebracht?" oder „Soll ich besser auf die Katacherese verzichten?". Aber die Kenntnis rhetorischer Figuren und Stilelemente kann dabei helfen – auf Ebene der Symbolsprache – Bilder bei Zuhörenden zu erzeugen, diese in eine Szenerie hineinzuziehen und die Darstellung sprachlich interessanter zu gestalten. Ob dies immer im Sinne des Textes ist, müssen Sie selbst entscheiden. In den Darstellungsformen Reportage, Feature oder Kommentar sind Sprachbilder durchaus angebracht. In meinem (zweiten) Beispiel habe ich vorausgesetzt, dass die Leser*innen ein wenig mit der griechischen Mythologie vertraut sind. Das war unter Umständen schon zu dick aufgetragen oder sogar unverständlich. Aber Redewendungen bzw. Begriffe wie „Cassandra-Rufe", „das Aufsteigen in den Olymp", „Eulen nach Athen tragen", „die Büchse der Pandora" „Hydra", „Argusaugen", „Krösus", „Sphinx" oder „Sisyphosarbeit", werden Ihnen vielleicht bekannter vorkommen. Sie alle stammen aus der antiken Mythologie, sie alle werden im Journalismus genutzt. Denn bei bestimmten Redewendungen und Vergleichen setzen wir immer Vorwissen bei Rezipienten voraus. Nur so funktioniert Symbolsprache überhaupt erst. Dass Texte dabei bisweilen über das Ziel hinausschießen und eher selbstverliebt als verständlich und anschaulich sind, bleibt unbestritten. Das können Sie aber nur im Einzelfall feststellen und daraus lässt sich keine Regel ableiten. Drei Regeln, die ich zu diesem Thema anbieten kann:

Je neutraler und sachlicher ein Text sein soll, desto weniger Symbolsprache verwenden.
Vermeiden Sie verbrauchte Sprachbilder.
Nutzen Sie Metaphern gemäß ihrer eigentlichen Bedeutung.

Mit verbrauchten Sprachbildern sind Metaphern gemeint, die schon allzu oft in völlig verschiedenen Zusammenhängen genutzt wurden, etwa die „Spitze des Eisberges". Mit eigentlicher Bedeutung ist gemeint, dass ein Bild nicht immer passt. Das Bild des Quantensprungs wird oftmals benutzt, um eine große Veränderung zu beschreiben. In der Physik, der ursprünglichen Herkunft des Wortes, bezeichnet der Quantensprung (nach Nils Bohr, der damit das Verhalten eines Elektrons beschrieb) aber nur eine minimale Veränderung. Allerdings eine sprunghafte. Wollen Sie also ausdrücken, dass sich etwas sprunghaft oder plötzlich verändert, wäre der Begriff passend angewandt. Für eine große Veränderung passt er aber gerade nicht. Das ist mit „eigentlicher" oder „ursprünglicher" Bedeutung hier gemeint.

Nun folgt ein unvollständiger Überblick rhetorischer Stilmittel und Figuren, die ich als Elemente der Symbolsprache einordne.

Allegorie:

Dies ist die Darstellung eines abstrakten Begriffes mit einem (Sprach-)Bild. Etwa die Justitia als Sinnbild für Gerechtigkeit oder die französische Marianne mit der Trikolore als Sinnbild der Freiheit, der Sensenmann als Bild des Todes oder das Füllhorn stellvertretend für Reichtum und Überfluss. Die weiße Taube als Beispiel für den Frieden oder der weiße Rauch als Symbol für eine Entscheidung. Längst ist das Bild von der Papstwahl abgekoppelt und wird auch für andere Entscheidungsprozesse genutzt. Allegorien finden sich sowohl in der gesprochenen Sprache (Justitia muss das noch entscheiden) als auch in der visuellen Symbolsprache. Über manchen Gerichten hängt tatsächlich die Figur einer Frau mit verbundenen Augen und einer Waage in der Hand.

Allusion:

Die Allusion ist eine Andeutung, die auf Vorwissen der Hörenden beruht. Wenn etwa über einen Politiker gesagt wird, dass der öffentliche Auftritt und die freie Rede seine „Achillesferse" sei, so ist klar, was gemeint ist. Ebenso, wenn wir sprachlich jemanden eine Pinocchio-Nase zuschreiben oder einen anderen als Franken-Machiavelli[162] titulieren. Visuelle Allusionen, also etwa die bildliche Darstellung eines konkreten Menschen mit Hörnern oder wahlweise mit Flügeln, finden sich oft in politischen Karikaturen.

162 Vgl. beispielsweise Tagesspiegel vom 13.4.21. https://www.tagesspiegel.de/politik/soeder-laschet-showdown-die-lang-geplante-falle-des-franken-machiavelli/27092796.html (01.05.2021, 19.51 MEZ).

Adynaton:

Damit ist ein Vergleich mit etwas (fast) Unmöglichem gemeint. Etwa ein Kamel, das durch ein Nadelöhr geht oder die Suche nach der Nadel im Heuhaufen. Im journalistischen Sprachgebrauch wird diese Figur entweder aus der Alltagssprache entlehnt oder neu konstruiert. Beispiel: Bevor sich Regierung und Opposition in dieser Frage noch annähern, fallen Ostern und Weihnachten auf denselben Tag. Ein Adynaton ist ein beliebtes Stilmittel, um eine extreme Unwahrscheinlichkeit auszudrücken.

Assoziation:

Assoziation ist kein feststehender Begriff für eine rhetorische Figur. Es können verschiedene Stilelemente gemeint sein. Ich definiere hier damit Sprachbilder, die explizit nicht metaphorisch sind. Das konstruierte Bild als solches ist real, etwa die nicht geputzte Zugtoilette. Die Assoziation beruht auf einer konkreten Vorstellung, die aber nicht die gesamte assoziierte Szenerie erfasst, sondern nur eine ihrer vordringlichen Eigenarten. Mit dem Bild der Zugtoilette hätten auch andere Vorstellungen hervorgerufen werden können. Aber durch das Voranstellen des Bezugs „es stinkt wie" und nicht etwa „es sieht aus wie" wird die Assoziation bewusst in eine Richtung gelenkt. Ein ähnlicher Fall wäre es, wenn man zum Beispiel das Geräusch eines Zahnarztbohrers mit einem anderen eindringlichen Geräusch vergleicht. Es geht also immer um einen bestimmten Aspekt des Sprachbilds, der durch ein Verb oder Substantiv (es hört sich an wie, das Geräusch) bezeichnet wird. Ein Aspekt der Vergleichsszene wird so isoliert und mit dem gleichen Aspekt in der zu beschreibenden Szene verglichen.

Dabei kann die Assoziation entweder auf der Erfahrung der Zuhörenden beruhen oder auf deren Vorstellungskraft. Selbst wenn man noch nie auf einer Zugtoilette war, kann man sich vorstellen, wie es dort riechen dürfte, wenn sie einen Monat lang nicht geputzt wurde. Der Vergleich einer realen Szene mit einer anderen ist der Kern der Assoziation. Sie ist also von der Metapher zu unterscheiden. Wenn der „Himmel voller Geigen" hängt, ist dies eine Metapher. Denn der Himmel wird niemals voller Geigen hängen können. Die verschiedenen Himmelsfarben können aber mit anderen real existierenden Farben verglichen werden, etwa dem Saft eines Granatapfels. Der isolierte Aspekt der Farbe wäre hier der Vergleichspunkt.

Assoziationen hängen stark vom gemeinsamen Erfahrungsschatz von Sprecher*innen und Hörer*innen ab. Deswegen sollten Sie Vergleiche wählen, die entweder jeder schon einmal erlebt hat oder sich vorstellen kann. Der Vorteil von Assoziationen besteht für Journalist*innen (und Literaten) darin, dass sie bei jedem Text aufs Neue konstruiert werden können. In Nachrichtentexten sind Assoziationen eher unangebracht, aber bei anderen Darstellungsformen sind sie eine sprachliche Option. Versuchen Sie es einmal, wenn es zu Ihrer Textart passt.

Litotes:

Die Litotes ist eine Stilfigur der doppelten Verneinung oder der Verneinung des Gegenteils. Beispiele: „Dies war nicht gerade seine beste Entscheidung" oder „Es war nicht die schlechteste Leistung ihrer Amtszeit". Durch eine Litotes kann eine Behauptung vorsichtig ausgedrückt oder eine Aussage abgeschwächt werden.

Hyperbel:

Gewissermaßen das Gegenteil davon ist die Hyperbel. Sie ist eine Übertreibung. Beispiele: „himmelhoch jauchzend, zu Tode betrübt"; „Und auf einmal gab es Impfdosen wie Sand am Meer"; „Allein der Fraktionsvize bleibt der Fels in der Brandung, bei dieser kuriosen Partei, der die Funktionsträger nach und nach verloren gehen".

Katachrese

Dieser Begriff hat drei Bedeutungen. Erstens wird damit eine verblasste Personifikation bezeichnet, die nicht mehr als solche wahrgenommen wird. Beispiel: Tischbein, Talsohle oder Buchrücken. Denn genau genommen hat ein Tisch kein Bein, ein Tal trägt keine Schuhe mit Sohlen und ein Buch hat keinen Rücken. Aber würden Sie diese Begriffe überhaupt noch als Personifikationen identifizieren?

Die zweite Bedeutung betrifft den sogenannten „Bildbruch". Damit ist gemeint, dass die Metapher nicht passt. Beispiel: Mit diesem Etikettenschwindel hat die Automobilindustrie die Verbraucher hinters Ohr geführt. Das Bild hätte entweder „hinters Licht geführt" oder „übers Ohr gehauen" lauten müssen.

Bildbrüche können aber auch bewusst konstruiert werden, um Aussagen zu verstärken, etwa „Das schlägt dem Fass die Krone aus". Ein weiteres Beispiel eines gewollten Bildbruchs wird dem verstorbenen, bekannten Wirtschaftsminister Ludwig Erhard zugeschrieben: „Es ist erfreulich, dass die politischen Extremitäten in Deutschland keinen Fuß fassen konnten."

Die dritte Bedeutung des Wortes betrifft die Verknüpfung mehrerer Sprachbilder, die nicht zusammengehören, zur Verdeutlichung eines komplexen Sachverhaltes. Ein von mir konstruiertes Beispiel:

> „Mit seinen zahlreichen Ausnahmen im Steuerrecht steht Deutschland in Europa dar wie ein Schuljunge, dem das Pausenbrot in den Dreck gefallen ist. Statt die Ursachen der Ausnahmeritis zu beseitigen, werden die Symptome kuriert. Doch dies auch nur in homöopathischen Dosen. Die Gesetzgebung und die Politik können längst nicht mehr Kurs halten im Sturm der Lobbyisten und Interessenverbände."

Dieses Beispiel ist wieder bewusst übertrieben, um das gemeinte Phänomen zu verdeutlichen. Ich verwende hier ein Alltagsbild (Schule, Pausenbrot), ein Bild aus dem Bereich der Medizin (Symptome, homöopathische Dosen) und aus dem Bereich der Seefahrt (Kurs halten im Sturm). Alle (konkreten) Bilder verknüpfe ich miteinander, um sie auf einen völlig abstrakten Sachverhalt (das Steuerrecht) anzuwenden. Dies ist eine Katachrese, die zum Himmel bläst, um gleich noch einmal die zweite Bedeutung von Katachrese zu verdeutlichen. Wenn schon, müsste sie nämlich schreien und nicht blasen, die armselige Katachrese.

Ein reales Beispiel für eine Katachrese im Sinne der dritten Bedeutung stammt aus der Frankfurter Allgemeinen Zeitung (20.6.2005): „Was Oskar Lafontaine und Gregor Gysi anbieten, ist noch mehr von der Medizin, mit der die überkontrollierte und vom Staat dirigierte deutsche Wirtschaft in den Graben gefahren wurde."

Das Prinzip sollte deutlich geworden sein. Aber wie steht es nun mit der Verwendung von Katachresen? Im Fall der ersten Bedeutung werden Sie sie kaum vermeiden können. Bei der zweiten Bedeutungsebene gilt die Regel: **„Nicht passende (Sprach)Bilder vermeiden"**

Bei der dritten und letzten Bedeutungsebene scheiden sich die Geister bzw. die Urteile verantwortlicher Chefs vom Dienst. Während einige rigoros den spitzen Bleistift ansetzen (und wahrscheinlich auch diese veraltete Metapher aus dem Text streichen würden – wer korrigiert heute noch mit einem Bleistift?), freuen sich andere über sprachliche Abwechslung und Kreativität. Katachresen werden sogar von Literaturwissenschaftlern schon lange als grundlegendes Prinzip (journalistischer) Textproduktion anerkannt.[163] Also experimentieren Sie ruhig einmal damit. Aber denken Sie dabei an eine grundlegende Regel:

> **Achten Sie bei sprachlichen Mitteln immer auf Verständlichkeit und Anschaulichkeit. Denn alle rhetorischen Figuren oder Stilelemente dienen dem Text und nicht umgekehrt.**

Dies kann im schlimmsten Fall bedeuten: „Kill your darlings" (Töte Deine Lieblinge). Wenn ein Sprachbild von drei verschiedenen Menschen, die sich untereinander nicht kennen, nicht verstanden wird, sollten Sie lieber ein anderes wählen.

Wenden wir uns nun dem weiten Feld der visuellen Symbolsprache zu. Auch hier kann ich wieder nur exemplarisch vorgehen, da visuelle Symbole fast noch häufiger anzutreffen sind als sprachliche. Auf die wesentlichen Unterschiede zwischen Icon, Index und Symbol habe ich bereits im ersten Band (vgl. Zeichentheorien) hingewiesen. Dies soll an dieser Stelle daher nicht wiederholt werden. Aber nochmals zur Erinnerung: Die Dreiteilung nach Pierce (Icon, Index, Symbol) ist nur eine Möglichkeit der Kategorisierung sprachlicher Zeichen. Ich kenne lediglich keine andere, die für meine Zwecke besser passen würde.

Das Icon, das etwas darstellt, was es auch tatsächlich gibt und somit das Dargestellte durch seine Darstellung imitiert, ist streng genommen nicht der Symbolsprache zuzurechnen. Denn es zeigt ja, was es meint. In diese Gruppe fallen zum Beispiel viele Piktogramme, z. B. Verkehrsschilder. Ein Bild von einem stilisierten Bauarbeiter mit einer Schaufel in der Hand und daneben einem aufgeschütteten Erdhügel ist im Straßenverkehr ein Zeichen für eine Baustelle. Wenn dasselbe Zeichen aber in einer Grafik mehrfach auftaucht und darunter verschiedene Worte

163 Vgl. u. a. Link, Jürgen (1978): Die Struktur des Symbols in der Sprache des Journalismus. Zum Verhältnis literarischer und pragmatischer Symbole. Fink, München.

(etwa Digitalisierung, Gesundheitswesen, Rente, Exportüberschuss) auftauchen, kann das Icon zum Symbol werden. Dies könnte z. B. der Fall sein, wenn in einer Grafik die verschiedenen „Baustellen“ der Regierung aufgezeigt werden sollen. Also Themenbereiche und Aufgaben, die es noch anzugehen gilt. Dieselbe symbolische Bedeutung hätte ein zunächst leeres Schulheft (auch ein Icon, denn es zeigt ja ein reales Schulheft), in das dann nach und nach die verschiedenen Aufgaben (z. B. Digitalisierung, Gesundheitswesen, Rente etc.) mit einem Stift eingetragen werden. Die Erweiterung des visuellen Icons mit der Schriftsprache lassen es in diesen Fällen zu einem Symbol werden. Denn hier gehen sprachliche und bildliche Symbolik eine Verbindung ein. Insofern bleibt nicht jedes (visuelle) Icon im Bereich der Bildsprache, sondern wird (durch die schriftsprachliche Ergänzung/die Wörter) zu einem Symbol, weil bereits die Wörter (Baustellen, Hausaufgaben) im Zusammenhang mit politischen Aufgaben Symbolsprache sind.

Ein visuelles Indexzeichen bzw. Indices (wieder nach Pierce) sind hingegen Zeichen, die nicht direkt das zeigen, was sie meinen, sondern durch ihre Darstellung auf etwas anderes verweisen. Emoticons sind beispielsweise solche Indices. Sie zeigen einen lächelnden Mund, um Freude zu symbolisieren oder einen nach oben gerichteten Daumen für Zustimmung. Aber auch reale Bilder können Indices sein. So verweist etwa ein Bild von einem Menschen mit weißem Kittel und Stethoskop um den Hals auf einen Arzt/Ärztin. Mehrere Krankenbetten in einem Zimmer stehen für ein Krankenhaus. Die Liste realer Bilder mit abstraktem Verweis ist schier unendlich. Qualm verweist auf Feuer, Lava auf einen Vulkanausbruch, eine übergroße Welle auf einen Tsunami.

Diese Bilder werden im audiovisuellen Journalismus oft schon als Symbolbilder bezeichnet, obwohl sie eigentlich noch Indices sind. Wenn z. B. der Transport von Containern von Land (vom Hafenkai) an Bord eines Schiffes gezeigt wird, kann dies ein Index für Ausfuhr (Export) sein. In umgekehrter Bewegungsrichtung, der Container kommt vom Schiff oder Transportflugzeug an Land, wäre es ein Index für Einfuhr (Import). Auch Indices können in Kombination mit dem dazu gehörigen Text zu Symbolen werden.

Kommen wir nun aber zu den eigentlichen visuellen Symbolen. Nach Pierce sind damit Bilder und Zeichen gemeint, die arbiträr sind. Das Wort arbiträr, wäre in diesem Zusammenhang aber nur unzureichend mit willkürlich übersetzt. Arbiträr meint vielmehr festgelegt (vgl. auch die allgemeinen Ausführungen zur Sprach- und Zeichentheorien in Band 1). Zwar ist die Festlegung als solche zunächst willkürlich, es hätte auch etwas anderes festgelegt werden können. Aber besteht sie erst einmal, ist sie gültig, also nicht mehr willkürlich. Ich habe dies versucht am Beispiel von Geheimsprachen oder Dechiffrierungscodes zu verdeutlichen. Nehmen wir dazu ein Beispiel, das gerne in Kinofilmen verwendet wird. Der Held findet dort eine Geheimbotschaft und will sie entschlüsseln. Die Botschaft besteht aus einem Text mit mehreren Worten, deren Buchstabenfolge aber offensichtlich keinen Sinn ergibt. Erst mit dem entsprechenden Code kann sie entschlüsselt werden. Der Code ist arbiträr und muss natürlich erst vom Helden im Film gefunden werden. Aber letztlich ist es oftmals ganz einfach, damit es auch die Zuschauer*innen nachvollziehen können. So muss man zum Beispiel aus jedem Wort immer nur den ersten Buchstaben nehmen und die anderen Buchstaben können vernachlässigt werden. Richtig zusammengesetzt ergibt die Buchstabenfolge dann einen Sinn. Die Botschaft wird so entschlüsselt. Sprache ist generell arbiträr, nicht nur Geheimsprachen und deren Codes. Wir müssen Sprache immer erlernen und halten uns dabei an die Festlegungen, die sich durch Regeln, Konventionen und Gebrauch erklären lassen.

Ebenso verhält es sich bei visuellen Symbolen. Sie leiten ihre Gestalt nicht aus den Eigenheiten des Dargestellten oder einen Verweis darauf her (wie Icon und Index), sondern lösen sich vom Dargestellten. Die Darstellung beruht auf historischen oder konstruierten Konventionen. Konventionen sind immer Festlegung. So ist der Bundesadler eine Festlegung, theoretisch hätte es auch der Bundeshirsch sein können. Das ist aber nicht so, wegen der Geschichte und der historischen Verwendung des (Stein-)Adlers als Bildsymbol in unserem mitteleuropäischen Kulturraum. Das Bild eines Weißkopfseeadlers wird hingegen eher in den USA als Symbol verstanden. Symbole sind auch kulturgebunden. Das Kreuz oder der Fisch als Bildsymbole des Christentums werden wieder in verschiedenen Kulturen verstanden. Sie beruhen auf der biblischen Geschichte (Jesus, der Gekreuzigte; das Fischbild als Symbol für die Phrase: Jesus Christus, Gottes Sohn Erlöser. Diese Bedeutung erschließt aber nur durch den Umweg über das altgriechische Alphabet.).

Der Notenschlüssel als Symbol für Musik, das Dollarzeichen als allgemeines Symbol für Geld, das §§ für Paragrafen eines Gesetzes – die Welt ist voller visueller Symbole. Die meisten von ihnen entschlüsseln wir unbewusst, weil wir sie irgendwann einmal erlernt haben. Auf dieses Grundwissen können Journalist*innen zurückgreifen. Wappen, Flaggen, feststehende Firmenlogos (der Mercedes-Stern z. B.) sind Symbole, die in der Regel verstanden werden. Achten Sie einmal bewusst darauf, wie viele visuelle Symbole Ihnen täglich begegnen. Visuelle Symbole gehören zum festen Arsenal der bildsprachlichen Mittel im visuellen Journalismus. Sie begegnen uns in Grafiken in Print und Web, in TV-Beiträgen oder als Fotos /Bilder auf einer Internetseite, um nur einige Anwendungsgebiete zu nennen.

Symbolsprache im Bewegtbild-Journalismus geht aber noch weit über feststehende visuelle Symbole hinaus. Grundsätzlich sieht sich das Bewegtbild vor das Problem gestellt, Dinge oder Sacherhalte, die man nicht sehen kann, bildlich darzustellen. Das ist insbesondere bei abstrakten Themen der Fall. Wie stelle ich beispielsweise Begriffe wie Export, Handelsüberschuss, Datenströme, Gerechtigkeit oder Freiheit dar? Im Prinzip gibt es da mehrere Möglichkeiten.

Ich zähle sechs davon auf: Erstens, ich lasse Menschen darüber sprechen (O-Ton). Zweitens, ich verwende feststehende Symbolbilder (siehe oben), drittens, ich bediene mich einer Grafik, viertens, ich nutze Elemente der „graphic novel" (Zeichentrick). Fünftens, ich stelle eine nicht reale Szene durch Darsteller nach und sechstens, ich nutze visuelle Metaphern oder Assoziationen.[164] Selbstredend

164 Zur letzten Möglichkeit vgl. Kauz, Magdalena & Weibel, Barbara (2021): Assoziative Bildsprache. Halem Verlag, Köln.

können alle Vorgehensweisen miteinander verknüpft in ein und demselben Beitrag auftauchen.

Der letzte Punkt verweist auf die weiteren Möglichkeiten der Symbolsprache im audiovisuellen Journalismus. Mit Hilfe der Montage (vgl. Filmsprache) und verschiedener filmischer Effekte (etwa Weichzeichnung, Schärfenverlagerungen, Überblendungen, Farbnuancierungen etc.) mache ich deutlich, dass das real Gesehene etwas anderes meint, für etwas anderes steht, als ich zeige. Diese Methoden sind stark interpretativ und die gesehenen Bilder müssen von Zuschauer*innen immer erst entschlüsselt werden. Missverständnisse und Fehlinterpretation sind dabei immer möglich. Andererseits eröffnen sich für Journalist*innen dadurch neue Möglichkeiten der visuellen Darstellung. Und oftmals werden die Bilder ebenso verstanden wie eine rein sprachliche Assoziation oder Metapher. Traumsequenzen in Kinofilmen basieren beispielsweise auf symbolsprachlichen Methoden. Dazu muss man noch nicht einmal an surrealistische Filme (z. B. die von Luis Buñuel) denken. Auch in „normalen" Filmen wissen Zuschauer*innen in der Regel, was in der filmischen Realität ein Traum sein soll und was nicht. Ein Traum wird optisch oft verschwommen oder leicht vernebelt und mit Überblendungen zu Beginn und Anfang der jeweiligen Sequenz ein und ausgeleitet. Diese Methoden, oder sagen wir besser Anleihen beim Film, können auch im Journalismus genutzt werden.

Symbolsprachliche Mittel werden zudem durch Musik und Geräusche unterstützt und hervorgehoben (vgl. IT + Atmo). Der Kreativität der Filmschaffenden und visuellen Journalist*innen sind kaum Grenzen gesetzt – außer der Grenze der Verständlichkeit. Wie bereits erwähnt: Die Symbolsprache muss immer entschlüsselt werden können. Denn ein Bild kann sehr wohl mehrdeutig sein – gerade im Bereich der visuellen Assoziation, also dem Element, das die deutlichsten symbolsprachliche Züge trägt. Die Regel dazu ist einfach und komplex zugleich:

> **Achten Sie darauf, dass Ihre Symbolsprache verstanden wird. Setzen Sie diese nicht aus rein ästhetischen Gründen ein.**

Wir halten hier fest: Symbolsprache (sprachlich und visuell) ist im audiovisuellen Journalismus eine eigene Kategorie bzw. eigenständige Sprache, die mit den Mitteln anderer Sprachen erzeugt wird.

2.8 Bildsprache

Eine davon ist die Bildsprache. Dieser Begriff wird im Allgemeinen für jegliche Art der visuellen Kommunikation verwendet. So ist von der spezifischen Bildsprache einer Künstlerin oder eines Designers die Rede. Auch Filmregisseur*innen wird eine besondere Art der Bildsprache nachgesagt, z. B. Stanley Kubrick. Dessen Bildsprache war aber erstens Filmsprache und zweitens Symbolsprache. Denken wir z. B. an die berühmte Eingangsszene von 2001, wo der Neandertaler den abgenagten Knochen gen Himmel wirft und dieser sich zu einem Raumschiff verwandelt. Die Menschheitsgeschichte in einer assoziativen Sequenz, zweifelsohne genial, aber in meiner Definition eben Symbolsprache (vgl. das vorangegangene Kapitel). Wenn ich hier von Bildsprache rede, meine ich tatsächlich Bilder oder Fotos, Logos,

Signets und Grafiken. Also immer ein unbewegtes Bild, im Gegensatz zum bewegten Bild (Video, Kinofilm, Webclip, TV-Beitrag). Deren spezifische Sprachen fasse ich wiederum unter dem Begriff der Filmsprache zusammen (vgl. nächstes Kapitel). Selbstredend gibt es visuelle Ausdrucksformen, die zwischen Bild- und Filmsprache changieren (wechseln) bzw. nicht eindeutig nur einer der beiden Sprachtypen zuzurechnen sind. Dazu zählen im audiovisuellen Journalismus z. B. animierte Grafiken. Einerseits bewegt sich dort etwas, andererseits werden die Grafiken noch auf der Ebene des einzelnen Bildes wahrgenommen. Eine Unterart der filmischen Sequenz und ein spezifischer Rhythmus entsteht bei übereinander geblendeten Fotos, früher beispielsweise bei Dia-Shows. Diese simulierten filmische Mittel dadurch, dass sie die Dauer, in der ein einzelnes Bild „stand" (zu sehen war) variierten oder bewusst die Länge dem Takt einer Musik anpassten. So konnten die Bildwechsel entweder schneller oder langsamer gestaltet werden. Auch die Länge der Überblendung war variabel. Waren diese Diashows deswegen schon Filme? Auf jeden Fall waren sie eine Art der Filmsimulation. Diese Filmsimulation finden wir im audiovisuellen Journalismus heute bei Slideshows im Web. Die filmischen Mittel sind auch dort Tempo, Überblendung und Rhythmus. Es bleiben aber dennoch noch einzelne Bilder als solche erkennbar, daher kann man Slideshows auch der Welt des Standbildes und der Bildsprache zurechnen. Die Unterscheidung soll hier nicht zu akademisch werden. Wichtig ist nur, dass es den Unterschied zwischen Bild- und Filmsprache gibt.

Mein additives Phasenmodell und das Kapitel über die Symbolsprache haben bereits verdeutlicht, dass sich Elemente einer Sprache auch in einer anderen wiederfinden lassen. Dies ist insbesondere beim Verhältnis von Bild- und Filmsprache der Fall. Viele, sogar fast alle Regeln der Bildsprache gelten auch in der Filmsprache. Das liegt an der historischen Entwicklung. Regeln der Malerei wurden in der Fotografie beherzigt. Der (Kino-)Film wiederum hielt sich an die Regeln der Fotografie und ergänzte diese durch eigene Sprachelemente und deren Regeln (Montagetechnik, Tempo). Das Fernsehen schließlich folgte zunächst auf der visuellen Ebene den Regeln des Kinos, bevor es eigene zusätzliche Sprachelemente entwickelte (etwa bei der Formsprache). Eine Sprache kommt im audiovisuellen Journalismus selten allein.

Bei der Bild- und auch bei der Filmsprache beruhen die Regeln auf Erkenntnissen der (kognitiven und psychologischen) Wirkung von bewegten und unbewegten Bildern auf Zuschauer*innen. Insofern sind sie anders als zum Beispiel Textregeln nicht immer in aktive Handlungsempfehlungen zu übersetzen. Ich bevorzuge daher ab jetzt oft eine beschreibende Herangehensweise und fordere Sie auf, Ihre eigenen Regeln daraus abzuleiten bzw. sich schlicht mit meinen Hinweisen aktiv auseinanderzusetzen. Nehmen wir ein simples Beispiel, um meine Herangehensweise zu verdeutlichen. Wir sehen zwei Menschen auf einem Bild, die durch eine Mauer oder einen Zaun getrennt werden. Hat das etwas zu bedeuten? In der Regel schon: Denn eine Mauer oder ein Zaun symbolisieren Grenzen. Ein anderes Beispiel: Wir sehen verschiedene grafische Figuren, die alle dieselbe Farbe haben und andere, die eine andere Farbe haben. Es gibt insgesamt nur zwei Farben im Bild. Was wird passieren? Wir werden (in der Regel) die Figuren mit derselben

Farbe als einander zugehörig empfinden, also zwei Gruppen von Figuren im Bild ausmachen. Was wäre jetzt die Handlungsempfehlung daraus? Wenn Sie wollen, dass alle Figuren als zusammengehörig wahrgenommen werden, wählen Sie nur eine Farbe. Wenn Sie wollen, dass alle Figuren als verschieden wahrgenommen werden, geben Sie jeder Figur eine eigene Farbe. Von der Form oder Textur der Figuren habe ich hier bewusst noch nicht gesprochen. Insofern lässt sich aus der Beobachtung einer einzelnen Wirkung nicht immer eine eindeutige Handlungsanweisung ableiten. Es kommt halt darauf an, was Sie bewirken wollen. Nichtsdestotrotz wäre es eine Regel im Sinne von Regelhaftigkeit (Wiederholbarkeit), die besagt, dass sich ähnelnde Figuren als zusammengehörig empfunden werden. So ist der Begriff der Regel in den kommenden beiden Kapiteln gemeint. Sie können bewusst mit solchen Regeln brechen, wenn es dafür einen guten Grund gibt oder Sie eine neue Regel, Struktur oder Gliederungsebene einführen wollen. Aber Sie sollten die Wirkungen vorher kennen. Viele berühmte Filmregisseure haben so (durch Verändern der Regeln) gearbeitet. Insofern „dürfen" Sie das im audiovisuellen Journalismus auch. Fragen Sie sich nur immer, ob es auch sinnvoll ist und wohin der Regelbruch Ihre Zuschauer*innen leiten soll.

Ich unterteile dieses Kapitel in mehrere Abschnitte. Diese sind:

- Kontraste und Akzente
- Typografie
- Farben
- Perspektiven und Linienführung
- Goldener Schnitt, Drittelregel und Diagonalmethode
- Bildausschnitt/Motiv-Anordnung
- Schärfentiefe

Selbstredend kann ich wieder nicht alle relevanten Bereiche behandeln und empfehlen Ihnen beispielsweise die zahlreichen Ratgeber und Praxisliteratur zur Fotografie. Auch ein Kunstlexikon kann bisweilen Anregungen bieten.

Kontraste und Akzente

Ein sehr auffälliger Kontrast in einem Bild entsteht durch Helligkeit, also durch die Bedeutung des Lichts. Denn es gibt kein Bild ohne Licht. Das gilt bereits bei Gemälden. Zahlreiche berühmte Meister arbeiteten mit Licht(-Stimmungen). Diese Erkenntnis wurde von der Malerei in die Fotografie mitgenommen. Durch die technische Apparatur der Kamera können wir Helligkeitskontraste beeinflussen. Wenn in einem Bild hauptsächlich besonders dunkle und besonders helle Töne vorkommen, ist das Bild kontraststark. Wenn jedoch eine große Palette von dunkel bis hell wahrzunehmen ist, würde es sich um ein Bild mit mittlerem Kontrast handeln. Und von einem kontrastarmen Bild spricht man, wenn die Extreme (also besonders hell oder besonders dunkel) komplett fehlen. Welche Regel lässt sich daraus ableiten?

Wollen Sie auf Unterschiede hinweisen oder diese besonders hervorheben, wählen Sie kontraststarke Bilder. Ist alles gleich wichtig, bleiben Sie im mittleren Kontrastbereich.

Im visuellen Journalismus wird besonders häufig mit Licht gearbeitet. So werden bewusst Akzente gesetzt. Soll eine Szenerie oder ein Detail im Bild besonders erleuchtet werden, würden Sie mit entsprechender Ausstattung technisch dafür sorgen, etwa mit Reflektoren für natürliches Licht, einem Headlight oder Blitz auf der Kamera oder zusätzlichen LED-Lampen auf Stativen, die Sie beliebig platzieren können. Zudem können Sie mit entsprechenden Computerprogrammen (etwa Lightroom) Ihre Fotos auch noch im Nachhinein bearbeiten. Sie können also bewusst einen bestimmten Akzent setzen oder eine Szenerie gleichmäßig ausleuchten. Natürliche Lichtquellen (Sonne, die durch ein Fenster fällt, reflektierende Oberflächen von Metallen oder auch schon eine besonders weiße Wand) stehen Ihnen ebenso zur Verfügung wie technisch erzeugtes Licht (Deckenlampen, Straßenbeleuchtungen, Neonlichter von Werbereklamen). Oftmals brauchen Sie keine oder nur geringe Zusatzausstattung und müssen nur Ihre Szenerie vor der Aufnahme genau betrachten. Wo Licht ist, ist bekanntlich auch Schatten – außer in vielen Fernsehbildern. Noch sind wir aber bei den unbewegten Bildern. Bereits die „alten Meister" wussten schon um den Zusammenhang von Licht und Schatten. Neben der Lichtquelle (Kerze, Fenster, Sonne) malten sie meist den richtigen Schattenwurf, zumindest wenn eine möglichst realistische Darstellung angestrebt war. Ein wolkenverhangener Himmel kurz vor einem Gewitter hat eine andere Lichtstimmung als derselbe Himmel nach dem Gewitter. Über Licht und den Einsatz von Licht in Kunst, Fotografie, Film und visuellem Journalismus ließe sich viel sagen.[165] Lichtstimmungen, diffuses Licht versus klares Licht, hartes versus weiches Licht, verweisen bereits in den Bereich der Symbolsprache. Der göttliche Funke oder das Licht der Aufklärung sind beliebte (gemalte) Motive in der Kunst. Auch heute noch kann uns die Bildbetrachtung alter Meisterwerke viel lehren. Dies soll nur noch einmal als Hinweis darauf verstanden werden, dass die Beschäftigung mit Theorie durchaus relevante Erkenntnisse für die Praxis zu Tage fördert. Was bedeutet das Wissen über Licht nun für unser „Regelwerk"? Ohne das Thema hier weiter vertiefen zu können und spezifische Hinweise zu geben, lautet die simpelste aller Regeln zum Thema:

Machen Sie sich bewusst, was Sie mit der Lichtsetzung aussagen wollen. Nutzen Sie im Regelfall realistisches Licht!

Das meint, das Licht sollte so eingefangen werden (und nicht technisch oder künstlerisch aufbereitet), wie es am Ort des Geschehens zum Zeitpunkt des Geschehens war. Es sei denn, Sie nutzen das Licht als dramaturgisches Mittel und wollen etwas ganz Bestimmtes damit aussagen. Auch bei der Auswahl von Fotos aus dem Archiv sollten Sie auf diesen Aspekt achten. Natürlich sollen Sie keine besonders schlechten Fotos auswählen. Für eine journalistische Aussage sollten

165 Für eine erste Beschäftigung mit dem Thema und natürlich hauptsächlich Hinweisen zur praktischen Anwendung, empfehle ich: Gradias Michael (2020): Lichtmalerei. Fotografie. Verlag Markt und Technik, München.

Sie aber eben auch kein Kunstfoto nutzen oder Ihre Fotos und Bilder künstlich „aufhübschen".

Kehren wir zurück zum Thema Kontrast. Neben dem Hell-Dunkel-Kontrast gibt es noch den Strukturkontrast, den konzeptionellen Kontrast und Farbkontraste. Auf den Bereich der Farben gehe ich noch gesondert ein. Der Strukturkontrast bezieht sich auf das Material, die Textur oder die Oberflächenbeschaffenheit. Er spielt besonders dann eine Rolle, wenn zwei verschiedene Elemente in einem Bild ineinander übergehen. Als Beispiel können Sie sich hier eine auslaufende Welle an einem Strand vorstellen. Die Reste der Gischt haben eine andere Struktur als der trockene Sand. Im Wattenmeer oder bei Ebbe und Flut entstehen Furchen und Rillen an bestimmten Teilen des Strandes. Es gibt Texturen, z. B. Stoffe, die eher fließen (bei denen also die Ränder nicht besonders stark auffallen) oder z. B. Gardinen mit Bordüren, die aus einem anderen Material bestehen als die Gardine und daher bewusst kontrastieren. Das Bild von einem Skalpell in einer Sahnecremetorte würde beispielsweise einen besonders starken Strukturkontrast ergeben, zumindest im Vergleich zu einem weißen Plastik-Wegwerfmesser in derselben Torte. Strukturkontraste gibt es nicht nur in der Natur, sondern in allen Lebenssituationen. Damit spielt der Strukturkontrast auch eine Rolle bei journalistischen Fotos. Er kann bestimmte Bildaussagen (gerade, wenn durch Farbe und Licht noch zusätzlich kontrastiert wird) verstärken. Besonders auffällig wird der Strukturkontrast, wenn Sie mit Bildvordergrund und Hintergrund arbeiten. Setzt sich ein Motiv von seinem Hintergrund ausreichend ab oder verschwimmen beide ineinander? Was ist gewollt? Aus dieser Erkenntnis kann keine eindeutige Regel abgeleitet werden. Wichtig ist nur, dass Sie sich der Tatsache bewusst sind, dass es diesen Kontrast gibt. Wie Sie ihn nutzen, liegt an Ihrer Bildaussage.

Der konzeptionelle Kontrast wiederum entsteht nicht durch Licht, Farbe oder Textur der abgebildeten Motive, sondern durch die Wahl der Motive. Würden Sie beispielsweise in einem Foto eine Wellblechhütte neben das Bild einer Hollywood-Villa montieren, erzielten Sie eine deutliche Bildaussage. Der Kontrast wäre arm/reich. Ein noch etwas anderer Kontrast entsteht, wenn Sie das Bild von ein paar Reiskörnern neben das einer üppig gedeckten Tafel positionierten. Hier wäre die Bildaussage Hunger/Überfluss. Dies sind jetzt bewusst überspitzte Beispiele für einen konzeptionellen Kontrast. Aber auch der Unterschied zwischen einem Wohnsilo/Hochhaus und einem Einfamilienhaus mit gepflegtem Vorgarten, würde auf etwas hinweisen. Oder der Unterschied zwischen einem kleinen Dorf und der belebten Innenstadt einer Metropole. Ob und welchen Kontrast Sie wählen, hängt wieder von Ihrem Aussagewunsch ab. Die einfache Regel, die ich hier ableite, lautet:

Wählen Sie Ihre Kontraste eindeutig und deutlich sichtbar.

Das mag sich banal anhören. Aber gerade bei nicht beabsichtigten Kontrasten oder bei nicht deutlich gewählten Kontrasten kann dies im visuellen Journalismus zu Missverständnissen führen. Wenn Sie auf einen Unterschied hinweisen wollen, muss dieser klar sichtbar sein. Denn ansonsten verpufft die Wirkung. Der umgekehrte Fall ist fast noch häufiger anzutreffen. Es entsteht der Eindruck eines

Kontrastes, wo er gar nicht gemeint ist. Solche Fälle sind nicht immer eindeutig bzw. hängen Sie neben dem Kontrast auch noch von anderen Faktoren ab, etwa dem Bildausschnitt. Ein Beispiel dazu: Sie wollen mit einem Foto verdeutlichen, dass wegen der COVID-19-Pandemie die Innenstädte wie ausgestorben sind. Sie wählen dazu das Bild von einer Fußgängerzone. Im Vordergrund ist im Anschnitt ein Mülleimer zu sehen, ein orangenfarbener, der an einem Laternenpfahl angebracht ist. Das ist vielleicht noch nicht einmal Absicht oder der Fotograf hat den Mülleimer nur mit aufgenommen, weil er Tiefe ins Bild bekommen wollte. Im Bildmittelpunkt sehen wir die leere Straßenflucht mit den Fassaden der Kaufhäuser und den geschlossenen Türen. Ist der Papierkorb leer, wird sich niemand Gedanken machen und ihn als Teil der Szenerie einordnen. Wie wäre es aber, wenn der Mülleimer im Bild schon fast überquillt? Welcher Eindruck entstünde dann bei den Zuschauer*innen? Zunächst einmal eine Irritation. Denn sichtbar ist in dem Fall ein ungewollter Kontrast: Voller Mülleimer, leere Innenstadt? Die Frage, die sofort entsteht, ist: Warum? Woher kommt der Müll, wenn niemand da ist? Natürlich kann der Papierkorb genau deswegen nicht geleert worden sein, weil die Müllabfuhr nicht mehr so oft ausfährt, weil nicht mehr so viele Menschen in der Stadt sind. Vielleicht wäre das sogar die richtige Herleitung und Erklärung, aber es ist nicht die wahrscheinliche Variante der allgemeinen Wahrnehmung und zudem eine komplexe Herleitung. Wesentlich wahrscheinlicher ist, dass die Zuschauer*innen nur den Kontrast wahrnehmen und über den Grund dafür spekulieren. Dies lenkt Sie von Ihrer Bildaussage ab. Denn Sie wollten ja eigentlich nur aussagen: Die Innenstädte sind leergefegt. Und keine Aussage über den Müll in der Stadt oder die Reinigungsintervalle der Müllabfuhr treffen. Die Regel dazu lautet:

> **Vermeiden Sie Wahrnehmungsirritationen, etwa durch ungewollte Kontraste oder Akzente.**

Wenn es sich um ein Archivfoto oder ein Foto aus einer Bilddatenbank gehandelt hat, gibt es dort mit Sicherheit noch andere Fotos – ohne volle Mülleimer. Dann wäre die Bildaussage weniger missverständlich. Denn ob voll oder leer, der Mülleimer – allein wegen seiner orangenen Farbe, aber auch wegen seiner Position im Bild – setzt einen Akzent, in dem beschriebenen Fall aber leider einen irritierenden.

Akzente können Sie auf verschiedene Weise erzeugen. Ein angestrahltes Objekt (Spotlight, Theater-Scheinwerfer) fokussiert (Hell-Dunkel-Kontrast) durch Licht; Farben setzen Akzente, im Bild zentral oder im (scharfen) Vordergrund positionierte Objekte wirken wichtiger als der Rest des Bildes; Linienführung und Perspektiven können Bildakzente betonen. Die Möglichkeiten der Gestaltung sind einmal mehr unbegrenzt. Daher verzichte ich hier wieder bewusst auf eine Regel. Wichtig ist, dass Ihnen die Unterschiede zwischen Aussagewunsch, Bildinhalt, Bildgestaltung, Wahrnehmung, Kommunikation und Verständnis bewusst sind. Mein Mülleimer-Beispiel ist eine praktische Anwendung des Coding/Decoding Modells (vgl. Band 1) nach Stuart Hall.

Noch einmal im Vergleich voller/leerer Mülleimer

Tab. III.3 Coding-Decoding

Coding/Decoding	Leerer Mülleimer	Voller Mülleimer
Aussagewunsch	Innenstädte sind verlassen	Innenstädte sind verlassen
Bildinhalt	Mülleimer und Fußgängerzone Mülleimer ist leer	Mülleimer und Fußgängerzone Mülleimer ist voll
Bildgestaltung	Oranger Mülleimer im Vordergrund	Oranger Mülleimer im Vordergrund
Wahrnehmung	Konsonanz/alles ist leer = Kein Kontrast oder Widerspruch	Dissonanz/Stadt ist leer, Mülleimer aber voll = Kontrast
Kommunikation	Eindeutig	irritierend
Verständnis	Erleichtert	erschwert

Bildinhalt und Bildgestaltung sind die Mittel, mit denen Sie die Wahrnehmung beeinflussen können. Ihr Aussagewunsch allein reicht nicht aus, um Verständigung zu erzielen. Zuschauer*innen müssen Ihre Codes entschlüsseln können. Der leere Mülleimer wäre nicht aufgefallen, wahrscheinlich auch ein voller, grauer Mülleimer nicht. Beides wären Bildinhalte. Und selbst ein voller, orangefarbener Mülleimer im Bildhintergrund (Bildgestaltung durch Anordnung der Motive) hätte Ihre Aussage nicht verfälscht, weil er von den meisten Menschen vermutlich gar nicht wahrgenommen wäre. Falls Sie die Zeit haben, experimentieren Sie einmal ganz bewusst mit Bildinhalten und Bildgestaltung. Nehmen Sie verschiedene Fotos bewusst auf verschiedene Weise auf und zeigen Sie diese mehreren Menschen. Wie ist jeweils die Wirkung? Was wird verstanden? War es das, was Sie aussagen wollten? Was wurde vielleicht stattdessen verstanden?

Typografie

Dieser Begriff bezieht sich ursprünglich auf die Gestaltung von Druckwerken mit beweglichen Lettern (Typen). Er gehört, streng genommen, also zur Schriftsprache. Da wir aber im audiovisuellen Journalismus oftmals mit der Kombination (vgl. Kapitel Zusammenspiel der Sprachen) verschiedener Sprachen zu tun haben, behandele ich ihn hier. Ein Foto oder auch Videos werden oft durch schriftsprachliche Elemente ergänzt, bei Grafiken ist das ebenso. Insofern ist die Typografie auch Teil von Bildsprache. Manchmal wird im Journalismus einfach irgendeine Schriftart verwendet, ohne weiter darüber nachzudenken. Sollten Sie die Möglichkeit haben, selbst die Schriftart bestimmen zu können und sind Sie nicht auf bestimmte Vorgaben des Hausdesigns festgelegt, lohnt es sich einen kurzen Gedanken an das Thema zu „verschwenden“. Denn es ist keine Verschwendung. Wenn

Sie zum Beispiel eine Webseite entwerfen, wird Ihnen das Thema zwangsläufig wieder über den Weg laufen, soweit ein Thema laufen kann.

Ich kann das Thema Typografie wieder nur oberflächlich ansprechen. Grafiker und Designerinnen in Ihren Redaktionen und Sendern sind da bessere Ansprechpartner*innen. Sie haben sich in der Regel intensiver mit dem Thema beschäftigt und sind Expert*innen in visueller Kommunikation. Aber denken Sie auch daran, dass Sie Schriften in einem journalistischen Zusammenhang anwenden und kein Werbeplakat gestalten wollen. Ich versuche es daher zusammenfassend mit wenigen, eher generellen, Hinweisen.

Achten Sie bei der Auswahl einer Schriftart immer auf die Lesbarkeit der Schrift und deren emotionale Wirkung.

In der Mikrotypografie unterscheidet man zwischen Serifenschriften und serifenlosen Schriften. Als Serife wird in der Regel ein kleiner abschließender Querstrich am oberen oder unteren Ende von Buchstaben bezeichnet. Serifenschrift ermöglicht eine leichtere Unterscheidung von Buchstaben bei einer kleinen Schriftgröße. Sie wird daher oftmals in (literarischen) Büchern verwendet. Serifenlose Schriftarten eignen sich hingegen für Wegweiser und Beschilderungen. Oder für einzelne Worte und Bildunterschriften/Einblendungen im Journalismus, die ebenfalls einen Hinweischarakter haben.

Die emotionale Wirkung einer Schrift ist wieder vom jeweiligen Rezipienten abhängig. Schriftarten können sachlicher oder verspielter wirken, je nach Typografie. Vor allem aber beruht auch die Verwendung von Schrift auf Konventionen und kollektiven historischen Erfahrungen bei Rezipienten.

Verbinden Sie diese Schrift mit einem Hollywood-Plakat aus den 1940ern?

ERINNERT SIE DIESE AN EINEN WESTERN? (WANTED DEAD OR ALVIVE!)

Und assoziieren Sie hier eine Werbung aus den Seventies ? (Afri-Cola Bluna)

Falls ja, würden die Schriften bei Ihnen dieselben Assoziationen wecken bzw. dieselbe emotionale Wirkung haben wie bei mir. Falls nicht, sollten Sie doch zumindest unterschiedlich auf Sie gewirkt haben. Schrift erzielt Wirkung, daher überlegen Sie immer welche Wirkung Sie gerade erzielen wollen. Ein weiterer Hinweis

Verwenden Sie nicht zu viele (verschiedene) Schriftarten in einer Texttafel/einer Grafik.

Weniger ist hier mehr im visuellen Journalismus. Zuschauer*innen sollten die Übersicht behalten können und nicht durch wechselnde Schriftarten (wie oben) irritiert werden. In der Regel bieten sich zwei an, eine für Fließtexte und eine andere für Überschriften oder spezielle Hervorhebungen.

Achten Sie auf den Ausspielweg. Wo wird die Schrift erscheinen?

Bei einer mobilen App oder einer Website eignen sich serifenlose Schriftarten, da dort eine besonders gute Lesbarkeit auf kleinen Bildschirmen mit geringer Auflösung entscheidend ist. Selten genutzte oder spezielle Schriftarten verzögerten früher bei mobiler Datenübertragung oder schwacher Verbindung auch heute noch bisweilen die Ladezeiten. Das ist aber nur noch ein seltenes Problem. Das Thema Lesbarkeit ist hingegen nach wie vor relevant.

Bei diesen wenigen Hinweisen möchte es belassen und schreite nun voran zum Thema Farben.

Farben

Farben haben eine starke emotionale Wirkung. Rot werden wir in der Regel als Signalfarbe verstehen. Achten Sie einmal auf die Farbgebung von Laufbändern, z. B. bei Breaking News oder denken Sie einfach an Verkehrsschilder. Der Farbe blau wird hingegen eine sachlich-neutrale Wirkung zugeschrieben. Betrachten Sie einmal Design und Logo der Nachrichtensendung Tagesschau. Warme Farbtöne vermitteln das Gefühl von Geborgenheit und Nähe. Schauen Sie sich das Studiodesign von Talksendungen genauer an. Grün und ein sanftes Braun erinnern uns an die Natur, sie gelten als beruhigend und harmonisch. Farben sind also immer auch ein Element von Formsprache (vgl. Formsprache). Sie sind aber vor allem ein Element von Bildsprache und werden in aller Regel nicht zufällig eingesetzt. Das ist schon die wichtigste Regel, wie immer bei der Gestaltung. Sie ist niemals zufällig, soll aber unbewusst wirken.

Über Farben, Farbgebung sowie ihre Wirkungen wurde viel publiziert. Sie sind sowohl aus psychologischer als auch aus physiologischer Sicht erforscht worden.[166] Auch aus praktischer Sicht fehlt es nicht an Anleitungen und Ratgebern.[167] Das Thema Farben und ihr Einsatz in der visuellen Kommunikation ist buchfüllend und kann daher hier nicht ausgiebig behandelt werden.

Daher beschränke ich mich wieder bewusst auf wenige, generelle Hinweise (Regeln), die im journalistischen Alltag auch von Nicht-Profis schnell umgesetzt werden können. Sie sind im wahrsten Sinne des Wortes offen-sichtlich. Der erste Hinweis betrifft das Verhältnis von Farben im Zusammenspiel von Vorder- und

166 Für einen Überblick über die verschiedenen Disziplinen, die sich mit Farblehren befassen, vgl. Welsch, Norbert & Liebmann, Claus Chr. (2018): Farben. Natur, Technik, Kunst. 3. Auflage, Springer-Verlag, Berlin.

167 Vgl. beispielsweise Bartel, Stefanie (2003): Farben im Webdesign. Symbolik, Farbpsychologie und Gestaltung, Springer-Verlag, Berlin oder für die Architektur: Meerwein, Gerhard et.al (2007): Farbe – Kommunikation im Raum, Birkhäuser, Basel.

Hintergrund. Er lautet: **Nutzen Sie deutliche Farbkontraste, wenn Sie ein Objekt hervorheben wollen.**

Am auffälligsten ist dieser Aspekt bei Schriften. Wenn Sie z.B. ein Bild mit einer Schrift versehen wollen, sollte sich die Farbe der Schrift von der vorherrschenden Farbe des Bildes unterscheiden. Eine blaue Schrift auf einem blauen Hintergrund würde nicht gut erkennbar sein. Hier wären weiß oder orange deutlicher zu erkenn. Dasselbe wie für Schriften gilt auch für verschiedene Motive, z.B. bei einer Collage oder Montage von mehreren Bildern. Jedes Motiv sollte klar erkennbar sein und sich farblich vom Hintergrund und /oder den anderen Motiven im Bild abheben, damit es sofort ins Auge fällt und als wichtig oder zentral für die Bildaussage wahrgenommen wird. Der zweite Hinweis lautet:

Achten Sie auf die „übliche" Farbverwendung.

Damit ist gemeint, dass z. B. die Farbe rot in der Regel für „Achtung", „Verbot" oder „falsch" steht. Grün wird hingegen in der Regel als Farbe für „richtig" oder „Gebot" wahrgenommen. Wir kennen das von den Korrekturfarben unser Lehrer*innen aus dem Schulunterricht, natürlich nur, wenn die Lehrer*innen diese Farbverwendung gebraucht haben. Schwarz und weiß werden hingegen als neutral wahrgenommen. Auf einer Straßenkarte beispielsweise könnte „rot" für eine gefährliche oder serpentinenreiche Strecke stehen, grün für „landschaftlich reizvoll" und schwarz bzw. blau für „Schnellstraße/Autobahn". Die Farben weiß oder gelb würden dann vielleicht zur Kennzeichnung kleinerer Straßen verwendet. Natürlich kommt es immer auf die jeweilige Karte an. Die Legende wird dies letztlich zweifelsfrei klären. Ein blaues Straßenschild in Deutschland wird auf Autobahnen verwendet, in den USA oder Italien sind diese Schilder grün. Eine Ortseinfahrt wird bei uns mit einem gelben Schild markiert. Dies sind wieder nur Beispiele dafür, was ich mit „üblicher Verwendung" meine. Vermeiden Sie es, neue Farbkategorien dort einzuführen, wo es bereits etablierte Standards gibt, die auf Konvention und häufiger Verwendung beruhen. Besonders einleuchtend ist dies bei politischen Parteien. Da ist die Farbe sogar schon in den Sprachgebrauch übergegangen (die Grünen). Die Farbe der CDU ist schwarz, die Farbe der SPD ist rot. Die Farbe der US-amerikanischen Republikaner ist rot, die der Demokraten blau. Sie werden dies aus den Grafiken zu US-Wahlkämpfen kennen. Bleiben Sie beim Standard. So ist dieser Hinweis zu verstehen.

Der dritte Hinweis zu Farben erinnert Sie vielleicht an den Kunstunterricht, er ist ein wenig theoretischer – hat aber doch seine Berechtigung für die Praxis.

Denken Sie auch an den/die Farbkreis(e).

Farbkreise werden schon seit der Antike verwendet. Man unterscheidet grundsätzlich zwischen Farbenkreisen, die aus naturwissenschaftlich-technischen Zusammenhängen entstanden sind (z. B. schon bei Isaac Newton) und Farbkreisen, die in künstlerischen Zusammenhängen (zB. Farbkreis nach Itten) verwendet werden. Die einen fokussieren eher auf die physikalischen Besonderheiten (Lichtspektrum/Wellenlängen), die anderen auf die psychologische Wirkung von Farben. Die Aufteilung in Primärfarben, Sekundärfarben sowie Tertiärfarben bezieht sich auf das Mischen von Farben. Als Komplementärfarben bezeichnet man in der Regel die Farben, die im Kreis einander gegenüber liegen. Sie werden meist als harmonische und sich ergänzende Farben wahrgenommen. Sie werden im Design bewusst eingesetzt, um passende und ansprechende Farbkombinationen zu finden. Zudem unterscheidet man zwischen warmen (z. B. gelb) und kalten Farben (z. B. blau). Dieses Wissen kann man sich auch bei der Gestaltung im Journalismus zunutze machen. Kalt-Warm-Kontraste können z. B. eingesetzt werden, um das Gefühl von Räumlichkeit zu erzeugen, da warme Farben gegenüber den kalten nach vorne streben (Farbperspektive). Dies sind wieder nur zwei Beispiele, wie Sie den Hinweis auf den Farbkreis in der Praxis verstehen sollen. Der letzte Hinweis zu den Farben ist eher genereller Natur und muss von Ihnen für Ihre Anwendungszwecke übersetzt werden. Er lautet:

Verwenden Sie nicht zu viele verschiedene Farben und bleiben Sie bei Ihrer Farblegende.

Der erste Teil der „Regel" ist ohne große Erklärung verständlich. Es dürfte klar sein, dass ein kunterbuntes Foto, Bild, Logo, Grafik etc. eher Fragen offenlässt, statt Struktur und Überblick zu schaffen. Nur wenn genau das beabsichtigt wäre, wäre es passend. Es kommt also wie immer auf den Kommunikationskontext an. I. d. R. kommt es im Journalismus aber auf die Struktur, Einteilung oder irgendwie geartete „Ordnung" der dargestellten Motive an. Das Dargestellte soll schließlich kommunizieren. Der zweite Teil der Regel bezieht sich darauf, dass Sie eine einmal gewählte (Farb-)Logik nicht wechseln sollten. Wählen Sie z. B. für eine bestimmte Gruppe von Dingen, Menschen oder Organisation eine bestimmte Farbe (vielleicht auch eher willkürlich), sollten Sie (bei mehreren oder wechselnden Bildern) dabeibleiben. Ein Beispiel zur Verdeutlichung: Wollen Sie z. B. in einer aufeinander aufbauenden Erklärgrafik oder bei einer Foto-Slide-Strecke einen Zusammenhang oder Gegensatz zwischen verschiedenen Bereichen der Wirtschaft erklären, könnten Sie als Zeichen für die Landwirtschaft beispielsweise gelbe Ähren, für die Industrie eine graue Fabrik mit schwarz rauchendem Slot, für das Transportwesen einen roten LKW und für Dienstleistungen einen Menschen mit blauem Oberhemd wählen. Wechseln nun die Bilder oder bauen aufeinander auf, muss diese Farbgebung unbedingt erhalten bleiben. Selbst wenn man das Zeichen auch durch seine Form erkennt, würden sich Betrachter*innen doch wundern, wenn auf einmal die Ähren schwarz würden (Sind sie verbrannt? Soll dies eine schlechte Ernte darstellen?) oder aus dem Schlot der Fabrik gelber und nicht schwarzer Rauch quillt. Und warum hat der Dienstleister auf einmal ein oranges Oberhemd an und der Transportlaster ist grün? Das Prinzip meint: Einmal gewählte Farbzuordnungen (Farblegenden) müssen eingehalten werden. Alles andere würde verwirren bzw. Fragen aufwerfen, die Sie gar nicht stellen wollten. Dieses Beispiel verdeutlicht nochmals die Bedeutung der Arbiträrität von Zeichen(-Sprachen). Auch Farben können zeichensprachliche und handlungstheoretische Bedeutung erlangen. Dies sollten Sie im Hinterkopf behalten und dieser Ansatz ist der Bezugspunkt zu meiner theoretischen Herleitung.

Perspektiven und Linienführung

Die wohl meistbenutzten Techniken der Bildsprache liegen im Feld der Perspektiven und Linienführung. Im Folgenden stelle ich zunächst bekannte Perspektiven vor und erläutere ihre Bedeutung für den visuellen Journalismus. Hier sei schon einmal vorausgeschickt, dass die Perspektiven nicht mit Einstellungsgrößen (vgl. Filmsprache) verwechselt werden sollen. Danach komme ich noch kurz auf die Linienführungen im unbewegten Bild zu sprechen.

Die Perspektiven sind:

Normalperspektive
Froschperspektive (Untersicht)
Vogelperspektive (Aufsicht)
Schrägperspektive (gekippte Sicht)
Panorama (Rundumsicht)

In der *Normalperspektive* sehen wir ein Objekt/Motiv so wie wir es auch im normalen Leben sehen würden. Die Kamera befindet sich auf gleicher Augenhöhe, denn es kann auch unterschiedlichen Augenhöhen geben, z. B. wenn der Fotograf ein Erwachsener ist und das Motiv ein Kind. Dann müsste der Fotograf in die Knie gehen oder sich hinsetzen, um gleiche Augenhöhe abzubilden. Die Normalperspektive ist im Journalismus am häufigsten anzutreffen. Denn es geht meist darum, eine realistische, nicht künstlich veränderte Sichtweise (hier im wörtlichen Sinne) auf die Dinge zu haben. Daraus resultiert eine sehr grobe Regel, von der es zahlreiche Ausnahmen geben kann. Die Regel lautet:

Nutzen Sie die Normalperspektive, wenn es keinen Grund für eine andere Perspektive gibt und Sie ein Objekt/Motiv möglichst realistisch abbilden wollen.

Wichtig ist hier wieder, dass Sie Perspektive nicht mit Bildausschnitt verwechseln. So könnten Sie, um dies am Beispiel des Menschen zu verdeutlichen, eine Person links, rechts oder in der Mitte eines Bildes/Fotos platzieren. Sie hätten die Perspektive dabei nicht verändert. Wenn die Person (oder auch ein Objekt) in der Bildmitte steht, würde man von einer Zentralperspektive reden. So würden Sie normalerweise ihr Gegenüber sehen. Sie stehen ihm/ihr oder dem Objekt zentral gegenüber und betrachten dieses. Bei einem Aufsager (ein Reporter*in spricht zu Zuschauer*innen) im TV wird aber nicht immer nur die Zentralperspektive benutzt. Der/Die Reporter*in wird „eingerückt“, damit man auch erkennen kann, was hinter ihr/ihm ist. Bisweilen dreht sich die Person auch ein, um auf das Objekt neben oder hinter ihr/ihm zu verweisen. Dasselbe gilt schon für unbewegte Bilder/Fotos. Soll noch etwas anderes als die Person selbst gezeigt werden oder der Blick der Person auf etwas anderes (vgl. auch Linienführung), würde man sie wahrscheinlich rechts oder links „einrücken“, damit sowohl Person als auch das zusätzliche Motiv gleichermaßen für Betrachter*innen sichtbar sind. Bei Aufsagern im TV sind das oft Gebäude oder Szenerien, die eine Bedeutung für den Inhalt haben – etwa das Kanzleramt bei der Hauptstadt-Berichterstattung oder ein gebrochener Damm beim Thema Überschwemmung/Flut. Weitere Beispiele werden Sie sich schnell vorstellen können. Die Normalperspektive wird auch nicht verändert, wenn wir z. B. einen Moderator an einem Tisch sitzen sehen und, gefühlt daneben (de facto virtuell), einen sogenannten „Hintersetzer“, der mit einem Foto oder einer Grafik bespielt wird. Auch das werden Sie kennen. Wichtig ist, dass es einen Unterschied zwischen Perspektive und Bildausschnitt gibt. Im Begriff der Zentralperspektive werden die beiden Elemente miteinander verknüpft.

Froschperspektive meint, dass das Motiv aus einer (leichten) Untersicht präsentiert wird. Dies kann man entweder dadurch erreichen, dass man sich selbst (als Fotograf) etwas bückt oder umgekehrt das Motiv erhöht. Manchmal reicht für die Perspektive auch schon aus, die Kamera (das Smartphone) leicht zu kippen, sodass die Linse von unten nach oben gerichtet ist. Wann wählt man aber die Froschperspektive überhaupt und warum? Oft findet man in der einschlägigen Literatur dazu folgende Angabe. Soll ein Objekt oder eine Person als bedeutend wahrgenommen werden oder gar Ehrfurcht bei Betrachter*innen auslösen, wird die Untersicht gewählt. Oft wird dann das Beispiel von berühmten Politikerportraits genannt. Bei diesem Beispiel darf aber nicht vergessen werden, dass solche Fotos (oder früher Gemälde von Herrscher*innen) in einem ganz bestimmten Kommunikationskontext entstanden sind. Warum sollten Sie denn Ehrfurcht einflößen oder das Gefühl von Größe vermitteln? Diese Fotos dienten (und dienen) oftmals der Werbung oder Propaganda. Insofern sollten Sie als Journalist*innen insbesondere bei Politiker*innen, Unternehmensführer*innen oder anderen „mächtigen“ Personen auf diese Perspektive ganz bewusst verzichten.

Wie dem auch sei: Wichtig ist in dem Zusammenhang, dass es sich bei der Perspektive um eine leichte Untersicht handelt. Wenn man eine Person aus einer extremeren Untersicht aufnimmt, kann der Eindruck sehr schnell kippen. Besonders unvorteilhaft ist so eine Perspektive für Menschen mit einem leichten Doppelkinn-Ansatz. Das will uns sagen, es kommt auf die Dosierung der Untersicht an. Zu viel Untersicht-Perspektive (insbesondere, wenn mit einem Weitwinkelobjektiv aufgenommen) kann auch wie eine Karikatur wirken.

Im Wortsinn wäre die Froschperspektive eine extreme Untersicht, zumindest im Vergleich zur menschlichen (Normal-)Perspektive. Insofern ist der Begriff Untersicht unverfänglicher bzw. aussagekräftiger. Treiben wir es umgekehrt aber einmal bewusst auf die Spitze. Wie kann ein Mensch die Perspektive eines Frosches einnehmen? Indem er sich auf den Boden legt oder noch deutlicher, indem er im Boden selbst ist, also z. B. aus einem Loch oder aus einer Grube nach oben blickt.

Würde man beispielsweise eine Person auf ein Gitter stellen und sich selbst darunterlegen, was würde man dann sehen? Die Fuß- oder Schuhsohlen der Person und wenn die Person gerade nach unten blickt, eventuell auch ihre Augen, je nachdem wiederum, wie man sich selbst im Verhältnis zur Person ausgerichtet hat. Was hätte dies für eine Wirkung? Wahrscheinlich erst einmal Irritation. In Kombination mit entsprechender Farbe, Licht, Musik oder Effekten, würde dieselbe Perspektive aber unter Umständen das Gefühl einer Bedrohung erzeugen. Solche Experimente sind im Journalismus eher selten, sie bleiben meist dem Film vorbehalten. Aber überlegen Sie einmal, wer im Normalfall ein Objekt oft von unten betrachtet? Haben Sie an Ihrem Auto oder Motorrad schon einmal selbst das Öl gewechselt?

Dann wissen Sie, auf welche Berufsgruppe ich jetzt anspiele. Mechatronikerinnen liegen tatsächlich unter dem betrachteten Objekt. Es gibt also auch im Journalismus Situationen, in denen diese extreme Froschperspektive (also Untersicht in 90 Grad entlang einer gedachten Vertikale nach oben) passend sein kann. Etwa dann, wenn Sie über eine TÜV Prüfung, Katalysatorumrüstungen oder über Auspuffanlagen und geplante Fahrverbote berichten. Passend wäre es vielleicht auch, wenn Sie zeigen wollen, was sich unter einer Fahrstuhlkabine befindet. Aber auch, wenn Sie (die Bewegung der) Wolken am Himmel zeigen wollen, etwa bei einem Bericht über das Thema Wetter oder Umwelt. Solche Anwendungsfälle für eine konsequente 90 Grad Sicht nach oben sind im Journalismus zugegebenermaßen selten, aber es gibt sie. Entscheidend ist, dass die Perspektive inhaltlich motiviert ist oder zumindest einen ästhetischen Bezug zum Thema hat. In einem Bericht/einer Fotostrecke über Trinkwasser beispielsweise wäre der Blick von einem Glasboden aus auf das laufende Wasser aus dem Wasserhahn eher ästhetischer oder dekorativer Natur. Das Bild würde keine andere Aussage vermitteln als das Bild vom selben Glas von der Seite oder von oben gesehen. Aber es würde die Aussage auch nicht verfälschen. Vielleicht würde sogar erst die ungewöhnliche Perspektive im Bild das Interesse der Betrachter*innen wecken, die ansonsten den entsprechenden Artikel auf der Webseite gar nicht angeklickt hätten.

An dieser Stelle gestatte ich mir einen kurzen Einschub, der über das Thema Perspektiven hinausreicht und auf die generelle Bedeutung der Gestaltung eingeht. Ich möchte, jenseits aller theoretisch hergeleiteten Regeln, einen eigenen praktischen Merksatz einführen:

Nur weil es langweilig ist, ist es noch lange nicht seriös.

Natürlich „darf“ die Form, hier die besondere Perspektive, im Journalismus ästhetisch ansprechend sein. Selbst dekorative Elemente sind „erlaubt“, wenn sie nicht zu reinen Arabesken und Spielereien werden. Doch auch für Journalist*innen gilt der bekannte Leitsatz von Produktdesignern:

Form follows function (die Form folgt der Funktion)

Die visuelle Gestaltung im Journalismus ist oftmals einen Spagat zwischen ästhetisch anspruchsvoller Formgebung und verständlicher Vermittlung von Inhalten. Im Zweifelsfall gewinnt im Journalismus immer der Inhalt. Aber so oft gibt es diese Zweifel nun auch wieder nicht, sie werden von Redakteur*innen vielleicht nur so empfunden. Wenn ein Bild, eine Grafik, ein Schnitt oder eben eine Perspektive vielleicht ungewöhnlich sind, aber nicht vom Inhalt ablenken, kommt kein Zweifel auf. Im Idealfall kämpfen Form und Inhalt aber nicht gegeneinander, sondern gewinnen gemeinsam die Gunst der Betrachter*innen. Sie sollten also Form und Inhalt immer in Einklang bringen. Mit diesem allgemeinen Hinweis endet der Einschub und wir kehren zur Froschperspektive zurück.

Untersichten werden in der ein oder anderen Form im visuellen Journalismus aus pragmatischen Gründen eingesetzt. Wieder nur ein Beispiel: Die Höhe eines Gebäudes (Wolkenkratzer, Kirchen- oder Fernsehturm) soll verdeutlicht werden. In der Normalperspektive würden Sie, wenn Sie vor dem Objekt stehen, immer nur einen ganz kleinen Ausschnitt davon sehen können. Sie könnten nicht erkennen, wie hoch oder groß das Gebäude ist. Daher legen Betrachter* innen unwillkürlich ihren Kopf in den Nacken und wenden ihren Blick nach oben. Sie schauen also aus einer Froschperspektive. Nichts anderes macht das Kameraauge. Es nutzt eine andere Perspektive, um die Größenverhältnisse deutlich zu machen.

Bisweilen ist die Alternative weiter zurückzutreten, um das gesamte Objekt erkennen zu können, gar keine. Denn erstens geht das vielleicht rein praktisch nicht, andere Gebäude würden in einer Stadt das Objekt dann verdecken. Man würde nur die Spitze des Gebäudes sehen. Zweitens wirkt der Turm aus der Ferne nicht mehr so imposant und groß wie aus der Nähe. Um diesen realen Eindruck zu erzeugen, den der Betrachter vor dem Objekt hat, hilft die Froschperspektive. Sie verfälscht oder beschönigt in diesen Fällen nicht. Dasselbe gilt – nur in umgekehrter Blickrichtung – auch für die Vogelperspektive. Die zu verallgemeinernden Regeln aus diesen Überlegungen lauten daher:

Wählen Sie eine andere Perspektive als die Normalperspektive, wenn Sie dazu beiträgt, etwas zu zeigen, was man normalerweise nicht sieht, was aber vorhanden und relevant ist.

Und zweitens:

Wählen Sie andere Perspektiven, damit der „übliche" Bildeindruck erhalten bleibt oder ein realer Bildeindruck vermittelt wird.

Mit „üblich" ist hier wieder der Eindruck gemeint, den die meisten Menschen empfinden werden, wenn sie das Motiv in realiter sehen. (Stichwort „Vor dem Turm stehen")

Die Vogelperspektive ist das Pendant zur Froschperspektive. Nur aus der anderen vertikalen Blickrichtung, also von oben nach unten. Wieder gibt es die Differenzierung von weniger extremen Aufsichten und einer 90 Grad Sicht von oben. Die extreme Aufsicht wird im Film auch als „top shot" oder „high angle" bezeichnet. Statt das Objekt zu erhöhen, erhöht man für die Vogelperspektive den Kamerastandpunkt. Ein Smartphone kann man einfach über den Kopf halten oder die Selfiestange nach oben richten. In Städten steigt man auf den Kirchturm hinauf und fotografiert herunter. Ein Stuhl oder eine Standleiter oder Mauern reichen auch schon, wenn es darum geht, einzelne Objekte oder Personen aus der Vogelperspektive aufzunehmen. Baugerüste, Parkgaragen oder Hoteldächer sind andere im Alltag anzutreffende Erhöhungsmöglichkeiten, wenn es um größere Motive, etwa Gebäude oder Straßenzüge, geht.

Eine Krankamera hingegen wird meist nur am Filmset eingesetzt. Im Zeitalter der Multicopter und Drohnen ist sie im Journalismus auch gar nicht notwendig bzw. zweckdienlich, wenn man „top shots" von Landschaften oder größeren Gebieten liefern will. Die Kameradrohne macht heutzutage das, was eine Brieftaube mit unter den Bauch gebundener Rollei im Ersten Weltkrieg geleistet hat. Vogelperspektiven sind so alt wie die Fotografie. Der Traum vom Fliegen so alt wie die Menschheit. Schon immer strebten Menschen danach, die Dinge von oben sehen zu können. Nicht zuletzt das Militär. Dazu konnte es Tauben Kameras unter den

Bauch binden oder Soldaten in Zeppeline steigen lassen. Mit dem Zeppelin wurde es nur hinter den feindlichen Linien problematischer. Da war die Taube schon sicherer für die Soldaten. Heute erledigen Drohnen oder Satelliten diese Arbeit. Luftaufklärung ist aber (naturbedingt) immer noch eine Sache der Vogelperspektive.

Die Entsprechung im aktuellen Journalismus waren in den 1990er Jahren die sogenannten „News-Helicopter“, die zum Beispiel den Stau am Autobahnkreuz oder vor einen abgesperrten Unfallort aus der Luft aufnahmen. Auch heute werden im Journalismus noch echte Helikopter (und nicht nur Multicopter) eingesetzt bzw. fliegen Fotografen und Kameraleute darin mit. Etwa bei Demonstrationen, Großunfällen oder Naturkatastrophen. Die Gründe dafür sind einleuchtend: Erstens kommt man an das Geschehen sonst einfach nicht heran. Zweitens ermöglicht erst der Blick aus der Luft, den Blick eines Vogels zu imitieren. Die Vogelperspektive wird also (in Bezug auf Landschaften, Städte, Gelände, Flächen, Menschenmengen) immer dann genutzt, wenn ein Bild (Foto) vom Gesamtgeschehen gefragt ist. Dies trägt in vielen Fällen zum Informationsgewinn bei und ist alles andere als Spielerei. Nur aus der Luft kann man erkennen, wie weit die Lava, die Flammenwalze oder der Demonstrationszug schon vorgedrungen sind. Am Boden verliert man leicht den Überblick.

Diese Erkenntnis gilt auch im Sport. Die natürliche Erhöhung ist dort die Tribüne im Stadion, aber natürlich werden auch Überflugkameras oder Kameras am Stadiondach genutzt. Direkt am Spielfeldrand kann man meist nicht erkennen, wie sich alle Spieler auf dem Spielfeld verteilen und in welchem System die Mannschaften spielen bzw. wie sie je nach Spielzug ihr System verändern. Im American Football, um nur ein Beispiel herauszugreifen, hat es sich daher schon seit Jahrzehnten eingebürgert, dass mindestens eine Person aus dem Trainerteam auf der Tribüne sitzt und mit dem Headcoach am Spielfeldrand permanent (Audio-)Kontakt hält. Der Mensch auf der Tribüne sieht das ganze Spiel, der am Spielfeldrand nur einen Ausschnitt. Diesen dafür aber umso näher. In audiovisuellen Sportjournalismus werden daher die verschiedenen Perspektiven durch verschiedene Kameras an unterschiedlichen Positionen des Stadions eingefangen und in der Live-Bildregie zusammengeschnitten. Aber wir sind ja noch beim unbewegten Bild. Auch das Standbild gibt es dort, im Sportjournalismus. Im TV-Bericht wird das laufende Bild an der entscheidenden Stelle angehalten und ggf. grafisch durch Linien unterstützt. Dabei kommt auch wieder die Vogelperspektive ins Spiel. Sie zeigt zum Beispiel beim Fußball, dass eine gegnerische Spielerin durch ihre Bewegung die vermeintliche Abseitsposition aufgehoben hat. Das hätten wir (die Zuschauer zu Hause) ansonsten nicht gesehen und auch der Trainer am Spielfeldrand sieht es erst in den TV-Bildern, weil er von seiner Position aus nur einen sehr begrenzten Ausschnitt des Spiels wahrnimmt.

Ob abgesperrter Unfallort, Naturkatastrophe, Stadtansicht mit vollgestopfter Straßenader oder Sportübertragung: Die Vogelperspektive dient im visuellen Journalismus meist dem Überblick und dem Informationsgewinn. Dies ist dort ihr Hauptverwendungszweck. Werfen wir noch einen letzten Blick auf die wahrnehmungspsychologischen Wirkungen von Perspektiven. In diesem Zusammenhang wird der Vogelperspektive oftmals zugeschrieben, dass sie das Motiv kleiner, unbedeutender, unterwürfiger und auch machtloser wirken lässt als die Normalperspektive. Aus dieser Herleitung lässt sich auch der sprachliche Ausdruck auf etwas oder jemanden „herabblicken“ erklären. Diese Wirkung will der Journalismus aber gerade nicht erzielen. Daher ist es Journalist*innen anzuraten, wenn sie Menschen fotografieren, ihre eigene Körpergröße mit der des Motivs abzugleichen. Kinder, kleinere Menschen oder Menschen, die im Rollstuhl sitzen, sollte man immer auf gleicher Augenhöhe ablichten. Hier wird deutlich, warum das Adjektiv „gleich“ so wichtig ist. Der Fotograf sollte immer den direkten Augenkontakt suchen und sich ggf. auf einen Stuhl setzen, statt stehen zu bleiben. Zumindest, wenn er größer ist als der Mensch, den er fotografiert.

Von einer *Schrägperspektive* spricht man, wenn die Kamera seitlich entlang einer gedachten vertikalen Linie im Bild gekippt wird. Dies ist nicht mit einer normalen Perspektive von der Seite zu verwechseln. Denn durch das Kippen entsteht der Eindruck, dass das Motiv an sich schräg steht. Bei einer Seitenansicht würde es hingegen immer noch aufrecht stehen, man würde es lediglich von der Seite betrachten. Das wäre dann eine Frage des Bildausschnittes und nicht der Perspektive. Die gekippte Perspektive ist im Journalismus sehr selten, zumindest beim Standbild. Sie kann verwendet werden, wenn man bewusst den Eindruck erwecken möchte, dass etwas tatsächlich aus dem Bild fällt oder schräg steht. Oder wenn man auf einer symbolsprachlichen Ebene aussagen möchte, dass die Dinge schief stehen.

Kombiniert man jedoch mehrere verschiedene Schrägperspektiven mit anderen Perspektiven und schneidet die einzelnen Bilder in schneller Folge aneinander, unterlegt diese Bilder dann noch mit einer dynamischen Musik, kann der Eindruck von Schnelligkeit oder Dramatik entstehen. Dies hat meist dramaturgische Funktion und betrifft nicht die Bildaussage der Einzelbilder, sondern die jeweilige Sequenz (vgl. Filmsprache).

Normal-, Frosch-, Vogel- und Schrägperspektive können durch den Menschen und seine Augen nachgeahmt werden. Probieren Sie es einmal aus. Legen Sie sich auf den Boden, steigen Sie auf einen Stuhl, kippen Sie Ihren Kopf nach links und rechts und betrachten die Dinge einmal aus einer anderen Perspektive. Wie wirkt das auf Sie?

Die *Panorama-Perspektive* hingegen werden Sie mit dem menschlichen Auge nicht nachahmen können. Bewegt er die Augen (und nicht den Kopf), kann ein gesunder Mensch etwa 180 Grad sehen. Er kann also wahrnehmen, was neben ihm ist, aber niemals wer hinter ihm steht. Eine Panorama-Perspektive ermöglicht nun auch den Blick nach hinten. Sie kann aber nur technisch herbeigeführt werden. Ein Mensch müsste sich oder seinen Kopf (wenn er sehr gelenkig ist) drehen. Panorama-Perspektiven werden vor allem in der Landschaftsfotografie eingesetzt. Im Journalismus können sie aber auch dann genutzt werden, wenn ein (annähernder) Rundumblick gefragt ist. Ein „Fischauge“ (Bezeichnung für ein entsprechendes Objektiv einer Kamera) ermöglicht dies. Inzwischen gibt es Varianten mit Bildwinkeln von bis zu 250 Grad. Einen kompletten Rundumblick ermöglichen aber erst eine 360 Grad Kamera oder das „Stitching“ (Zusammensetzen mehrere Einzelbilder zu einem Gesamtbild). Die Anwendungszwecke bleiben im journalistischen Alltag begrenzt. Beispiele für die Verwendung von 360 Grad Aufnahmen habe ich bereits im zweiten Teil dieses Buches erwähnt.

Kommen wir nun zur *Linienführung*. Dazu bietet es sich an, kurz historisch etwas zurückzugehen und sich zu fragen, was der Begriff Perspektive im eigentlichen Wortsinn bedeutet. An dieser Stelle vereinfache ich wieder so stark, dass gut informierte Leser*innen mir dies bitte nachsehen wollen. Der Begriff der Perspektive leitet sich vom lateinischen Wort für hindurchblicken bzw. hindurchsehen ab. Der Begriff bezeichnet die räumlichen, insbesondere linearen Verhältnisse von Objekten im Raum, also das Abstandsverhältnis von Objekten im Raum in Bezug auf den Standort des Betrachters.

Diese Definition ist zentral. Mit der Perspektive können wir auf einer zweidimensionalen Fläche einen dreidimensionalen Effekt hervorrufen. Diesen Effekt machten sich Maler und Zeichner bereits in der Antike zunutze, in der Renaissance wurde die Perspektive in der Malerei „wiederentdeckt“ und weiterentwickelt. Doch ich will hier gar nicht weiter historisch argumentieren, sondern in der Alltagswelt bleiben und recht schnell zur Bildsprache im Journalismus zurückkehren.

Wenn ein Kind (jedenfalls die meisten) in frühen Lebensjahren ein Bild malt, wird es oft die Größenverhältnisse nicht proportionsgerecht wiedergeben. Ein Haus ist dann vielleicht genauso groß wie ein Mensch. Es wird aber schnell intuitiv erfassen, dass es diese Größenunterschiede gibt, weil es diese täglich sieht. Vielleicht wird das Kind dann sagen, wenn man es auf die Größenunterschiede im Bild hinweist, aber das ist ja nur ein Bild und nicht „wirklich“ oder „das ist ja nicht echt“. Damit hat es schon den ersten Schritt zum späteren Verständnis des Konstruktivismus vollzogen. Es erfährt, dass die abgebildete Realität nicht der gesehenen Realität entspricht. Filmmacher*innen und Fotograf*innen kennen vielleicht das Begriffspaar „filmische Realität/vorfilmische Realität“. Die Theorie des Konstruktivismus (vgl. Band 1) hat in der Fotografie eine lange Tradition.

Wird das Kind älter und hat immer noch Interesse am Malen und Zeichnen, wird es vielleicht feststellen, dass Dinge die „vorne/nah“ sind, irgendwie größer sind als Dinge, die „hinten/fern“ erscheinen, obwohl die Dinge an sich gleich groß bleiben. Das Haus am Ende der Straße ist genau so groß wie das Haus, in dem das Kind wohnt, in meinem Beispiel von einer Reihenhaus-Siedlung, in der die Häuser wirklich alle gleich groß sind. Das nimmt das Kind spätestens dann wahr, wenn es zur Freundin geht, die im Haus am Ende der Straße wohnt. Wichtig ist für meine Herleitung, dass wir alle eine natürliche Raumwahrnehmung haben und damit Perspektiven erfahren. Wir vergessen dies nur wieder oder nehmen sie als selbstverständlich hin, ohne weiter darüber nachzudenken.

Wenn wir aber darüber nachdenken und visuell arbeiten, können wir diese Seherfahrungen auf die darstellende Ebene übertragen. Und damit bin ich wieder beim eigentlichen Thema. Das Display unseres Smartphones, der TV-Bildschirm, der Computerscreen – das alles sind zweidimensionale Flächen, die eine dreidimensionale Realität. konstruieren. In diesem Punkt unterscheiden sie sich nicht von der

Leinwand eines Malers der Renaissance. Daher können wir auch immer noch dessen Kenntnisse nutzen.

Jedes Bild besteht aus Punkten, Linien, Flächen, Umrissen, Formen und Farben. Dies sind die wesentlichen Zeichen (vgl. Zeichentheorie) der Bildsprache. Die „Grammatik" der Bildsprache sind die Regeln, die für die Verwendung dieser Zeichen gelten. Im Folgenden werde ich mich auf eine einzige Regel für den Journalismus konzentrieren. Dies braucht aber die Herleitung aus zwei Grammatikregeln der allgemeinen Bildsprache, die ich zuvor erläutere. Mit Linien lassen sich Bewegungen, Richtungen und Geschwindigkeiten darstellen. Ich konzentriere mich hier auf die Richtungen und bleibe bei der Normalperspektive, die im Journalismus am häufigsten anzutreffen ist. Im Zusammenhang mit Perspektiven ist oft vom Fluchtpunkt oder von Fluchtpunkten die Rede.

Fahren wir beispielsweise mit unserem Auto auf einer schnurgeraden Landstraße oder Allee, wird es einen zentralen Fluchtpunkt genau in unserem Blickfeld geben Es sieht so aus, als ob die parallelen Seitenmarkierungen der Fahrbahn in diesem einen Punkt zusammenlaufen. Wir fahren also direkt auf den Fluchtpunkt zu, werden ihn aber niemals erreichen. Spätestens bei der nächsten Kurve hat es sich ohnehin wieder erledigt. Aber würden wir diesen Blick festhalten, einfrieren, fotografieren oder zeichnen, also in einem Standbild festhalten, läge der Fluchtpunkt, in diesem speziellen Fall, in der Mitte am oberen waagerechten Bildrand und die parallelen Seitenmarkierungen der Fahrbahn würden an der rechten und linken Ecke des unteren waagerechten Bildrandes beginnen. Wir müssen die beiden parallel verlaufenden Linien nicht zwingend in einem sichtbaren Fluchtpunkt zusammenführen. Sie könnten auch parallel enden, etwa links oder rechts oben. Sie wären dann aber scheinbar schon enger aneinandergerückt. Die erste allgemeine Grammatikregel der Bildsprache dazu lautet:

Parallele Linien eines Bildes treffen sich in einem Fluchtpunkt.

Das Hirn denkt die vorgegebenen Linien weiter. Wo liegt aber nun der Fluchtpunkt? Das kommt immer auf das Auge des Betrachters und seinen Bezug zum entsprechenden Objekt an. Stellen wir uns einen fiktiven Sehstrahl vor, der aus der Pupille des Betrachters heraustritt. Je nachdem, wie der Betrachter den Kopf und/oder das Auge bewegt, verändert sich die Richtung des Sehstrahls. Den Fluchtpunkt können wir erst festlegen, wenn wir das räumliche Verhältnis von Betrachter zu Objekt durch unseren Standort festlegen. Die zweite allgemeine bildsprachliche Grammatikregel lautet:

Der Fluchtpunkt entsteht durch die Beziehung vom Sehstrahl zu den Objekten, wenn der Sehstrahl zu den Objekten parallel liegt.

Somit kann es also unzählige Fluchtpunkte geben. Es kommt immer auf den Bezug an. Wenn wir aber keinen Fluchtpunkt suchen und keine Blickrichtung für Betrachter vorgeben, entsteht keine räumliche Wirkung.

Diese Erkenntnis können wir uns im visuellen Journalismus zu eigen machen. Die Zentralperspektive (die ich hier als Beispiel genommen habe) ist die einfachste Form der Linearperspektiven und wird normalerweise für Räume, Korridore,

Regalwände oder Straßenzüge verwendet. Diese Linien begegnen uns ständig in der Alltagswelt. Stelle ich zum Beispiel ein Objekt oder eine Person plan mit dem Rücken vor ein Geländer, wird keine räumliche Wirkung erzielt. Rücke ich die Person oder das darzustellende Objekt hingegen nur geringfügig ein, sodass es oder sie neben dem Handlauf steht und positioniere ich die Kamera parallel zum Handlauf, stelle ich einen Bezug her und lege den Fluchtpunkt fest. Dasselbe kann ich mit einem Buch in einem Regal, einem Notebook auf einem Tisch etc. machen. Es entsteht immer sofort eine räumliche Wirkung. Die Kamera lenkt die Blickrichtung des/der Zuschauer*in. Die Zuschauer*innen sehen immer, was die Kamera sieht. Der fiktive Sehstrahl dringt aus der Linse. Beim Bewegtbild gibt es mehrere Kameras, da wird es etwas komplexer. Das Festlegen/Suchen von Fluchtpunkten im Bild, ist keinerlei Verfälschung der Realität, sondern absolutes Handwerk. Insofern enttäuscht es, wie viele Bilder im Journalismus flächig wirken und keinerlei Bildtiefe besitzen. Denn diese ist sehr einfach mit ein paar Handgriffen zu erstellen. Es hilft in der Praxis, den Sehstrahl bzw. ihre Kameralinsen parallel zu Objekten auszurichten. Objekte mit Liniencharakter, zu denen Sie sich parallel positionieren können, gibt es überall im Alltag, seien es nun Fahrbahnmarkierungen, Bürgersteigkanten, Häuserfassaden, Plakate, Türen, Wände, Tische oder was auch immer.

Die Regel dazu lautet:

> **Setzen Sie Fluchtpunkt(e) im Bild und nutzen Sie natürliche oder künstliche Linien.**

Wie bereits erwähnt, ließe sich noch weitaus mehr zur bildsprachlichen Grammatik sagen. Professionelle Fotografen und Kameraleute werden das wissen. Volontär*innen oder Journalist*innen, die zum ersten Mal visuell denken müssen, kann ich eine weitere Beschäftigung mit dem Thema dringend empfehlen, sowohl theoretisch als auch praktisch. Dabei geht es nicht um Geschmack oder Auslegung, sondern um „harte“ Regeln wie in der geschriebenen Sprache. Für den Journalismus habe ich mich bewusst auf diese einfachen Regeln beschränkt. Informieren Sie sich weiter. Es gibt sehr brauchbare Tutorials zum Thema Zeichnen,[168] die schon wichtige grundlegende visuelle Gestaltungsregeln erläutern, die Sie auch auf Fotografien und Bewegtbilder anwenden können. Einige Literaturhinweise finden Sie auch im Anschluss an diesen Buchteil.

Goldener Schnitt, Drittelregel und Diagonalmethode

Der Begriff „Goldener Schnitt“ begegnet uns in sehr unterschiedlichen Zusammenhängen, von der Natur/Biologie bis zur Mathematik und Architektur. Ich fokussiere mich auf seine Verwendung in der Kunst, also der Bildsprache. Erneut sind es die Maler der Renaissance, die diesen Begriff populär gemacht haben. Bekannt ist das Prinzip dahinter aber schon seit der Antike. Mit dem Begriff wird das einmalige Teilungsverhältnis einer Strecke oder einer anderen Größe bezeichnet, bei dem das Verhältnis des Ganzen zu seinem größeren Teil mit dem

168 Ich denke hier beispielsweise an die YouTube-Reihe „Sehen und Gestalten“ des Künstlers und ehemaligen Hochschullehrers Yadegar Asisi.Vgl. https://www.asisi.de/yadegar-asisi/news (22.8.2021, 23.45 MEZ).

Verhältnis des größeren zum kleineren Teil identisch ist. Das hört sich etwas kompliziert bzw. theoretisch an. Man kann den Goldenen Schnitt mathematisch berechnen. Das spielt in der Geometrie und damit auch in der Architektur eine Rolle. Wichtig ist mir nur, dass es dabei auch um Linien, Proportionen und im weiteren Sinne auch um eine Perspektive geht. Diese Erkenntnis wiederum können wir uns bei Fotos und Bildern zunutze machen. Damit dies in der Praxis einfacher umsetzbar ist, hat sich die sogenannte Drittelregel eingebürgert. Sie ist schnell anwendbar, braucht aber auch eine kleine Erklärung.

Stellen Sie sich vor, Sie haben ein DIN-A4-Papier horizontal vor sich liegen. Das DIN-A4-Papier nehme ich hier als Beispiel für ein waagerecht angeordnetes Bild. Teilen Sie das Papier bzw. gedanklich Ihr Bild/Foto in neun, gleich große einzelne Rechtecke. Dazu ziehen Sie vier Linien: zwei vertikal, zwei horizontal. Die Linien setzen Sie so an, dass sowohl die vertikale als auch die horizontale Seite des Blattes gedrittelt wird. Wenn Sie nun das Blatt entlang der Linien komplett zusammenfalten, müssten Sie ein bzw. neun übereinanderliegende Rechtecke erhalten. Falten Sie das Blatt wieder auseinander. Es müsste Sie an ein grobes Gitter erinnern. Nach der Proportionenregel des Goldenen Schnitts sollte das Motiv das Gesamtbild im Goldenen Schnitt teilen beziehungsweise der Abstand des Motives vom Bildrand zur Bildlänge im Verhältnis $1:\Phi \approx 0{,}618$ stehen. Da eine exakte Platzierung jedoch aufwendig ist, benutzt man stattdessen die grobe Annäherung durch die Drittelregel.

Jetzt zu Ihrem Foto. Schauen Sie auf Ihr Blatt als Gedankenstütze. Sie müssten vier Schnittpunkte der Linien erkennen. Diese markieren die Ecken des Rechtecks in der Mitte. Würden Sie nun ein Motiv bzw. Ihr Hauptelement exakt in diesem Rechteck platzieren, käme dies in etwa einer Zentralperspektive gleich. Das Motiv hätte sehr viel „Luft“ und es würde nicht tief, sondern flächig wirken. Nun positionieren Sie Ihr Motiv auf einer der Ecken des Rechteckes bzw. auf einem der vier Schnittpunkte der Linien. Können Sie einen Unterschied erkennen? Bestenfalls sollte das Bild jetzt insgesamt tiefer wirken. Genutzt wird diese Drittelregel unter anderem bei Portraits von Menschen. Da sollten die Augen oder der Kopf in etwa auf Höhe der oberen horizontalen Linie liegen, aber eben nach rechts oder links „verschoben“ auf einen der oberen Schnittpunkte. Dies ist nur eine grobe Orientierung. Bei Landschaftsaufnahmen können Horizonte entweder an der oberen oder der unteren Linie angeordnet werden, je nachdem, ob man mehr Himmel oder mehr Erde zeigen möchte. Auch bei Gebäuden kann diese Aufteilung hilfreich sein. Einfach einmal ausprobieren.

Selbstredend ist die Drittelregel nicht unumstritten. Manche Fotografen bevorzugen stattdessen die Diagonalmethode. Sie es etwas komplexer. Aber man braucht dazu keine mathematische Formel. Bei der Diagonalmethode würden die neun Rechtecke zu zwei sich überlappenden Quadraten, die jeweils aus sechs der Rechtecke bestehen. Also entweder die sechs Rechtecke rechts oder links der vertikalen Linien. Hat man nun diese Quadrate ausgemacht, zeichnet man in diese jeweils zwei (insgesamt vier) diagonale Linien. Es entstehen wieder vier Schnittpunkte, allerdings liegen diese nun an anderen Stellen des Blattes/Bildes. In der Mitte sollte eine Raute erkennbar sein. Hier sind nun die Eckpunkte der Raute die

Schnittpunkte, auf denen das Hauptelement des Bildes/Fotos platziert werden kann. Die Diagonalmethode ist aus der Beobachtung von zahlreichen Gemälden, Zeichnungen und Fotos entstanden und aus der Überlegung, dass ein Foto häufig als Rechteck mit den Proportionen 4:3 oder 3:2 anzutreffen ist.

Bildausschnitt und Anordnung von Motiven

Wenn wir uns nun mit dem Bildausschnitt beschäftigen, muss zunächst wieder auf eine wichtige Grundvoraussetzung hingewiesen werden. Es gibt, bis auf wenige Ausnahmen, keine richtigen oder falschen Bildausschnitte. Denn der Bildausschnitt wird immer von dem/der Betrachter*in, Fotograf*in, Grafiker*in oder Journalist*in gewählt. Es kann nur subjektive Bildausschnitte geben, dies ist erkenntnistheoretisch gar nicht anders möglich. Wir erinnern uns an die entsprechende theoretische Herleitung in Band 1. Wir können immer nur durch unsere eigenen Augen sehen, niemals durch die Augen einer anderen Person. Im Journalismus besteht nun der immanente Widerspruch, dass wir als Zuschauer*innen, Betrachter*innen zwar immer noch durch unsere eigenen Augen sehen. Aber das, was wir sehen, wurde vorher von anderen Augen (denen der Gestalter*innen) ausgewählt. Sie haben schon einen bestimmten Ausschnitt der vorfilmischen Realität gewählt, den sie uns präsentieren. Wir als Zuschauer*innen sehen dann nur noch die filmische, fotografische oder grafische Realität, also eine mögliche Darstellung der Realität.

Dies will ich an einem simplen Beispiel verdeutlichen: Nehmen Sie einmal an, Sie stehen vor dem Haupteingang des Reichstages. Wenn Sie exakt davorstehen und Ihren Blick nicht wenden, werden Sie wahrscheinlich eine oder zwei Glastüren wahrnehmen. Diese Türen könnten auch der Eingang zu einem anderen Gebäude sein. Erst wenn Sie zurücktreten, vor die Treppen des Aufgangs oder noch weiter auf die Wiese vor dem Reichstag, werden Sie den Säulenvorbau und die Schrift „Dem deutschen Volke“ wahrnehmen. Durch die Veränderung Ihres Standortes haben Sie den Bildausschnitt verändert. Ich spreche hier bewusst nicht von der Perspektive. Denn die hat sich nicht geändert, Sie schauen immer noch frontal auf die Eingangsfassade. Fotograf*innen, Kameraleute, Journalist*innen geben uns immer einen festgelegten Bildausschnitt vor. Das geht gar nicht anders.

Umso wichtiger ist es, dass Sie – jetzt wechseln wir die Seite von dem/der Betrachter*in zum/r Gestalter*in – den Bildausschnitt vorgeben, der am besten zur Kommunikation geeignet ist. Die einfache Regel dazu lautet:

> **Wählen Sie den Bildausschnitt bewusst. Er muss immer in Bezug zu Ihrem Aussagewunsch stehen.**

Darauf, wie Ihre Bildaussage verstanden wird, haben Sie keinen direkten Einfluss. Denn jede/r Zuschauer*in könnte, um beim Beispiel zu bleiben, das Bild vom Reichstag anders interpretieren – durch ihre eigenen Augen sehen. Aber, und das ist hier wesentlich, wenn Sie den Zuschauer*innen gar nicht zeigen (Bildausschnitt von der Glastür), dass es um den Reichstag geht, werden Sie so oder so falsch verstanden werden. Sie geben den Zuschauern gar nicht erst die Chance, Sie richtig zu verstehen.

Der passende Bildausschnitt trägt wesentlich zum Verständnis und zu gelungener Kommunikation bei. Mit passendem Bildausschnitt bezeichne ich hier den Ausschnitt, der zu Ihrem Aussagewunsch passt. Dadurch treffen Sie Ihre persönliche Bildaussage. Meine könnte eine andere sein. Wenn wir mit Bildern kommunizieren, versuchen wir also Bildaussagen zu produzieren, die von möglichst vielen Menschen auf dieselbe Weise verstanden werden können. In eine Regel gefasst bedeutet dies:

Ein Bildausschnitt sollte eindeutig, ausschließlich und verständlich sein.

Eindeutig bedeutet in diesem Zusammenhang, dass Zuschauer*innen nachvollziehen können, was gezeigt werden soll. Ausschließlich bedeutet, dass der Ausschnitt so gewählt ist, dass nur das gezeigt wird, was gemeint ist, kein ungewollter „Beifang". Erinnern Sie sich an mein Beispiel vom vollen Mülleimer in der leeren Fußgängerzone. Und verständlich meint, dass das Motiv/Objekt keine Fragen offenlässt oder hervorruft. Ich will das erneut an einem konkreten Beispiel erläutern. Sagen wir, Sie machen ein Foto von einer Demonstration und wollen ausdrücken, wofür die Menschen dort demonstrieren. Sagen wir weiter, es wäre eine Demonstration zum Thema Bildungsgerechtigkeit. Dann würde sich beispielsweise ein Ausschnitt anbieten, in dem wir als Zuschauer*innen Demonstrant*innen sehen, die ein Plakat in die Höhe halten, auf dem steht: „Mehr Bildung für alle!". Dies wäre eindeutig, ausschließlich und verständlich.

Nicht eindeutig wäre in diesem Fall ein Ausschnitt, bei dem wir die gesamte Demonstration sehen mit mehreren Menschen und vielen (nicht deutlich lesbaren, weil zu weit entfernten) Plakaten. In dem Fall wäre die Bildaussage: Viele Menschen haben demonstriert. Wogegen oder wofür, wissen wir dann nicht.

Nicht ausschließlich wäre in dem Fall ein Bildausschnitt, bei dem wir die Demonstranten (jetzt mit entsprechendem Plakat) aber der Polizei oder einer Absperrung gegenüberstehend zeigen. Denn hier könnte die Bildaussage auch sein: Die Demonstranten durften nicht überall hin. Die Frage wäre dann sofort: Wohin durften sie nicht? Was war abgesperrt? Das Kultusministerium oder einfach nur der Weg der Demonstration? Oder eine andere denkbare Bildaussage wäre: Die Polizei hat die Demonstration begleitet oder sogar: Es hat Auseinandersetzungen zwischen Demonstranten und der Polizei gegeben.

Nicht verständlich wäre es, wenn Sie den Bildausschnitt so wählten, dass ein Plakat mit der Aufschrift: „Einstein wäre bei G8 auch durchgefallen" gezeigt wird. Denn erstens könnten sich Menschen fragen: Wer oder was ist Einstein? Die Menschen, denen der Physiker bekannt ist, könnten sich wiederum fragen: Ich dachte, Einstein ist 1894 ohnehin ohne Abitur vom Luitpold-Gymnasium abgegangen? Aber selbst wenn Einstein noch richtig eingeordnet worden wäre, bliebe ja die Frage: Was ist dieses G8? Das Plakat setzt zu viel Vorwissen voraus und ist daher nicht verständlich. Ihr Bildausschnitt wäre nicht passend zu Ihrer Bildaussage.

Hätten Sie sich vielleicht nur einmal gedreht und einen anderen Bildausschnitt gewählt, hätten Sie dieses Missverständnis schon vermieden. Ich hoffe, durch dieses Beispiel ist deutlich geworden, warum ein Bildausschnitt eindeutig, ausschließlich und verständlich sein sollte.

Dieselbe Regel gilt auch bei der *Anordnung verschiedener Motive* in einem Bild. Haben Sie einen Bildausschnitt festgelegt, überlegen Sie, wie Sie die verschiedenen Objekte oder Motive im Bild anordnen wollen, wenn es mehrere gibt. Im Film ist dafür auch der Begriff „mise- en scène“ oder „innere Montage“ gebräuchlich. Der Begriff stammt ursprünglich aus dem Theater. Er wurde durch André Bazins dann auch zu einem zentralen Terminus der Filmästhetik. Mise-en-scène umfasst dort alles, was auf der Szene für das Bild arrangiert wird. Für den Journalismus und das unbewegte Bild konzentriere ich mich nur auf die Anordnung der Motive. Sie wollen kein Schauspiel aufführen oder einen Spielfilm drehen. Aber Sie wollen kommunizieren und zwar eindeutig, ausschließlich und verständlich. Daher ist die Anordnung von Motiven und nicht nur der Bildausschnitt auch für Journalist*innen interessant.

Reden wir zunächst über Gegenstände oder Dinge. Selbstverständlich haben wir nicht immer die Möglichkeit, Dinge einfach zu verrücken oder aus dem Weg zu nehmen, wenn sie stören. Aber das wäre schon einmal eine erste Variante. Die Regel lautet:

> **Räumen Sie Ihr Bild auf. Entfernen Sie alles, was von der Bildaussage ablenken könnte.**

Was wäre noch denkbar? Wenn wir bestimmte Dinge nicht aus dem Bild entfernen können, können wir vielleicht umgekehrt die Dinge/Motive ins Bild bewegen. Nur wie? Ein Beispiel: Sie möchten in einem Spielwarengeschäft ein Foto zum Thema gefährliches Spielzeug aufnehmen. Es sind aber nur ganz bestimmte Spielzeuge krebserregend, keineswegs alle. In dem Geschäft ist es so eng, dass Sie niemals ein Foto aufnehmen können, ohne ein Regal im Hintergrund zu haben. Übertragen Sie das Beispiel bitte jetzt gedanklich auf andere Anwendungszwecke und Situationen. Mir geht es hier um zwei Dinge. Erstens darum, dass Sie nichts aus dem Weg räumen können. Zweitens darum, dass Sie ein Objekt zugleich in eine Szene integrieren und es von dieser abheben müssen – in einem Bild. Für solche Fälle kann ich Ihnen zwei Varianten anbieten, bei denen zwei Regeln helfen.

> **Nutzen Sie Symmetrieachsen.**
> **Nutzen Sie das Zusammenspiel von Vorder- und Hintergrund.**

Bleiben wir bei dem Beispiel eines Geschäfts. Dort wird es sicher zwei Regalreihen geben, die sich gegenüberstehen. Der Gang dazwischen mag vielleicht so schmal sein, dass darin nur ein Mensch gleichzeitig Platz hat. Es könnte auch eine Bücherei oder eine Umkleidekabine mit Spinden sein etc. Der Platz Ihrer Kamera könnte dann exakt in der Mitte zwischen den sich gegenüberliegenden Regalen sein. So entsteht eine vertikale Symmetrieachse. Sie könnten das Bild (Regalreihe links, Gang in der Mitte, Regalreihe rechts) sozusagen an dieser gedachten Achse zusammenfalten. Stellen Sie nun Ihr Objekt einige Zentimeter vor Ihrer Kamera (je nach Brennweite Ihres Objektivs) und schon heben Sie es hervor. Zudem haben Sie gleichzeitig den Fluchtpunkt im Bild festgelegt und Schärfentiefe erzielt. Die Regalreihen sind noch sichtbar, aber Details werden nicht mehr so stark wahrgenommen. Der Blick der Betrachter*innen konzentriert sich automatisch auf das Objekt auf der Symmetrieachse. Sie haben also das Objekt sowohl hervorgehoben als auch in die Gesamtszenerie integriert. Symmetrieachsen (auch horizontale) gibt es in vielen Alltagssituationen. Gänge, Flure, Fensterreihen sind der Klassiker. Wasser, Glas, Metall oder andere spiegelnde Oberflächen können auch Symmetrien entstehen lassen. Haben Sie auch das im Hinterkopf.

Eine andere Variante wäre es, wenn Sie ihr Objekt (bleiben wir beim Beispiel Geschäft) bewusst in ein Regal stellen würden, aber etwas weiter nach vorne rücken bzw. andere Spielzeuge nach hinten. Dann gehen Sie möglichst nah an das Objekt heran und wählen den Bildausschnitt so, dass es in der Mitte der anderen Objekte steht, aber eben etwas weiter vorne (zur Kameralinse hin). Drücken Sie kurz auf den Auslöser und schauen Sie, was passiert. Der Autofokus wird vermutlich auf das vordere Objekt scharf ziehen, wenn Sie die Kamera entsprechend eingestellt haben. Die anderen Objekte im Hintergrund werden etwas verschwimmen, aber noch sichtbar bleiben. Das wäre auch schon der beabsichtigte Effekt, der zu Ihrer Bildaussage passen würde: Gefährliches Spielzeug inmitten anderer, ungefährlicher Spielzeuge. Wenn Sie die anderen Objekte/Spielzeuge dann noch in einem leicht nach innen (zum Hauptelement hin) gewölbten Halbkreis aufstellen, wirkt das Foto noch geordneter.

Beim Aufstellen der Objekte im Hintergrund könnten Sie zudem auf eine ungerade Anzahl achten. Dann würden Sie noch eine weitere Regel der Bildkomposition beachten, die da heißt:

Ein Bild wird visuell reizvoller ist, wenn es eine ungerade Anzahl an Elementen gibt.

Natürlich gibt es sehr reizvolle Fotos mit einer geraden Anzahl von Elementen. Insofern nehmen Sie dies bitte als diskutablen Hinweis und probieren Sie die unterschiedliche optische Wirkung einfach einmal selbst aus. Ein Vorteil der ungeraden Anzahl von Objekten bzw. Hauptelementen besteht aber zweifelsfrei darin, dass man eines davon in die Mitte nehmen kann. Diese banale Erkenntnis kann man sich im Journalismus oft zunutze machen, nicht nur bei Gegenständen. Vor allem bei Personen bietet sich das an. Denken Sie beispielsweise an die zahlreichen Fotos von Jubilaren oder Preisträgern im Lokaljournalismus. Die Person, um die es geht oder die am wichtigsten ist, steht meist in der Mitte anderer Personen, wenn es um Gruppen geht. Bei einem Kabinettsbild ist es nicht anders. Der Kanzlerin oder dem Kanzler gebührt die Bildmitte, die zentrale Position. Bei olympischen Spielen oder Formel Eins Rennen stehen immer drei Personen auf dem Treppchen. Goldmedaillen-Gewinner*innen gebührt der Platz in der Mitte. Natürlich gibt es im Journalismus Situationen, in denen Sie diesen Hinweis nicht berücksichtigen können, weil es nun einmal um eine gerade Anzahl von Personen oder Dingen geht. Das ist klar. Aber denken Sie nur einmal daran, wie viele Mannschaftsportarten es allein gibt, bei denen die Anzahl der Spieler*innen ungerade ist. Beim Fußball

11, beim Basketball 5 beim Handball 7. Es hat also eine Bedeutung, wen Sie für das Foto in die Mitte stellen. Auch viele Entscheidungsgremien (Aufsichtsräte, Vereinsvorstände, Kollegien) sind mit einer ungeraden Anzahl von Mitgliedern besetzt. Sie können die „Anzahlregel" häufiger anwenden, als es scheint. Zudem bleibt es Ihnen bei selbst gewählten Motiven ohnehin überlassen, wie viele Hauptelemente Sie nutzen.

Besonders eindeutig und ausschließlich ist ein Bild immer dann, wenn Sie es auf ein Hauptelement reduzieren können. In dem Fall empfehlen sich zwei Varianten der Bildkomposition und zwei Regeln, die sich auf den ersten Blick zu widersprechen scheinen. Die Regeln lauten:

Füllen Sie das Bild mit dem Hauptelement/Motiv möglichst voll aus.
Nutzen Sie den negativen Raum und geben ihrem Motiv viel Platz.

Obwohl die Regeln eine gegensätzliche Vorgehensweise beschreiben, haben sie denselben Zweck. Das wichtige Motiv (Hauptelement) soll besonders gut zur Geltung kommen.

Schauen wir auf die erste Regel. Damit ist gemeint, dass Sie das Motiv so aufnehmen, den Bildausschnitt so wählen, dass kaum noch ein Hintergrund zu erkennen ist. Aber achten Sie hierbei immer noch darauf, wie bei jedem Bild, dass Ihr Motiv nicht die Bildränder berührt. Bei mehreren Motiven sollten diese sich auch nicht gegenseitig berühren. Es sei denn, es ist ein Überlappungseffekt erwünscht. Auch ein voll ausgefülltes Bild braucht noch etwas Luft zum Atmen. Also schneiden Sie keine Köpfe oder Spitzen von Gebäuden ab, sondern lassen Sie immer noch einen kleinen Raum darüber. Wenn Sie ein einzelnes Motiv aufnehmen, stellen Sie es entweder vor einen neutralen oder bewusst farblich kontrastierenden (vgl. Kontraste) Hintergrund. Durch das Ausfüllen des Bildes wird klar, warum es geht. Der Hintergrund dient ästhetischen Zwecken und sorgt dafür, dass das Motiv nicht an die Bildränder stößt. Wichtig ist bei dieser Vorgehensweise, dass das Motiv (einziges Element) für sich allein spricht. Also z. B. der Reichstag im passenden Bildausschnitt oder die Person, um die es geht.

Die umgekehrte Variante (negativen Raum nutzen) bietet sich dann an, wenn Sie den Eindruck vermitteln wollen, Ihr Motiv steht allein auf weiter Flur oder auch, wenn Sie es nur besonders abheben wollen. Mit negativem Raum ist hier ein elementleerer Raum gemeint. Was könnte damit gemeint sein? Ein sehr bekanntes Foto kommt mir dabei sofort in den Sinn: Franz Beckenbauer, damals Trainer der deutschen Fußballnationalmannschaft, nach dem Gewinn der Weltmeisterschaft 1990. Er schlendert sinnierend allein über das Spielfeld. Da war (inhaltlich) sehr viel Platz für Interpretation. Gerade weil die Bildaussage visuell klar war: Franz Beckenbauer ist bei seinem größten Erfolg als Trainer allein. Er steht nicht inmitten seiner Spieler. Dort stand er auch und wurde sogar in die Luft geworfen und mit Bier geduscht. Aber eben auf anderen Fotos. Das Bild, das ich meine, zeigt ihn allein in der Weite des Fußballfeldes. Unheimlich viel „negativer Raum", der Rasen ohne Spieler oder Schiedsrichter und darin ein sinnierender, gedankenverlorener Beckenbauer mit den Händen in der Tasche und der Medaille um den Hals. Zwei andere Beispiele: Stellen Sie sich vor, Sie wollen ein Bild über Forscher in der Antarktis machen oder Menschen, die auf einer Bohrinsel arbeiten. Würden Sie hier das Bild ausfüllen? Oder würden Sie bewusst den negativen Raum nutzen? Also das ewige Eis bzw. die Wellen und das Meer (ohne Schiffe) bewusst mit ins Bild nehmen. Überlegen Sie kurz, was Ihrer Bildaussage nützlicher wäre? Oder stellen Sie sich vor, Sie wollten einen jungen, frisch gekürten Bundestagsabgeordneten portraitieren und Sie haben nur ein Foto frei. Würden Sie ihn bei einer voll besetzten Fraktionssitzung aufnehmen oder würden Sie ihn auf seinen Platz im Bundestag (vor einer Sitzung) setzen, hinter ihm die nicht gefüllten Stuhlreihen mit viel (bewusster) „Leere"? Es wird daran liegen, was Sie aussagen wollen oder in welche Richtung Ihr Bericht ging. Wenn der Abgeordnete aufgeregt ist und er vor seiner ersten Rede im Bundestag Angst hat, wäre das Bild mit dem negativen Raum eine gute Variante.

Wichtig ist dabei, dass der negative Raum im Bild wirklich „unbesetzt" bleibt. Also kein Skido über das Eisfeld fährt, kein jubelnder Spieler hinter Beckenbauer zu sehen ist, niemand im Parlament sitzt oder nicht gerade ein Kreuzfahrtschiff an der Bohrinsel vorbeizieht. Sonst wäre der Raum nicht mehr frei. Vielleicht wäre es besser, statt von negativem Raum von freiem Raum zu sprechen. Das bleibt Ihnen überlassen. Es kommt nicht auf den Begriff an, sondern auf das Prinzip.

Ein weiteres Prinzip bzw. eine Regel betrifft die Bewegung im Standbild/Foto. Sie haben richtig gelesen. Denn selbstverständlich gibt es diese. Wir sehen ständig bewegte bzw. sich bewegende Objekte in journalistischen Fotos: Flugzeuge, Schiffe, Autos, Züge, Menschen auf Zweirädern, laufende Menschen, Fließbänder, Rolltreppen, Gabelstapler, Kräne etc. Ihnen werden sicherlich noch weitere Beispiele einfallen. Die Gestaltungsregel hier lautet:

Achten Sie auf Bewegungsrichtungen. Die Objekte müssen sich ins Bild bewegen.

Damit ist gemeint, dass Sie dem Objekt Raum geben sollten. Betrachter*innen sollten die Bewegungsrichtung nachvollziehen können. Das können Sie nicht, wenn etwas aus dem Bild herausfliegt, rollt, läuft, fährt, fließt oder krabbelt. Die Bewegung kann in der Nähe eines Bildrandes oder sogar in der Bildmitte beginnen, sie muss aber weitergedacht werden können. Und das ist eben nicht der Fall, wenn die Bewegungsrichtung aus dem Bild herausführen würde. Dasselbe gilt für die Blickrichtungen von Menschen. Sie sollten niemals aus einem Bild/Foto hinausschauen. Wohin schaut der Mensch? Wohin fährt das Boot? Wohin krabbelt die Ameise? In unserem Kulturraum verlaufen die Blickrichtungen von links nach rechts, denn wir lesen auch von links nach rechts. Insofern bietet sich diese Bewegungsrichtung an. In anderen Kulturräumen ist es umgekehrt. Die arabische Schrift wird beispielsweise von rechts nach links gelesen, andere Schriften von oben nach unten. Aber es kommt bei den Bewegungsrichtungen nicht zwingend auf links oder rechts an. Wichtig ist, dass sich etwas Bewegendes (gedanklich) durch das Bild bewegt. Selbst eine Rakete (unten nach oben Bewegung), die startet, sollte dies nicht am oberen Bildrand tun (auch bei Hochkant-Motiven nicht), sondern am unteren Bildrand oder in der Bildmitte. Damit können wir gedanklich die Bewegung noch etwas nachvollziehen und das Bild wirkt dynamischer. Wenn

Sie die Bewegungsrichtung bei der Rakete umdrehen würden, um ein sehr augenfälliges Beispiel zu wählen, würden die Betrachter*innen den Eindruck gewinnen, sie fliegt zur Erde. Dann würde sie zwar auch ins Bild hineinfliegen, aber das wäre falsch. Bei Bewegungsrichtungen darf man diese Begriffe (richtig/falsch) durchaus einmal anwenden, auch wenn Autos, Schiffe oder LKW natürlich zurücksetzen und Raketen abstürzen können. Aber um diese Ausnahmefälle geht es nicht. In der Regel fahren die Gefährte vorwärts. Es gibt also eine vorgegebene Richtung. Vorwärts auf ein Standbild übersetzt, bedeutet bei uns in der Regel von links nach rechts. Das heißt: Postieren Sie ein Auto, eine Lokomotive oder ein Schiff am besten nach der Drittelregel in der linken Spalte mit der Spitze nach rechts zeigend. Dann entsteht der Eindruck von Bewegung.

Es ließe sich noch viel zur Wahl des Bildausschnittes bzw. zur Bildkomposition schreiben. Ich werde es hier jedoch bei einem letzten Hinweis belassen und verweise wieder auf die einschlägige Literatur. Wenn Sie ein Motiv „freistellen" wollen, es also besonders hervorheben, haben Sie noch eine weitere Möglichkeit. Neben der klaren Abgrenzung von Vordergrund, Motiv und Hintergrund, können Sie Ihr Motiv auch rahmen. Jedes Bild hat immer schon einen Rahmen, nämlich die Bildenden des Displays oder des Bildschirms, auf dem es erscheint. Sie können aber zusätzliche Rahmen im Bild konstruieren bzw. natürliche Rahmen nutzen. Wenn Sie zum Beispiel ein Motiv durch ein geöffnetes Fenster, einen Torbogen oder durch eine Häuserschlucht hindurch fotografieren, entsteht ein besonderer visueller Effekt. Gerade bei Aufnahmen von Gebäuden oder geometrischen Motiven bietet sich das an. Die „Regel" bzw. der Hinweis dazu:

> **Achten Sie auf vorhandene Rahmen. Sie können sie nutzen, wenn es Ihrer Bildaussage dienlich ist und Sie ein Objekt in den Fokus nehmen wollen.**

Das bedeutet aber nun nicht, dass Sie immer auf der Suche nach „Rahmen" gehen sollten. Aber wenn diese ohnehin vorhanden sind, lohnt ein Versuch damit. Ein Blick in einen Konferenzraum und auf das Rednerpult wirkt anders, wenn der Standpunkt der Kamera vor der Tür (mit der Tür als Rahmen) liegt. Der Blick, den ein/e einlaufende/r Spieler*in aus dem Spielertunnel in die Arena hinein hat, ist ein anderer als der Blick, nachdem er/sie den Tunnel verlassen hat. Wer einmal in einer antiken Arena oder in einer Stierkampfarena war, wird besser verstehen können, was ich meine. Im Journalismus können Sie sich diesen Effekt zunutze machen. Ein (natürlicher) mitfotografierter Rahmen in einem Bild erzielt Wirkung. Aber denken Sie auch daran, dass Ihr Bild durch den mitfotografierten Rahmen kleiner wird. Für den Ausspielweg Handy-Display ist die Methode zweimal zu überprüfen. Ob Sie diese Rahmenwirkung überhaupt nutzen, liegt wie immer an Ihrem Aussagewunsch.

Schärfentiefe

Dieser Abschnitt fällt sehr kurz aus. Dies liegt nicht daran, dass das Thema nicht wichtig wäre, sondern vielmehr daran, dass es bereits in zahlreichen Ratgebern ausgiebig behandelt worden ist. Es gehört zum kleinen 1x1 des Fotografierens. Deswegen möchte ich nur eine einzige Regel formulieren:

Mit einer geringen Schärfentiefe stellen Sie ein Motiv oder ein Element gegenüber dem Hintergrund besonders heraus. Bei einer hohen Schärfentiefe ist das Bild fast durchgängig im akzeptablen Maße scharf.

Wenn Sie viel räumliche Tiefe in ein Bild bringen wollen, sollte die Schärfentiefe (bisweilen ist auch von Tiefenschärfe die Rede) hoch sein. Möchten Sie den Effekt erzielen, dass der Hintergrund bewusst verschwimmt (etwa bei Portraits von Menschen), sollte die Schärfentiefe hingegen gering sein.

Wie Sie die Schärfentiefe beeinflussen können, können Sie, wie oben schon erwähnt, überall nachlesen.[169] Selbstredend gibt es im Zeitalter der Digitalfotografie jede Menge automatisierte Programme und Einstellungen, die Sie – auch für andere Zwecke – nutzen können. Und die inzwischen handelsüblichen Smartphones können noch einiges mehr. Nichtsdestotrotz würde ich Ihnen empfehlen, die Begriffe Blende, Verschlusszeit, Brennweite, Lichtempfindlichkeit und Abbildungsmaßstab zu recherchieren und den Zusammenhang zwischen diesen zu erfassen. In meiner zeichentheoretischen Herleitung definiere ich diese Begriffe als die wesentlichen Zeichen der Fotografie. Sie kommen also zu den allgemeinen Zeichen der Bildsprache wie Fokus, Punkt, Linie, Form, Farbe etc. hinzu bzw. ergänzen diese. Nur durch die Kenntnis der Zeichen und ihrer Verwendung werden Sie letztlich auch theoretisch fundierter erfassen, wie Bilder entstehen und welche weiteren Regeln dabei durch die Kombination/das Zusammenspiel der Zeichen entstehen. Da diese Regeln aber nicht nur für den Journalismus entscheidend sind bzw. keine weiteren Spezifika für diesen auszumachen sind, verzichte ich hier auf eine separate Erläuterung. Stellen Sie sich das Verhältnis zum Journalismus dabei ungefähr so vor wie das Verhältnis von Syntax, Semantik und Grammatik bei der Schriftsprache. Es handelt sich um allgemeingültige Regeln (keine Geschmacksfragen), die auch für den Journalismus gelten, aber eben nicht solitär für diesen. Mit Hilfe der Zeichen und ihren Regeln können Sie auch Kommunikate für andere Kommunikationsgattungen erstellen. Für die Anwendung meines Universalmodells ist lediglich entscheidend, dass Sie die Zeichen als Grundlagen der verschiedenen Sprachen und deren kleinste Einheiten verstehen. So wie Sie mit Hilfe von Buchstaben, Satzzeichen und Worten und unter Beachtung der grammatikalischen Regeln einen Text erstellen, so erstellen Sie mit Hilfe der visuellen Zeichen ein Bild bzw. Foto oder auch ein Video/Film, wie im Folgenden gezeigt wird.

2.9 Filmsprache

Die Filmsprache integriert die Zeichenverwendung der Bildsprache und erweitert das Zeichenarsenal (vgl. Additionsmodell) um den Bereich des bewegten Bildes. Zu Beginn dieses Kapitels stelle ich Ihnen daher in einer Tabelle kurz dar, welche Zeichen bzw. Zeichenverbindungen ich welcher „Sprache“ zuordne.

169 Dennoch empfiehlt sich manchmal auch ein Blick in alte „Standardwerke“ u. a. Feininger, Andreas (2004): Große Fotolehre, 5. Auflage. Heyne. München.

Tab. III.4. Sprachen und ihre Zeichen

Schriftsprache	Bildsprache	Fotografie (als Spezialfall der Bildsprache)	Filmsprache	IT/Musik	Gesprochene Sprache
Buchstaben	Punkte	Blende	Frame	Note	Laut/ Phonem
Silbe/Worte	Fokus	Verschlusszeit	Einstellungen	Satz	Lexem
Satzzeichen	Linien	Brennweite	Sequenz	Melodie	Morphem
Sätze	Farben	Film/Sensor Empfindlichkeit	Montage	Rhythmus	Intonation
Absätze	Kontraste	Schärfen	Szenen	Takt	Fortis/Lenis
Artikel	Flächen + Formen	Natürliches Licht	Clip	Tempi	Tempi
	Bildausschnitte		Film	Geräusch	
	Perspektiven				

Sie können diese Tabelle selbstständig weiter füllen, falls Ihnen weitere „Zeichen“ aufgefallen sind. Die Symbolsprache und die Formsprache habe ich hier ausgenommen, da sie sich derselben Zeichen bedienen wie die dargestellten Sprachen. Diese beiden Sprachen erzielen ihre Wirkungen in der Kommunikation selbst und durch ihre Decodierung, nicht durch komplett neue Zeichen.

Beginnen wir bei der Filmsprache nun mit ihrer kleinsten wahrnehmbaren Einheit, der Einstellung. Die kleinste Einheit als solche ist hingegen ein „Frame“. Ein Frame ist ein Einzelbild, aber eben in der Regel kein wahrnehmbares, es sei denn technisch. Damit unser Hirn Frames zu einem Bild/einer einzigen einheitlichen Einstellung zusammensetzt, braucht es 12,5 Einzelbilder pro Sekunde. Die Einheit für eine Einstellung sind die Frames pro Sekunde (FPS). In Europa liegt der Standard in der Regel bei 24 oder 25 FPS. Es können aber auch weniger oder mehr sein. Dies kann man bei Kameras einstellen. Dieser Einstellungsbegriff (technische Einstellung am Gerät) ist hier aber nicht gemeint, sondern der hier verwendete Einstellungsbegriff bezieht sich auf die Abbildungsgröße von aufgenommenen Motiven. Wie nah oder fern erscheinen sie uns, wie groß oder klein. Dies kann man durch die Wahl einer Einstellungsgröße festlegen.

Wichtig ist weiterhin, dass wir im Normalfall (außer bei Zeitraffer oder Slow Motion) einzelne Frames, wie erwähnt, nicht sehen können, sondern diese immer als zusammengehöriges Bild wahrnehmen. Dies ist z. B. relevant, damit wir Bewegungen im Bild als fließend wahrnehmen können. Ich will hier nicht weiter auf die Beziehung von Frame und Einstellung eingehen. Wenn im Folgenden von Einzelbild die Rede ist, meine ich nicht den Frame (außer ich nenne den Begriff bewusst) sondern die Einstellung.

Einstellungsgrößen

Einstellungen können in verschiedenen Größen aufgenommen werden. Die Größen definieren aber nicht den Bildausschnitt, dies geschieht vorher im Verfahren der Cadrage (Kadrierung). Das Bildfeld, das vom Bildformat eingeschlossen ist, heißt Kader. Im Englischen wird daher auch der Begriff des Framing (Rahmens) benutzt, der aber wiederum nicht mit dem Frame verwechselt werden darf. Wir merken uns, um es zu vereinfachen:

> **Die Einstellungsgröße bezeichnet in der Filmsprache das Größenverhältnis des abgebildeten Subjekts/Person/Objekts/Szene zur Cadrage, also dem vorgegebenen Bildfeld.**

Oft werden die Begriffe Cadrage (deutsch Kadrierung) und Einstellungsgröße verwechselt. Für die unterschiedlichen Bildformate sind verschiedene Kadrierungen notwendig: für 16:9 die eine, für 4:3 eine andere. Wer sich weiter informieren möchte, dem seien die einschlägigen Handbücher und Ratgeber (siehe Literaturliste am Ende dieses Buchteils) empfohlen.[170] Wir bleiben ab jetzt bei der Einstellung in ihrem gebräuchlichen Sinne, wie sie uns meist im visuellen Journalismus begegnet.

Stellen wir uns zur Vereinfachung gedanklich erneut den Reichstag vor. Sagen wir, wir hätten so kadriert, dass der Reichstag den Bildausschnitt komplett ausfüllt. Dann könnten Sie jetzt durch verschiedene Einstellungsgrößen festlegen, wie groß einzelne Elemente des Bildes im Verhältnis zum Bild wirken. Bei der Detailaufnahme beispielsweise würde vielleicht nur ein Buchstabe der Schrift am Dach erkennbar sein. Bei der Totalen der gesamte Reichstag. Den Bildausschnitt hätten Sie nicht verändert. Wenn Sie aber nur die Tür des Reichstages kadrieren würden, wäre das Detail vielleicht nur ein Teil der Türklinke. Die Totale zeigt dann vermutlich die ganze Tür. Es ist etwas schwer, sich dies theoretisch vorzustellen. Experimentieren Sie einfach einmal mit Bildausschnitt und Einstellungsgrößen. Lassen Sie den gewählten Bildausschnitt dabei immer gleich und wenden Sie verschiedene Einstellungsgrößen auf ihn an. Dann verändern Sie den Bildausschnitt und machen das Ganze noch einmal. Nun sollte Ihnen der Unterschied deutlich werden. Verändern Sie dabei nicht den Standpunkt der Kamera oder die Perspektive.

Oft werden die Einstellungsgrößen anhand eines Menschen verdeutlicht. Dieser Methode bediene ich mir hier auch. Noch einmal zur Erinnerung: Der Begriff Einstellungsgröße bezeichnet das Größenverhältnis eines abgebildeten Objekts bzw. einer Person zur gegebenen Bildfläche. Die Einstellungsgröße ist abhängig von der Distanz der Kamera zum abgebildeten Objekt oder/und dem verwendeten

170 Einen ersten Überblick über die Bedeutung der Fachbegriffe bieten auch schon Online-Lexika, etwa: https://www.jungefilmszene.de/filmemachen/praxis.php?k=6 (17.5.2021, 16.48 MEZ).

Objektiv. Der Begriff Einstellungsgröße beschreibt, wie klein bzw. groß etwas in einem vorgegebenen Bildausschnitt/Kader dargestellt wird.

- Detailaufnahme (ein Ausschnitt wie z. B. ein Auge)
- Großaufnahme (das Gesicht einer Person)
- Nahaufnahme (Kopf, Hals und evtl. Schultern einer Person)
- Halbnahe (der Oberkörper einer Person)
- Amerikanische (eine Person, deren Beine etwa bis zum Oberschenkelmitte zu sehen sind)
- Halbtotale (die ganze Person)
- Totale (z. B. eine Person neben einem Gebäude)
- Weitaufnahme/Panorama (eine Person in einer Landschaft)

Diese Einteilung finden Sie an vielen Stellen in der Literatur. Sie ist auch nicht falsch. Sie kommt lediglich aus dem Film. Daher beispielsweise auch der Begriff der „Amerikanischen". Diese Einstellung stammt aus Hollywood-Western und bezeichnet eine Einstellung, bei der man den Colt/Revolver im Halfter sehen kann. Bei Duellszenen wurde diese Einstellung besonders gern genutzt. Ebenso finden wir bisweilen auch den Begriff der „Italienischen". Dies ist eine Einstellung, die zwischen Detail und Großaufnahme liegt und bei der nur das Augenpaar (den/die Zuschauer*in frontal anschauend) eines/r Darsteller*in zu sehen ist. Mit dem Verfahren von „Schuss-Gegenschuss" (dazu später in anderem Zusammenhang noch mehr) wurden zwei dieser Einstellungen mit zwei verschiedenen Schauspielern aneinandergeschnitten. Dadurch entstand für die Zuschauer der Eindruck, als ob sich die beiden Personen direkt in die Augen blicken würden. Sie ahnen es schon: Auch das ist bei einem Duell natürlich ein beliebtes Stilmittel. Angeblich (das ist so aber nicht ganz richtig) soll dieses Stilmittel erstmals von Sergio Leone in seinen „Italo-Western" genutzt worden sein, daher der Begriff „italienische Einstellung". Wie dem auch sei. Es zeigt, dass der Begriff der Einstellungsgrößen aus dem Filmgeschäft/Kino stammt. Verschiedene Einstellungsgrößen werden auch in der Fotografie genutzt. Da ist es aber natürlich immer nur eine. Beim bewegten Bild hingegen (vgl. Montage) sind die verschiedenen Einstellungsgrößen deswegen so wichtig, weil die Einstellungen nach der Aufnahme aneinander montiert werden. Damit will ich sagen, dass der Sinn verschiedener Einstellungsgrößen besonders zur Geltung kommt, wenn diese im Zusammenhang (montiert) als eine Sequenz verstanden werden können. Daher habe ich sie auch der Filmsprache zugeordnet und nicht der Bildsprache.

Wenn wir nun also wissen, dass die Einstellungsgrößen aus dem Film stammen, stellt sich die Frage, inwieweit sie auch im Bewegtbild-Journalismus relevant sind. Sie sind zentral. Ohne die Kenntnis verschiedener Einstellungsgrößen können wir keinen Film drehen. Allerdings benötigen wir niemals alle acht. Im Journalismus werden z. B. die Amerikanische oder auch die Panorama-Aufnahme eher seltener genutzt. Wichtig ist, das sei hier schon einmal vorausgeschickt, dass wir Motive in verschiedenen Einstellungsgrößen aufnehmen. Dies hilft später bei der Montage.

Eine auch im Journalismus gebräuchliche Regel ist die Five-Shot-Regel. Sie besagt: Nehmen Sie ein Motiv immer in fünf verschiedenen Einstellungsgrößen auf. In dieser Absolutheit teile ich die Regel nicht und sie führt meines Erachtens beim Drehen auch zu viel Ausschuss, sprich Bildern/Einstellungen, die Sie nicht benötigen. Was aber sehr richtig ist (siehe oben), ist die Tatsache, dass Sie bei der Montage verschiedene Einstellungsgrößen benötigen. Ich formuliere meine Regel daher etwas anders

Nehmen Sie ein Motiv immer in verschiedenen Einstellungsgrößen auf.

Und:

Lösen Sie eine Handlung am besten in mindestens drei Einstellungsgrößen auf. Es gibt Ausnahmefälle, in denen auch eine Einstellung allein reicht.

Warum? Erstens können Sie nur so montieren, zweitens aber haben die Einstellungsgrößen eine Funktion innerhalb einer Sequenz. Dies bezieht sich vor allem auf Handlungen und nicht so sehr auf einzelne Motive. Wollen Sie eine Handlung filmisch darstellen, ist die Five-Shot-Regel prinzipiell nützlich. Denn sie wird sehr journalistisch hergeleitet, aus den W-Fragen.

- Welche Handlung ist es?
- Wer oder was handelt?
- Wo handelt etwas/jemand?
- Wie handelt etwas/jemand?

Wie Ihnen sicher aufgefallen sein wird, sind das aber nur vier W-Fragen. Warum also Five-Shot -Regel? Oftmals wird als fünftes W, der sogenannte WOW-Effekt genannt. Damit ist dann eine außergewöhnliche, spannende oder überraschende Einstellung gemeint. Oftmals handelt es sich dabei aber um keine Einstellung, sondern eine Perspektive (Over Shoulder/über die Schulter) oder ein Effekt (z. B. Schärfenverlagerung). Sicherlich kann und sollte man durchaus ästhetisch anspruchsvolle Bilder liefern. Aber erstens gehen hier die Begrifflichkeiten durcheinander und zweitens bricht die Regel mit der Logik der W-Fragen. Eine journalistisch sinnige W-Frage wäre noch:

- Wieso/Warum handelt etwas/jemand?

Die Antwort auf die Frage kann aber nicht durch eine definierte Einstellungsgröße beantwortet werden. Vor allem kann sie bisweilen gar nicht im Bild beantwortet werden. Im Journalismus wird diese Frage oft mit einem O-Ton oder durch den Sprechertext beantwortet, gerade wenn das Handlungsmotiv nicht sichtbar ist. Wenn wir hingegen Menschen sehen, die aus einem brennenden Haus fliehen, brauchen wir den Text oder den O-Ton nicht. Dann ist das Motiv offensichtlich. Aber dann brauchen wir dafür auch keine spezifische Einstellungsgröße. Wir müssen nur sehen, dass es brennt.

Wenn wir uns auf die obengenannten vier W-Fragen konzentrieren und die entsprechenden Einstellungsgrößen dazu festlegen wollen, möchte ich noch eine weitere Reduktion vorschlagen. Die Frage, wie etwas oder jemand handelt, ist in vielen (journalistischen) Fällen irrelevant bzw. wird durch die Handlung selbst deutlich. Z. B. sehen wir die Feuerwehr, die einen Brand löscht, sehen wir gleichzeitig, wie sie dies tut – mit Wasser, mit Schaum oder eventuell mit einer (hitzebeständigen) Decke. Alle notwendigen Informationen sind vorhanden oder anders ausgedrückt: Das Was liefert oft das Wie frei Haus. Aber natürlich ist das auch im Journalismus nicht immer so. Wenn ein Arzt zum Beispiel eine komplizierte Operation durchführt, kann es sehr wichtig sein, WIE (mit welcher Methode) er dies tut. Das müssen Zuschauer*innen dann auch sehen können. Oder wenn wir das Publikum bei der Rede eines/r Politiker*in zeigen, interessiert auch, wie dieses reagiert. Das können wir an Mimik oder Gestik (einschlafen, gähnen, lächeln, lachen, applaudieren, sich an den Kopf tippen) erkennen. Dazu wäre dann vermutlich eine Großaufnahme, eine Nahaufnahme oder eine Halbnahe geeignet, je nach Kadrierung.

Schauen wir auf die drei übrig gebliebenen W-Fragen:

- Was für eine Handlung ist es?
- Wo handelt etwas/jemand?
- Wer oder was handelt?

Um die entsprechenden Einstellungsgrößen zu diesen Fragen festzulegen, orientieren wir uns wieder am Menschen. Sagen wir einmal, um ein Beispiel zu finden, wir wollen zeigen, dass eine Lehrerin Unterricht gibt. In unserem Bericht/Video kann es zum Beispiel um die jüngste PISA-Studie, um Personalmangel an den Schulen oder um das Bildungssystem gehen. Das können die Zuschauer*innen nicht unmittelbar über das Bild erfahren. Sie können aber die Information „Eine Lehrer*in unterrichtet“ allein über das Bild wahrnehmen. Bei der Aufnahme und der Wahl der Einstellungsgrößen müssen wir uns über unseren Aussagewunsch klar sein. Der lautet in diesem Fall: Wir wollen vermitteln, dass eine Lehrerin gerade unterrichtet. Jetzt zu den drei W-Fragen:

- Wo handelt die Person? In der Schule
- Was für eine Handlung ist es? Unterricht
- Wer handelt? Die Lehrerin (die Schüler*innen schlafen vielleicht gerade oder tippen auf dem Handy. Das ist für uns hier aber irrelevant)

Damit wissen wir nun schon einmal, welche Motive wir zeigen können, damit der Aussagewunsch erfolgreich kommuniziert und unsere Bildaussage von Zuschauer*innen entschlüsselt/verstanden werden kann. Bleibt die Frage: Welche Einstellungsgröße gehört zu welcher Frage? In mancher Ratgeber-Literatur und vor allem in den zahlreichen YouTube-Tutorials finden Sie darauf vermeintlich eindeutige Antworten. Ich rate Ihnen, vergessen Sie sie gleich wieder. Denn diese Frage kann man nicht eindeutig beantworten. Es gibt mehrere Möglichkeiten. Einstellungsgrößen haben traditionell verschiedene Funktionen, dies ist richtig. Nicht richtig ist hingegen, dass nur bestimmte Einstellungsgrößen festgelegte Funktionen erfüllen. Ich will Ihnen dies am Beispiel der Lehrerin verdeutlichen. Eine sehr traditionelle Herangehensweise wäre diese hier:

- Wo? Schule = Totale Schule von außen
- Was? Unterricht = Halbtotale vom Klassenzimmer (Schüler*innen sind auch zu sehen)
- Wer? Lehrerin = Halbnahe

Klassisch, daher auf jeden Fall verständlich und recht eindeutig. Und vor allem: Diese drei Einstellungen könnten Sie in dieser Reihenfolge aneinander montieren. Ist das also jetzt die richtige Variante? Die Einstellungsgrößen-Logik wäre dann:

- Die Totale ist immer dazu da, zu zeigen, wo man ist.
- Die Halbtotale benutzt man, wenn eine Handlung sichtbar werden soll.
- Die Halbnahe ist für Personen/Menschen gedacht.

Die Antwort ist: Ja, das ist nicht falsch. So kann man es sehen und so wird es auch oft gesehen (z. B. in vielen Praxis-Handbüchern). Also können wir uns das gleich als Regel notieren? Hier eine andere Variante:

- Wer? Lehrerin (aber nur ihre Hand, die etwas an die Tafel schreibt) = Detail
- Wer? Lehrerin an der Tafel = Halbnahe
- Was? Unterricht = Halbtotale Klassenzimmer

Wäre die Variante falsch? Warum zwei Mal Wer und warum fehlt jetzt das Wo? Diese Variante wäre nicht falsch, vorausgesetzt die Hand an der Tafel und die Halbnahe von der schreibenden Lehrerin wären „auf Anschluss“ gedreht worden, also so, dass sie in der Montage auch zusammenpassen. Dann würde man aber doch das Schreiben noch vor der Lehrerin selbst sehen. Ginge das? Ist das überhaupt „erlaubt“ bzw. regelkonform? Ja, ist hier meine Antwort: Da das Schreiben (mit Kreide) an eine typische Schultafel (schwarz oder grün) für die meisten Menschen so bekannt ist, würden wir als Zuschauer*innen davon nicht überrascht. Danach müsste dann die Lehrerin aber selbst ins Bild kommen (folgende Einstellung). Es ist aber nicht zwingend, dass wir sie zuerst sehen. Oftmals kann man sich diesen Effekt sogar bewusst zunutze machen und damit etwas Spannung erzielen. Interessant wäre es z. B., wenn die schreibende Hand der Kultusministerin gehört hätte. Aber dann hätten wir einen anderen Aussagewunsch formuliert. Bleiben wir bei unserem Beispiel.

Zweimal die Wer-Frage zu beantworten, geht also auch. Aber was ist mit dem Wo? Das fehlt jetzt? Nein, denn das Wo erschließt sich aus dem Was. Die Lehrerin steht in einem Klassenzimmer an einer Tafel. Wo außer in einer Schule sollte sie sich sonst befinden? Einige spitzfindige oder besonders aufmerksame Menschen könnten darauf antworten: Theoretisch könnte die Lehrerin woanders sein, vielleicht an einer Volkshochschule oder an einer Universität. Gegenrede: Nein, kann sie nicht. Denn in dem Klassenzimmer sind Schüler*innen zu sehen. An der Volkshochschule oder an der Universität wären die Menschen im Bild Erwachsene und keine Jugendlichen oder Kinder. Wenn wir also nicht gerade in einer Oberstufe kurz vor dem Abitur gedreht haben, ist die „Situation Schule“ eindeutig, ausschließlich und verständlich.

Hätten wir diese drei Einstellungen aneinander montieren können? Antwort ja. Wäre die Bildaussage deutlich gewesen? Antwort ja. Hätte sich der Aussagewunsch „Lehrerin unterrichtet" den Zuschauer*innen erschlossen. Antwort ja. Aber der Bezug von Einstellungsgröße zu deren Funktion ist eine anderer. In der zweiten Variante würden wir die Halbtotale für den Ort nutzen, eine Detailaufnahme für einen Teil der Handlung und die Halbnahe nach wie vor für die Person.

Hier noch eine dritte Variante:

- Wer? Halbnahe vom Klassenraum (Lehrerin vor der Tafel)
- Was? Tafel mit Schrift (z. B. mathematische Formel) in Großaufnahme
- Wo? Totale vom Klassenzimmer

Auch das wäre möglich gewesen. Auch in diesem Fall wäre der Aussagewunsch deutlich geworden. Wir sehen also, wir können verschiedene Einstellungsgrößen für dieselbe oder verschiedene Funktionen nutzen. Die Regel, die wesentlich wichtiger ist als der Bezug von Einstellungsgröße und inhaltlicher Funktion und die aus den drei Varianten resultiert, lautet also vielmehr:

> **Die Einstellungsgrößen innerhalb einer Bildfolge (Sequenz) sollten sich deutlich voneinander unterscheiden.**

Zum Bezug von Einstellungsgröße und Funktion lässt sich folgende Regel aufstellen:

> **Zur Orientierung und Übersicht über eine Szenerie oder einen Handlungsort können (nicht müssen!) wir eher eine Einstellung nutzen, die viel vom Bild zeigt (Totale, Halbtotale). Je stärker wir jedoch auf eine bestimmte Person oder eine Besonderheit (z. B. Mimik/Gestik) fokussieren wollen, desto kleiner sollte die Einstellungsgröße (Halbnahe, Nahe oder Groß) gewählt werden.**

Ich möchte also den Bezug von Einstellungsgröße und inhaltlicher Funktion als Verhältnis verstehen. Die simple Frage, die wir uns am Drehort stellen sollten, ist: In welchem Abbildungsverhältnis und Bildausschnitt sollen die Zuschauer*innen etwas sehen, damit wir den Aussagewunsch optimal transportieren können. Die zweite wichtige Frage lautet: Wie bekomme ich meine Einstellung später montiert? Damit bestätigt sich die Regel, mehrere Einstellungsgrößen von einer Szene oder von einem Motiv aufzunehmen, die sich voneinander unterschieden. Denn nur dies ermöglicht es uns, die verschiedenen Einstellungen später auch zu einer Bildfolge/Handlungsabfolge montieren zu können. Damit wären wir eigentlich schon bei der Montage. Vorher möchte ich aber noch auf die Kamerabewegungen eingehen.

Kamerabewegungen

Wir können die Kamera statisch nutzen oder dynamisch. Mit statisch ist gemeint, dass sich die Kamera selbst nicht bewegt. In dem Fall würden wir eine Einstellung nach der anderen drehen, entweder vom selben Standpunkt aus oder wir würden die Kamera versetzen und uns dem Objekt dadurch annähern, dass wir einfach die Kamera an einem anderen Standpunkt platzieren. Oder entfernen, je nachdem. Mit dynamisch ist gemeint, dass sich die Kamera mit dem Objekt, das sie filmt, mitbewegt. Zum Beispiel beim Gang einer Person, die wir von der Seite, über die Schuler (over-shoulder), von hinten (der Rücken ist zu sehen) oder von vorne filmen, so dass sie auf die Kamera zu läuft. Der Kameramann läuft dann ggf. mit seiner Kamera rückwärts. Wir verfolgen also die Bewegung des Objekts. Bei Autos oder anderen sich bewegenden Motiven geht das natürlich auch. Nur sind wir dann mit unserer sich mitbewegenden Kamera oftmals nicht so schnell wie das Objekt, das wir aufnehmen. In diesem Fall kann ein Mitschwenk helfen. Dabei bleibt die Kamera am selben Standpunkt (z. B. auf dem Stativ), bewegt sich aber von links nach rechts oder von rechts nach links (gemäß der Bewegung des zu filmenden Objektes). Wir schwenken mit. Wenn wir das sehr schnell tun oder die Kamera bewusst am Objekt „vorbeiziehen", nennt man dies Reißschwenk. Wir verreißen die Kamera also bewusst. Sie steht aber immer noch an derselben Stelle auf ihrem Stativ. Das Tempo der Bewegung, die wir ausführen, ist der entscheidende Punkt. Wir können im Tempo der Bewegung des Objektes mitschwenken, langsamer oder schneller. Dies geht auch bei unbewegten Objekten.

Eine weitere dynamische Verwendung der Kamera ist das „zoomen". Dabei bleibt der Standpunkt der Kamera derselbe, wir zoomen (mit dem entsprechenden Kameraobjektiv) dann entweder an ein Objekt heran oder davon weg. Dabei werden dann meist mehrere Einstellungsgrößen übersprungen. Wir können das Zoomen auch dazu nutzen, bewusst in die Unschärfe zu ziehen. Dies geht aber auch bedingt bei einer festen Brennweite, wir können das Objekt zunächst unscharf aufnehmen und dann scharf ziehen oder umgekehrt. Beim Zoomen können wir uns zudem den räumlichen Abstand zwischen zwei Objekten zunutze machen und Schärfe von einem zum anderen Objekt „verlagern". Erst erscheint das eine Objekt scharf, dann wird es unscharf, dann erscheint das andere Objekt scharf. Ob und wir die dynamischen Kamerabewegungen nutzen, bleibt wieder unserer Kreativität bzw. unserem Aussagewunsch überlassen. Wir können durch Bewegungen im Bild verschiedene Bildaussagen treffen. Wichtig ist dabei nur eines:

Jedes Zoomen, jeder Schwenk, jede Fahrt haben einen definierten Anfang und ein definiertes Ende.

Lassen Sie zu Beginn und Ende Ihrer Aufnahme das Bild einige Sekunden ruhig stehen. Zählen Sie vielleicht gedanklich bis drei, bevor Sie mit der Bewegung beginnen und verfahren Sie zum Ende hin genauso. Das ist nur eine Faustregel. Sie können es auch anders lösen. Wichtig ist nur, dass Ihre Bewegung einen Anfang und ein Ende hat.

Eine besondere Form der Bewegung ist die „Subjektive". Bisweilen wird sie auch als Einstellungsgröße oder bei den Perspektiven genannt. Ich definiere sie hier als Kamera-Bewegung, da diese Sichtweise meist mit Bewegung einhergeht. Eine Subjektive bedeutet, dass man das Geschehen aus Sicht einer bestimmten Person wahrnimmt bzw. dass die Kamera eine Bewegung vollzieht, die theoretisch einer Person oder einem Tier zugeordnet werden könnte. Wenn Sie beispielsweise die Kamera sehr tief am Boden über eine Wiese führen und damit ein paar Meter gehen, könnte dies so wirken, als ob sie aus der Perspektive eines Hundes filmen würde. Bei Sportaufnahmen ist die Helmkamera längst üblich. Wir sehen z. B. die Piste aus der Perspektive des Skifahrers, der den Hang herabrast. Mit kleinen oder mobilen Kameras (z. B. GoPro) oder auch schon mit einem Handy lassen sich Subjektiven sehr gut realisieren. Sie werden die entsprechenden Aufnahmen von Hobbyfilmern oder von YouTube sicherlich kennen. Kameras können heutzutage an fast allen erdenklichen Stellen befestigt werden. Am Lenker eines Fahrrads, am Rahmen eines Motorrads, auf einem Surfbrett oder am Mast eines Segelboots. Auch früher schon konnten mit einer normalen Kamera Subjektiven aufgenommen werden, z. B. wenn die Kamera im Führerstand eines Zuges richtig postiert und dann durch das vordere Fenster auf die Schienen gefilmt wurde. Eine subjektive Sicht entsteht auch, wenn Sie die Kamera vor sich halten und auf Ihre Füße richten, während Sie gehen. Die Möglichkeiten sind vielfältig. Eine spezifische Regel für die Anwendung von Subjektiven stelle ich hier nicht auf. Seien Sie sich nur bewusst darüber, woher der Name dieser Bewegung kommt. Sie ahmt eine definierte, eben subjektive, Sichtweise nach. Sie müssen festlegen, wer oder was diese Sichtweise haben soll. Subjektiven sollten motiviert eingesetzt werden.

Montage

Die Filmmontage ist *das* zentrale Element oder Ordnungsprinzip der Filmsprache. Dementsprechend häufig und ausgiebig wurde dazu schon publiziert. Ich verweise hier wieder auf die Literaturliste, in der ich einige Klassiker der Filmanalyse erwähne. Eines gilt es jedoch dabei zu bedenken: Das Verhältnis zwischen Kino und TV/Video entspricht in etwa dem von Literatur zu schriftsprachlichem Journalismus. Dieser Vergleich sollte im übertragenen Sinne verstanden werden und gibt die grobe Richtung vor. In Literatur und Kino werden oftmals fiktive Geschichten erzählt, während der Journalismus immer non-fiktionale Stoffe aufgreift.

Der Unterschied zwischen Kino und Journalismus ist Ihnen wahrscheinlich längst bewusst. Beide Medien nutzen dieselbe Filmsprache. Aber das Kommunikationsmedium Journalismus kann nicht unabhängig von seinem Inhalt und seiner gesellschaftlichen Funktion verstanden werden. Ebenso wie es ein Fehler wäre (vgl. Band 1), den Journalismus auf seine Themen zu begrenzen, wäre es ein Fehler, ihn auf seine Texte (Sprachen) zu reduzieren. Die Grammatik der Filmsprache ist zwar dieselbe, aber das Vokabular unterscheidet sich manchmal. Manche Hinweise oder Beispiele aus der filmtheoretischen Literatur können daher nicht ohne „Übersetzung" unmittelbar auf den Journalismus übertragen werden. Ich präsentiere Ihnen also nur einen sehr begrenzten Ausschnitt der Filmsprache.

In der Montage werden die verschiedenen Einstellungen zu Bildfolgen zusammengesetzt. Dabei ist erst einmal keine Unterscheidung zwischen fiktionalen und nichtfiktionalen Stoffen notwendig. Allerdings möchte ich darauf hinweisen, dass zum Beispiel der Begriff der Sequenz in der Filmtheorie stärker definiert ist als im Journalismus. Aber selbst dort ist die Abgrenzung zum Begriff der Bildfolge oder Szene nicht immer eindeutig bzw. gibt es unterschiedliche Auffassungen darüber, was unter einer Szene und was unter einer Sequenz zu verstehen ist. Im Journalismus wird der Begriff dann noch offener gebraucht. Dies ist zum Beispiel ein Unterschied. Er besteht nicht in der Theorie, sondern in der stark auslegbaren Anwendung in der Praxis. Wenn vom Sequenzprinzip im Journalismus die Rede ist, kann dies eine andere Bedeutung haben als im Film. Es kann sich auf die Bildfolge beziehen, auf Handlungsabläufe, Orts- und Zeitwechsel, aber auch auf dramaturgische Strukturen. Ich schlage daher eine eigene Nomenklatur vor, die Ihnen die Unterscheidung bei Ihrem journalistischen Handeln leichter machen soll. Ich weise zugleich daraufhin, dass andere Autor*innen diese Nomenklatur (da sie nicht ausschließlich über den Journalismus schreiben) so nicht verwenden. Und in der Praxis (siehe oben) werden die Begriffe meist gar nicht fest definiert. Ich definiere sie daher zunächst, bevor ich sie verwende.

Einstellung = Ein spezifisches Einzelbild, das in einer bestimmten Einstellungsgröße und Kadrierung aufgenommen wird (z. B. als Totale, Halbnahe, Close Up/Nahe etc., vgl. Einstellungsgrößen).

Beispiel: Nahaufnahme von einem Menschen mit Zahnbürste im Mund

Szene (Bildfolge) = Mehrere Einstellungen, die örtlich, zeitlich oder durch handelnde Personen visuell zusammengehören – und von Zuschauer*innen als durchgehende Bildfolge verstanden werden.

Beispiel: Detail von Zahnbürste im Mund, Halbtotale Mensch mit Zahnbürste, Nahe Wasserhahn Zahnbürste wird abgespült, Halbnahe Mensch stellt Zahnbürste in Becher/Glas/Aufladestation zurück.

(Visuell) funktionale Sequenz = Eine oder mehrere Szenen, die örtlich, zeitlich oder durch handelnde Personen zusammengehören und einzeln oder kombiniert einen visuellen Zusammenhang mit der Story (dem Beitrag/Video) haben.

Beispiel: Wecker klingelt, Mensch steht auf, wäscht sich, putzt Zähne, macht Frühstück, zieht Mantel an, schließt Tür ab. Der visuelle Bezug der verschiedenen Szenen wird nun in der Sequenz deutlich: Aufstehen und das Haus/Wohnung verlassen. Durch die Kombination der verschiedenen Szenen in Schlafzimmer, Bad, Küche, Flur wird auch die zeitliche Abfolge ersichtlich mit einer eindeutigen Bildaussage. Das ist die Kerndefinition von Sequenz im Film: Eine kleine, in sich abgeschlossene Handlung mit Anfang und Ende. Dramaturgisch hingegen, hat das noch nicht zwingend eine festgelegte Bedeutung.

Dramaturgische Sequenzen = Mehrere Szenen oder Sequenzen, die als Sinneinheit örtlich, zeitlich oder durch handelnde Personen zusammenhängen und neben einem visuell-inhaltlichen Bezug auch eine dramaturgische Funktion innerhalb des Gesamtbeitrags (z. B. Wendepunkt) erfüllen. Dramaturgische Sequenzen können aus einer oder mehreren funktionalen Sequenzen bestehen.

Beispiel: Alles bleibt wie bei der funktionalen Sequenz (siehe oben), aber es gibt eine zusätzliche Szene, in der der Mensch vom Küchentisch eine Fahrkarte oder ein Flugticket aufnimmt oder ein Schriftstück mit Titeln wie „Amtliche Vorladung", „Kündigung", „Schlichtungstermin". In so einem Fall wird die Sequenz dramaturgisch aufgeladen. Sie hat dann eine Bedeutung, die über die rein visuell-funktionale Inhaltsvermittlung hinausreicht. Denn dann wissen wir als Zuschauer*in bereits, dieser Mensch tritt eine Reise an (sogar vielleicht schon wohin, wenn es auf dem Ticket zu lesen wäre), muss vor Gericht, wurde gefeuert oder befindet sich in Scheidung. Bei dem Menschen, der morgens aufsteht und die Wohnung verlässt, wissen wir dramaturgisch rein gar nichts. Es kann um alles gehen: Etwa um sichere Fahrtwege zur Arbeit, die Pendlerpauschale, Stromspitzen zur Morgenzeit, allgemeinen Stromverbrauch durch Haushaltsgeräte etc. Die funktionale Szene ist also eine inhaltlich geschlossene Einheit (Mini-Handlung), aber sie sagt uns noch nichts über die Geschichte. Das kann erst die dramaturgische Sequenz. In diesem Beispiel wäre die dramaturgische Funktion die der klassischen Exposition. Zudem könnte man in dieser Exposition bereits Informationen „säen", die man in späteren dramaturgischen Sequenzen „erntet".[171] Etwa durch ein Bild auf der Couchkommode oder einen Schwenk auf ein anderes Detail – je nach Thema und Story eben.

Dramaturgische Sequenzen können die Exposition, die Konfrontation, verschiedene Konflikte und Wendepunkte, die Krisis, die Klimax oder die Lösung einer Geschichte betreffen. Dies sechs letztgenannten Fachbegriffe stammen wiederum aus dem Theater, genauer gesagt aus der Dramentheorie, nicht aus der Filmtheorie. In der Filmtheorie werden sie aber auch verwendet, ebenso wie im Journalismus. Ein erneuter Beleg für das additive Phasenmodell. Bei der Dramaturgie sind wir aber nicht, sondern bei der Montage.

Montage bedeutet im Kern das Zusammenfügen verschiedener Bilder zu einer Geschichte bzw. zu einem Beitrag. Am ehesten ist sie daher mit dem Prozess des Textens beim schriftsprachlichen Journalismus vergleichbar, auch wenn der Vergleich etwas hinkt. Aber die Einstellungen werden zu Szenen, die Szenen zu Sequenzen und die Sequenzen zu einem Beitrag/Video/Film. So wie die Buchstaben beim Texten zu Worten, die Worte zum Satz und die Sätze zu einem Artikel werden. Deswegen ist die Montage so zentral in der Filmsprache.

Statt Montage wird in der Umgangssprache und im Journalismus auch der Begriff „Schnitt" benutzt. Er stammt aus einer Zeit, als Filme noch auf Filmrollen gedreht wurden und das Filmmaterial im Kopierwerk belichtet werden musste. Es bezieht sich auf einen mechanischen Vorgang. Ich bevorzuge daher den Begriff der Montage, da er das kompositorisch-inhaltliche Element betont und den Prozess der Filmentstehung nach dem Drehen meines Erachtens etwas besser trifft. Aber die Begriffe „Schnitt" oder „einen Beitrag schneiden" sind im Journalismus noch gebräuchlicher. Auch die Berufsbezeichnung „Cutter" leitet sich aus dieser Historie ab. Im englischen Sprachraum heißt es wiederum treffender „Filmeditor". In Deutschland hat sich allerdings der Begriff Cutter*in eingebürgert.

Was bedeutet das Zusammenfügen oder Editieren der Einzelbilder nun im Einzelnen bzw. welche Regeln können wir im Bereich der Montage ausmachen?

Szenenmontage

Erinnern wir uns noch einmal an die verschiedenen Varianten von der Lehrerin im Klassenraum/bzw. in der Schule. Wir wissen schon, dass alle drei Bildfolgen montierbar gewesen wären. Damit ergeben sie rein technisch nach meiner Definition eine Szene. Wir sehen, durch die Kombination verschiedener Einstellungsgrößen und eine festgelegte Reihenfolge können wir eine Szene konstruieren. Dabei können wir (in Bezug auf Handlungen und Motive) letztlich zwei grobe Vorgehensweisen ausmachen. Die Regel dazu ist simpel, aber gerade (fast) immer zu beherzigen. Sie lautet:

In einer Szene nähern Sie sich einer Handlung, einer Person oder einem Objekt (Motiv) an oder Sie entfernen sich von diesem.

171 „Säen" und „ernten" ist eine unscharfe Übersetzung des anglophilen Fachbegriffes „planting and payoff", mit dem aber dasselbe gemeint ist und der ein gängiger Begriff bei Drehbuchschreibern ist.

Bei der Variante mit der Außeneinstellung der Schule zu Beginn hätten wir uns angenähert, bei der Variante mit der Detaileinstellung von der Hand an der Tafel hätten wir uns entfernt. Wir merken uns:

> **Ob wir uns dem Motiv, Person etc. annähern oder uns von diesem entfernen, hat nicht zwingend eine Auswirkung auf unseren Aussagewunsch.**

Es hat aber unter Umständen eine Auswirkung auf die Dramaturgie oder den Aufbau von Spannung. Wenn wir z. B. eine Art Rätsel konstruieren wollen oder wenn wir noch nicht alles am Anfang verraten wollen, wäre eine Detail- oder Großaufnahme zu Beginn durchaus geeignet, obwohl es in vielen Ratgebern heißt, wir müssen immer mit einer Orientierung über den Schauplatz (also einer Totalen/Halbtotalen oder sogar Panoramaaufnahme) beginnen. Wenn wir zum Beispiel die Aussage treffen wollten, dass ein Kabelbrand am Stecker eines Computers einen Brand in einem Bürogebäude ausgelöst hat, könnten wir mit einer Groß oder Nah vom Computer bzw. vom Stecker am verkohlten Computer beginnen. Dann könnten wir uns entfernen und eine Halbtotale von dem Büro anschließen, um schließlich in einer dritten Einstellung das gesamte Gebäude von außen in einer Totale zu zeigen. Die Bildaussage wäre dann sogar spezifischer. Sie wäre in dem Fall nämlich: „Dieses kleine Ding (der defekte Stecker) ist dafür verantwortlich gewesen, dass schließlich das ganze Gebäude gebrannt hat." In der umgekehrten Reihenfolge (also von außen nach innen, Annäherung) wäre sie nicht so eindeutig. Wir würden sehen, dass es in dem Gebäude gebrannt hat und dass auch der Stecker an einem Computer verkohlt ist. Dass der Stecker auch für den Brand verantwortlich ist, würde uns dann erst der Sprechertext mitteilen.

Sehr anschaulich wird es, wenn Sie sich einmal die Reihenfolge von Bildern in einer Bildergeschichte anschauen oder auf die Montage in frühen Stummfilmen achten, gerade bei Slapsticks oder lustigen Geschichten. Ein beliebtes Slapstick-Beispiel ist: Mann rutscht auf Bananenschale aus oder tritt in Hundehäufchen auf der Straße. In welcher Reihenfolge wird hier oft montiert? Als erstes sehen wir das Casus Delikti (also Bananenschale oder Ähnliches), dann den ahnungslosen Mann auf der Straße und dann erst den Ausrutscher.

Es wäre auch die Reihenfolge möglich: Mann auf Straße, Bananenschale, Ausrutscher. Aber niemals Ausrutscher, Straße, Bananenschale. Denn dann würde der Witz oder die Spannung verpuffen. Es wäre nur halb so lustig. In diesem Fall entsteht der Witz dadurch, dass wir als Betrachter*innen mehr wissen als der handelnde Mann. Wir haben die Bananenschale bereits gesehen, der Mann noch nicht. Aber abgesehen von Witz oder Spannung kann es noch unzählige andere Gründe geben, warum wir mit einem Detail oder einem einzelnen Element einer Szene anfangen und nicht mit der Orientierung. Denn das Detail kann den Zuschauer*innen unter Umständen sehr wichtige Informationen über das „Warum?" liefern, das wir als W-Frage bislang noch außen vorgelassen haben. Daraus können wir aber jetzt nicht die Regel ableiten: Detail = Antwort auf die Warum-Frage. Es kann so sein, muss es aber nicht. Fest steht nur, das wir eben nicht zwingend immer mit einer orientierenden Einstellung anfangen müssen bzw.

dass nicht nur Totalen geeignete „Establishing Shots“ sind. Als Establishing Shot bezeichnet man das oder die ersten Bilder einer Szene.

Oftmals liest man zum Establishing Shot etwas in dieser Art: „Damit sich der Zuschauer in der Szene gut zurechtfinden und dem weiteren Verlauf der Geschichte folgen kann wird diese Eröffnungsszene meist total aufgenommen um ein umfangreiches Bild davon zu machen, wo sich die Charaktere aufhalten.“[172]

Wir wissen nun, dass muss nicht so sein. Der Grund, warum man dies so oder so ähnlich oft liest, ist der Kino-Bezug dieser Lexika oder ihre filmtheoretische Herleitung. Damit wird vielleicht der Hintergrund meiner Vorrede jetzt noch einmal deutlicher. Im Journalismus brauchen wir die etablierende Totale oftmals nicht. Wir berichten oft über Orte und Geschehen, die den Zuschauer*innen bekannt sind. Wenn wir z. B. über eine Bundestagsrede berichten, brauchen wir den totalen Außenschuss vom Reichstag nicht. Außenschüsse von Gebäuden oder vorfahrende Limousinen sind meist so langweilig, dass sie die Zuschauer*innen kaum vermissen werden. Es sei denn, es gäbe dort etwas Besonderes zu sehen, z. B. Demonstranten. Für die Orientierung brauchen wir sie aber keineswegs. Wir können direkt im Plenum starten. Denn wir haben für unseren Beitrag nicht so viel Zeit wie ein Kinofilm. Wir müssen möglichst schnell zum Punkt kommen. Zeit spielt bei der Montage eine wichtige Rolle.

Zeit in der Filmsprache

Aus dem Deutschunterricht kennen viele Menschen noch den Unterschied zwischen „Erzählzeit“ und „erzählter Zeit“. Die Erzählzeit ist die Zeit, die Leser*innen dafür benötigen, einen Text oder ein Buch zu lesen. Das ist individuell unterschiedlich. Im Film oder im audiovisuellen Journalismus entspricht die Erzählzeit jedoch der Film- bzw. Beitragslänge. Die erzählte Zeit hingegen ist die Zeit, über die sich die erzählte Geschichte erstreckt. Bei Familiensagas oder historischen Abhandlungen kommen da gerne einmal mehrere Jahrhunderte zusammen. Es kann aber auch nur ein einziger Tag (im Leben von XY) sein. Es kommt immer auf das Buch oder den Text an. Im Journalismus ist es nicht anders. Wir merken uns:

> **Im audiovisuellen Journalismus wird die Dauer eines Geschehens oder einer Handlung verkürzt oder verlängert. Dies geschieht visuell durch das filmsprachliche Mittel der Montage bzw. „im Schnitt“.**

Ganz praktisch heißt das auch: Unser gedrehtes Rohmaterial ist fast immer deutlich länger als der geschnittene Beitrag. Es gibt sehr seltene Fälle, in denen die Länge des gedrehten oder Archiv-Materials (Grafik etc.) exakt so lang ist wie der fertige Beitrag. Auf diese Ausnahmen gehe ich hier nicht ein. Mit dem Unterschied von Erzählzeit und erzählter Zeit hat dies nämlich nichts zu tun. Selbst bei der sogenannten Echtzeitberichterstattung oder bei Live-Schalten (bei denen nicht geschnitten wird) gibt es diesen Unterschied noch. Wenn beispielsweise eine

172 Vgl. Filmlexikon Establishing Shot IN: https://nur-muth.com/filmlexikon/establishing-shot/ (19.5.2021, 17.57 MEZ).

Reporterin davon berichtet, dass die Ministerrunde bereits seit fünf Stunden tagt, wird sie dafür nicht fünf Stunden benötigen, sondern vielleicht maximal fünf Sekunden. Diesen Unterschied müssen wir uns vergegenwärtigen, um das Prinzip der Montage besser zu verstehen.

Eine Montage im Journalismus verkürzt meist nicht nur die erzählte Zeit visuell, sondern auch die „reale Handlungszeit." Den Begriff der realen Handlungszeit benutze ich hier in Abgrenzung zum Begriff der erzählten Zeit und der Erzählzeit.

Ein Beispiel: Wir machen einen Beitrag über den alltäglichen Stau in Ballungsräumen und über die dadurch entstehende Umweltbelastung. Wir beginnen unseren Beitrag „pars pro toto" (Fallbeispiel) mit einem Autofahrer, der sich auf den Weg zur Arbeit begibt. Seit drei Jahren ist er Berufspendler. Sein täglicher Fahrweg sind eineinhalb Stunden für eine Strecke. Dann wäre die reale Handlungszeit drei Stunden pro Tag (für Hin- und Rückfahrt). Die erzählte Zeit aber beträfe drei Jahre.

Die erzählte Zeit bezieht sich immer auf eine Zeitspanne. Sie kann unendlich sein; etwa wenn wir die Geschichte des Kosmos erzählten oder über eine Familiendynastie berichteten. Unsere Beitragslänge ist es nicht. Sie liegt vielleicht in einer täglichen Nachrichtenmagazin-Sendung bei drei Minuten. Die drei Minuten sind die Erzählzeit des gesamten Beitrags.

Aber das ist nicht die Länge der Sequenz, in der wir bei unserem Autofahrer bleiben. Die läge vielleicht bei noch nicht einmal 30 Sekunden. Sie könnte so aussehen:

Einstellung 1: (Halbtotale) ca. 6 Sekunden

Adam Autofahrer kommt aus (seinem) Haus und geht zum Auto.

Einstellung 2: (Detail) ca. 3 Sekunden

Hand an Türklinke

Einstellung 3: (Close up/Nah vom Auspuff des Autos) ca. 5 Sekunden

Auspuff (von der Türseite), dann Qualm, Auto fährt an. Kurze Schärfenverlagerung in die Unschärfe auf den Qualm.

Sprechertext zu diesen ersten drei Einstellungen: „Adam A. ist einer von XY tausend Berufspendlern. Seit drei Jahren fährt er eineinhalb Stunden zur Arbeit. Dieselbe Strecke zurück. Falls er fährt. Denn meist steht er im Stau. Das nervt:

Einstellung 4: (Groß) ca. 15 Sekunden

Adam A. sitzt im Auto (heruntergekurbeltes Fenster, Kopf zu uns) und spricht:

„Puh, endlich angekommen. Das ist schon richtiger Mist. Zu meiner alten Arbeit war ich nur fünf Minuten unterwegs. Den Job hatte ich fünf Jahre. Aber dann hat die Firma Pleite gemacht und ich brauchte einen neuen Job. Jetzt steck ich jeden Tag im Stau."

Der Unterschied der verschiedenen Zeitebenen sollte deutlich geworden sein. Hier noch einmal in der Zusammenfassung und um zwei weitere Zeitbegriffe ergänzt.

Erzählte Zeit: Drei Jahre (über welche (maximale) Zeitspanne erfahren wir etwas?)
Reale Handlungszeit: 1,5 Stunden (wie lange hat die Handlung, die wir gesehen haben, in der Realität gedauert?)

Drehzeit (wie lange haben wir dafür gebraucht, das Gesehene aufzunehmen?) = ca. 30 Minuten, wenn es gut lief. Die Fahrzeit zu Adams Arbeit nicht mitgerechnet. Die Drehzeit bezieht sich hier aber nur auf die beschriebene Sequenz, nicht auf den gesamten Beitrag. Dafür könnten wir leicht einen ganzen Tag gebraucht haben.
Materialzeit (wie lang ist unser Rohmaterial für die entsprechende Sequenz) = vielleicht drei bis Minuten – wieder für die Sequenz. Aber nur, wenn alles sofort geklappt hat.
Erzählzeit Sequenz: etwa 30 Sekunden (wie lange haben wir die Handlung im Bild gesehen), inklusive 15 Sekunden für den O-TON.
Erzählzeit Gesamtbeitrag: drei Minuten

Dieses Vorgehen, also das extreme Zusammenfassen (bisweilen auch Ausdehnen) von Zeit, ist Kern des filmischen Arbeitens im Journalismus.

Szenen, Aussagen und Sequenzen

Unser Beispiel-Adam wird uns noch etwas auf unserem Gedankenweg begleiten. Die ersten drei Einstellungen bilden eine Szene. Wir sehen einen Menschen, der zu einem Auto geht und dann wegfährt. So fühlt es sich jedenfalls an. Aber Moment. Was sehen wir wirklich? Wir sehen einen Mann, der zu einem Auto geht. Wir sehen eine Hand an einer Autotür. Wir sehen einen Auspuff, der zunächst nicht qualmt und dann doch. Dabei wird das Bild durch den IT (vgl. nächstes Kapitel) unterstützt. Wir hören das Geräusch eines Autos, das anspringt. Was passiert dabei in unserem Kopf? Wir gehen davon aus, dass der Mensch eingestiegen ist und wegfährt. Aber wir sehen es, genau genommen, nicht. Der Mensch hätte auch am Auto vorbeilaufen können. Die Hand an der Türklinke hätte die Hand eines anderen Menschen sein können. Der qualmende Auspuff und das Geräusch sind zwar Indices (vgl. Zeichentheorie) für das Anspringen des Motors. Aber das heißt noch lange nicht, dass das Auto auch wegfährt. Aber selbst, wenn wir uns den Sprechertext wegdenken bzw. die Szene ohne Sprecherton (nur IT) anschauen würden, würden wir automatisch einen Bezug zwischen den drei Einstellungen herstellen und sie als zusammenhängend wahrnehmen. Das ist mit dem Begriff (visuell) funktional gemeint. Die Bildaussage ist: Ein Mann steigt in ein Auto und fährt weg. Dass wir dies so verstehen, hat wahrnehmungspsychologische Hintergründe. Wir denken Handlungen und Bewegungen, die wir in der Filmsprache sehen, immer weiter oder zu Ende. Wenn jemand eine Weinflasche entkorkt und ein Weinglas daneben steht in einer ersten Einstellung und wir in der zweiten ein volles Weinglas sehen, denken wir automatisch, der Wein stammt aus der Flasche, obwohl das visuell nicht belegt wurde. Erst wenn auf der entkorkten Flasche Rotwein gestanden hätte, in dem vollen Glas aber Weißwein wäre, würden wir stutzig werden. Dasselbe gilt, wenn eine Person durch eine Tür geht und wir danach die Person in einem Raum sehen. Wir denken, dies wäre die Tür zu diesem Raum gewesen. Für die Montage heißt das:

> **Die Reihenfolge der Einstellungen ist entscheidend. Wir brauchen aber nicht immer einen durchgehenden visuellen „Beweis“ für eine Handlung.**

Weiterhin erinnern wir uns daran: Eine als zusammengehörig wahrgenommene, sinnergebende Bildfolge verschiedener Einstellungsgrößen ist eine Szene.

Eine Szene hat immer eine Bildaussage. Die Bildaussage muss zum Aussagewunsch passen.

Bildaussage und Aussagewunsch sind nicht identisch oder synonyme Begriffe. Ganz im Gegenteil. Daran möchte ich hier noch einmal erinnern. Für die Montage ist dies sehr wichtig. Für die Aufnahme (das Drehen) natürlich auch schon. Der Aussagewunsch ist das, was wir als Autor*innen aussagen wollen und im Kopf haben. Die Bildaussage hingegen ist das, was man allein aus den Bildern und ggf. ergänzendem IT verstehen kann (vgl. Kasten).

Aussagen im Bewegtbild

Aussagewunsch: Was wollen Autor*innen, dass Zuschauer*innen verstehen und fühlen? (kognitives und emotionales Ziel eines Filmes/Beitrages/Videos/Clips)
Bildaussage(n): Was sehen Zuschauer*innen?
Wort und Tonaussage(n): Was hören Zuschauer*innen?
Filmaussage: Was sagt der Beitrag/Film insgesamt auf einer seiner beiden Ebenen (kognitiv/emotional) tatsächlich aus?
Kommunikation: Was verstehen Zuschauer*innen?

Bei Adam Autofahrer wollten wir in der Szene ausdrücken, dass Adam zur Arbeit fährt (Aussagewunsch). Die Zuschauer*innen sehen einen Mann, der mit einem Auto wegfährt (Bildaussage). Aussagewunsch und Bildaussage passen zusammen. Sie widersprechen sich auf jeden Fall nicht. Ist das aber nicht immer so? Nein – es sieht immer nur sehr einfach und logisch aus, wenn es richtig gemacht wurde. Aber nehmen wir einmal an, der Auspuff im Bild hätte geraucht, bevor die Tür des Autos aufgegangen wäre? Das wäre ein Schnittfehler gewesen. So würden wir nicht montieren. Aber bei komplexeren Handlungsabläufen oder wesentlich mehr Einstellungen pro Szene kann es schon sehr anspruchsvoll sein, eine logische Bildfolge ohne Schnitt- und Anschlussfehler zu montieren. Versuchen Sie einmal die Bewegung eines Krans, der einen Container von einem Schiff hebt, zu montieren. Das hört sich einfach an? Mag sein, wenn alles richtig aufgenommen wurde. Aber haben Sie bedacht, dass der Kran eine Kugeldrehverbindung hat, sich also sowohl nach oben, unten, aber eben auch 360 Grad um seine eigene Achse drehen kann? An welcher Schiffsseite wird entladen? Ich habe schon TV-Beiträge gesehen, in denen der Kran Richtung Seeseite schwenkt, der Container aber auf der Landseite abgesetzt wird. Dies als genereller Warnhinweis für die Montage bei bewegten oder sich bewegenden Motiven. Je nach Komplexität kann man schon einmal den Überblick verlieren – vor allem, wenn man das Handwerk der Filmeditoren nicht gelernt hat und als Journalist*in seinen eigenen Film schneiden muss. Dies erfordert Erfahrung und ständige Übung.

Aber selbst bei korrekter Schnittfolge muss die Bildaussage noch lange nicht mit dem Aussagewunsch zusammenpassen. Je komplexer oder abstrakter ein Aussagewunsch ist, umso schwerer ist es, eine klare Bildaussage dazu zu finden. Bildaussagen allein sind nicht immer eindeutig und vor allem nicht ausschließlich. Ein und dieselbe Bildaussage kann für sehr unterschiedliche Aussagewünsche herhalten bzw. können wir verschiedene Aussagen mit denselben Bildern treffen.

Zur Erläuterung dieser Überlegung bleiben wir bei Adam. Wir haben gesagt, dass die ersten drei Einstellungen eine Szene bilden. Weiterhin haben wir gesagt, dass Bildaussage und Aussagewunsch zusammenpassen. Dann stellt sich aber noch folgende Frage: Woher wissen wir überhaupt, dass Adam zur Arbeit fährt und nicht vielleicht zum Einkaufen. Visuell erfahren wir das nicht, sondern erst durch den Text. Wir hätten aber durchaus Möglichkeiten, dies bereits visuell in einer funktionalen Sequenz auszudrücken. Was hat Adam an? Was hat er in der Hand? Adam trägt einen Anzug (oder ein Jackett und Stoffhose) und schwenkt einen Aktenkoffer in der Hand. Beides sind Indices (Vgl. Zeichentheorie, Band 1). Anzug und Aktenkoffer sind Anzeichen für Arbeit, ebenso wie der qualmende Auspuff auf Fahren hindeutet. Hätte Adam eine Sporttasche in der Hand und einen Jogginganzug an, wohin würde er dann fahren? Oder in Sweatshirt und Jeans mit einem Einkaufskorb in der Hand? Natürlich sind dies Stereotype oder visuelle Klischees. Adam könnte auch in Jogginghose zur Arbeit fahren. Wer weiß, vielleicht ist sein neuer Job in einem Fitness-Center. Aber wenn wir als Zuschauer*innen Adam mit Aktenkoffer und im Anzug sehen, würde die Bildaussage schon eindeutiger zum Aussagewunsch passen. Aber ausschließlich wäre die Bildaussage immer noch nicht. Theoretisch könnte Adam auch zu seiner Bank (vielleicht braucht er einen Kredit?) oder zu einem Notar (vielleicht will er eine Immobilie kaufen?) fahren. Das Bild sagt uns immer noch nicht „Dieser Mann fährt zur Arbeit". Wenn wir aber noch eine oder zwei Einstellungen in die Szene montiert hätten, in denen Adam eine SMS auf seinem Smartphone empfängt, hätten wir es noch ausschließlicher machen können. In der SMS sehen wir als Zuschauer*innen den Absender, der heißt z. B. dann Boss/Chef/Firma, und die SMS könnte lauten: „Meeting heute 9.30 Uhr" oder „Adam, Du musst heute länger bleiben. Kati ist krank geworden". Würden wir diese Einstellung(en) noch in die Szene einbauen, wären wir sehr nah an der Ausschließlichkeit. Die Regel lautet also:

> **Passen Sie Ihre Bildaussage immer Ihrem Aussagewunsch an. Je ausschließlicher, desto besser. Achten Sie auf funktionale Sequenzen.**

Wenn eine Szene (Bildfolge) eindeutig und verständlich ist, können Sie sie für verschiedene Bildaussagen nutzen. Dies ist vor allem bei Archivmaterial wichtig, auf dessen Zusammensetzung Sie keinen Einfluss haben, weil Sie es nicht selbst drehen konnten. Aber Sie haben Einfluss auf die Montage. Nutzen Sie ihn.

Wenn wir Adam nun in der ersten Szene eindeutig auf den Weg zur Arbeit geschickt haben, haben wir aber noch keine dramaturgische Sequenz erzeugt. Denn die Szene steht noch in keinerlei Bezug zum Inhalt und zur Filmaussage. Der Bezug entsteht in unserem Beispiel erst durch den folgenden O-Ton. Stattdessen hätten wir im Anschluss an die Einstellung auch ein Bild von Adams Auto im Stau zeigen können. Wichtig wäre dabei gewesen, dass es das Auto aus der ersten Einstellung hätte sein müssen. Falls nicht, hätten wir schon einen Anschlussfehler produziert. Weiterhin wichtig wäre gewesen, dass wir das Auto in einer weiteren (größeren) Einstellung hätten zeigen müssen. Erstens, damit der Zuschauer sehen kann, dass es im Stau steht. Hier wäre die Orientierung wichtig. Und zweitens, weil wir von einem Close Up gekommen sind. Das war die Einstellungsgröße des Auspuffs, der O-Ton fehlt jetzt. Damit, mit einer Totalen von der Autobahn und dem Auto im Stau (vielleicht von einer Brücke herab gefilmt, leichte Vogelperspektive) hätten wir passend montiert und zumindest nichts falsch gemacht. Die Regel, die man oft liest, dass wir immer zwingend eine Einstellungsgröße überspringen müssen, ist in ihrer Absolutheit falsch. Dabei werden Blickwinkel oder Kameraperspektiven mit der Einstellungsgröße verwechselt. Wir könnten auch dieselbe Einstellungsgröße nehmen, aber einen anderen Blickwinkel. Wenn wir sowohl die Einstellungsgröße deutlich verändern als auch den Blickwinkel, wird der „Sprung" jedoch deutlicher. Eine Regel will ich daher hier nicht ableiten, außer dem allgemeinen Hinweis:

> **Achten Sie darauf, dass Zuschauer*innen aufeinanderfolgende Einstellungen entweder nicht mehr als Einzelbilder wahrnehmen oder sie bewusst unterscheiden können.**

Wie Sie das tun, bleibt Ihnen überlassen, Hinweise dazu gibt es später. Wir halten hier lediglich fest, dass eine Szene noch nicht automatisch eine Sequenz ist. Im veränderten Adam-Beispiel hätten wir die ersten drei Bilder als Szene mit der Bildaussage (Ein Mann fährt zur Arbeit) verstehen können oder aber eine Szene(n) aus vier Bildern (mit Staubild oder mit O-Ton) bereits als erste dramaturgische Sequenz. Dann wäre die Bildaussage: Ein Mann fährt zur Arbeit und steht dabei im Stau. Letzteres, der Stau entweder sichtbar oder durch den Sprechertext und O-Ton verdeutlicht, macht hier aus der funktionalen Sequenz die dramaturgische Sequenz. Zumindest in meiner, für den Journalismus aufgestellten Definition. Eine abgeschlossene Handlung allein ist für mich noch keine Sequenz, sondern eine Szene. Es kann auch abgeschlossene Handlungen (so wird der Begriff Sequenz in der filmtheoretischen Literatur oft definiert) ohne direkten Bezug zum Thema/Inhalt geben bzw. kann dieselbe Handlung (Szene oder Sequenz) für verschiedene Themen genutzt werden. Wir hätten Adam Autofahrers Fahrt zur Arbeit auch nutzen können, um einen Beitrag über das Home-Office zu erstellen. Dann wäre der Text vielleicht zu Anfang sogar derselbe gewesen. Wir erinnern uns, der lautete:

> „Adam A. ist einer von XY tausend Berufspendlern. Seit drei Jahren fährt er täglich drei Stunden zur Arbeit. Falls er fährt. Denn meist steht er im Stau."

An diese erste Szene hätte sich dann eine zweite Szene angeschlossen, vielleicht diese hier:

1. Eva Elektrik (Halbtotale von Wohnzimmer, Eva am Schreibtisch mit Computer)
2. Finger von Eva auf Einschaltknopf des Computers (Detail)
3. Eva tippt auf der Tastatur (Halbnahe, vielleicht von der Seite)

Und dazu der Text:

> „Eva Elektrik macht das anders. Sie spart sich den Stau und arbeitet von zu Hause. Das Home-Office macht's möglich."

Schon wären wir bei einem komplett anderen Thema gewesen. Die Bildaussage der zweiten Szene wäre gewesen: Eine Frau schaltet im häuslichen Umfeld den Computer ein. Das hätte visuell noch nicht auf das Thema Home-Office hingedeutet. Erst durch den Text hätten wir davon erfahren und es wäre eine funktionale Sequenz entstanden. Eva Elektrik am Computer hätten wir ansonsten auch für das Thema virtuelles Einkaufen oder Digitalisierung im Alltag nutzen können. Wieder eine Szene, die noch keinen inhaltlichen Bezug zum Thema hatte. Also auch keine Sequenz, dennoch eine abgeschlossene Handlung (Computer anmachen). Der Unterschied zwischen Szenen, Aussagen und Sequenz sollte inzwischen deutlich geworden sein. Kommen wir nun zu den Montagetechniken.

Montagetechniken

Um gut montieren zu können, brauchen wir ausreichend Material. Aber im Journalismus auch nicht zu viel, da journalistische Beiträge in wesentlich kürzeren Zeiträumen entstehen als Filme und wir ansonsten in der Materialflut ertrinken würden. Für eine Minute Beitragslänge wird in der Aktualität oft nach der Faustregel eine bis eineinhalb Stunde Montage (Schnitt) kalkuliert. Das ist manchmal viel zu wenig Zeit. Daher gilt die Faustregel auch nicht überall und nicht für jede Art von Beitrag. Fakt ist aber, dass die Montagezeit kostbare Zeit ist. Im Nachrichtengeschäft kann es sogar so sein, dass Journalist*innen noch weniger Zeit für den „Schnitt" zur Verfügung steht. Da muss ein Kurzbeitrag von 1.30 Minuten manchmal auch in weniger als einer Stunde fertig sein – gerade bei „Breaking News". Als Journalist*innen sollten wir unser Material vor dem Schnitt genau kennen und nicht erst im Schnitt mit dem Sichten beginnen. Wir merken uns:

Denken Sie schon beim Drehen an die spätere Montage

Dies bedeutet unter anderem, dass wir beim Drehen als Hilfsmittel die ***30 Grad Regel anwenden*** können. Sie stammt aus dem Kino und besagt, dass sich die Kameraposition bei ein und derselben Einstellung, bei identischem Raum und gleichem Sujet in ihrem Kamerawinkel zur vorherigen um mindestens 30 Grad unterscheiden soll. Bleibt die Kamera auf einer Achse, muss sich der Bildwinkel der Optiken durch die verschiedenen Brennweiten (vgl. Bildsprache), die in zwei aufeinander folgenden Einstellungen verwendet werden, ebenfalls um 30 Grad unterscheiden. Wird die Distanz zwischen Kamera und Objekt verändert, sollte der Heran- oder Wegsprung ausreichend groß sein. Hier stimmt dann der Ansatz wieder, dass es hilft, eine Einstellungsgröße zu überspringen. Grundsätzlich dienen alle Anwendungen der 30-Grad-Regel dem Zweck, den ich in meiner Regel (Achten Sie darauf, dass der Zuschauer aufeinanderfolgende Einstellungen auseinanderhalten kann) oben bereits genannt hatte. Die Differenz zwischen den Einstellungen muss für die Wahrnehmung ein solches Maß an Unterschiedlichkeit einnehmen, dass die Veränderung nicht als Fehler, sondern als tatsächlicher „Sprung“ (heran oder weg oder an einen anderen Ort/Zeit) wahrgenommen wird.

Jump Cut

Diese Erkenntnis macht sich der Jump Cut (Sprungschnitt, so nennt ihn nur niemand) zu eigen bzw. er funktioniert aufgrund unserer Wahrnehmung. Der Jump Cut ist ein Schnitt zwischen zwei Einstellungen, die hinsichtlich Kameradistanz und Bildausschnitt identisch sind, aber einen Sprung in der Handlung vollziehen. Ein Jump Cut ist deutlich zu sehen. Falls nicht, würde er wie ein Fehler wirken. Die Montage nutzt ihn meist, um unterschiedliche Einstellungen oder getrennte Orte gezielt zu verbinden oder bewusst zu trennen. Im Journalismus sind Jump Cuts sehr häufig zu sehen.

Match Cut

Der Match Cut (zusammenfügender Schnitt) funktioniert umgekehrt. Er stellt eine Verbindung her, wo eigentlich keine ist. Beim Match Cut werden die Einstellungen so montiert, dass das Bildzentrum zweier aufeinanderfolgender Bilder an dergleichen Stelle liegt. Manchmal ist daher auch vom „unsichtbaren“ Schnitt (invisible cut) die Rede. Der Match Cut erzeugt den Eindruck eines Ineinanderfließens der verschiedenen Einstellungen. Dabei kann das visuelle Fließen der Einstellungen in der Wahrnehmung die Kontinuität der Handlung hervorrufen. Aber nur, wenn vorher richtig (z. B. auf „Anschluss“) gedreht wurde. Wir erinnern uns an das Beispiel von der Hand der Lehrerin an der Tafel (Detail und dann Wegsprung in die Halbnahe). Durch diese Montagetechnik gewinnen wir den Eindruck, die Lehrerin habe gerade etwas an die Tafel geschrieben. Deswegen kann es aber umgekehrt gerade reizvoll sein, den Match Cut zu nutzen, um verschiedene Personen (statt der Lehrerin die Kultusministerin) visuell miteinander zu verbinden. Dies sieht man im Journalismus allerdings nicht allzu oft. Ein Match Cut kann angeregt sein durch die Ähnlichkeit der Handlungen zweier Personen, die man im gleichen Bildfeldbereich sieht oder durch die Ähnlichkeit der Handlungen derselben Person zu unterschiedlichen Zeitpunkten. Dem Match Cut oder der Methode des unsichtbaren Schnitts kommt große Bedeutung im Kino zu.

Im Journalismus wird sie meist bei längeren Beiträgen genutzt. Dies liegt daran, dass man erstens beim Drehen schon etwas mehr Zeit dafür benötigt, die passenden Einstellungen und Bildfeldbereiche in den „Kasten“ (veralteter Fotografenausdruck für die Kamera) zu bekommen. Zweitens muss man bei der Montage sehr sorgfältig arbeiten, damit etwas „fließt“. Die Zeit im Journalismus ist oft zu gering, um es „schön“ zu machen. Das bedeutet aber nicht, dass ein Jump Cut nicht auch schön oder unaufwändig wäre. Da dabei der Schnitt aber nicht verdeckt wird und sichtbar sein soll, haben wir in der Regel mehr Möglichkeiten bei der Materialauswahl. Wir müssen nicht erst nach Einstellungen suchen, bei denen das Bildzentrum an der gleichen Stelle liegt. Zudem nutzten manche Editor*innen und Journalist*innen den Jump Cut ganz bewusst aus Transparenzgründen. Sie möchten den Zuschauer*innen nicht verhehlen, dass sie geschnitten haben.

Selbst ein misslungener Jump Cut, der filmsprachlich wie ein Fehler wirkt, wird im YouTube-Zeitalter nicht mehr unbedingt als solcher wahrgenommen. Wenn in einem YouTube-Video jemand (in einer Großeinstellung oder in einer Halbnahen) zu uns spricht, springt das Bild andauernd. Dies liegt daran, dass der Ton geschnitten wird (die Aussage gekürzt oder verschiedene Aussagen aneinandergefügt werden), ohne sonderlich auf das Bild zu achten. Fernsehjournalist*innen würde ich dies nicht empfehlen. Die gängige Regel dort lautet vielmehr:

Wenn Sie in einem O-Ton schneiden, achten Sie auf das Bild. Nutzen Sie Zwischenschnitte oder setzen Sie bewusst eine (sichtbare) Blende. Noch besser: Schneiden Sie überhaupt nicht innerhalb eines O-Tons, sondern suchen Sie eine passende, zusammenhängende Passage.

An dieser Stelle möchte ich einen generellen Exkurs einfügen. Denn dies (die O-Ton Regel) ist eine Stelle, an der wir reflektieren sollten, dass alle Gestaltungsregeln immer nur so lange gelten, bis sie jemand (erfolgreich) bricht.

Regeln wie

- Nur der Match Cut ist eine saubere Montage.
- Sie müssen immer eine Einstellungsgröße überspringen.
- Eine Einstellung muss mindestens so lange „stehen“ (im Bild bleiben), wie es dauern würde, das Gesehene auszusprechen.

sollten Sie hinterfragen.

Was ist genau gemeint? Zu welchem Zeitpunkt sind die Regeln entstanden? Was ist ihr Hintergrund (z. B. Fernsehen, Theater oder Kino-Regel?) Ist die Regel immer gültig oder gibt es begründete Ausnahmen? Welche?

Greifen wir die letztgenannte Regel heraus. Diese Regel stammt noch aus der Blütezeit des Fernsehjournalismus. Dadurch sollte Zuschauer*innen geholfen werden, komplexe non-fiktionale Inhalte zu verstehen. Es ging im Journalismus nicht um fiktive Spielszenen wie im Kino, sondern vielleicht um die Ostverträge. Die Regel hatte und hat (in gewissen Fällen) heute noch ihre Berechtigung. Inzwischen haben sich aber der Medienkonsum und damit auch die Sehgewohnheiten deutlich verändert. Nicht nur bei jüngeren Generationen. (vgl. Teil II Trends und Entwicklungen). Der Kontext, in dem wir kommunizieren, ist ein anderer geworden. So könnte meine gerade aufgestellte „O-Ton-Regel“ auch für das Fernsehen vielleicht bald überholt sein, wenn sich niemand mehr ästhetisch an „falschen“ Jump Cuts stört. Umgekehrt könnten YouTuber aber auch die Regel befolgen, wenn sie deren Sinn nachvollziehen können. Manche tun dies bereits. Dass sich Regeln verändern, ihre Gültigkeit verlieren oder neue Gültigkeit erlangen, ist keine überraschende Erkenntnis.

Aus der Regel „eine Einstellung so lange stehen lassen, wie es dauert...“ wurde im Journalismus irgendwann die 5-Sekunden-Regel (eine Einstellung soll mindestens fünf Sekunden sichtbar bleiben). Die Regel stand zwar in keinem Lehrbuch, galt aber in der Praxis weitgehend als akzeptiert. Doch dann kam in den 1980er Jahre MTV auf den deutschen Markt. Dort waren Musikclips, in denen die Einstellungen nur eine Sekunde im Bild blieben, zu sehen. Wer zuvor aufmerksam Fernsehen geschaut hatte, kannte Ähnliches schon aus Werbeclips. Eine schnelle Bildfolge erzeugte Dramatik, Geschwindigkeit, Bewegung in der Wahrnehmung der Zuschauer*innen. Das war am Anfang etwas ungewohnt, aber langweilig war es auf keinen Fall. Einige gestandene Journalist*innen und Editoren*innen argumentierten in dieser Zeit gegenüber Jungredakteur*innen und Volontär*innen, dass Werbe- und Musikclip kein Journalismus sind. Das war und ist zweifelsfrei richtig. Aber was hatte das damit zu tun, dass eine Einstellung zwingend immer mindestens fünf Sekunden im Bild bleiben musste? Was richtig war und ist, ist die Tatsache, dass die Einstellung verstanden werden sollte, entweder als Einzelbild oder innerhalb einer Szene. Heute sehen wir auch im Journalismus Einstellungen, die vielleicht nur eine oder zwei Sekunden lang sind. Am Ende eines Beitrages sollte man jedoch beim klassischen Live-TV, keine allzu kurze Einstellung verwenden, weil sonst die Regie vielleicht ein Problem bekommt, aus dem Beitrag auszusteigen. Wenn der Beitrag aber gar nicht mehr traditionell in einer Sendung läuft, sondern als Einzelbeitrag in Social Media, kann man die Regel wieder vergessen bzw. hat sie nur ästhetische Bedeutung.

Für alle hier aufgestellten Regeln gilt daher eine wichtige Voraussetzung. Denken Sie an den Kontext, in dem ich sie aufstelle, an meine Idee der Übertragbarkeit und daran, dass ich Regeln suche, die nicht nur ausschließlich für einen Ausspielweg gelten (es sei denn, ich gebe das explizit an), sondern Regeln der genannten „Sprachen“ sind. Noch ein Bonmot zum Thema Einstellungslängen. Bereits 1959 (Uraufführung 1960) hat Alfred Hitchcock im Film „Psycho“ in der berühmten Duschsequenz 78 Kameraeinstellungen in 52 Schnitten montiert. So neu war das sogenannte „Fast Cutting“ (schnelle aufgeregte Schnitte) also bereits in den 1980er Jahren gar nicht mehr.

Handlungsachsen

Nun aber zurück zu den Montagetechniken und deren Regeln. Eine wichtige Regel betrifft die sogenannten Handlungsachsen. Dabei gilt meist:

Sie dürfen sich auf den Handlungsachsen nicht mehr als 180 Grad bewegen.

Als Handlungsachsen können Sie sich horizontale oder vertikale Linien vorstellen, die eine Szenerie oder ein Motiv wie ein gedachtes Kreuz durchziehen. Dann wird die 180-Grad-Regel schnell verständlich. Sie meint, dass alle Handlungen und Motive auf der einen Seite der Achse möglich sind. Ein simples Beispiel: Zeigen Sie zunächst ein Gebäude (Erste Einstellung), dann kann in der zweiten Einstellung eine Person direkt vor dem Gebäude, links oder rechts, stehen – aber niemals dahinter. Die Person könnte auch auf dem Dach des Gebäudes stehen, aber dann nicht in der kommenden Einstellung auf einmal wieder davor. Denn dann wären Sie über die gedachte (horizontale) 180-Grad-Achse gesprungen. Die Person dürfte auch nicht erst am äußeren linken Rand der Dachterrasse und in der darauffolgenden Einstellung am rechten Rand stehen. Denn dann wäre die Vertikalachse des Bildes übersprungen worden. Eine Ausnahme bzw. ein anderer Fall wäre es, wenn man im Bild gesehen hätte, wie die Person von links nach rechts gegangen ist. Das wäre möglich, denn dann wäre die Einstellung als solche nicht verlassen bzw. geändert worden. Es hätte lediglich eine sichtbare Bewegung stattgefunden. Ein Auto oder ein Zug etc. können von links nach rechts durch das Bild fahren. Bei der nächsten Einstellung müssen Sie dann bedenken, auf welcher Seite das Auto aus dem Bild gefahren ist. Nur auf dieser Seite könnten Sie dann anschließen. Denn es wäre unlogisch, dass ein Auto, das rechts aus dem Bild gefahren ist, auf einmal links steht. Das ist besonders wichtig, wenn Zuschauer im Hintergrund vielleicht ein Gebäude gesehen haben, an dem das Auto vorbeigefahren ist. Denn dann haben sie neben ihrer räumlichen Wahrnehmung gleich noch einen Bezugspunkt, an dem sie die Bewegungsrichtung gut nachvollziehen können. Bei diesen Beispielen ist das recht eindeutig. Aber denken Sie an mein Beispiel vom Schiffskran. Manchmal braucht es im Schnitt etwas mehr Aufmerksamkeit, um Achsensprünge zu vermeiden. Ihr eigenes räumliches Sehen hilft Ihnen dabei. Vor allem bei Anschlüssen ist das wichtig. Nehmen wir an, wir sehen einen Menschen, der eine Armbanduhr am rechten Handgelenk trägt und uns anschaut. Dann kann dieser Mensch nicht im nächsten Bild die Uhr am linken Arm tragen. Denn dann hätte der Mensch entweder die Uhr einmal abgenommen und dann wieder am anderen Arm angelegt oder er hätte sich umgedreht. Das haben wir aber nicht gesehen. Die Handlungsachsen sind immer die Leitplanken für die Orientierung im Raum.

> „Aus diesem Grund stehen beispielsweise bei einem Fußballspiel auch alle Kameras nur auf einer Seite des Spielfeldes. Würde nur eine Kamera auf der anderen Seite stehen, würde das (...) dazu führen, dass die Spieler scheinbar nicht zielgerichtet umherliefen (...).“[173]

Blenden

Bislang bin ich hier nur auf die Montagetechniken eingegangen, in denen eine Einstellung direkt an die andere montiert wurde. Dies wird im Journalismus als „Hartschnitt“ bezeichnet. Konkret bedeutet dies, zwischen den Einzelbildern wird nichts ergänzt. Oder anders erklärt: Der Schnitt beginnt mit dem letzten Frame der ersten Einstellung und endet beim ersten Frame der zweiten. Es wird direkt an der Naht montiert. Es gibt aber auch andere Möglichkeiten: Statt zu schneiden, können wir blenden. Was ist damit gemeint?

Im Folgenden gehe ich nur auf Blenden ein, die „manuell“ entstehen. Trickblenden oder Mischer-Effekte (etwa wie das „zerbröseln“ oder „herausfliegen“ von Bildern, grafische Gimmicks) lasse ich bewusst außen vor. Mir ist bewusst, dass diese Übergänge gerade bei Social Media sehr beliebt sind und es schon bei Foto-Apps unzählige fertige Blendeffekte gibt, die man einfach nur „drauflegen“ muss. Beim Videoschnitt und auch im TV-Bereich gibt es das natürlich schon seit Jahrzehnten. Die technische Effekte-Kiste ist groß und jedes Jahr kommen neue hinzu und es verschwinden wieder welche. Die Anwendung dieser Effekte (nicht nur bei Blenden) ist stark von Moden abhängig (vgl. Formsprache). Daher würde

173 Jacobs, Olaf und Großpietsch, Timo (2015): Journalismus fürs Fernsehen. Dramaturgie-Gestaltung-Genres, Springer VS, Wiesbaden, S. 22.

jeder Hinweis dazu sehr schnell veralten. Zudem könnte ich keine spezifischen Regeln anbieten, da es unendlich viele verschiedene Effekte gibt. Den einzigen Hinweis, den ich ganz generell dazu geben kann:

Verwenden Sie Effekte nicht nur, weil es sie gibt und sie gerade en vogue sind. Denken Sie immer an den Zusammenhang zwischen Effekt und Bildaussage.

Mir geht es hier darum, grundsätzlichere Anwendungsmöglichkeiten von Blenden aufzuzeigen, die Sie ohne jeglichen Effekt erstellen können.

Bei einer einfachen Blende werden ein paar Frames zweier aufeinanderfolgender Bilder genutzt. Es wird nicht an der Naht, sondern auf der Naht montiert, wenn Sie so wollen. Dies ist für das menschliche Auge kaum sichtbar, wenn es nur kurz mit wenigen Frames geschieht. Wenn aber der Überblendeeffekt bewusst langsamer (also mit mehr Frames oder mit einem bewussten Zwischenbild) erfolgt, nehmen wir ihn auch wahr. Das kennen Sie sicherlich aus Filmen, in denen ein erstes Bild noch zu sehen ist, das zweite aber auch schon. Es wirkt dann so, als ob die beiden Bilder in dem Moment ineinanderfließen bzw. übereinander liegen. Gewissermaßen tun sie das auch. Die Blende kann man so stark verlangsamen, dass zunächst die erste Einstellung zu sehen ist, dann einige Sekunden beide zusammen und dann erst die zweite. Der journalistische Normalfall – soweit es diesen gibt – ist aber, dass die Blende so kurz/schnell gesetzt wird, dass Zuschauer dies kaum wahrnehmen.

Eine Blende kann auch wie „geblitzt“ wirken. Das ist zum Beispiel so, wenn innerhalb eines O-Tons geschnitten wird. Dann sehen wir ein paar Felder/Frames in weiß. Dies geschieht so schnell, dass es für das Auge des Zuschauers wie ein kurzes Blitzen wirkt. Diese Methode können wir auch nutzen, wenn wir mehrere Standbilder (Fotos, Postkarten, Dias) hintereinander montieren wollen. Wenn die Übergänge dann noch mit einem entsprechenden Geräusch (z. B. Geräusch des Auslösers einer Kamera) unterlegt wird, wirkt dies durchaus harmonisch. Je nachdem, wie lange wir dann die einzelnen Bilder stehen lassen, kann ein unterschiedlicher Rhythmus entstehen. Tatsächlich Blitzlichtartig (z. B. bei Prominentenfotos vom roten Teppich) oder bewusst langsam, als ob man ein altes Fotoalbum durchblättern würde. Zudem kann dieser Effekt auch noch durch Musik (schnell oder langsam) auf den Takt geschnitten ergänzt werden. Blenden können sehr bewusst genutzt und dem Zuschauer als inhaltlich-ästhetisches Stilmittel angeboten werden. Sie sind nicht nur eine rein technische Alternative zum Hartschnitt. Es kommt wie immer auf die Bildaussage und unsere Intention an.

Eine besondere Form der Blende ist die Wischblende. Dabei macht man sich den Effekt zunutze, der entsteht, wenn sich ein Objekt sehr schnell an der Kamera vorbei bewegt (vgl. auch gerissener Schwenk). Dadurch entsteht der Eindruck, dass das Bild „verwischt“. Das Objekt als solches, z. B. ein schnell vorbei rollender Skater, ist in dem Moment nicht mehr eindeutig zu erkennen. Das wäre dann ein Motiv, das in der Bewegung endet bzw. wir es durch die Montage während der Bewegung enden lassen. Montieren wir dann daran ein ähnliches „verwischtes“ Bild, das vielleicht aus der Bewegung kommt, entsteht eine Wischblende. Es sieht so aus, als ob das eine Bild heraus und das andere hinein (ins Blickfeld der Zuschauer) gewischt würde.

Eine andere Methode, Übergänge mit kreativen Blenden zu gestalten, wäre z. B., zwei Bilder mit Schärfenverlagerung aneinander zu montieren. Haben wir zwei dieser Einstellungen, die dann auch noch inhaltlich und von den Einstellungsgrößen zueinander passen, könnten wir sie montieren. Die Unschärfe (das eine Bild endet dort, das andere beginnt dort) würde uns als Übergang dienen, an dem wir die Blende ansetzen können.

Noch eine Möglichkeit, kreativ zu blenden, besteht wenn eine Einstellung im „neutralen" Raum endet oder beginnt. Dies hängt mit der Kamerabewegung zusammen. So kann z. B. ein Schwenk am Ende einer Einstellung im Himmel enden oder auf dem Asphalt. Das wäre neutral, da kein spezifisches Objekt mehr zu erkennen ist. Montieren wir dann eine andere Einstellung daran, die auf diese Weise beginnt, hätten wir wieder einen Übergang für eine Blende. Wichtig ist dabei, dass der Raum wirklich neutral ist. Sie müssen also unbedingt darauf achten, dass nicht doch etwas im Bild zu sehen ist, was den Übergang unmöglich machen würde, z.B. der Schuh eines Fußgängers oder der Kondensstreifen eines Flugzeugs am Himmel. Auch kleinste Details können störend wirken. Aber wenn der Raum beim Übergang neutral ist, können Sie diese Montagetechnik sehr gut nutzen. Dabei muss es noch nicht einmal derselbe Raum sein. Es können auch Himmel und Asphalt ineinander geblendet werden. Wichtig ist nur, dass sich der Raumwechsel danach den Zuschauern auch erschließt. Laub im Herbstwald, Büsche und Blätter von Bäumen, Häuserwände etc. Es gibt viele „neutrale Räume", die Sie nutzen können. Der Begriff „neutraler Raum" meint noch etwas anderes als „freier" Raum (vgl. Bildsprache), auch wenn die Motive ähnlich sein können.

Sie können die Methode des „neutralen Raums" auch mit der Schärfenverlagerung kombinieren. Beliebte Motive sind etwa Regentropfen, Pfützen oder Wellen, die ohnehin schon etwas schimmern. Wenn diese Übergänge gelingen, wirken sie fast künstlerisch. Im Journalismus sieht man dies (leider) nicht allzu häufig. Dies liegt aber nicht daran, dass sie in irgendeiner Weise „unjournalistisch" und nicht angebracht wären, sondern schlicht an der Produktionssituation. Denn man muss bereits beim Drehen solche Bilder bewusst suchen oder konstruieren, es muss inhaltlich und von den Orten, Motiven oder Personen passen. Ein Storyboard (Auflistung der Bilder, die man drehen möchte und der Reihenfolge, in der sie montiert werden sollen) kann hier sehr hilfreich sein. Der Hinweis an dieser Stelle lautet daher:

> **Je genauer man den Dreh im Vorfeld plant und bereits konkrete Bildmotive in Hinblick auf die Montage aufnimmt, umso mehr kreative Möglichkeiten ergeben sich später im Schnitt.**

Zugegeben, dies ist eine etwas wohlfeile Regel, die sich theoretisch gut aufstellen lässt, aber in der Praxis seltener zu realisieren ist. Nur, wenn man gar nicht weiß, dass man solche Bilder aufnehmen kann, wird man es auch nie tun – selbst, wenn einmal die Zeit dazu wäre. In diesem Sinne ist diese Regel zu verstehen. Oftmals werden Chancen grundlos oder aus Unwissen vertan. Das ist schade.

Denn auch im Journalismus wird sich niemand beschweren, wenn ein Beitrag ästhetisch anspruchsvoll ist.

Aber es geht dabei nicht nur um die „schöne Kunst". Bewusst gestaltete Blenden können die Filmaussage (vgl. Kasten) unterstützen. In einigen Ratgebern steht, dass die Blende immer dann eingesetzt werden soll, wenn ein Ort- oder Zeitsprung vollzogen wird. Wir wissen nun bereits, dass diese Regel im Journalismus nicht konsequent angewendet wird. Aber man könnte die „alte" Filmregel doch auch einmal bewusst nutzen, gerade bei den Übergängen der verschiedenen dramaturgischen Sequenzen. Im Theater fällt und hebt sich der Vorhang ja auch erst zwischen den Akten und nicht zwischen den verschiedenen Szenen eines Aktes. Wenn Sie zum Beispiel Ihren Beitrag so „bauen" (ein Begriff für die Erstellung eines TV- oder Videobeitrages), dass Sie sich sehr genau an dramaturgische Regeln halten, wäre es unter Umständen ratsam, sich der Blende ganz bewusst zu bedienen. Meine Empfehlung lautet daher:

> **Setzen Sie „kreative" bzw. gestaltete Blenden bewusst ein, um Ihre Bild- bzw. Filmaussage oder die Dramaturgie Ihres Beitrages zu stützen.**

Wie erwähnt, werden kurze Blenden meist aus rein pragmatischen Gründen genutzt. Ein alter Praktiker-Kalauer dazu lautet: „Wer nicht schneiden kann, muss blenden." Aber diese „ungestalteten" Blenden meine ich nicht. Mir geht es um die Blenden, in die Sie viel Arbeit gesteckt haben. Die sollten Sie nicht nur als ästhetische Spielerei verstehen, sondern als wiedererkennbares Stilelement Ihres Beitrags. Zum Beispiel am Übergang von Sequenzen oder um verschiedene handelnde Personen bzw. verschiedene Handlungen einer Person voneinander zu trennen. Dies geschieht z. B. bei einer Parallel- bzw. Kontrastmontage. Damit wären wir nun bei den verschiedenen Typen der Montage.

Typologie von Montagen

Montieren bedeutet, zusammensetzen von Handlungen, Abläufen, Ereignissen oder Themen in der Filmsprache. Letztlich ist die Montage der Ort, an dem die vorfilmische Realität endgültig zur filmischen Realität wird. Dieser Prozess (Transformation von vorfilmischer zu filmischer Realität), hat im Prinzip schon im Kopf von Drehbuchautoren begonnen, als sie das Buch geschrieben haben und wurde dann bei der Aufnahme/Dreh am Filmset/Drehort fortgesetzt und in der Montage/Postproduktion beendet. Erst am Ende der Montage (inklusive Ton-Mischung) kann man von einem Film sprechen. Vorher waren es Aufnahmen, Takes und Shots, Einstellungen und Fahrten etc. Es war alles, nur noch kein Film.

Im Journalismus sind die Ereignisse, handelnde Personen oder Themen nicht fiktiv. Das ist uns inzwischen bewusst. Konstruiert wird jeder TV-Beitrag, jedes Video, jede Dokumentation aber dennoch. Auch im Journalismus gibt es den wichtigen Unterschied zwischen vorfilmischer und filmischer Realität. An dieser Stelle bitte ich Sie, das entsprechende theoretische Kapitel (Konstruktivismus) aus Band 1 ggf. noch einmal nachzulesen.

Der Unterschied und Bezug zwischen vor-filmischer Realität und filmischer Realität hat nichts mit Verfälschung, Täuschung oder Manipulation zu tun. Der Begriff der Konstruktion darf nicht missverstanden werden. Insofern laufen Vorwürfe wie „das ist eine konstruierte Geschichte“ oder „das ist ja gar nicht objektiv“ ins Leere. Die Antwort darauf muss immer lauten: „Ja, selbstverständlich, was denn auch sonst?“ Die Vorwürfe zeugen entweder von eklatanter Unkenntnis der Theorie oder Boshaftigkeit, wenn sie von Menschen geäußert werden, die sich professionell mit Medien beschäftigen. Laien und Zuschauer*innen kann man dies ganz und gar nicht vorwerfen. Denn sie verwenden die Begriffe anders. Wenn sie die Begriffe „konstruiert“ oder „nicht objektiv“ benutzen, meinen sie meist, dass die Geschichte nicht plausibel ist oder der Bericht nicht ausgewogen; dass nur eine Seite (bei verschiedenen Meinungen) gehört wurde oder nur die Vertreter*innen einer Sache/eines Anliegens im Film vorkommen und nicht auch die der anderen Sache. Das kann sehr gut so sein. Vor allem wird dies von Zuschauern bisweilen so empfunden.

Ich kann hier nicht alle Journalisten und Medienvertreter von diesen Vorwürfen „freisprechen“. Sie könnten berechtigt sein oder auch nicht. Das können wir herausfinden. Wird tatsächlich nur eine Seite eines Streits dargestellt? Stimmen wichtige Zahlen und Fakten nicht? Hat der Mensch, dem etwas vorgeworfen wird, die Chance, sich dazu zu äußern? Das sind harte und überprüfbare Kriterien. An ihnen müssen sich Journalist*innen messen lassen. Sie stehen in engem Zusammenhang mit den journalistischen Sorgfaltspflichten (vgl. Band 1).

Zuschreibungen wie „nicht objektiv“, „konstruiert“ oder „das ist ja auch nur ein Ausschnitt der Realität“ hingegen taugen nicht als Vorwürfe. Denn sie sind immer zutreffend. Denn das ist das Charakteristikum eines jeden Medienproduktes und damit eines jeden Filmes. Sei es nun ein Spielfilm oder ein audiovisueller, journalistischer Beitrag. Aus einer unendlichen Zahl von Aspekten vorfilmischer Realität wählen Journalist*innen, Autor*innen, Kameraleute, Editor*innen immer nur einige aus. Dieser Ausschnitt (Blick auf die Welt) ist immer auf ihr spezifisches Thema begrenzt. Sie recherchieren und selektieren Themen, Personen, Handlungen, Inhalte immer in Hinblick auf die Filmaussage (die Geschichte, die sie erzählen wollen). Dann nehmen sie die Bilder von der Welt in definierten Einstellungsgrößen, Blickwinkeln, Perspektiven mit spezifischen technischen Apparaturen (Filmkamera, VJ-Kamera, Smartphone, DSLR Kamera) auf. Und in der Montage wird die vorfilmische Realität in filmische Realität verdichtet. Das ist der Prozess des Filmschaffens, auch im Journalismus. Es geht gar nicht anders.

Eine rein theoretische Alternative wäre es höchstens, an jedem Punkt der Erde, zu jeder Tag und Nachtzeit, unendlich viele Kameras, in allen denkbaren Einstellungen und Perspektiven live senden zu lassen. Aber wer wollte diese Bilder sehen? Wer könnte sie verstehen? Wer würde den Zusammenhang zwischen dem Bild des Bankers an der Frankfurter Börse und dem Minenarbeiter in der Goldmine in Südafrika (nur ein Beispiel) erkennen? Wäre solch eine Dauer-Realitätssendung objektiv? Könnte sich jeder selbst dabei sehen, wie er gerade etwas täte? Und wie würde dies wiederum das Handeln der Sehenden beeinflussen? Solche Realitätsszenarien erinnern mich eher an einen Horrorfilm oder an eine abgefahrene

Medienkunst-Installation. Eigentlich ist es doch völlig offensichtlich, dass Menschen immer nur bestimmte Ausschnitte von Realität wahrnehmen können. Der Grund, warum ein (audiovisueller) journalistischer Beitrag per Definition immer konstruiert ist, wird deutlich, wenn man den Begriff richtig einordnet und den Unterschied zwischen vorfilmischer und filmischer Realität kennt. Sie kennen ihn nun.

Der zentrale Raum der Konstruktion ist die Montage (vgl. Montage). Denn erst hier legen Sie fest, in welcher Reihenfolge Zuschauer*innen ihre Aufnahmen, ihren Text, die O-Töne ihrer Interviewpartner, Geräusche etc. hören und sehen werden. Man kann dies simpel zusammenfassen: Die Montage beim audiovisuellen Journalismus ist nicht alles, aber ohne die Montage ist alles nichts. Selbst bei der Live-Berichterstattung werden vorproduzierte Einspieler verwendet oder verschiedene Einstellungen „live" zusammengeschnitten. Daher sollten Sie sich darüber klar sein, welche Typen der Montage Ihnen zur Verfügung stehen. Nicht technisch, sondern vor allem erzählerisch. In diesem Sinne stelle ich Ihnen einige davon vor, natürlich wieder ohne Anspruch auf Vollständigkeit.

Kontinuitätsmontage und sequenzieller Schnitt

Der gängigste Montagetypus im Journalismus ist die Kontinuitätsmontage, im Film wird dies auch erzählende Montage genannt. Eine begrenzte Handlung, ein Ereignis oder ein Vorgang beginnt und endet in der Erzählzeit. Beispiele dafür sind Berichte über die Sitzung eines Kabinetts, internationale Konferenzen, den Ausbau einer Autobahnstrecke und natürlich Sportberichte. Die erzählte Zeit wird durch den Schnitt in Szenen und Sequenzen verkürzt. Anfang und Ende sind klar markiert. Am Ende hat sich bestenfalls etwas verändert. Das neue Teilstück der Autobahn ist fertig oder der Bau wurde abgebrochen. Es gibt einen Kabinettsbeschluss, die Konferenzteilnehmer haben sich geeinigt, eine Mannschaft hat gewonnen, die andere verloren. Und auch ein Unentschieden ist ein Ergebnis, das zu Beginn des Beitrags noch nicht feststand. Die Kontinuität im Verlauf des Beitrags entspricht dem linearen Verlauf der Zeit. Der Zeitverlauf kann auch umgekehrt werden, etwa bei einem Unfallbericht, bei dem man vielleicht mit den sichtbaren Folgen des Unfalls beginnt und gegen Ende des Berichtes auf die Unfallursache zu sprechen kommt. Ebenso möglich sind innerhalb dieser Beiträge Rückblenden oder Vorausschauen, wenn sie sich sinnvoll in den Zeitverlauf einpassen. Dieser Montagetypus entspricht unseren Alltagserfahrungen: Handlungen und Ereignisse beginnen und enden, Dinge entstehen und vergehen.

Die Kontinuitätsmontage wird aber auch bei Themen eingesetzt, die keine abgeschlossenen Handlungen oder Ereignisse darstellen. Ein Bericht, um nur ein Beispiel zu nennen, zur Lage auf dem Arbeitsmarkt wird keinen natürlichen Anfang und kein natürliches Ende haben können. Aber z. B. die Rahmenhandlung, die wir dafür nutzen. Etwa, wenn wir einen Arbeitssuchenden auf seinem Weg zum Arbeitsamt begleiten. Zudem kann die Kontinuitätsmontage auch dann verwendet werden, wenn wir verschiedene Aspekte eines Themas beleuchten wollen. Dann gibt es zwar keinen festgelegten Anfang und kein Ende, aber unser Beitrag hat beides. Die Reihenfolge etwa, in der die verschiedenen Aspekte präsentiert werden oder deren Gewichtung von klein/unwichtiger zu groß/gewichtiger oder schwerwiegender. Das wäre dann eine Reihung oder eine Steigerung. So wird eine Steigerung zum Beispiel gerne in politischen Kommentaren oder kommentierenden Berichten genutzt, in denen die Probleme oder die Herausforderungen einer Partei, der Regierung oder Opposition dargestellt werden.

Auch völlig verschiedene Themen können durch die Kontinuitätsmontage abgebildet werden. Wichtig wäre nur, dass wir dann in irgendeiner Form einen Zusammenhang herstellen, etwa durch einen roten Faden oder ein Leitmotiv. Das wäre dann schon eine dramaturgische Herangehensweise oder zumindest eine strukturierende. Das filmsprachliche Mittel wäre aber immer noch die Kontinuitätsmontage. Ein Aspekt wird nach dem anderen präsentiert. Die Erzählweise der Kontinuitätsmontage, egal in welcher Form uns dieser Montagetypus begegnet, ist also immer linear. Ein sehr simples Beispiel für die Kontinuitätsmontage findet sich auf Ebene der Szenen. Eine einzelne kleine Handlung beginnt und endet. Den Verlauf der Handlung müssen wir dabei nicht zwingend zeigen. Etwa, wenn Adam Autofahrer zuhause in sein Auto einsteigt und dann auf der Arbeit ankommt. Oder wenn die Kanzlerin zum Beitragsbeginn in ein Flugzeug steigt, um zu einer internationalen Konferenz zu fliegen. Wir müssen nicht den Flug selbst zeigen. Wir müssen nur zeigen, wo sie angekommen ist bzw. dass sie dort ist, wo sie hinwollte. Bei der Kontinuitätsmontage werden die Vorgänge ausgelassen, von denen anzunehmen ist, dass das Publikum sie durch seine Erfahrung gedanklich ergänzen kann. Die Kontinuitätsmontage „spart“ Erzählzeit. Sie ist Grundlage für andere Montagetypen.

Parallelmontage und Kontrastmontage

Die Parallelmontage wird im Film auch Kreuzschnitt (cross cutting) oder Wechselschnitt genannt. Bei diesem Typus werden in der Regel zwei Handlungslinien oder Personen (es können auch mehrere sein) abwechselnd gezeigt. Der Begriff Parallelmontage ist daher nicht immer treffend, man sieht die Handlungen in der Regel nicht gleichzeitig, sondern nacheinander.

Es sei denn, es wird das Verfahren des „Splitscreens“ angewandt. Dies bedeutet, dass der Bildschirm mittels eines Effekts geteilt wird und zwei (oder mehrere) Handlungen oder Personen für die Zuschauer*innen gleichzeitig zu sehen sind. Das kommt in Beiträgen im TV-Journalismus seltener vor, aber ist nicht gerade neu. Auf sogenannten (virtuellen) Hintersetzern oder auf den Videowalls (Bildwänden) eines Studios wird das Verfahren recht häufig verwendet. Durch die Digitalisierung ist es inzwischen sehr einfach geworden, einen Splitscreen zu erzeugen. Dazu wird in After Effects oder ähnlichen Schnitt-Programmen das Bild in zwei oder mehrere Teile geteilt. Den verschiedenen Bildteilen werden dann unterschiedliche Bilder oder Sequenzen zugeordnet. Im Film gibt es das Verfahren schon seit 1903. Edwin S. Porter nutzte es in seinem Stummfilm „Life of an American Fireman“. Früher musste dazu mit mehreren Kopien und/oder Abdeckungen gearbeitet werden. Technisch einfacher ging es dann im Fernseh-Zeitalter mit speziellen Bildmischern. Heutzutage können es auch Hobbyfilmer anwenden, in Social Media ist es üblich. Splitscreens sind eine Möglichkeit, um parallel verlaufende Handlungen gleichzeitig zu zeigen oder um den Eindruck von Parallelität zu vermitteln, selbst wenn die Ereignisse oder Geschehnisse nicht zur selben Zeit stattfanden.

Die „sukzessive“ Parallelmontage, ohne Splitscreen, wird im Film oft verwendet, um Spannung zu erzeugen oder um die Gedanken eines Protagonisten zu visualisieren. Ein Klassiker ist die Parallelmontage, wenn zwei Personen, die miteinander telefonieren, gezeigt werden sollen. Dann wird sie mit dem Splitscreen gekoppelt und die Personen werden so im Bildraum zusammengeführt. Dieses Anwendungsbeispiel stammt aus dem Film, kann aber auch im Journalismus angewendet werden. Etwa, wenn man in einem investigativen Magazin die Person eines Informanten einführen möchte. Auf der einen Seite des Bildes steht dann der Informant bzw. eine nicht erkennbare Person (etwa von hinten aufgenommen oder nur ihr Ohr am Handy), auf der anderen der/die Reporter*in oder Autor*in des Beitrages. Der Text, den die beiden sprechen, wäre der reale Text, der beim Erstkontakt gesprochen wurde. Blenden Sie „nachgestellte Szene“ ein, dann wird das Verfahren für Zuschauer*innen transparenter. Vielleicht bekommen Sie auch den echten Informanten dazu, vor die Kamera zu gehen, wenn man ihn nicht erkennbar aufnimmt. Dies kann dann entweder durch den Bildausschnitt (von hinten/nur Details) oder durch einen Verfremdungseffekt im Schnitt (künstliche Unschärfe oder Ähnliches) realisiert werden.

Wir sehen also, wir können wieder eine „Filmmethode“, ein sprachliches Mittel der Filmsprache auf den Journalismus übertragen (übersetzen) – völlig unabhängig vom späteren Ausspielweg. Lediglich die spätere Bildschirmgröße sollte man in diesem Fall besonders beachten. Wird der Beitrag eher auf einem Handy-Display zu sehen sein oder auf einem TV-Bildschirm. Dementsprechend sollte man die Kadrage wählen. Denn selbst wenn durch das „responsive design“, (reagierendes Design) das ausgespielte Bild der Bildschirmgröße angepasst wird, kann es wichtig sein, was in der Bildmitte und was am Bildrand zu sehen ist. Die zentrale Handlung oder Person sollten wir möglichst zentral aufnehmen, damit sie später auf einem kleineren Bildschirm nicht als Suchbild erscheint. Je kleiner der Bildschirm wird, desto wichtiger kann das sein. Die einzelnen Szenen in einem geteilten Bildschirm werden automatisch kleiner abgebildet. Deswegen ist diese Überlegung hier relevanter als bei vollen Bildflächen. Es steht nicht so viel Bildschirmfläche für jede einzelne Szene zur Verfügung, denn die Szenen „teilen“ sich den Bildschirm-Raum. Dies sollte man beachten. Es ist aber keine unüberwindbare Hürde.

Parallelmontagen können dramaturgisch (wir sehen zwei Handlungen abwechselnd, die sich aufeinander zubewegen) oder strukturell genutzt werden. Damit ist gemeint, dass wir zwei verschiedene Personen oder Handlungen zeigen, die letztlich nicht direkt miteinander zu tun haben. Gesteigert werden kann dieses Mittel, z. B. dann, wenn man zeigen möchte, dass sich verschiedene Lebenswelten vermutlich niemals begegnen werden. Ein Beispiel dafür ist eine Dokumentation über den brasilianischen Fußball, die ich schon vor einigen Jahren in einem US-amerikanischen Sender (PBS) gesehen habe. Dort wurde ein Tag im Leben eines Fußball-Profis dem Tag eines Jungen aus einer „Favela“ (Armenviertel) gegenübergestellt. Beide liebten denselben Sport und betrieben ihn mit Hingabe.

Während der eine in gebrauchten, löchrigen Turnschuhen den Ball hochhielt, wurde der andere bei der Auswahl seiner Stollen von einem Zeugwart professionell beraten. Der Film (die Dokumentation) arbeitete mit einer Parallelmontage, die deutlich als Kontrastmontage angelegt war.

Das völlig unterschiedliche Leben der beiden Fußballer wurde hier kontrastiert. Dies wurde nicht bewertet, es wurde niemand beschuldigt, angeklagt und es wurden keine Forderungen daraus abgeleitet. Das Leben der Protagonisten wurde in filmischer Realität komprimiert. Alles andere spielte sich im Kopf der Zuschauer ab. Dies kann man auch manipulativ nennen, da die Wirkungsabsicht/Filmaussage deutlich war. Man kann es aber auch als hervorragende journalistische Arbeit bezeichnen. Ich tendiere zur letzten Einschätzung. Denn, und das ist für mich entscheidend, beide Protagonisten wurden neutral (objektiv gibt es nicht) gezeigt. Es gab keine emotionale Lenkung. Der eine wurde nicht sympathischer oder unsympathischer als der andere dargestellt. Es waren lediglich zwei filmische Realitäten, die zwei vorfilmische Realitäten sehr genau abbildeten. Für unseren Zusammenhang ist das filmsprachliche Mittel entscheidend. Die Parallelmontage wurde zur Kontrastmontage. Der Kontrast war sehr deutlich. Man hätte diese Doku auch ohne Sprechertext (der übrigens sehr spärlich eingesetzt wurde) verstanden, nur durch die Bilder, O-Töne und den Montagetypus. Noch ein Hinweis: Auf Musik verzichtete der Film völlig. Er war hervorragend gedreht und geschnitten.

Hier soll mit diesem Beispiel zweierlei verdeutlicht werden. Erstens, wie wirkmächtig filmsprachliche Mittel sind. Zweitens, dass die Parallelmontage als kontrastierende Montage genutzt werden kann. Dabei müssen die Kontraste gar nicht einmal so stark und augenfällig sein wie bei der PBS-Dokumentation.

Es geht auch kleiner. So könnten Sie z. B. einen längeren Beitrag über die Auswirkungen der Digitalisierung auf Menschen machen bzw. den Umgang damit, bei dem Sie als Fallbeispiele zwei verschiedene Typen von Fotografen drehen. Während der eine mit alten analogen Kameras arbeitet und seine Filme selbst entwickelt, wäre der andere der absolute Digitalfreak. Jeder würde die Vorzüge seiner „Technik“ über den grünen Klee loben und erklären, warum man gar nicht anders fotografieren kann. Die Parallelwelten würden kontrastierend wirken. Eine Kontrastmontage also.

Ein besonderer Clou wäre es, wenn während des Beitrags nach und nach herauskommt, dass beide zwar auf ihrer Technik beharren, aber sehr ähnliche Aussagen zu grundsätzlichen Aspekten des Fotografierens machten. Zwei völlig unterschiedliche Menschen in völlig unterschiedlichen Lebenswelten sagen dann auf einmal ein und dasselbe. Es entsteht auf einmal eine inhaltliche Parallelität in einer Kontrastmontage. Sie könnten dann am Ende des Beitrages beide fragen: „Was ist wichtiger? Die Technik oder der Mensch am Sucher?“ Die möglichen Antworten könnten einen interessanten Ausstieg aus dem Beitrag verheißen. Dies ist nur eine Vermutung von mir. Der Punkt ist, dass Sie mit der Parallelmontage statt Kontrast auch totale Übereinstimmung ausdrücken können, in ein und demselben Beitrag.

Also Sie können nicht nur zwischen den Bildmotiven hin und her wechseln (Wechselschnitt), sondern auch zwischen Gefühlen, Meinungen, Einstellungen oder

Überzeugungen. Diesen Aspekt sollten Sie noch in Ihr Portfolio filmsprachlicher Mittel aufnehmen. Parallelmontagen werden im Journalismus meist dazu genutzt, ganz „klassisch“ parallellaufende Handlungen zu verbinden oder verschiedene „Kontrahenten“ gegenüberzustellen. Bei Wahlkampf-Reportagen begleitet man z. B. den/die Spitzenkandidat*in der amtierenden Regierung sowie die Spitzenkandidat*innen der Oppositionsparteien. Besonders reizvoll sind solche Kontrastmontagen dann, wenn sich die „Kontrahent*innen“ im Film begegnen. Entsprechend dramaturgisch eingebunden, könnte man so die Klimax eines Beitrags konstruieren. Sie werden sicherlich selbst einige Beispiele aus der Praxis kennen. Je länger der Beitrag (Magazin, Feature, Dokumentation), desto eher wird die Parallel- oder Kontrastmontage im journalistischen Alltag verwendet. In Nachrichtenbeiträgen oder kurzen Webbeiträgen (unter zwei Minuten Länge) wirkt dieser Montagetypus nicht so stark, da kaum Zeit besteht, den Wechselschnitt (die Parallelmontage) dramaturgisch aufzubauen. In der Regel braucht man etwas mehr Zeit, wenn sich die Wirkung des Montagetypus auf die Erzählung voll entfalten soll.

Aber auch in Kurzbeiträgen oder Clips im Web wird mit diesem Typus gearbeitet. Das sieht man ständig. Der Kontrast „entwickelt“ sich dann aber nicht, sondern er ist gleich da. In etwa so: „Ich bin XY YouTuber/Vlogger. Diese Frau hier (Bild von Kanzlerin Merkel) wird gehen. Das ist klar. Aber wer wird die neue Kanzlerin oder der neue Kanzler?“ Jetzt startet die Kontrastmontage, im Splitscreen. Der Text geht weiter: „Zwei Kandidat*innen wird derzeit eine Chance eingeräumt. Armin L. von der CDU und Annalena B. von den Grünen. Armin möchte XY, Anna will Z“. Dann werden die zentralen Forderungen der Beiden als Schrift eingeblendet oder man hört O-Töne von Laschet und Baerbock. Der Beitrag könnte dann so enden, dass der Splitscreen wieder zusammengefahren wird und YouTuber XY erneut im Vollbild erscheint. Sein Text könnte dann sein “So Leute und beim nächsten Mal erzähle ich Euch, welche Parteien ihr eigentlich wählen könnt. Vergesst nicht zu voten. Tschüss“ Der Beitrag wäre vielleicht maximal 1.45 Minuten lang.

Kontinuitätsmontagen, szenischer Schnitt sowie Parallel- und Kontrastmontagen sind die gebräuchlichsten Formen der Montage im Journalismus. Die Kontrastmontage wird auch als Kollisionsmontage bezeichnet. Aufgefordert zu schätzen, würde ich sagen, wir finden diese Montagetypen in 95 Prozent aller journalistischen Beiträge, Videos, Clips oder Erklärstücke. Ich kenne allerdings keine empirische Untersuchung dazu. Die wird es vermutlich auch nie geben können. Denn wir sollte man die Grundgesamtheit aller journalistischer Beiträge feststellen? Dies ist hier auch nicht entscheidend. Entscheidend ist vielmehr, dass nach meiner Schätzung immerhin noch fünf Prozent von Beiträgen übrigblieben, die andere Montagetypen nutzten. Welche Typen sind das?

Es wären noch die Assoziationsmontage, die metaphorische Montage oder die intellektuelle Montage zu nennen. Vermutlich habe ich einige weitere vergessen. Diese Typen sind beim Film/Kino oder in der Werbung gebräuchlich. Gerade die Werbung arbeitet sehr stark mit Assoziationen und Anspielungen oder versucht Gefühlswelten bei Zuschauer*innen zu erzeugen. Die genannten Montagetypen sind wieder absolut nicht neu. Sie haben eine lange Tradition und gehen etwa auf

Filme und Theorien der „Klassiker“ wie Griffith, Eisenstein, Arnheim oder Bela Balazs zurück. Ich möchte hier nicht falsch verstanden werden und behaupten, Sie könnten die Assoziationsmontage oder die metaphorische Montage nicht auch im (aktuellen) Journalismus anwenden. Im Gegenteil: Ich würde mich sogar darüber freuen, wenn ich mehr gelungene Beispiele für deren Anwendung sehen würde. Allein das ist nicht so oft der Fall und ich kann dabei keinerlei Regelhaftigkeit erkennen. Assoziations- und metaphorische Montage verweisen in den Bereich der Symbolsprache. Diese kann sehr nützlich sein, wenn es darum geht, innere Gedankenwelten, Phantasmen, Ängste oder Gefühle auszudrücken. Dies (Abtauchen in innere Gefühlswelten) ist im Journalismus jedoch meist nicht relevant, es ist eher die Ausnahme statt der Regel. Bei einem längeren Portrait oder einer Doku über Salvador Dalí oder Sigmund Freud wäre die Visualisierung von Gedankenwelten durch Assoziationen mit Sicherheit reizvoll. In der Kulturberichterstattung und auf Doku-Sendeplätzen finden sich vermutlich zahlreiche weitere konkrete Anwendungsfälle. Ich will diese, stärker filmischen, Montagetypen also keineswegs marginalisieren. Allein für meinen „Werkzeugkasten“, der auch für den alltäglichen (aktuellen) Journalismus relevanten filmsprachlichen Mittel, fehlen mir gute Anwendungsbeispiele. Dies ist der Grund, warum ich auf diese Montagetypen nicht näher eingegangen bin. Was mit den verschiedenen Begriffen und Typen gemeint ist, können Sie in jedem guten Filmlexikon nachlesen.

Ein weiterer Grund, warum ich bei diesen Montagetypen etwas zurückhaltend mit dem Übertragen auf den Journalismus bin, liegt darin, dass sie sich oft (auch beim Film) nur auf einzelne Sequenzen oder Szenen beziehen lassen, seltener auf den ganzen Film. Vor allem aber sind viele vermeintliche Assoziationsmontagen letztlich Kontrastmontagen. Wenn z. B. zwei Personen durch bestimmte Tätigkeiten sinnbildlich charakterisiert werden, assoziiert der/die Zuschauer*in unter Umständen, dies ist ein penibler Mensch und dies ist ein großzügiger Mensch. Ist das dann schon eine Assoziationsmontage? In meiner Definition bliebe es weiter eine Kontrastmontage (zwei Personen werden einander gegenübergestellt). Dabei werden die beiden Figuren/Personen klar gezeichnet. Für diese Figurenzeichnung wird auf assoziative Bildsprache zurückgegriffen. Aber es wird im aktuellen Journalismus fast nie durchgehend assoziativ oder ausschließlich mit metaphorischen Bildern geschnitten. Insofern liegt es vielleicht schlicht an den Begriffen. Ich glaube, dass sich Begriffe wie assoziativ, metaphorisch und intellektuell besser auf einzelne Bilder und die Motivauswahl innerhalb einer Szene oder Sequenz beziehen lassen. Die Begriffe „Kontinuität“, „Parallelität“ oder „Kontrast/Kollision“ wiederum eher auf den Vorgang/Prozess der Montage und damit auf den gesamten Beitrag. Vielleicht klärt diese Begriffsdefinition schon ein potenzielles Missverständnis. Denn ich sage nicht, dass es kaum assoziative oder metaphorische Bilder im Journalismus gibt. Ich sehe lediglich keinen eigenständigen, neuen Montagetypus darin.

Abschließend möchte ich Ihnen noch zwei Montagetypen vorstellen, die im Journalismus häufig vorkommen, in meiner Definition aber entweder der Kontinuitäts- oder der Parallelmontage oder beiden zugeordnet werden können. Sie sind also Subtypen, keine eigenen Kategorien.

Leitmotivmontage

Bei diesem Montagetypus taucht ein zentrales Bild oder eine elementare Szene immer wieder auf. Das Leitmotiv kann mit einer bestimmten Figur, einem Ort oder einer Idee verbunden werden. Beispiel: Wir sehen eine Dokumentation über die Entwicklung des militanten Dschihadismus seit 1979 (Anschlag auf die große Moschee in Mekka) bis zum IS Staat im Irak. Leitmotiv könnte dann z. B. 9/11 (Flugzeuge fliegen in das WTC) sein. Ein anderes Beispiel: Wir sehen einen Beitrag über deutsch-englische Fußball-Rivalität. Leitmotiv könnte dann das Wembley-Tor von 1966 sein. Ein Leitmotiv kann aber auch ein Slogan oder bekanntes Zitat sein, welches während des Beitrages immer wieder auftaucht, beispielsweise: „Wir schaffen das". Es gibt kaum Beschränkungen, auch rein musikalische Leitmotive sind denkbar. Im visuellen Journalismus werden jedoch meist konkrete Bilder oder Zitate/Slogans als Leitmotive genutzt.

Rhythmische Montage

Durch eine rhythmische Montage lässt sich das Tempo des Beitrags beeinflussen. Wenige Schnitte und lange Einstellungen erzeugen eine Wirkung von Ruhe, Entschleunigung oder Wichtigkeit. Ein langsamer Rhythmus kann aber auch Langeweile hervorrufen und zum Einschlafen vor dem Fernsehgerät animieren. Schnellere Schnitte und kürzere Einstellungen erhöhen das Tempo und die Dynamik. Sie können jedoch verwirrend oder oberflächlich wirken. Es kommt auf die Abwechslung des Tempos an bzw. auf die Funktion der jeweiligen Sequenz. Geht es gerade um Action und Dramatik? Besteht Lebensgefahr und muss schnell gehandelt werden? Dann wäre eher ein schneller Schnitt-Rhythmus angebracht. Wollen wir einen komplexen Sachverhalt verstehen oder einer komplizierten Argumentation folgen, dann wäre ein langsamerer Rhythmus ratsam. Im Zusammenspiel von schnellem und langsamem Schnittrhythmus kann Spannung erzeugt werden und das gefühlte Tempo des Filmes verändert (beschleunigt oder verlangsamt) werden, obwohl die Erzählzeit immer gleich schnell vergeht.

Durch diese Definitionen sollte klar sein, warum ich Leitmotivmontage und rhythmische Montage nicht als selbständige, eigene Montagetypen verstehe. Sie können sowohl bei einer Kontinuitäts- als auch bei einer Parallel- oder Kontrastmontage genutzt werden. Grundsätzlich habe ich mich mit der Formulierung von Regeln im Bereich der Montagetypen zurückgehalten. Vieles ist hier nicht regelhaft zu begreifen, sondern intuitiv. Zum Schluss möchte ich die wenigen systematischen Schlussfolgerungen, die sich reproduzieren lassen, meinem Regelwerk hinzufügen:

Kontinuitätsmontagen eignen sich für linear verlaufende Ereignisse und abgeschlossene Handlungen.

Parallelmontagen eigen sich, um räumlich getrennte, aber zeitlich synchron verlaufende Geschehnisse abzubilden.

Kontrastmontagen eignen sich bei Kontrahenten, Duellen oder verschiedenen Positionen und Meinungen.

Ein Leitmotiv kann alles sein (Bild, Musik, Zitat). Es muss allerdings einprägsam und bekannt sein.

Ein kurzer Schnitt-Rhythmus erhöht das Filmtempo, ein langer verlangsamt es, obwohl die Erzählzeit immer gleich schnell vergeht.

2.10 IT und Atmo

Wenn die Bild- und Filmsprache hier als die Sprachen des Sehens definiert wurde, so muss es im audio-visuellen Journalismus natürlich auch noch eine Sprache des Hörens geben. Beim Hören kommt es meines Erachtens darauf an zu unterscheiden, was wir hören. Daher habe ich hier eine Trennlinie zwischen gesprochener Sprache und IT (internationalem Ton) gezogen. Die gesprochene Sprache ist meines Erachtens zeichentheoretisch zwischen der Schriftsprache und dem IT einzuordnen. Einerseits nutzt sie weitgehend das Vokabular und die Grammatik der Schriftsprache, andererseits wird gesprochene Sprache nur akustisch verständlich, Töne und Laute, die vom Sprecher artikuliert werden, fallen schon in den Bereich der „Klänge". Gesprochene Sprache wird vom Hörer akustisch wahrgenommen und muss dann kognitiv im Hirn entschlüsselt werden.

Klänge, ich benutze den Begriff hier noch sehr undifferenziert, hingegen können kognitiv entschlüsselt werden. Ein Beispiel dafür: Wir hören eine Sirene. Dann werden wir entschlüsseln: Alarm oder Achtung. Je nach Tonlage der Sirene und Kulturraum werden wir weiter entschlüsseln können: Normaler Feuerwehr- oder Polizeieinsatz oder Warnalarm/ABC-Alarm.[174] Denn der spezifische Sirenenton (Symbol) ist ein Signal, umgangssprachlich aber eben auch zeichentheoretisch. Das funktioniert kognitiv, wir haben dieses Hören erlernt. In anderen Kulturräumen werden andere akustische Signale verstanden. Irgendein Sirenenton ist aber immer noch ein Zeichen (Index). Der Ton deutet auf etwas hin.

Anders funktioniert das Hören meines Erachtens bei Musiken und Klängen. Sie setzen direkt auf der Gefühlsebene an und müssen nicht kognitiv entschlüsselt werden. Sie werden instinktiv und emotional verstanden. Ich kann eine Musik oder eine Klangkomposition als bedrohlich, beruhigend, feierlich, fröhlich, traurig, machtvoll, martialisch oder pathetisch empfinden, ohne etwas von Noten zu verstehen oder überhaupt zu wissen, was Musik ist. Wagners Walkürenritt, Beethovens 9. Symphonie, Ravels Bolero, Chopins Nocturne, etc. pp. Wenn Sie diese Musiken hören, werden Sie etwas dabei empfinden. Sie können sich vorstellen, warum bestimmte Musiken und Klangfolgen so häufig in Filmen vorkommen. Auf diesen Aspekt komme ich gleich noch einmal zurück.

Aber bleiben wir noch beim Unterschied zwischen gesprochener Sprache und der Welt der „Klänge" (dem IT). Dieser wird im audiovisuellen Journalismus sehr deutlich. Erstens bei der Mischung, zweitens bei Synchronisierungen, drittens beim Verhältnis von Bildaussage zu Filmaussage.

Zu eins: Wenn Sie einen „gebauten" Beitrag (also keine Liveberichterstattung) erstellen, werden Sie Ihren Sprechertext in der Regel im letzten Arbeitsschritt des

174 Sie können sich einige der Sirenensignale in Deutschland auch auf YouTube anhören, um meine Argumentation besser nachvollziehen zu können. https://www.youtube.com/watch?v=thI5VJrK6ak (24.5.2021, 09.02 MEZ).

Produktionsprozesses in einer Tonkabine oder an Ihrem Computer einsprechen. Ihre Stimme/Ihr Text wird dann auf die bereits vorgemischte Tonspur (auf der das Verhältnis von Musik, den O-Tönen Ihrer Interviewpartner, Geräuschen und Atmos bereits definiert ist) hinzu gemixt. Natürlich kann man auch anders „mischen“ und es gibt auch mehr als nur zwei Tonspuren. Die meisten TV-Journalist*innen werden allerdings den Unterschied zwischen Sendeton und IT kennen. Der Sendeton ist der Ton, der nach draußen gehen soll, also die Tonspur mit Ihrer Stimme und allen Klängen. Der IT sind alle Klänge (inklusive der O-Töne). Letzteres wird später noch relevant. Es gibt also bei jedem Fernsehbeitrag und Video i. d. R. (mindestens) diese zwei verschiedenen Tonspuren.

Zu zwei: Soll Ihr Beitrag oder Ihre Dokumentation ins Ausland verkauft werden, müssen Ihr Text (und die O-Töne) synchronisiert, also übersetzt werden. Der IT aber eben nicht, denn er ist ja international verständlich. Deswegen mischte man in einem Sender, der seine Beiträge an ein internationales Publikum in verschiedenen Sprachen verbreitet, bisweilen den Sprechertext und die O-Töne auf die eine Spur und den IT auf die andere(n). Ich kenne dieses Verfahren von CNN, wo ein und derselbe Beitrag in englischer und in spanischer Sprache ausgestrahlt wurde. Dadurch dass hier Sprechertext und O-Töne auf einer Spur vorlagen, konnte man nach der Übersetzung die neuen Sprachversionen wieder mit dem Ursprungs-IT zusammen mischen. Dadurch hatte man keine Kopierverluste und es ging auch schneller. Das ist im Digitalzeitalter obsolet geworden. Aber deutlicher kann man den Unterschied zwischen gesprochenen Sprachen und IT/Atmo nicht erklären. Jede Redaktion hatte ihre eigene Sendeton-Variante (Gesprochene Sprache), aber alle hatten denselben IT.

Zu drei: Haben Sie schon einmal bei einem Fußball-Spiel den Ton leise gestellt, weil Sie den Kommentatoren-Stil nicht mochten? Schalten Sie bei Ihrem TV manchmal den Ton aus, lassen es aber weiterlaufen –. z.B. wenn Sie angerufen werden, während Sie gerade einen spannenden Film gucken? Schauen Sie auf Ihrem Handy manchmal Videos ohne Ton; weil Sie die Kopfhörer vergessen haben und in der U-Bahn nicht die anderen Fahrgäste belästigen wollen? Wenn es Ihnen nicht so geht, stellen Sie sich einfach eine Situation vor, in der Sie das Bild ohne Ton sehen.

Wie viel verstehen Sie dann noch vom Beitrag/Bericht/Video? Rein gar nichts, etwas, schon etwas mehr oder sehr viel? Das kommt auf die Komplexität des jeweiligen Berichts oder Beitrages an. Ich würde tippen, dass die meisten auf der gerade etablierten Skala zwischen rein gar nichts und etwas liegen. Sie sehen die Bilder. Diese haben allein schon eine Bildaussage (vgl. Filmsprache). Sie sehen zum Beispiel einen Vulkanausbruch, verschüttete Häuser, Lavaströme, Rettungshubschrauber. Irgendwann sehen Sie einen Feuerwehrmann und die Schrifteinblendung „Enzo Michele. Feuerwehr Catania“. Wahrscheinlich (bei etwas geographischen Kenntnissen) würden Sie nun erschließen, dass der Ätna auf Sizilien ausgebrochen ist. Nur hören Sie halt nichts ohne Ton und vieles bleibt unverständlich. Dann sehen Sie eine Politikerin, die etwas sagt, aber Sie können nicht erschließen, was sie sagt (es sei denn, Sie könnten Lippen lesen und italienisch). Der Beitrag wirkt unverständlich, die Filmaussage erschließt sich nicht, aber Sie können das Thema klar erkennen und die wichtigste Botschaft erfassen: Der Ätna ist ausgebrochen.

Stellen Sie sich nun weiter vor, Sie würden nicht nur alles sehen können, sondern auch alles hören – bis auf eines: Den Sprechertext des/der Autor*in oder des/der Kommentator*in. Bei Mehrkanaltontechnik (je nach Kanalbelegung) ist das möglich. Sie hören also jetzt alle Geräusche, die Atmo, die Stadiongesänge der Fans (falls Sie gerade Fußball schauen) oder die Sirenen der Feuerwehr-Autos, die aufgeregten Rufe der Menschen im Bild sehen. Wenn es nicht der Ätna wäre, sondern wenn es um einen Chemieunfall bei BASF ginge, würden Sie alles verstehen. Den Anwohner, der die Giftwolke als erster gesehen hat, die Pressesprecherin von BASF; den Mann vom Katastrophenschutz. Und natürlich alle Geräusche: die Sirenen, den Wind, die Motorengeräusche. Nur den Text des Nachrichtensprechers oder der Beitragsautoren nicht.

Was verstehen Sie nun? Ich tippe wieder: Jetzt liegen Sie auf der Skala (wenn wir das Beispiel BASF oder Fußball nehmen) mindestens zwischen „etwas mehr“ und „sehr viel“. Beim Fußball vielleicht sogar bei „fast alles“, z. B. wenn gerade ein Tor fällt und Sie die beteiligten Spieler erkennen. Der neue Spielstand wird in der Regel eingeblendet. Die Filmaussage erschließt sich fast zur Gänze.

Dieses Gedankenexperiment zeigt, wie wichtig der IT (und die O-Töne) sind. Zudem macht es eigentlich auch schon klar, was ein guter Filmtext leisten muss. (vgl. Kap. Zusammenspiel der Sprachen). Wir sind aber noch beim IT. Wenn ich den IT hier als alles definiere, was klingt und tönt, aber keine Sprache ist, so ist das nur konsequent. Denn die Töne und Klänge würden ja auch in einer anderen Sprache verstanden. Die O-Töne, also die Textpassagen der Interviewpartner oder die Stellungnahmen der Pressesprecher, sind zeichentheoretisch gesprochene Sprache. Warum erwähne ich sie dann hier im Zusammenhang mit dem IT und nicht schon bei der gesprochenen Sprache?

Der Grund dafür liegt zum einen in der Technik und am üblichen Verfahren der Vertonung. Die O-Töne und die anderen Klänge werden in der Regel (zumindest in der Aktualität) schon im Schnitt (bei der Montage) vorgemischt. Der Nachteil dieses Verfahrens besteht darin, dass man das Mischungsverhältnis der einzelnen IT-Elemente bei der Sprachaufnahme nicht mehr korrigieren kann, nur die Lautstärke und das Mischungsverhältnis von Sprache zu Gesamt-IT. Der Vorteil ist, dass es schneller geht. Der andere Grund, warum ich die O-Töne hier entgegen der zeichentheoretischen Herleitung, dem IT zuschlage, ist ein konzeptioneller. Bei Ihrer Aufnahme können Sie den Interviewpartner*innen keinen Text in den Mund legen. Sie sind darauf angewiesen, was diese sagen. Ihr Einfluss besteht darin, wie Sie Fragen stellen und in Ihrer Interviewtechnik. Sie schreiben Ihren Interviewpartner*innen aber nicht die Texte, anders als sich selbst. Ihr Sprechertext ist zwar gesprochene Sprache, aber diese haben Sie selbst getextet. Sie können den Text verändern, wenn er Ihnen nicht passt oder nicht zum Bild passt. Dies sollten Sie sogar. Die O-Töne können Sie aber nicht umschreiben, Sie können sie höchstens kürzen. Daraus folgt eine sehr wichtige Regel im Journalismus:

Legen Sie Ihren O-Ton-Geber*innen nichts in den Mund. Verändern Sie nicht den Sinn der Aussage, wenn Sie einen O-Ton kürzen.

Denn alles andere wäre in der Tat manipulativ. Selbstredend müssen Sie kürzen. Wenn Sie beispielsweise ein fünfminütiges Interview geführt hätten, Ihre Beitragslänge aber nur bei drei Minuten liegt, geht es gar nicht anders. Zudem werden Sie vermutlich mehrere Menschen befragt haben. Unter Umständen haben Sie insgesamt zwanzig Minuten O-Ton-Material für einen dreiminütigen Beitrag. Kürzen ist also zwingend notwendig. Auch O-Töne zu „glätten", also die „ÄHs" und „Ähms" oder ungewollt lange Sprechpausen herauszuschneiden, ist legitim. Anders geht es gar nicht, es sei denn, Sie würden ein 1-zu-1-Interview senden wollen. Aber nicht in einem gebauten Beitrag oder Video. Zum Thema „Umgang mit O-Tönen" ließe sich noch einiges ergänzen, etwa Regeln zum An- und Abtexten. Ich belasse es aber an dieser Stelle dabei, weil wir uns sonst zu weit vom eigentlichen Thema dieses Kapitels entfernen würden.

Wenn ich alles, was klingt und tönt und keine Sprache ist, pauschal als internationalen Ton bezeichnet habe, bedarf dies natürlich einer weiteren Differenzierung. Da wären vor allem:

- Atmo
- Geräusche
- Akustische Signale
- Musik

Als Atmo (von Atmosphäre) bezeichnet man in der Regel erst einmal alles, was am Originalschauplatz des Drehs zu hören gewesen ist. Dazu können Stimmengewirr im Hintergrund, natürliche Geräusche (etwa Wind und Regen), Musik, die aus einem Radio oder Handy dringt (aber nicht spezifisch aufgenommen wurde) oder künstliche Geräusche (etwa das Klappern beim Tippen auf Tastaturen, das Türklingeln, Motorengeräusche etc.) gehören. Die Atmo ist also die Geräuschkulisse, die bei der Aufnahme an einem spezifischen Drehort ohnehin vorhanden war und nicht von Ihnen erzeugt wurde. Daraus folgt schon der erste Hinweis:

Nehmen Sie immer zusätzlich reine Atmo vom Schauplatz auf, selbst wenn Ihre Filmaufnahme schon beendet ist. Sie hilft Ihnen später in der Montage dabei, „Atmo-Löcher" zu stopfen

Geräusche sind meist, anders als die Atmo, spezifisch. Sie können bestenfalls zugeordnet werden, gerade dann, wenn die Geräuschquelle im Bild zu sehen ist. Aber auch in anderen Fällen: Ein Hundebellen in der Ferne wird beispielsweise auch als Hundebellen wahrgenommen oder ein vorbeifahrendes Auto als ein solches, selbst wenn man Hund oder Auto nicht sieht. Geräusche haben oft einen Anfang und ein Ende. Das Mahlen einer elektrischen Kaffeemühle dauert so lange, bis die Portion Kaffeemehl gemahlen ist, um ein Beispiel zu nennen. Bei den Geräuschen unterscheide ich zwischen natürlichen und künstlichen Geräuschen. Windböen, Blätter rascheln, das Knatschen von Schuhen im Schnee, prasselnder Regen – all dies sind natürliche Geräusche. Sie haben eine natürliche Geräuschquelle. Motoren- oder Maschinengeräusche sind künstlich. Sie werden von Maschinen verursacht. Aber auch sie können sehr spezifisch sein. Ein Trecker-Motor hört sich anders an als ein Motorrad im Leerlauf. Manche Menschen können verschiedene Autos oder Motorräder allein an ihrem Sound erkennen. Aber grobe Unterschiede wird auch der Laie hören. Daher denken Sie daran:

Wenn Sie ein technisches/künstliches Geräusch nachvertonen, nehmen Sie das passende spezifische Geräusch, nicht irgendein vergleichbares.

Mit Nachvertonen ist gemeint, dass Sie ein Geräusch in der Montage nicht von ihrem Original-Drehmaterial nehmen, sondern aus der „Konserve", also aus dem Archiv oder aus einer Datenbank mit Geräuschfiles.

Akustische Signale sind natürliche oder künstliche Geräusche, die auf etwas hindeuten oder etwas ankündigen. Wer einmal in freier Natur übernachtet hat und nicht so viel Glück mit dem Wetter hatte, kennt das Donnergrollen vor einem schweren Gewitter. Eine schellende Türklingel ist ein Zeichen dafür, dass jemand vor der Tür steht. Der Gong oder das Schellen in einer Schule sind ein Signal für die Pause oder dafür, dass der Unterricht wieder beginnt. Das Geräusch begleitet meist eine Handlung bzw. entsteht bei und durch die Handlung. Ein akustisches Signal verweist bereits auf eine andere Handlung oder ein Geschehen. So möchte ich den Unterschied hier verstanden wissen. Denn akustische Signale können Sie bewusst einsetzen und es ist auch legitim diese nachzuvertonen, wenn sie am Schauplatz nicht oder nicht laut vorhanden waren. Achten Sie dabei auf folgende Regel:

Nutzen Sie primär akustische Signale, die es auch am Schauplatz hätte geben können.

Wenn dies nicht möglich ist oder Sie bewusst ein anderes akustisches Signal verwenden möchten, um Ihren Aussagewunsch zu unterstützen, gilt das Gegenteil:

Achten Sie darauf, dass akustische Signale, die Sie nur als Stilelement benutzen, sich von anderen, real möglichen, akustischen Signalen in Ihrem Beitrag unterscheiden.

Zum Thema Musik und Film bzw. zum Thema Filmmusik sind schon ganze Abhandlungen geschrieben worden. Manche, berühmte Filme sind nicht zuletzt wegen ihrer Filmmusik bekannt. Der Einsatz von Musik ist auch im Journalismus gebräuchlich und es sind ihm prinzipiell keine Grenzen gesetzt. Insofern kann ich mich hier wieder nur auf einige sehr allgemeine „Regeln" bzw. Hinweise beschränken. Die wichtigste Regel ist zugegebenermaßen sehr unspezifisch. Sie lautet:

Achten Sie darauf, dass die eingesetzte Musik zu Ihrem Thema und zu Ihrer Filmaussage stimmig ist.

Spezifischer geht es an dieser Stelle noch nicht. Denn ich möchte möglichst viele Einsatzzwecke abdecken. Achten Sie bitte einmal beim täglichen Fernsehschauen darauf, wie viele Musiken überhaupt nicht zum Beitrag passen. Sie sind lediglich wegen des Effektes eingesetzt worden oder um langweilige Bilder aufzupeppen. Das sollten Sie auf keinen Fall tun. Denn das wird noch der unaufmerksamste

Zuschauer sofort entlarven. Stimmig ist die Musik immer dann, wenn sie die Filmaussage stützt. Dabei muss sie aber nicht immer auf den ersten Blick „passen“. Was ist damit gemeint? Ganz einfach: Sie können klassische Musik auch bei modernen Themen verwenden oder moderne, elektronische Musik bei traditionellen Themen. Das Sujet des Beitrages ist nicht entscheidend, sondern Ihre Filmaussage. So könnten Sie beispielsweise eine Bildcollage von Skateboard-Fahrern in der Halfpipe mit einem Walzer-Rhythmus unterlegen, wenn es stimmig ist. Dies meint hier, wenn es zu den Bewegungen und Schnitten passt. Das Skateboarder wahrscheinlich keinen Walzer hören, spielt also keine Rolle. Die Regel dazu lautet:

Die Stimmung und der Rhythmus des Bildes bestimmen auch die Stimmung und den Rhythmus der Musik.

Sie können das natürlich auch ganz anders machen und die Musik bewusst kontrastierend zum Bild einsetzen. Also zum Beispiel eine sehr langsame Bewegung mit einer schnellen dynamischen Musik unterlegen, wenn Sie damit etwas aussagen wollten. Wir ergänzen also:

Kontrastierende Musik ist möglich und manchmal ratsam, wenn Sie eine eindeutige Aussage hat.

Grundsätzlich sollten Sie aber auf folgendes achten:

Musik, die eine Stimmung verdeutlicht oder der Unterstützung des Schnitt-Rhythmus dient, sollte nicht eindeutig belegt sein.

Damit ist gemeint, dass Sie darauf achten sollten, dass die Musik (auch bei reinen Instrumentalstücken) nicht zu bekannt ist. Ein Beispiel: Würden Sie beispielsweise den Mundharmonika-Soundtrack aus „Spiel mir das Lied vom Tod“ einsetzen, sollte Ihnen bewusst sein, wofür er geschrieben wurde. Dasselbe gilt für den Soundtrack von „Indiana Jones“, „Star Trek/Raumschiff Enterprise“ oder das „James Bond Theme“. Sie können solche Musik ironisierend oder kommentierend nutzen, wenn es stimmig ist. Sie sollten lediglich wissen, welche Assoziationen Sie damit wecken. Tun Sie das bewusst, würde es passen. Benutzen Sie die Musik aber nur, weil Sie ihnen so gut gefällt, wäre dies vielleicht nicht stimmig. Gerade bei bekannten Filmmusiken oder bekannten Nummer Eins Hits ist Vorsicht geboten. Sie stellen immer einen Bezug her, ob gewollt oder ungewollt. Das kollektive, kulturelle Gedächtnis sollten Sie also nicht unterschätzen. Ungewollte Bezüge gilt es zu vermeiden.

Ein anderer Fall ist die bewusst gewählte Beziehungsmusik, die sich auch auf das kollektive kulturelle Gedächtnis stützt. Dabei wollen Sie gerade die Assoziation/Erinnerung an den ursprünglichen Verwendungszweck hervorrufen. Die Regel hier:

Sie müssen mit dem Klischee/Stereotyp bewusst spielen.

Die Beziehungsmusik im journalistischen Film ist also in etwa mit einem allgemeinen Zitat in der Schriftsprache vergleichbar, nicht mit dem Zitat eines Interviewpartner. Die Entsprechung dazu wäre der O-Ton. Wenn Sie bekannte Zitate aus der Literatur oder von prominenten lebenden oder verstorbenen Zeitgenossen in einem Printtext nutzen, ist das in der Regel kein Zufall. Sie wollen damit einen Bezug zu Ihrem Text herstellen, etwas Bestimmtes ausdrücken, vielleicht karikieren oder kontrastieren. Auf jeden Fall verfolgen Sie mit dem Zitat eine Absicht. Nicht viel anders können Sie sich den Einsatz von Beziehungsmusik im audiovisuellen Journalismus bzw. im Audio-Journalismus vorstellen.

Bei Beziehungsmusiken besteht auch die Möglichkeit, Vokalversionen zu nutzen und z. B. eine bestimmte Textzeile aus dem Lied immer wieder im Beitrag auftauchen zu lassen. Dann wäre diese Textzeile erstens eine Beziehungsmusik, zweitens aber vielleicht auch Ihr Leitmotiv. Der Einsatz von Vokalmusik ist im Journalismus nicht unumstritten, vor allem dient sie aber meist einem anderen Zweck als die Instrumentalmusik. Die grobe Richtlinie dazu:

Instrumentalmusik wird meist dann verwendet, wenn Sie eine Stimmung oder eine Assoziation hervorrufen wollen. Vokalmusik hat immer eine inhaltliche Komponente.

Bei Beziehungsmusik oder musikalischen Anspielungen (unabhängig davon, ob instrumental oder vokal) gilt natürlich dasselbe, was in der Schriftsprache für Metaphern und Zitate gilt:

Achten Sie darauf, dass Ihre Beziehungsmusiken nicht abgegriffen sind.

Liedzeilen bzw. Refrains wie „Das alles und noch viel mehr, würde ich machen, wenn ich König von Deutschland wäre“ (Rio Reiser) oder „An Tagen wie diesen wünscht man sich Unendlichkeit“ (Campino/Tote Hosen) sind schon so oft in Zusammenhängen mit Wahlkämpfen oder Kandidatenküren verwendet worden (z. T. auch von den Parteien selbst), dass sie doch etwas verbraucht sind. Aber zu entscheiden, ob etwas verbraucht/abgegriffen ist oder nicht, liegt natürlich immer im Ohr des Hörers oder an der Zielgruppe. In meiner Generation (Mitte 50) stand zum Beispiel Pink Floyds „Money“ auf dem Index, wenn es um das Thema Geld ging. Zu offensichtlich, zu oft gehört, zu einfallslos – also „verboten“. Aber würde eine heute 20-Jährige das Zitat überhaupt noch erkennen? Würde sie die Musik als veraltet empfinden? Oder nur irgendwie als retro und daher ganz in Ordnung? Ich kann es Ihnen nicht sagen.

Was ich Ihnen sagen kann, ist, dass der Musikeinsatz in journalistischen Beiträgen neben der Filmaussage immer auch von der Zielgruppe, dem Format und dem Ausspielkanal sowie der Funktion Ihres Beitrages abhängt. Hier gilt:

Je unterhaltsamer oder atmosphärischer Ihr Beitrag/Ihr Video ist, desto eher sollten Sie über den Einsatz von Musik nachdenken. Je informativer oder sachlicher, desto eher sollten Sie auf Musik verzichten.

Ich habe diese Regel bewusst als „je, desto-Regel“ formuliert, da man hier keine immer gültigen Festlegungen treffen kann. Es gibt auch Nachrichtenstücke, in denen Musik eingesetzt wird. Allerdings eher seltener. Ebenso gibt es sehr dichte, atmosphärische Reportagen, bei denen der Einsatz von Musik überhaupt nicht passen würde und andere Fälle, in denen Sie z.B. verschiedene Musiken verschiedenen Handelnden (oder Motiven) Ihres Filmes zuordnen können. Wenn Sie die Musik dann etwas „überlappen“ lassen, also schon etwas vor den jeweiligen Sequenzen einspielen, wissen die Zuschauer gleich, warum es nun gehen wird. Diese Methode bietet sich aber nur bei langen Beiträgen oder Dokumentationen an, sonst erschließt sich das Prinzip dahinter nicht.

Wie gekonnt Sie es aber auch anstellen mögen: Beim Einsatz von Musik in journalistischen Beiträgen bleibt viel auf der geschmäcklerischen Ebene bzw. hat mit Moden zu tun. Selbst wenn Sie die Musik passend oder stimmig zu Ihrer Filmaussage und Ihrem Format wählen, wird sie manchen Zuschauern gefallen, den anderen nicht. Damit müssen Sie leben. Problematisch wird es nur, wenn Zuschauer*innen die Musik so sehr missfällt, dass sie nicht mehr auf den Inhalt des Beitrages achten. Das können Sie aber vor der Ausstrahlung nicht wissen.

Überlegen Sie immer, ob Sie überhaupt Musik brauchen. Bisweilen reichen einzelne Klänge oder Klangteppiche, um Stimmungen auszudrücken. Sie sind oftmals sogar eindrücklicher. Es muss nicht immer eine bestimmte Melodie oder ein bekanntes Stück sein. Vor allem aber reicht oftmals auch ein anständiger IT ohne Musik. Unabhängig davon, ob Sie nun Musik, „normalen“ IT und Atmo einsetzen, bedenken Sie lediglich noch eines:

Kein Bild ist tonlos.

Tonlücken müssen gefüllt werden, ggf. mit Atmo. Falls nicht, würden Zuschauer*innen sofort den Lautstärke-Regler betätigen.

2.11 Formsprache

Der Begriff der Formsprache wird von mir aus dem Bereich der Kunstgeschichte bzw. der Architektur und dem Design entliehen. Dort wird er oft als Ausdruck eines Objektes verstanden. Dieser Ausdruck wiederum ruft bei Betrachter*innen dann einen Eindruck hervor. Ein Gebäude kann majestätisch wirken, eine Schere handlich, ein Kühlschrank stylisch oder retro.

In diesem Sinne, also als Eindruck vom Ausdruck, möchte ich den Begriff hier verstanden wissen, mit dem Unterschied, dass er nun auf den audiovisuellen Journalismus übertragen wird. Allein durch ihre äußerliche Gestaltung erzielen Beiträge und Sendungen, Mediatheken und Webpräsenzen eine Wirkung bei Zuschauer*innen. Dabei bedienen sie sich der Stilmittel der anderen Sprachen (etwa Filmsprache, IT, etc.).

Aber bei Fotos, Filmen und Videos spielt auch das Material eine wesentliche Rolle. Heutzutage wird solche, früher durch die physikalische bzw. chemische Beschaffenheit hervorgerufene, Materialität digital erzeugt. Aber sie ist nach wie vor sichtbar. Da ist zum Beispiel die Körnung eines Filmes, seine Farbnuancen oder die Anzahl der Pixel. Dies alles hat für sich genommen schon eine spezifische Form, eine eigene Ästhetik. Ein Kodak-Color sah anders aus als ein Fuji-Farbfilm, Super 8 anders als VHS, VHS anders als Betamax, 16mm Film anders als 35mm Film, SD anders als HD. Die Materialität wird heute z. T. durch Effekte und Menu-Einstellungen nachgeahmt. Vergilbte oder ausgeblichene Fotos mit zarten Rot und Brauntönen werden heute mit dem Sepia-Effekt hergestellt. Es soll bewusst so aussehen wie die alten Fotos von früher. Wir erinnern uns an Wölflin:

> „Wir bezeichnen die Wirkung, die wir empfangen, als Eindruck. Und diesen Eindruck fassen wir als Ausdruck des Objekts".

Der Sepia-Effekt wäre der Ausdruck des Objekts, der Eindruck ist: Das sieht ja so aus wie auf den alten Postkarten oder Fotos aus den 1950er Jahren. Damit sind digitale Effekte und Bearbeitungsverfahren eindeutig der Formsprache zuzurechnen. Sie drücken immer etwas aus. Ein nachträglich colorierter Schwarzweiß-Film beispielsweise sieht anders aus als ein echter Farbfilm. Und wussten Sie, dass bereits 1917 Filme koloriert wurden? Sie wurden sprichwörtlich händisch „angemalt". Das heißt, jedes einzelne Bild auf dem Filmstreifen musste mit winzigen Pinseln und unterschiedlichen Farben bearbeitet werden. Zuschauer*innen werden allein an der äußeren Form und den Farben erkennen, ob es sich um einen Film aus der Jetztzeit handelt oder um restauriertes Material. Eine alte Zeitung hat eine andere Typografie und andere Lettern als eine moderne Zeitung. Ein Instagram-Video sieht anders aus als ein TV-Beitrag, auch wenn beide dieselbe Filmsprache und Bildsprache nutzen.

Bestimmte Effekte sind nur als Elemente der Formsprache bzw. in diesem Zusammenhang zu verstehen. Auf Realbild eingeblendete Icons und Emoticons deuten darauf hin, dass es sich um Bilder aus dem Web handelt. Technisch wäre dies auch bei Fernsehbildern möglich. Es wird in aller Regel (bislang) nur nicht so gemacht. Zuschauer*innen erkennen also allein an diesem Aspekt, dass es sich vielleicht um Bilder von Instagram oder Snapchat handelt.

Der Begriff der Formsprache lässt sich sehr pragmatisch auch auf die verschiedenen technischen Formate und Standards beim Bewegtbild beziehen. Inzwischen können Sie bei Videoaufnahmen sowohl PAL als auch NTSC benutzen. Das Endgerät, auf dem Sie dann ausspielen, muss aber auf die richtige Norm eingestellt sein und sie sollten es vermeiden, die Standards zu mischen. Die Standards PAL und NTSC unterscheiden sich grundsätzlich bei den Bildzeilen insgesamt, bei den sichtbaren Zeilen, bei den Halbbildern und beim Farbträger. Damit sahen PAL und NTSC früher auf alten Fernsehgeräten deutlich anders aus. Denn da konnte man nichts umstellen bzw. die meisten TV-Zuschauer*innen wussten noch nicht einmal, dass es diesen Unterschied gab. Es sah manchmal nur etwas anders aus, wenn ein US-amerikanischer Film lief. NTSC wurde als TV-Standard fast nur in den USA (und einigen asiatischen Ländern) genutzt. PAL hingegen war die Standardnorm in Europa und im Rest der Welt. Ohne hier weiter in technische Details gehen zu wollen, der Grund für die unterschiedlichen Standards war ein physikalischer. Die unterschiedlichen Frequenzen ergaben sich aus der anliegenden Wechselspannung in den verschiedenen Ländern. Der elektrische Strom bestimmte also in dem Fall den Ausdruck des Objektes Fernsehbild.

Formsprache können wir auch auf Fernsehstudios und ihre Kulissen (Bauten, parallel zur Architektur bzw. Design) beziehen. Ein Nachrichtenstudio oder das Studio einer Magazinsendung sehen in der Regel anders aus als das einer Talksendung. Dies beginnt bei dem obligatorischen Pult oder Tisch, an dem Moderator*innen stehen oder sitzen, es reicht über den Hintersetzer bis zu den Utensilien. Die Sitzordnung (meist eine Runde oder eine U-Form) bei einer Talksendung wiederum unterscheidet sich von einem Wahlstudio mit seiner Video-Wall, auf der die Grafiken mit den Wahlergebnissen, den Umfragen oder der Sitzverteilung präsentiert werden. Dass virtuelle Multifunktionsstudios ein und dasselbe Studio mit verschiedenen Settings nutzen, um für verschiedene Sendungen angepasst zu werden, passt dazu. Denn durch die verschiedenen virtuellen Settings wird ja gerade jeweils der Ausdruck hervorgerufen, der zum entsprechenden Zweck (entweder Talk, Nachrichten oder Magazin) passt. Die Formsprache wird hier lediglich virtuell erzeugt, sie bleibt aber Formsprache. Zuschauer*innen erkennen durch die äußere Erscheinungsform sofort, dass es sich um unterschiedliche Sendungsformate handelt. Eine Magazinsendung werden Sie beispielsweise daran erkennen, dass sich die einzelnen Sendeelemente abwechseln. Sie sehen Beiträge, kurze Einspieler, Moderationen und Live-Schalten. Bei einer Talksendung hingegen sehen Sie durchgehend Menschen, die reden und bisweilen einen Einspieler. Auf einem Doku-Sendeplatz sehen Sie wiederum nur einen zusammenhängenden Film. Allein an der äußeren Form können Sie somit erkennen, welche Art von Inhalt Sie gerade sehen. Audiovisuelle journalistische Inhalte werden fast immer in Formen gegossen. Entweder im TV in Sendeformate oder auf einer Webseite, die den Rahmen für die einzelnen Videos, Fotos, Grafiken und Artikel darstellt. Die Webseite einer Zeitung unterscheidet sich bewusst von der Webseite einer anderen Zeitung, auch wenn sie dieselben Elemente nutzt. Zum Beispiel durch eine spezifische Typo, spezifische Farbgebung oder das Layout allgemein. Allein der Begriff Layout kann fast schon als Übersetzung des Begriffes „Formsprache“ verstanden werden. Besonders dezidierte Formsprache wird bei den Design-Elementen einer Sendung genutzt. Die Typografie der Schrifteinblendungen, die Logos, die verschiedenen optischen Trenner bei Einspielungen, sind nicht rein zufällig so gewählt und dürfen nicht geändert werden.

Formsprache findet sich auch bei akustischen Formen. Das Sound-Design eines Jingles im Radio wird nicht zuletzt aufgrund seines Wiedererkennungswertes gewählt. Die Verkehrsmelodie von Bayern 3 (Radio) ist dafür ein Beispiel. Auch die Musik von Trailern oder Titelmusiken von Sendungen zielt darauf ab, dass sie Rezipient*innen sofort identifizieren. Schon allein beim Vorspann (Intro) zu einer Sendung wissen die Zuschauer*innen, welche Sendung sie nun sehen werden. Viele Titelmusiken haben sich eingeprägt und sind eindeutig besetzt, auch wenn es die Sendungen gar nicht mehr gibt. Älteren Leser*innen könnte beispielsweise der Titel „Ruckzuck“ der Avantgarde-Band Kraftwerk als Erkennungsmelodie der ZDF-Sendung „Kennzeichen D“ in Erinnerung geblieben sein. Auch die WDR-Sendung „Monitor“ nutzte jahrelang eine spezifische elektronische Erkennungsmelodie. Jüngeren Leser*innen mögen diese Melodien und Sounds heute retro vorkommen. Aber exakt dies bestätigt meinen Punkt. Allein durch die akustische Formsprache kann man ungefähr ablesen, aus welcher Zeit eine Sendung stammt. Und selbst wenn eine Retromelodie für eine aktuelle Sendung genutzt wird, widerspricht dies meiner These nicht. Denn die Anspielung oder Hommage kann man nur dadurch verstehen, dass man die akustische Formsprache (er)kennt.

Die Musik mit der gesprochenen Sprache „Hier ist das erste deutsche Fernsehen mit der Tagesschau“ wird selbst Menschen bekannt sein, die die Sendung nicht häufig schauen. Die Musik bzw. der Sound wurde im Laufe der Zeit bewusst nur sparsam modernisiert.

Auch die Startseite einer Mediathek oder eines Streamingdienstes ist spezifisch. Sie werden sofort wissen, ob Sie beispielsweise bei Amazon Prime oder bei Netflix gelandet sind. Netflix beispielsweise nutzt neben der visuellen Form (dem sich grafisch aufbauenden N) einen prägnanten akustischen Sound bzw. einen identifizierbaren Klang in dem Fall.[175] Zusammen bilden sie das „Logo“ des Streamingdienstes. Logos sind immer Elemente der Formsprache. Sie müssen sofort erkennbar, einprägsam und zuzuordnen sein. Auch das Telekom-Soundlogo, in Kombination mit dem T und den Quadraten könnte Ihnen bekannt sein. Die Telekom hat sich sogar das spezifische Magenta als Farbmarke für Waren und Dienstleistungen aus dem Bereich der Telekommunikation unter der Registernummer 39552630.2 schützen lassen.

Nehmen wir zum Schluss wieder ein Beispiel aus der Medienbranche und dem audiovisuellen Journalismus. Das ZDF orange kennen Sie vielleicht. Es ist Teil des Corporate Designs des Senders.

> „Das Erscheinungsbild soll dazu beitragen, das ZDF auf allen Plattformen als starke Marke wieder zu erkennen. Das Design verfolgt die visuelle Strategie, den Sender als Marke und seine Sendungen als Produkte zu begreifen. Wieder erkennbare Marken und klare Strukturen sind auf dem komplexen Medienmarkt wichtige Parameter für Unterscheidbarkeit, Orientierung und Vertrauensbildung“[176]

Spätestens jetzt sollte klar geworden sein, warum Formsprache so wichtig ist, auch und gerade im audio-visuellen Journalismus.

Zusammenfassend lässt sich sagen, dass Formsprache im audiovisuellen Journalismus auf sehr verschiedenen Ebenen anzutreffen ist. Sie unterscheidet sich von Bildsprache und Filmsprache dadurch, dass sie sich immer auf die äußere Form (den Gesamteindruck) eines journalistischen Produktes bezieht und nicht auf einzelne Elemente der inneren Gestaltung von Beiträgen, Videos oder Clips. Bei der Formsprache sind entweder die Materialität, der technische Standard oder Designvorgaben entscheidend. Journalist*innen haben nicht immer Einfluss auf die Formsprache, z. B. beim Design oder beim technischen Standard. Durch technische digitale Effekte können Sie aber verschiedene Materialitäten hervorrufen und dadurch eine eigene Formsprache erzeugen. Bei Formsprache ist oftmals das Zusammenspiel von Elementen verschiedener Sprache (etwa Grafik-Animation und Sound). Bei der Formsprache habe ich bewusst keine Regeln aufgestellt oder Hinweise gegeben, da sie sich erstens in vielen Bereichen dem Einfluss einzelner

175 Wenn Sie ihn nicht kennen, können Sie ihn nachhören: https://www.youtube.com/watch?v=NXucNruoP5E (24.5.2021, 22.10 MEZ).

176 Zit. aus: https://www.designtagebuch.de/cd-manuals/ZDF-Styleguide_1-Basis.pdf (24.05.2021, 22.24 MEZ).

Journalist*innen entzieht, zweitens aber da diese Sprache nicht zu reglementieren ist. Ob Sie bestimmte Effekte und Materialitäten nutzen, um damit eine bestimmte Formsprache zu zitieren oder eine neue zu konstruieren, kann nicht regelhaft beantwortet werden. Hier gibt es vielmehr eine unendliche Anzahl an Einzelfällen. Journalist*innen sollten jedoch wissen, dass es Formsprache gibt, dass sie eine starke Wirkung auf Zuschauer*innen hat und dass sie oftmals auf dem Zusammenspiel der verschiedenen Sprachen beruht.

3. Aufbau, Struktur und Dramaturgie

An dieser Stelle verlasse ich den Pfad der sieben Sprachen bzw. weite ihn aus. Wenn ich im Zusammenhang der Formsprache davon gesprochen habe, dass sie sich der anderen Sprachen bedient, um eine eigene Sprache zu bilden, ist das bei der Dramaturgie und beim Aufbau nicht wesentlich anders. Es sind letztlich Ordnungsprinzipien, die sich sowohl auf einen einzelnen Beitrag/Video als auch auf Sendungen beziehen lassen. Ich konzentriere mich hier auf den Aufbau, Struktur und Dramaturgie von einzelnen Werken (Beiträgen, Videos, Filmen), nicht auf die Sendungsdramaturgie oder den Aufbau und die Struktur von Webseiten oder mobilen Anwendungen. Diese wären noch einmal ein Sonderfall der (äußeren) Formsprache. Dramaturgie, Aufbau oder Struktur von Beiträgen sind hingegen das „Skelett einer Geschichte“ oder die Rankhilfen der Sprachen, wie ich es bezeichnen würde. Entlang des Aufbaus, der Dramaturgie oder der Struktur „pflanzen“ wir unsere Beiträge in die Wahrnehmung der Zuschauer*innen. Wenn wir auf diese Hilfen verzichten, wirken Beiträge, Webdokus, Videos – letztlich alle audiovisuellen Produkte – ungeordnet oder strukturlos. Deswegen sind diese Elemente der inneren Form so wichtig. Ihre Wirkung erzielen sie durch die geordnete und strukturierte Anwendung der Sprachen. Der theoretische Hintergrund ist hier eher im Strukturalismus, Funktionalismus zu suchen als in der Zeichentheorie. Denn die verwendeten Zeichen sind die Zeichen der jeweiligen Sprachen bzw. deren Kombination zu einem zusammenhängenden Werk. Ich habe hier schon den Begriff der „dramaturgischen Sequenz“ eingeführt, der in der Montage wichtig ist. Er erläutert den Zusammenhang exemplarisch.

Der Begriff Dramaturgie beruht auf dem griechischen Wort für Handlung. Darum geht es nicht nur in der Fiktion und im klassischen Drama, woher der Begriff stammt, sondern auch im Journalismus. Wenn nichts passiert, wenn niemand handelt, dann ist es keine journalistische Geschichte. Journalistische Berichterstattung manifestiert sich immer in Handlung, auch wenn es um allgemeine oder abstrakte Themen wie Klimawandel oder Digitalisierung geht. Bereits zu Beginn dieses Kapitels soll daher mit einem, immer wieder aufkommendem Missverständnis aufgeräumt werden: Dramaturgisch zu arbeiten, bedeutet nicht zu übertreiben, Fakten zu ignorieren oder einer Sensationsgeschichte hinterher zu laufen. Vielmehr geht es um grundlegendes journalistisches Handwerkszeug. Ebenso wie ein Theaterstück oder ein Film eine/n Dramaturg*in oder Regisseur *in brauchen, braucht ihn ein journalistischer Beitrag. Der/die Dramaturg*in ist in dem Fall der oder die Autor*in selbst, die auch Regie führt und textet.

Anlass, Thema und Geschichte/Beitrag

Dies sind im Journalismus zentrale Begriffe, die leider im Alltag oftmals in Vergessenheit geraten. Der Anlass für eine Berichterstattung (etwa eine Pressemitteilung der Feuerwehr) ist etwas anderes als das Thema (etwa ein Brand). Das Thema etwas anderes als die Geschichte (etwa die Geschichte des Feuerwehrmanns, der bei dem Brand ein Kind aus den Flammen gerettet hat). Eigentlich ist das eine Selbstverständlichkeit. Aber achten Sie einmal darauf, wie viele journalistische Beiträge lediglich ein Thema abbilden oder Rechercheergebnisse verfilmen, statt eine Geschichte zu erzählen bzw. die realen Ereignisse in filmische Realität zu übersetzen. Anlass und Thema zählen zur vorfilmischen Realität. Es wäre auch passiert, wenn niemand darüber berichtet hätte. Die Geschichte oder die Struktur eines Beitrags sind hingegen immer filmische Realität. Die Autorin oder der Autor haben die Ereignisse, Handlungen, Fakten recherchiert, selektiert, geordnet und dann erst in einem Beitrag präsentiert. Selbst wenn Journalist*innen – z. B. bei einem Unfall – nur darüber berichten, was passiert ist (sogenannte Chronistenpflicht), werden sie es geordnet, strukturiert oder dramaturgisch tun. Denn eine ungegliederte Aneinanderreihung von Fakten, O-Tönen und Bildern ist kein journalistischer Beitrag, sondern eine Materialsammlung. Das ist auch nicht „objektiv", sondern lediglich wirr. Eine, wie auch immer strukturierte, Ordnung und sei es eine rein chronologische, muss ein Beitrag immer haben.

Es ist fast nicht möglich, nicht zu strukturieren. Die entscheidende Frage ist allerdings, wie verständlich der Beitrag dadurch wird und ob die Gliederungspunkte den Zuschauer*innen einleuchten und zum jeweiligen Inhalt passen. Strukturen und Gliederungen folgen immer einer Logik. Die kann unterschiedlich sein, muss jedoch innerhalb des Beitrages beibehalten werden – ansonsten werden Zuschauerinnen und Zuschauer verwirrt. Struktur ist arbiträr (festgelegt) aber eben gerade nicht willkürlich.

Struktur und Beitragsaufbau

Einfache Strukturen und Gliederungen in journalistischen Beiträgen sind Aufzählungen oder Reihenfolgen. Diese können inhaltlich oder chronologisch motiviert sein. In (aktuellen) Ereignisberichten (Unfälle, Sportereignisse, politische Abstimmungen, wirtschaftliche Entscheidungen z. B.) bietet sich eine chronologische Reihenfolge oftmals an. Dies hat im Wesentlichen vier Gründe:

- Ursache und Wirkung können damit gut erläutert werden. Was hat den Unfall verursacht? Welche politische Stimmungslage oder parteiliche Konstellation haben zur aktuellen Kehrtwende geführt? Warum wurden zwei Firmenteile fusioniert oder wurde ein Konkurrent gekauft?
- Für Autorinnen und Autoren ist es ein relativ einfaches Prinzip, gerade bei zahlreichen Fakten und Zwischenereignissen. Diese können anhand eines Zeitstrahls angeordnet werden. Das wiederum macht das Kürzen des Beitrages einfacher bzw. ermöglicht, auf einen Blick zu sehen, welche Information zwingend zum Verständnis nötig sind und welche ggf. wegfallen können.

- Eine Chronologie ist automatisch ein roter Faden, an dem sich Zuschauer*innen orientieren und dem Text und den Bildern durch den Beitrag folgen.
- Eine Zeitabfolge ist für Zuschauer*innen sehr nachvollziehbar und einleuchtend,

Eine Chronologie kann vom Anfang zum Ende reichen, ebenso kann die Geschichte aber auch in umgekehrter Reihenfolge (rückwärts) erzählt werden. Bei Unfällen oder Katastrophen wird oftmals bewusst mit dem Ende begonnen, weil dies erstens der aktuelle Anlass für die Berichterstattung war und zweitens meist die stärkeren Bilder liefert. Zum Zwecke des Spannungsaufbaus oder bei einer Spurensuche/Rekonstruktion ist jedoch die Reihenfolge vom Beginn zum Ende besser geeignet. Es kommt also immer auf den Aussagewunsch an. Wichtig bei Chronologien ist ein linearer Ablauf. Zwar werden Zeitsprünge – in Form von Rückblenden oder Vorschauen – ebenso verstanden wie Gleichzeitigkeit (etwa bei Parallelmontagen). Die Linearität ist jedoch das Grundprinzip dabei.

Dualistische Strukturen

Dualistische Strukturen sind für Zuschauer*innen ebenso leicht nachvollziehbar. Zwei Seiten oder zwei Interessen stehen sich gegenüber. Eine Kontrastmontage hilft dabei. Es braucht keine lange Einführung. Im Journalismus bietet sich oft eine dualistische Struktur an. Denn in vielen Berichterstattungssituationen gibt es zwangsläufig sich einander gegenüberstehende oder opponierende Seiten. Journalisten müssen diese nicht lange suchen. Die reinste Form des dualistischen Prinzips ist das Duell.

Dualistische Gliederungsprinzipien im Journalismus (Beispiele)
Regierung-Opposition Arbeitnehmer-Arbeitgeber Kriminelle-Strafverfolger Herausforderer-Titelverteidiger Heimmannschaft-Gastmannschaft Befürworter-Gegner (einer Sache, eines Anliegens)

Kausale Strukturen und Logik

Kausale Strukturen werden einer Sache oder einer Situation erst durch Autor*innen verliehen. Kausalität ist immer konstruiert. In vielen Fällen ist sie daher nicht intuitiv verständlich wie die Chronologie oder ein dualistisches Prinzip. Entscheidet man sich für die Verwendung kausaler Strukturen, sind eine stringente Herleitungslogik in der Argumentation und das Einhalten der Reihenfolge essenziell. A führt zu B, B führt zu C und C schließlich zu D. Ebenso könnte D das Ergebnis von C sein, das durch B ausgelöst worden ist und seinen Anfang bei A nahm. Aber D kann nicht zu B geführt haben oder C zu A. Das würde unlogisch wirken. Eine korrekt angeordnete, auf Kausalität fußende Struktur wird von Zuschauer*innen kognitiv erfasst, nicht emotional. Das sollten Autorinnen und

Autoren bedenken. Sie brauchen immer eine solide Faktenlage und umfassende Recherche.

Funktionales Sequenzprinzip

Kausale Zusammenhänge müssen Journalist*innen erst recherchieren und dann rekonstruieren – insbesondere bei investigativen Geschichten oder komplizierten Wirtschafts- oder Wissenschaftsthemen. Denn dabei geht es ja gerade darum, komplexe Zusammenhänge zu erklären oder verborgene Dinge ans Licht zu bringen. Wenn Kausalketten stimmig sind, können sie hervorragend mit der Kontinuitätsmontage und dem sequenziellen Schnittprinzip veranschaulicht werden. Ein Glied der Kausalkette/ein Gedankenschritt entspricht im Idealfall immer einer Sequenz. Auch bei Erklärstücken bietet sich dieses Muster an. Berichtet man beispielsweise über Herstellungs- oder Entscheidungsprozesse, können diese sehr gut in verschiedene Einzelschritte zerlegt und in Bild-Sequenzen umgesetzt werden. Vorbildlich haben dieses Prinzip jahrzehntelang Beiträge der „Sendung mit der Maus“ durchgehalten.

Klammer oder Rahmenhandlung

Das Prinzip der Klammer oder des Rahmens wiederum eignet sich dort, wo es Fallbeispiele gibt, aber keine echten Protagonisten, über die eine komplette Geschichte durchgehend erzählt werden könnte. Dasselbe gilt, wenn Hintergründe zu komplex sind oder zu weit vom Thema wegführen würden – also immer dann, wenn es darum geht, mehrere Aspekte eines Themas in einer Story abbilden zu müssen. In solchen Fällen gibt es zwar eine Person, die bildlich dargestellt wird. Etwa Adam Autofahrer oder Eva Elektrik, falls Sie sich erinnern. Adam und Eva waren aber in meinen Beispielen keine Protagonisten im eigentlichen Sinne (Handelnder, Verändernder), sondern so etwas wie Dummies bei einem Crashtest. Bei Themen, die viele Menschen gleichermaßen betreffen, wird dieses Prinzip oft genutzt – zum Beispiel bei Service-Themen.

Struktur der antizipierten Fragen

Dieses, von mir entwickelte, Prinzip verbindet die Vorgehensweise der Kausalkette mit einer Rahmenhandlung bzw. einem Fallbeispiel. Dabei gibt sich der Autor oder die Autorin gedanklich in ein dialogisches Frage- und Antwortspiel mit Zuschauern. Journalist*innen überlegen sich, was sich die Zuschauer*innen als nächstes fragen würden und beantworten die Frage in der unmittelbar darauffolgenden Szene. Das Prinzip funktioniert, weil die Fragen von Zuschauer*innen in vielen Fällen ähnlich sind. Oftmals, unabhängig vom Thema, betreffen die Fragen von Zuschauern folgende Bereiche:

- Sachverhalt (Worum geht es? Was ist passiert?)
- Hintergrund (Warum ist das so? Welche Vorgeschichte steckt dahinter? Welche Gründe?)
- Bedeutung (Wie wichtig ist das? Was muss man beachten/bedenken?)
- Dimension/Ausmaß (Wie groß oder klein ist es? Wie wichtig? Wen betrifft es?)

- Wiederholbarkeit (Kann so etwas noch einmal passieren? War es ein Einzelfall oder Beispiel? Oder lässt es sich auf andere Situationen/Menschen übertragen?)
- Verantwortung/Zuständigkeit (Wer oder was ist verantwortlich?)
- Konsequenz (Bleibt dies so? Oder ändert es sich? Was bedeutet das für die Zukunft und nachfolgende Generationen?)
- Veränderung (für Individuen oder die Allgemeinheit? Wessen Leben hat das Ereignis/die Gesetzeslage aktiv beeinflusst? Was hat sich für wen geändert? Vorher/Nachher-Vergleich)
- ggf. Zusammenfassung oder Schlussfolgerung (Was lehrt uns das? „Moral von der Geschichte")

Diese Fragenbereiche mögen sich hier ohne Inhalte noch etwas abstrakt anhören. Sie müssen auch nicht alle abgearbeitet werden und auch nicht zwingend in dieser Reihenfolge. Wenn Sie aber einmal mehrere verschiedene Beiträge daraufhin prüfen, werden Sie feststellen, dass das Prinzip oft angewandt wird. Es kann Ihnen aber auch sehr konkret helfen, Ihre recherchierten Fakten und Ihr Bildmaterial zu ordnen, gerade bei abstrakten oder komplexen Themen, wo sich Zusammenhänge nicht sofort erschließen oder es erst einmal keine offensichtliche Logik gibt. Das Prinzip kann gut mit dem funktionalen Sequenzprinzip (damit es auch bildlich passt) kombiniert und mit der Kontinuitätsmontage visuell aufgelöst werden.

Dies verdeutliche ich nun an einem Beispiel. Der Beitrag wurde in einem bundesweiten Nachrichtenmagazin ausgestrahlt. Im Frankfurter Bahnhof hatte im Juli 2019 ein 40-Jähriger einen achtjährigen Jungen und dessen Mutter vor einen Zug gestoßen. Der Achtjährige kam ums Leben. Der Beitrag wurde einen Tag nach dem Ereignis ausgestrahlt. Der Sachverhalt war den Zuschauern somit bekannt und musste nicht mehr dargestellt werden.

Tab. III.5 Beispiel: Sequenzprinzip

Sequenz Nr.	Bildmotiv	Textinformation bzw. O-Töne	Fragekomplex
1	Blumen am Bahnhof, Trauerszenen	Konkretes Motiv ist nicht bekannt, Mann war offenbar psychisch krank	**Bedeutung** Warum hat der Täter das getan?
2	O-Ton Schweizer Polizei	Täter war bekannt, hatte psychische Probleme, war krankgeschrieben	**Hintergrund** Was war das für ein Mann?
3	Bilder vom Täter	Hatte in der Schweiz bereits eine Frau mit Messer verletzt, war auf der Flucht	**Dimension/Ausmaß** Hat der schon mehr verbrochen? Was genau?

Sequenz Nr.	Bildmotiv	Textinformation bzw. O-Töne	Fragekomplex
4	O-Ton deutsche Polizei	Nach dem Mann wurde in Deutschland nicht gefahndet, nur in der Schweiz. Er war den deutschen Behörden bei Einreise nicht bekannt – hatte sich den Schweizern durch Flucht entzogen	**Verantwortung/Zuständigkeit** Wie konnte der Mann an den Bahnhof gelangen? Warum war das überhaupt möglich – wenn seine Erkrankung doch bekannt war?
5.	Bilder Trauer + PK Innenminister	Innenminister fordert mehr Video-überwachungen und mehr Personal an den Bahnhöfen und mehr technische Sicherheitsmaßnahmen	**Konsequenz** Wie kann man sich gegen so etwas schützen? Was kann man jetzt tun?
6.	Allgemeine Bilder Bahnhof, Reisende	Skepsis an der Idee des Innenministers wird formuliert	**Veränderung für Individuen** Was bringt das Bahnreisenden konkret? Werden die Bahnhöfe dadurch für den/die Einzelne/n sicherer?
7.	O-Ton Polizeigewerkschaft	Warnt vor schnellen Lösungen, fragt warum die technischen Lösungen nicht vorhanden sind (impliziert den Kostenaspekt), ist sehr skeptisch, dass 6.000 Bahnhöfe mit zwei Mrd. Reisenden pro Jahr überhaupt geschützt werden können	**Wiederholbarkeit** Kann so etwas noch einmal passieren?
8.	Trauerveranstaltung	Rhetorische Frage Was macht man gegen Menschen, die Böses wollen und in der Menschenmenge nicht bemerkt werden	**Fazit/Schlussfolgerung** Gegen verrückte Einzeltäter kann sich die Gesellschaft nicht schützen

Das Beispiel zeigt ***eine*** mögliche Anwendung des Prinzips der antizipierten Fragen und Rückgriff auf Standard-Fragebereiche. Mit diesem universellen Handwerkszeug lassen sich viele Themen schnell strukturieren, verschiedene Schauplätze verbinden und ein roter Faden herstellen – also eine Geschichte „bauen“ Mit Dramaturgie im eigentlichen Sinne hat es aber noch nichts zu tun.

Dramaturgie

Wie erwähnt, geht das Wort Dramaturgie auf das griechische Wort für Handlung zurück. Dementsprechend wundert es wenig, dass sich viele Dramaturg*innen – sei es direkt oder auf Umwegen – am Drama der Antike orientieren bzw. auf diesen uralten Erkenntnissen aufbauen.[177] Zahlreiche Regeln und Handlungsanweisungen für Dramaturg*innen wurden erstellt, schier unzählige Geschichten vom Geschichten erzählt – eine endlose Reihe von Ratgebern verfasst. Alle Aspekte – wir reden von einer mehr als 2000jährigen Tradition der Narration – zu behandeln, ist nicht zielführend. Wichtig sind daher die Gemeinsamkeiten, nicht die Unterschiede verschiedener dramaturgischer Modelle. Aus den zahlreichen, dramaturgischen Rezepten habe ich daher zehn Zutaten ausgewählt:

- Das Aktprinzip (z. B. fünf Akte[178] oder drei Akte)[179]
- Handelnde Protagonisten (oder „Helden")
- Eigenschaften oder Fähigkeiten der/des Protagonist*in
- Herausforderungen und Aufgaben
- Möglichkeit des Scheiterns (Fallhöhen)
- Gegner und/oder Gefahren
- Dreiklang von Konflikt, Höhepunkt und Auflösung
- Spannungsbogen
- Veränderungen im Verlauf der Erzählzeit
- Ergebnis, etwa Erkenntnisgewinn oder Moral

Ich behaupte, dass sich aus diesen zehn Zutaten nicht nur fiktionale, sondern auch non-fiktionale Geschichten machen lassen und sie daher für einen dramaturgisch aufgebauten Beitrag im Bewegtbild ausreichen. Mehr Zutaten braucht es meines Erachtens nicht. Wichtig ist aber, dass sie gekonnt zubereitet werden, also im Beitrag/Video oder Dokumentation zum jeweiligen Inhalt passend angeordnet werden. Ob in einer Kontinuitätsmontage, einer Kontrastmontage (wir wechseln zwischen den Gegner*innen hin und her) oder auch in einer Assoziationsmontage. Das kommt dann wieder auf das Thema und vor allem den Aussagewunsch (beabsichtigte Filmaussage) des/der Autor*in an.

Es müssen auch nicht alle Zutaten gleichermaßen oder gleich intensiv verwendet werden, um ein, für Zuschauer*innen schmackhaftes Bewegtbild-Gericht zu kochen. Eine Drei-Akt-Struktur halte ich hingegen immer für angebracht. Ebenso empfehle ich, immer diese sechs Elemente der Dramaturgie zu nutzen.

177 Als traditionelles Vorbild wird daher auch in den meisten Dramaturgie-Handbüchern auf Aristoteles „Poetik" Bezug genommen. Vgl. Aristoteles (1982): Poetik, Reclam, Stuttgart.

178 Die Fünf-Akt-Struktur gilt insbesondere für das moderne bzw. „Regeldrama" der Weimarer Klassik und der französischen Aufklärung (nicht für das antike griechische Drama und nur bedingt für das römische Theater, z. B. bei Horaz) und wurde u. a. von Gustav Freytag postuliert. Vgl. Freytag, Gustav (1969): Die Technik des Dramas, unveränderter Nachdruck (1863), Wissenschaftliche Buchgesellschaft, Darmstadt.

179 Die Drei-Akt-Struktur hat Syd Field in seinem Standardwerk „Das Drehbuch" für den Spielfilm hervorragend beschrieben. Vgl. Field, Syd (2007): Das Drehbuch. Die Grundlagen des Drehbuchschreibens, Autorenhaus, Berlin.

- Hauptfigur (mit Motiv und Attributen)
- Aufgabe/Herausforderung
- Konflikt (innerer oder äußerer)
- Entwicklung oder Veränderung
- Handlung/Action/Fortschritt
- Ergebnis

Weiter zu reduzieren, ist bei sehr kurzen Beiträgen auch noch möglich. Aber eine Hauptfigur, eine Aufgabe und daraus resultierende Handlung und ein Ergebnis brauchen Sie immer. Sonst hat es mit Dramaturgie nichts mehr zu tun, sondern wir wären wieder bei einer Struktur.

Sechs Sequenzen Modell

In der fiktionalen Filmtheorie und in vielen Blockbustern wird oft nach dem Acht-Sequenzen-Prinzip gearbeitet. Dieses Prinzip lässt sich aus der Aktstruktur des Theaters ableiten. Für den Journalismus (gerade, wenn es mal wieder schneller gehen soll), empfehle ich, als eine Möglichkeit unter vielen, ein Sechs-Sequenzen Modell. Es beruht ebenfalls auf der aus dem Theater abgeleiteten Drei-Akt-Struktur und einigen Praxiserfahrungen.

Die Sequenzen können dabei aus einer oder mehreren Szenen bestehen. Das ist nicht entscheidend. Entscheidend ist, dass es sich um dramaturgische Sequenzen und nicht rein funktionale Sequenzen handelt. Die Länge der Sequenzen variiert nach Filmlänge. Mein Grundmodell habe ich auf eine Beitragslänge von vier bis fünf Minuten ausgelegt. Dieselbe Struktur wäre aber auch bei zwanzig Minuten anwendbar, nur eben mit anderen Sequenzlängen. Je länger der Beitrag, umso mehr zusätzliche dramaturgische Elemente lassen sich noch unterbringen. Ich nutze hier die sechs zuvor erwähnten „Zutaten“, nicht alle zehn. Bei längeren Beiträgen steigt in der Regel die Anzahl der Szenen pro Sequenz und damit auch deren Länge. Aber nicht die Anzahl der Sequenzen. Mein Modell bzw. meine Rankhilfe für audiovisuelle Beiträge sieht so aus:

Tab. III.6a Sechs-Sequenzen Modell in der Übersicht

Sequenz 1	Sequenz 2	Sequenz 3	Sequenz 4	Sequenz 5	Sequenz 6
Akt 1	Akt 1	Akt 2	Akt 2	Akt 3	Akt 3
Exposition	Komplikation	Krisis	Wende oder Steigerung	Klimax	Lösung
Hauptfigur	Aufgabe/ Herausforderung	Konflikt	Entwicklung	Action	Ergebnis
0“30	0“30	1 Minute	1 Minute	1 Minute	0“30

Ein Praxis-Beispiel für die Anwendung des Sechs Sequenzen Modells stammt aus der Lokalberichterstattung des WDR. Das Thema ist die Ausbildung von

Rettungssanitätern. Diese Sanitäter werden in einer Simulation für den Echtfall trainiert. Bei der Übung müssen sie die Zeit bis zum Eintreffen des Notarztes überbrücken. Sie wissen vorher nicht, was passieren wird.

Tab. III.6b Sechs-Sequenzen Modell in der Übersicht

Sequenz 1	Sequenz 2	Sequenz 3	Sequenz 4	Sequenz 5	Sequenz 6
Sanitäter kommen zu Patient/ Dummy, Atmung schwer, nicht ansprechbar	Ausbilder im Nebenraum senken Sauerstoff, Blutdruck und Herzfrequenz	Sanitäter stellt Probleme beim EKG fest O-Ton Sanitäter: „sieht nicht gut aus"	Ausbilder simulieren Herzkammerflimmern, Patient atmet nicht mehr	Lebensgefahr Intubation Reanimation	Krankenwagen trifft ein
Exposition	Komplikation	Krisis	Wende oder Steigerung	Klimax	Lösung

Damit möchte ich es auch schon bei den dramaturgischen Ratschlägen belassen. Die „zehn Zutaten" und das „Sechs-Sequenzen-Modell" reichen für den „Hausgebrauch" und Beiträge, die noch unter einem gewissen Aktualitätsdruck entstehen. Sie werden aber feststellen, dass die genannten dramaturgischen Elemente und Vorgehensweisen sich auch bei langen Reportagen oder Dokumentationen finden lassen.

Kehren wir nun noch einmal zum Modell der sieben Sprachen zurück. Die Regeln der einzelnen Sprachen kennen Sie bereits, nun auch die groben Regeln der Dramaturgie. Ich habe aber noch nicht ausführlicher darüber gesprochen, wie die verschiedenen Sprachen miteinander kombiniert werden können und was dabei zu beachten ist.

3.1 Kombinationen: Zusammenspiel der Sprachen

Das Zusammenspiel der verschiedenen Sprachen beim audiovisuellen Journalismus ist sehr wichtig. Wie bislang deutlich wurde, verfügt jede Sprache (die rein äußerliche Formsprache klammere ich aus) über ihre eigenen Regeln. Im additiven Phasenmodell und mit den fünf Grundelementen habe ich bereits erläutert, wie die verschiedenen Sprachen kombiniert werden können, um journalistische Produkte zu erstellen. Dabei gilt, dass die Regeln der einen Sprache bisweilen auch in einer anderen gelten. So unterscheiden sich beispielsweise die Hinweise zu den Perspektiven und zu den Fluchtpunkten nicht, weil wir einmal über ein Foto und einmal über ein Bewegtbild reden. Sie gelten in beiden Fällen. Andere Regeln, etwa zu Schwenk und Zooms, sind hingegen nur beim Bewegtbild relevant. Die Regeln der gesprochenen Sprache wiederum gelten für das Radio ebenso wie für das Fernsehen, aber nicht für Print oder zumindest nicht im selben Maße. Es gibt also Regeln einzelner Sprachen, die spezifisch für einen Ausspielweg oder ein Medium (im Sinne von Radio, TV, Web) relevant sind, und andere, die in mehreren Ausspielwegen gelten.

Zu Anfang dieses Teils habe ich in einer Tabelle die verschiedenen Grundelemente des audiovisuellen Journalismus als Text, Audio, Video, Grafik und Foto definiert und ihnen die jeweiligen Sprachen zugeordnet. Die Tabelle wird nun, da wir die Regeln der einzelnen Sprachen kennen, auch für die Regeln relevant. Aus der Übersicht wurde deutlich, dass lediglich im Bewegtbild/Video alle Sprachen gleichermaßen angewandt werden (können). Dies heißt somit auch, dass einzig in diesem Ausspielweg oder besser Medium (denn der Ausspielweg kann ja beim Bewegtbild sowohl das Web als auch das lineare TV sein) alle Regeln gleichermaßen gelten (können). Warum können und nicht müssen? Das hängt wiederum damit zusammen, dass ein Video ja zum Beispiel nur aus Bewegtbild und IT (inkl. O-Tönen) bestehen kann, aber auf einen Sprechertext komplett verzichtet. In diesem speziellen Fall würde dann keine gesprochene Sprache genutzt. Die Regeln der gesprochenen Sprache würden für solch ein Video, z. B. eine „pure“ Dokumentation, nicht gelten. Ebenso wenig die Regeln der Schriftsprache, wenn die Doku oder das Video neben dem Sprechertext auch auf Einblendungen /Schriften verzichten würde. Mein Modell der sieben Sprachen und der fünf Grundelemente ist universell als Baukasten zu verstehen. Dies heißt auch, dass nicht immer alle Sprachen und Regeln gleichermaßen verwendet werden. In bestimmten Medien (siehe oben) werden ohnehin niemals alle Sprachen verwendet. Aber selbst im Video/Bewegtbild werden nicht in allen Fällen alle Sprachen gesprochen, gelten nicht immer alle Regeln.

Umgekehrt entstehen erst durch die Kombination verschiedener Sprachen neue Regeln, so beim Zusammenspiel von gesprochener Sprache und Filmsprache. Es gelten also nicht nur die Regeln der jeweilig verwendeten Sprachen, sondern noch weitere.

Um dies zu verdeutlichen, habe ich bereits bei den einzelnen Sprachen immer wieder einmal Beispiele angeführt, die zeigten, wie solche Kombinationen aussehen könnten. So war unter anderem davon die Rede, dass aus der Kombination von Sprechsprache mit einem visuellen Zeichen der Bildsprache (in einer Grafik) Symbolsprache entstehen kann. Ich hatte dort das Beispiel der „Baustelle“ bzw. des „Hausaufgabenheftes“ der Regierung angeführt. Ein anderes Beispiel war die Kombination einer Montageregel (Fast Cutting) mit dem IT (in dem Fall dynamischer Musik). Wenn Sie sich nun die Anzahl der Regeln und die Anzahl der Sprachen in Erinnerung rufen und weiterhin an den generativen Aspekt von sprachlichen Zeichen denken (vgl. Band 1 Zeichentheorien), dürfte schnell klar werden, warum es theoretisch eine unendliche Menge von Regeln geben kann. Ebenso wie aus den Primär- und Sekundärfarben sowie den Nichtfarben schwarz und weiß alle Farben gemischt werden können, können aus der Kombination verschiedener Regeln verschiedener Sprachen unzählige neue Regeln entstehen. Ich bitte Sie daher um Verständnis, dass ich nicht alle theoretisch möglichen Kombinationsregeln aufführen kann. Denn ihre Anzahl ist nicht mathematisch berechenbar. Es gibt keine Exponentialfunktion der Gestaltungsregeln, da es auch keinen fest definierbaren Anfangswert gibt. Immer dann, wenn Sie als Journalist*innen

Regeln verschiedener Sprachen kombinieren, könnte theoretisch eine andere Regel daraus abgeleitet werden. Es könnte aber auch so sein, dass Sie nur die bereits bekannten Regeln additiv angewandt haben. Es kommt also immer darauf an, was Sie in welcher Form kombinieren. Drei allgemeine Regeln für die Kombination von Sprachen in Ihren journalistischen Produkten (Beiträgen) kann ich Ihnen aber anbieten:

Denken Sie immer daran, welche Sprachen Sie gerade zusammenführen und erinnern sich an die Regeln.

(Beispiel: Gesprochene Sprache und Filmsprache in einem TV-Beitrag mit Sprechertext).

Achten Sie darauf, dass Sie die jeweils relevanten Regeln aller verwendeten Sprachen gleichermaßen einhalten und nicht nur die einer Sprache.

(Beispiel: Auch bei einem Video ist ein korrekter und authentischer Ton (IT) entscheidend, nicht nur das Bild).

Bedenken Sie, welche Information Sie in welcher Sprache vermitteln.

(Beispiel: Nutzen Sie auf einer Webseite ein Foto, müssen Sie im Text nicht mehr beschreiben, was im Foto ohnehin schon zu sehen ist).

Wie oben bereits erwähnt, gibt es nur ein Grundelement, bei dem alle Sprachen kombiniert werden können: Das Bewegtbild, also im journalistischen Zusammenhang meist ein Video, eine Animation, eine Slideshow oder ein TV-Beitrag. Das Bewegtbild ist für Zuschauer*innen mehrfach codiert. Es müssen ggf. die Zeichen von sieben Sprachen gleichzeitig entschlüsselt werden, mit Hilfe des Ohrs und des Auges. Und natürlich immer mit Hilfe des Hirns. Insofern ist Kommunikation im Bewegtbild unter Umständen sehr komplex. Das sollten Journalist*innen bedenken und neben den Regeln der einzelnen Sprachen einige wichtige Kombinationsregeln beachten. Diese möchte ich Ihnen im Folgenden vorstellen und wieder an einigen Beispielen verdeutlichen.

3.2 Kombinationsregeln beim Bewegtbild

Beim Bewegtbild liegt die klassische Kombination in der Verbindung von Filmsprache und gesprochener Sprache. Auch wenn Videos oder Dokumentationen theoretisch ohne Sprechertext auskommen können und dies bisweilen bei reinen O-Ton Stücken im Fernsehen der Fall ist, begegnet uns das Bewegtbild im audiovisuellen Journalismus meist mit Kommentar – sprich mit Sprechertext. Kommentar meint in dem Fall noch nicht die journalistische Darstellungsform, sondern einfach, dass es eine/n Sprecher*in oder eine/n Erzähler*in gibt. In den meisten Fällen sind dies im aktuellen Journalismus und darüber hinaus die Autorinnen und Autoren selbst. Sie haben den Text geschrieben und sprechen ihn auch.

Der Sprechertext dient in der Regel dazu, die Geschichte voranzutreiben, eine Dramaturgie herzustellen und die einzelnen O-Töne sinnvoll zu verbinden. Dazu müssen natürlich die anderen Ebenen oder Sprachen des Films zum Text passen oder vielmehr: Der Text muss zum geschnittenen und vorvertonten Film passen. Daraus folgt:

> **Richten Sie Ihren Text nach den anderen Sprachen Ihres Beitrages aus. Nicht umgekehrt.**

Es gibt einige Ausnahmen, bei denen Sie den Text vor der Montage bereits aufgesprochen haben und der Schnitt Ihrem Text angepasst wird. Dies hat dann meist mit den Produktionsbedingungen zu tun, beispielsweise wenn arbeitsteilig gearbeitet wird und eine Cutterin den Film allein schneidet. Auch bei reinen Grafik-Erklärstücken, bei denen die Längen der jeweiligen Bildsequenzen Ihrer Sprechgeschwindigkeit angepasst wird, kann dies so sein. Aber wie gesagt: Die Regel ist das nicht.

Wird ein Sprechertext genutzt, gilt aber ohne Ausnahme:

> **Der Text darf der Bildaussage nicht widersprechen oder diese konterkarieren. Bild-Text-Scheren sind zu vermeiden.**

Mit der Metapher der Schere ist gemeint, dass Text und Bild nicht zu weit auseinanderlaufen sollen, die Schere also offen ist.

Bild-Text-Scheren

Viele Bild-Text-Scheren sind offensichtlich und für jeden Zuschauer leicht zu identifizieren. Das Bild zeigt dann etwas anderes als der Text behauptet. So ist beispielsweise von überfüllten S-Bahnen und Zügen und morgendlichem Verkehrschaos die Rede; das Bild zeigt aber fließenden Verkehr auf den Straßen bzw. leere Waggons. Der Text widerspricht der Bildaussage eindeutig. Ebenso wäre es, wenn von einem bestimmten Prominenten gesprochen wird, im Bild aber ein völlig anderer zu sehen ist. Solche Fälle sind eindeutige Fehler, die Schere zwischen Bild- und Textaussage klafft weit auseinander. Jeder bemerkt es. So etwas kommt in der Praxis nur selten vor.

Weniger eindeutige Bild-Text-Scheren hingegen sind keine Seltenheit. So könnte zum Beispiel in einem ähnlichen Zusammenhang (Bericht vom Verkehrschaos nach plötzlichem Wintereinbruch) vom öffentlichen Nahverkehr die Rede sein; das Bild aber ein überfülltes ICE-Abteil zeigen. Damit wäre ein Teil der Bildaussage durch den Text gedeckt. Der Zuschauer sieht einen überfüllten Zug, der Text behauptet ein Verkehrschaos. Die Bild-Text-Schere ist geschlossen. Ein anderer Teil der Bildaussage widerspricht aber dem Text. Er ist zudem für die Zuschauer nicht unbedingt sofort ersichtlich. Das Bild zeigt einen ICE. Es handelt sich also um einen Zug, den die Bahn nur im Fernverkehr einsetzt, während der Text den öffentlichen Nahverkehr anspricht. Die Bild-Text-Schere ist geöffnet. Nicht weit, aber es passt nicht zusammen. Die Gesamtaussage von Bild und Text ist nicht stimmig.

Wäre im Text von Berufspendlern die Rede gewesen statt vom öffentlichen Nahverkehr, wäre die Schere wieder geschlossen gewesen. Bild- und Textaussage hätten jetzt übereingestimmt, da viele Berufstätige jeden Morgen zwischen Großstädten auch auf ICE-Strecken unterwegs sind. Es ist also unbedingt erforderlich, genau hinzusehen, um Bild-Text-Scheren zu identifizieren – nicht immer sind sie so offensichtlich wie in den ersten beiden Beispielen.

Es kommt daher auf die Feinheiten an. Das Verhältnis zwischen Bild und Text ist exakt der Kombinationsfall, von dem ich im vorangegangene Unterkapitel sprach. Es entsteht eine neue Regel. Bei auffälligen Bild-Text-Scheren würde das Verständnis für die Gesamtaussage verloren gehen, bei leichten (nur gering geöffnete Scheren) oder nicht sofort identifizierbaren Bild-Text scheren hingegen noch nicht zwingend. Nicht passend wären sie aber trotzdem. Ebenso wenig wie durch einen orthographischen Fehler die Semantik eines Satzes zwingend leidet, leidet durch eine Bild-Text-Schere zwingend das Verständnis des gesamten Filmtextes. Beides gilt es dennoch zu vermeiden

Bild-Text-Doppler

Sie bezeichnen das Gegenteil von Bild-Text-Scheren. Es handelt sich dabei um unerwünschte Redundanzen zwischen Bild- und Textaussage. Der Text gibt fast wortwörtlich das wieder, was das Bild zeigt. Ein Beispiel wäre bei der Berichterstattung über ein Großfeuer das Bild eines brennenden Hauses, zudem dann getextet wird: „Dieses Haus steht in Flammen." Dieser Text ist überflüssig, da die Zuschauer ohnehin sehen, wie es um das betreffende Haus bestellt ist. Auch dieses Beispiel ist wieder sehr offensichtlich. Anders als die expliziten Bild-Text-Scheren, kommen Bild-Text-Doppler in der Praxis aber wesentlich häufiger vor – besonders bei Naturkatastrophen oder Großunfällen, aber auch bei erfreulicheren, „bildstarken" Themen. Die Verlockung redundant zu texten, ist dort besonders groß. Der viel genutzte Text vom „Bild der Verwüstung" mag in einem Audiotext nur eine Floskel sein; in einem Bewegtbild-Text ist es eine Floskel und eine unnötige Redundanz. Denn schließlich arbeitet der Film- oder Videotext mit Bildern. Der Text sollte sich in solchen Fällen zurückhalten. Dies ergibt sich allein schon aus der bereits erwähnten Regel:

Bedenken Sie, welche Information Sie in welcher Sprache vermitteln.

Grundsätzlich, neben dem Verzicht auf eine unnötige Wiederholung der Bildaussage im Text, ergeben sich daraus für das Bewegtbild noch zwei weitere Regeln:

Je stärker das Bild und der natürliche Ton (IT/Geräusche/Musik) sind, umso weniger sollte an diesen Stellen der Text leisten.

Lassen Sie Ihre zum Teil sehr aufwändig und im besten Fall wohl überlegt gedrehten Bilder für sich selbst sprechen. Das meint:

Texten Sie Ihre Beiträge nicht komplett zu und lassen Sie aussagekräftige Szenen „frei" stehen.

Als „zutexten" bezeichnet man es, wenn ein Film/Beitrag/Video fast durchgehend mit Sprechertext überzogen ist. Mit „freistehen lassen" das Gegenteil. Oft lenken Sie beim Zutexten nicht nur von Ihrem starken Bild ab, sondern mischen auch den IT weg. Das meint, der IT wird im Verhältnis zu Ihrer Stimme oft so weit heruntergezogen, damit man Ihre Stimme hört. Die beste Variante, dies zu vermeiden ist es, an wichtigen Stellen des Films gar nicht zu sprechen. Also eben auch den Ton (IT ggf. Musik) freistehen zu lassen.

Auf das Bild einer Sprengung oder auf den Start eines olympischen 100 Meter-Laufes gehört definitiv kein Sprechertext. Hier erwartet der Zuschauer die bekannten Geräusche der Explosion oder des Startschusses. Diese Erwartung sollten Sprecher*innen erfüllen, indem sie in solchen Fällen schweigen. Autorinnen und Autoren dürfen beim Texten zum Bild nicht die Chance vergeben, die anderen „Sprachen" des Films zu sprechen. Der Sprechertext ist immer nur ein Element dessen, was der Zuschauer wahrnimmt. Das Bild und der Ton wirken (fast) immer stärker.

Volontäre und Berufsanfänger im Journalismus lernen oft, dass eine Reportage oder ein Magazin-Feature möglichst detailgenau beschreiben soll. Der Rezipient soll sich in eine Szenerie einfühlen und bestenfalls durch den Text so tief abtauchen können, dass er sich selbst am Ort des Geschehens wähnt. Farben, Gerüche, Hintergrundgeräusche, Geschrei oder Stimmengewirr sollen möglichst dicht und intensiv beschrieben werden. Diese Regel stammt aber aus der Schriftsprache bzw. ist für Printreportagen gedacht gewesen. Schon bei einem Audio-Podcast oder in einem Hörfunk-Feature, werden Hörer, alles was hörbar ist auch hören wollen. In einem Video oder TV-Beitrag muss alles was am Originalschauplatz zu hören war, auch im Beitrag hörbar sein und alles was dort zu sehen war, auch im Video sichtbar sein. Sonst wäre es eine weniger gelungene Reportage. In einem audiovisuellen Medium brauche ich niemanden mehr, der mir Geräusche oder Farben beschreibt. Ich kann sie als Zuschauer ja hören und sehen.

Show, don't tell. Zeige es mir und beschreibe es nicht.

Diese Logik des Bewegtbildes gilt unabhängig vom Bildmotiv oder dem Gegenstand der Berichterstattung. Eine möglichst detailgenaue Bildbeschreibung jedweder Szenerie, würde im TV-Beitrag oder Video fast zwangsläufig zu Bild-Text-Dopplern führen.

Denn die visuelle und akustische Darstellung leisten bereits Kamera und Ton (Bildsprache, IT, gesprochene Sprache). In der Montage (Filmsprache) werden die besten Szenen zudem noch entsprechend verdichtet. Zuschauer*innen fühlen sich bereits am Ort des Geschehens, wenn anständig gearbeitet wurde und die Regeln der entsprechenden Sprachen befolgt wurden. Falls aber nicht, wird es auch der farbenfroheste Sprechertext nicht mehr richten.

Der Sprechertext im Bewegtbild muss immer mehr sein, als nur eine Beschreibung der Bilder oder eine reine Schilderung des ohnehin sichtbaren Vorgangs. Der Text liefert die Interpretation, Zusatzinformationen, den Kontext und Zusammenhang oder eine Einordnung – oder „spielt" feuilletonistisch-elegant mit dem Bild, wenn es das Thema hergibt. Insofern hat ein guter Bewegtbild-Text immer einen Bildbezug, aber stets, ohne das Bild zu beschreiben.

Bildbezüge

Passende Bildbezüge wären – würde man dialektisch argumentieren – die Synthese aus der These „Bild-Text-Schere“ und der Antithese „Bild-Text-Doppler“. Ein guter, eng am Bild bleibender Sprechertext eines TV-Beitrags oder eines Videos wäre allein nicht verständlich – könnte man diese Regel umgekehrt anwenden. Es braucht immer das Bild und den Ton, um ihn zu verstehen. Allein bleibt er bloßes Stückwerk bzw. würde sich die Filmaussage nicht erschließen. Es kommt also auf die passende Kombination der Sprachen an. Dies sollte inzwischen deutlich geworden sein.

Wie können nun passende Bildbezüge gestaltet werden? Sie beziehen sich immer auf die konkrete Szene (also das, was der Zuschauer gerade sieht) und reichen von kleinen Zusatzinformationen über Hinweise zum Kontext oder Hinleitung zu einem O-Ton. Dies soll anhand von drei Beispielen verdeutlicht werden.

Kombination Text/Bild – Bildbezüge/Beispiele
Beispiel: Waldbrand Bild/Szene: Brennendes Haus Sprechertext: Innerhalb von 10 Minuten standen nur noch die Grundmauern. Die Häuser im XY-Tal sind traditionell noch aus Holz gebaut und damit ein leichtes Opfer für die Flammen... *Beispiel: Fischmarkt* Bild/Szene: Händler auf einem Fischmarkt, packt Fisch in Packpapier, kassiert die Kundin ab. Im IT (nicht im O-Ton!) ist noch zu hören ... „der Kabeljau sieht heute aber wieder gut aus. IT wird freistehen gelassen und hochgezogen. Dann erst setzt der Text ein. Text: Die Kunden mögen ihn am liebsten: Den Kabeljau von Fischer Karl Kombüse. Doch lange werden sie Karls Spezialität nicht mehr genießen können. Karl geht in Rente, klappt seinen Verkaufsstand für immer zusammen. *Beispiel: Staatsbesuch eines Präsidenten* Bild/Szene: Abgesperrte Straße, Männer in schweren Schutzwesten davor, Gewehre im Anschlag, Hubschrauber kreisen in der Luft. Dann O-Ton O-Ton Ladenbesitzer (Beruf wird durch Schrifteinblendung deutlich) „Die sperren hier den ganzen Tag alles ab. Kein Kunde kann kommen. Und dann schlendert der Präsident doch nur einmal kurz zum historischen Rathaus, für die Fotos. Heute ist Samstag, normalerweise mein umsatzstärkster Tag der Woche. Jetzt ist den halben Tag erst einmal gar nichts.“ Text: Ab 10 Uhr wurde die Innenstadt des kleinen Ortes Valencien zum Hochsicherheitstrakt. Keine Durchfahrt mehr zum historischen Markt. Luftüberwachung über der Fußgängerzone. So ein Präsidentenbesuch ist eine zweifelhafte Ehre für die Valenciennes, zumindest für die Kaufleute unter ihnen: (folgt O-Ton).

In allen drei Beispielen liefert der Sprechertext eine kleine Zusatzinformation, bezieht sich aber auf das Bild bzw. den Ton. Dies wären passende Kombinationsmöglichkeiten der verschiedenen Sprachen eines Bewegtbild-Beitrages. Diese Beispiele sind nicht völlig zufällig gewählt, sondern stehen pars pro toto für

Themenbereiche, die immer wieder im audiovisuellen Journalismus präsent sind. (Naturkatastrophe, Wirtschaft und Handel, Politik)

Statt des brennenden Hauses hätte es thematisch ein vollgelaufener Keller nach einer Überschwemmung, eine Schneelawine oder ein Erdrutsch sein können. Statt des Fischmarktes die Börse oder statt des Präsidentenbesuches das G8 Treffen oder die Münchener Sicherheitskonferenz. Wichtig ist im Kopf zu behalten, dass es beim Bewegtbild immer möglichst anschaulicher Bilder bedarf. Dies ist im Fall der Naturkatastrophe sehr einfach, bei Wirtschaftsthemen schon deutlich schwieriger und bei politischen Themen oftmals eine große Herausforderung.

Denn nur anschauliche Bilder, starke Töne oder besondere Details liefern die „Vorlagen" für passende Bildbezüge. Bleibt schon das Bild im Allgemeinen, hat der Text nur noch wenig Möglichkeiten, konkreten Bezug nehmen zu können. Worauf denn? Ein typisches Negativbeispiel dafür sind traditionelle Nachrichtenfilme, in denen Limousinen vorfahren, Politiker*innen aussteigen und in irgendwelchen Gebäuden verschwinden. Im besten Fall sind die Gebäude für die Zuschauer*innen als Reichstag, Bundesrat oder EU-Kommission zu identifizieren. Bei Länderparlamenten wird die Identifikation schon schwieriger, es sei denn, es wird ein Schild eingeblendet. Auf solche und ähnlich allgemeine Bilder kann alles und nichts getextet werden. Und genau das geschieht in der Praxis – was wiederum erklärt, warum viele Zuschauer*innen abschalten oder den Beitrag als langweilig empfinden. Bei kurzen Nachrichtenfilmen (NIF), in denen eine sehr wichtige Information im Vordergrund steht, mögen allgemeine Bilder verzeihlich sein – zumal sie authentisch sind. Politiker XY war tatsächlich bei dem Treffen bzw. hat gefehlt. Allein das kann schon eine Information sein. Den Beleg liefert das Bild. Aber schon bei nur etwas längeren Beiträgen (1.30 Minuten-Beitrag) sollten Sie möglichst auf solche Bilder verzichten, wenn Sie können. Manchmal gibt es aber nur solche allgemeinen, aussageschwachen Bilder.

Für die Kombination der Sprachen im Bewegtbild kann daraus die allgemeine Regel abgeleitet werden:

> **Jetzt schwächer das Bild und der Ton sind, desto stärker muss der Text nachhelfen.**

Hier hilft es, gut recherchiert und Informationen in petto zu haben, die die Nachrichtenagenturen nicht haben. Natürlich müssen Sie etwas mit der Szene zu tun haben. Dass der Politiker im Bild zum Frühstück statt des üblichen Vollkorn-Müsli heute nur einen Espresso hatte, dürfte die Zuschauer erst einmal wenig interessieren. Aber geschickt verpackt, könnte es vielleicht doch wieder passen. Sagen wir, wir sehen den entsprechenden Politiker, wie er mit ein paar Akten unter dem Arm aus der Limousine steigt und eilig im Gebäude verschwindet. Dann könnte der Text theoretisch so lauten:

> „Für ein ausgewogenes Frühstück hatte Minister Meier heute keine Zeit. Die Regierungschefin hat die Krisensitzung spontan einberufen. Da blieben nur ein Espresso und das Aktenstudium."

Dieses Beispiel ist zugegebenermaßen konstruiert. Aber es ist dennoch passend. Denn es soll verdeutlichen, dass (siehe Regel) die Möglichkeit besteht, etwas mehr am Bild „vorbei“ zu texten. Aber nicht dagegen, das ist wichtig. Hier widersprechen sich Text und Bild nicht. Wir sehen den Espresso nicht, aber den hat der Minister schon vorher getrunken. Wir können ihn also gar nicht sehen in dem Moment. Das versteht auch der/die Zuschauer*in. Aber der Text hat noch etwas mit dem Bild zu tun, wir sehen beispielsweise die Akten unter dem Arm. Natürlich müssen die Informationen (normalerweise frühstückt der Minister Vollkorn-Müsli, heute nur Kaffee) stimmen und dürfen nicht ausgedacht sein. Das ist klar. Aber sein/e Fahrer*in, weiß das ja vielleicht. Hätten Sie sie gefragt? Das ist der zweite Hinweis: Sammeln Sie möglichst viele Informationen, auch scheinbar die weniger relevanten. Sie könnten vielleicht relevant werden oder Ihnen gerade bei bildschwachen Passagen ihres Filmes helfen.

Dies geht aber nur, wenn Sie selbst am Ort gedreht haben und überhaupt Zeit zur Recherche hatten. Dies ist bei den zitierten Nachrichtenfilmen nie der Fall. Sie würden vermutlich in der Redaktion sitzen und Ihren Beitrag aus Agenturmaterial schneiden. Die Regel, schwaches Bild braucht mehr Text, gilt aber trotzdem. Nur wie könnte ein Text in so einem Fall ohne exklusive Zusatzinformationen aussehen? Zugegeben, das ist eine Herausforderung. Eine mögliche Hilfe könnte es sein, daran zu denken, was man nicht im Bild sehen kann. Denn das wissen Sie, aber Ihre Zuschauer noch nicht. Damit ist nicht gemeint, dass Sie die Tagesordnung der entsprechenden Sitzung oder einfach die Themen herunterbeten sollen, sondern dass Sie vielleicht etwas einschätzen können. Bei welchem Tagesordnungspunkt könnte es heute besonders spannend werden? Wo sind sich die Konferenzteilnehmer nicht einig? Welche ungewöhnlichen Fraktionsbildungen könnte es bei einer anstehenden Abstimmung geben? Warum schaut der/die eine Politiker*in eher etwas griesgrämig (wenn Sie ihn/sie näher im Bild sehen) oder lächelt zuversichtlich? Sie könnten es vielleicht schon wissen oder zumindest plausibel erahnen können. Bei diesen Bildern wäre nun die Möglichkeit dieses Wissen zu nutzen und im Text unterzubringen. Natürlich würde dies keinen absolut passenden Bildbezug ergeben, aber immerhin einen besseren, als wenn Sie nur texten würden (bei Vorfahrt vor EU- Kommission):

> „Anfahrt der Kommissare vor dem Gebäude der EU-Kommission. Heute geht es um neue Fischfangquoten in Europa. Überraschungen sind nicht zu erwarten.“

Was wäre dann passiert? Im ersten Satz hätten Sie einen Text-Bild-Doppler produziert (Wir sehen die Limousine vor dem Gebäude mit der EU-Fahne). Im zweiten Satz eine Text-Bild-Schere (Fischfangquote auf Limousine) und im dritten Satz hätten Sie Ihren Zuschauern zwar vielleicht die Wahrheit gesagt, aber damit auch gleich zum Abschalten animiert. Wenn es keine Überraschung gibt, warum soll ich mich dann dafür interessieren? So sollten Sie die Sprachen des Bewegtbildes nicht kombinieren.

Wenn es aber nun einmal um die Fischfangquoten geht? Tatsächlich keine Überraschung zu erwarten ist? Kein/e Politiker*in lächelt oder griesgrämig schaut? Und nur die Bilder von den vorfahrenden Limousinen zu haben sind? Was soll man denn dann machen? Erst einmal gelassen bleiben. Und sich vergegenwärtigen, dass Regeln immer besser aufgestellt als eingehalten werden können. Dann wieder neu ans Werk gehen. Und überlegen, was wollte er (der Schreiber der Regel) mir denn eigentlich sagen? Dass ich genau hinschauen soll und Informationen sammeln soll. Und dass ich an solchen Stellen die Möglichkeit habe, etwas vom Bild abweichen zu dürfen, vielleicht sogar eine (leichte) Text-Bild-Schere in Kauf zu nehmen. Wie könnte dann der Text aussehen? Vielleicht so:

> „10 Uhr morgens in Brüssel (Zusatzinformation, die sich leicht herausfinden lässt und nicht im Bild zu sehen ist, ihm aber auch nicht widerspricht). Diese Menschen reden heute über Fischfangquoten (dann kommt der Fischfang nicht direkt auf den Zwischenschnitt der Limousinen, sondern schon auf den Kommissaren). Alle XY Jahre (Zusatzinformation, die Sie recherchieren müssten und die stimmen muss), muss sich die EU-Kommission (das Wort käme jetzt auf Limousinen, aber wir haben die Kommissare vorhergesehen) mit dem Thema beschäftigen."

Ich habe hier unterstellt, dass Sie keine Möglichkeit hatten, die Bilder zu ändern. Aber vielleicht den Schnitt. Unter Umständen wären die Minister im Rohmaterial noch etwas länger im Bild gewesen als im Vorschnitt der Agentur. Zugegebenermaßen auch dann keine weltbewegende Verbesserung. Aber darum ging es mir auch nicht. Mir ging es darum zu zeigen, wie Sie selbst in scheinbar aussichtslosen Fällen noch die Möglichkeit haben, die verschiedenen Sprachen im Sinne Ihrer Zuschauer*innen zu kombinieren.

Bildteppiche und Themenbilder

Das wesentliche Problem bei dem vorhergehenden Beispiel bestand nicht beim Text, sondern beim Bild. Sie hätten die ankommenden Limousinen, wenn Sie selbst am Ort des Geschehens gewesen wären, vielleicht gar nicht gedreht, sondern andere, passendere Bilder oder zumindest zusätzliche Bilder. Denn vom Geschehen selbst hätte es wahrscheinlich nur die Vorfahrten und das anschließende obligatorische Gruppenfoto gegeben.

Im aktuellen Journalismus haben Sie oftmals, manchmal allein wegen der zur Verfügung stehenden Zeit und der Vielfalt der Themen, nicht die Möglichkeit selbst zu drehen. Sie sind auf Bildagenturen, Archivmaterial und ggf. die Grafik angewiesen. Deswegen gelten immer noch dieselben Regeln wie sonst auch im Bewegtbild-Journalismus. Es muss aber auch deutlich gesagt werden, dass dieses Material beschränkt bleibt und die Regeln nicht mehr so konsequent umgesetzt werden können wie bei einem Eigendreh, bei dem Sie selbst die Bildauswahl bestimmen.

Insofern handelt es sich bei Nachrichten-Beiträgen gewissermaßen um Spezialfälle des Bewegtbild-Journalismus. Speziell, aber nur in dem Sinne, dass Sie das Bildmaterial nicht selbst erstellt haben. Keineswegs im Sinne von Ausnahmefall. Denn aktueller, nachrichtlicher Journalismus macht vermutlich sogar den Großteil der Berichterstattung im audiovisuellen Journalismus aus. Dort werden Sie immer zwangsläufig auch auf Bildteppiche und auf Themenbilder stoßen.

Mit Bildteppichen sind völlig allgemeine Bilder gemeint, die zwar dem Thema nicht direkt widersprechen, letztlich aber komplett beliebig bleiben. Diese Bilder hätten ebenso schlecht zu gänzlich anderen Themen gezeigt werden können. Die Bilder von vorfahrenden Limousinen oder Außenschüsse von Gebäuden liegen dazwischen. Sie sind keine reinen Bildteppiche, da Sie nicht alles dazu texten können. Es müssen schon immer, um beim Beispiel EU-Kommission zu bleiben, um die EU gehen, die aktuellen Kommissar*innen sein und es sollten auch keine Datumsanzeigen oder sonstige, eindeutig identifizierbare Merkmale in den Bildern sichtbar sein, wollten Sie diese für ein anderes Thema nutzen wollen. Aber prinzipiell könnten Sie die Bilder schon für sehr verschiedene Themen nutzen. Etwa statt der Fischfangquote auch für einen Bericht über die Gehälter der Kommissar*innen, das Verhältnis der EU-Kommission zum Parlament, das Ernennungsverfahren, Lobbyismus, die Zusammensetzung der Kommission oder für ein anderes Thema über das die Kommissar*innen an dem Tag oder in der Woche auch noch gesprochen haben. Es sind aber auch keine Themenbilder, weil sie das Thema nicht eindeutig vorgeben.

Themenbilder sind spezifischer als Bilderteppiche. Sie können nicht völlig beliebig verwendet werden, sondern nur zu bestimmten Themengebieten. Diese Gebiete wiederum können aber sehr groß sein bzw. sehr variabel. Nehmen wir als Beispiel Bilder von Fischschwärmen im Meer. Sie hätten zur Fischfangquote passen können, zum Thema Verschmutzung der Weltmeere oder auch zum Thema Tauchurlaube. Je nachdem, was Sie dazu getextet hätten. Themenbilder sind meist optisch reizvoller als Bilderteppiche, aber natürlich ohne Text auch noch beliebig. Hier kommt es wieder auf die Kombination der Sprachen an. Für Ihre Verwendung gilt die einfache Regel:

> **Setzen Sie Themenbilder nur dann ein, wenn Sie keine spezifischeren Bilder bekommen können. Achten Sie darauf, dass sie noch zur Textaussage passen.**

Damit ist etwa gemeint, dass das Bild vom ICE nicht zum Nahverkehr passt oder dass Sie beim Thema Tauchurlaub besser keine Bilder von Fischen zeigen sollten, die nur im Polarmeer vorkommen, sondern vielleicht doch Fische, die in der Karibik oder im Mittelmeer beheimatet sind. Auch wenn man theoretisch im Polarmeer tauchen könnte. Dann wären es aber wahrscheinlich Forscher und keine Urlauber.

Die Grenzen zwischen Bilderteppichen und Themenbildern sind fließend und es kommt immer auf den inhaltlichen Zusammenhang an. Die Beispiele in der Tabelle sollen den groben Unterschied verdeutlichen.

Tab. III.7 Bilderteppiche und Themenbilder

Bilderteppiche	Themenbilder
Allgemeine Menschenmenge	Spezifische Personengruppen, etwa Senioren, Schulkinder, Kindergartenkinder
Allgemeiner Straßenverkehr	Spezifische Fahrzeuge Diesel, Benziner, Elektroautos, Motorräder, LKW, Fahrräder
Allgemeine Bilder Warenhaus	Spezifische Abteilungen, etwa Textilien, Haushalt und Elektro-Geräte, Lebensmittel

Der Unterschied besteht also in der Verkleinerung des inhaltlichen Bildbezuges. Darauf müssen Sie achten. Auch wenn Sie Bilderteppiche nach Möglichkeit vermeiden sollten, gibt es immer wieder Situationen, in denen Sie diese brauchen werden. Wenn Sie zum Beispiel von der Bevölkerung allgemein sprechen, wäre eine allgemeine Menschenmenge durchaus passend, wenn auch nicht spezifisch. Aber in dem Fall geht es nun einmal um alle Menschen. Da würde das Themenbild der Senioren nicht passen, beim Thema Rentenkürzung oder -erhöhung wiederum nicht die allgemeine Menschenmenge. Das ist nur eine Kleinigkeit, aber eine wichtige. Die Gefahr, Themenbilder untereinander zu verwechseln, ist nicht so groß. Die nicht passende Verwendung von Bildteppichen hingegen umso größer.

Wenn wir nun also über eher unspezifische Bilder geredet haben, wechseln wir nun die Perspektive und kommen zu sehr spezifischen Bildern.

Bildansprache

Die Steigerung des Bildbezugs ist im Bewegtbild-Journalismus die gezielte Bildansprache. Dabei bewegt sich der Text nicht nur sehr eng am Bild, er spricht dieses explizit an. Einfache Bildansprachen entstehen durch Details im Bild oder durch Bilder, die bereits in Hinblick auf den Text gedreht wurden. Bei Personen, über die Sie berichten oder die Ihnen als Fallbeispiele dienen, ist das offensichtlich. Ebenso bei Vorgängen oder bei bestimmten Objekten. Ein Beispiel für einen entsprechenden Text:

„Bauer Hermann bewirtschaftet eine Fläche von XY Hektar. Sein wichtigstes Arbeitsgerät ist sein Trecker. Der Trecker mag Diesel. Viel Diesel. Noch wird Dieselkraftstoff geringer besteuert als Benzin. Der Grund dafür war einmal, dass davon ausgegangen wurde, dass Dieselfahrzeuge Nutzfahrzeuge seien. Das ist aber längst nicht mehr so. Spätestens seit dem Dieselskandal wächst der Druck, auch Diesel höher zu besteuern. Für den Diesel-Durst seines Treckers muss Bauer Hermann vielleicht bald mehr bezahlen. Seit 2018 wird er aber auch entlastet. Für seinen selbst fahrenden Futtermischwagen, Marke Ferdinand, entfällt die KFZ-Steuer, denn Ferdinand bringt bauartbedingt nicht mehr als 25 km/h auf die Straße. Aber auf der Straße ist er ohnehin nicht unterwegs. Ferdis Einsatzbereich ist vor dem Saustall."

In dem Fall hätten Sie alle Bilder beieinander. Sie haben auf dem Hof von Bauer Hermann gedreht. Der Trecker, der Futtermischwagen, die bewirtschaftete Fläche, der Saustall, Hermann selbst, seine Benzinrechnungen, die Papiere vom Futtermischwagen sowie zahlreiche Zwischenschnitte hätten Sie alle im Bild. In dem Fall ist die Bildansprache nicht nur einfach, sondern Pflicht.

Es gibt aber auch Fälle, in denen es nicht so offensichtlich ist, Sie aber dennoch ein Objekt im Bild ganz konkret ansprechen könnten und damit die gesprochene Sprache mit der Filmsprache verbinden. So ist das etwa bei Dingen oder Geräten, deren Funktion oder deren Geschichte sich nicht durch das Bild erschließen lassen. Der Text kann dort erstens seine Aufgabe, wichtige Zusatzinformation zu liefern (und nicht zu doppeln), perfekt erfüllen, zweitens kann so die gezielte Bildansprache gelingen. Das Prinzip will ich im Folgenden an zwei konstruierten Beispielen verdeutlichen.

Tab. III.8 Beispiel: Mikrochip

Text	Bild
Nicht größer als ein Fingernagel, speichert und verarbeitet dieses kleine Ding hunderttausende von Daten	Mikrochip in Detail oder Makroaufnahme
Dieser elektronische Kommissar ermöglicht eine automatische Bilderkennung Das nutzt jetzt auch die Polizei	Computer-Bildschirm mit Überwachungsfotos/von hinten. Polizistin in Uniform davor (Halbtotale)
um Bilder von Überwachungskameras	Überwachungskamera, z. B. an Tankstelle oder im Parkhaus (nah oder groß)
mit ihren Dateien abzugleichen	Totale von Büro im Polizeipräsidium (Polizistin vor dem Computer-Bildschirm ist auch zu sehen)

Tab. III.9 Beispiel: Musealer Gegenstand/ Uhr

Text	Bild
Sie gehörte einer Königin.	Eine Armbanduhr in einem Kasten, gut ausgeleuchtet auf einem Samtkissen (Großaufnahme)
Sie hat eine lange und wechselvolle Geschichte.	Bildcollage mit verschiedenen Details der Uhr (auf klassische Musik aus der Zeit um 1800) geblendet
Jetzt wird sie erstmals gemeinsam mit rund 50 anderen Exponaten in	Halbtotale von anderen Uhren
einer Sonderausstellung im Louvre gezeigt.	Totale vom Louvre
Die Breguet 2639 gehörte	Detail von der Breguet auf dem Kissen, Stempel in der Uhr ist zu sehen
der Königin von Neapel. Danach verliert sich die Spur.	Halbnahe: Gemälde der König von Neapel mit der Uhr am Handgelenk
Sie gilt als die erste Armbanduhr der Geschichte...	Ransprung an das Gemälde. Groß auf Uhr
und ist nur für die Sonderausstellung vom Breguet Museum Paris ausgeliehen.	Totale vom Breguet Museum innen mit den Schaukästen der anderen Uhren

Die Breguet 2639 gab es wirklich. Sie gehörte einst Caroline Murat, der Schwester Napoleons. Meines Wissens ist sie immer noch verschollen. Für mein Beispiel habe ich Sie wieder auftauchen lassen. Denn das ist ja nicht entscheidend. Entscheidend ist, dass es zahlreiche museale Gegengestände gibt, die eine interessante Geschichte haben oder außergewöhnlich sind. Joseph Beuys berühmte Badewanne, Andy Warhols Marylin, das weiße Beatles Album... Ergänzen Sie selbstständig weiter aus Ihrem Erfahrungsschatz. Aber auch weniger bekannte Gegenstände haben eine Geschichte. Das können Sie sich im audiovisuellen Journalismus zunutze machen und für gezielte Bildansprachen nutzen.

In der Kulturberichterstattung finden Sie sicherlich zahlreiche bessere Beispiele für das von mir dargestellte Prinzip. Aber eben nicht nur dort. Auch bei Technikthemen (der Mikrochip hätte auch die neue Steuerungseinheit einer Raumfahrtsonde oder die Optik des neuen I-Phones sein können), in der Wissenschaft oder im Lokalen finden Sie zahlreiche Gegenstände und Objekte, die mit Ihrem Thema zu tun haben, die Sie im Bild zeigen können und die Sie gut betexten können. Das sind gleich drei Vorlagen auf einmal. Nutzen Sie diese und bleiben nicht bei zufälligen Totalen und Zooms über Landschaften, Gebäude oder Menschen.

Das Prinzip der Bildansprache können Sie sehr oft anwenden. Es ist eine der wirkungsvollsten Kombinationsregeln im audiovisuellen Journalismus. Für Beitragsanfänge, die ins Geschehen hineinziehen sollen, findet sich fast immer etwas Entsprechendes. Das Prinzip berücksichtigt die Notwendigkeit des Bewegtbildes, möglichst etwas Konkretes zeigen zu müssen. Unkonkrete Bilder entstehen nicht nur durch abstrakte Themen und Zeitdruck beim Drehen. Manchmal entstehen Sie auch nur aus Gedankenlosigkeit. Als Regel können Sie mitnehmen:

Suchen Sie immer nach den Bildern, die sich für eine Bildansprache anbieten.

So vermeiden Sie fast automatisch, langweilige Bilder oder allgemeine Bildteppiche zu drehen. Denn wenn sich etwas für eine Bildansprache eignet, wird es konkret sein. Wenn es konkret ist, werden Sie es nicht nur in der Totalen drehen oder nur kurz abschwenken. Allein dadurch werden Sie wiederum mehrere verschiedene Einstellungen aufnehmen. Das hilft Ihnen dann bei der Montage. Letztlich wird Ihr Film aussagekräftiger, ästhetisch anspruchsvoller und interessanter. Diese Überlegung zeigt noch einmal die generelle Bedeutung von Kombinationsregeln. Das Prinzip der Bildansprache gibt es weder in der Filmsprache noch in der gesprochenen Sprache. Dem Film reicht die Beschäftigung mit dem Bild und Ton, die gesprochene Sprache wiederum kümmert sich nicht um das Bild. Erst durch die Kombination der beiden Sprachen wird die Bildansprache erklärbar. Deswegen wird der Begriff weder klassischen Hörfunker*innen noch Kino-Regisseur*innen etwas sagen; TV-Journalist*innen hingegen schon.

Die Bildansprache ist keine theoretische Regel, die Sie nur schwer befolgen könnten. Dazu ein Beispiel aus der Praxis (ausgestrahlt in der WDR Lokalzeit Aachen, 25.5.2021). In dem Beitrag ging es um ein Standardthema im audiovisuellen Journalismus: das Wetter und seine Auswirkungen auf Natur und Landwirtschaft.

Tab. III.10 Beispiel Lokalzeit

Text	Bild
Annabelle hätte es gerne etwas wärmer um ihre braunen Knollen.	Close Up: Hände wühlen in Ackerboden, einige Kartoffeln sind zu sehen
Die Frühkartoffel würde dann nämlich deutlich schneller aus den Puschen kommen.	Close: Aufzieher von grünen Blättern auf Ackerfurche
Was ihr auch helfen würde, wäre ein richtig schöner, langer Landregen	Totale: Schwenk über gesamten Kartoffelacker, Wolkenfront im Hintergrund
Nicht ganz einfach zu verstehen bei diesen Bildern	Halbtotale Mehrere Menschen auf dem Acker, im Boden grabend bei strömenden Regen, auf der Kameralinse sind deutlich dicke Regentropfen zu erkennen
Gemüsebauer Heiner Löwenich aus Düren weiß es besser und erklärt's	Halbnah (leichte Froschperspektive, vom Boden nach oben gefilmt) Bauer im Acker, bückt sich und bearbeitet mit Forke und Händen den Boden, einzelne Kartoffeln kommen
O-Ton Bauer Löwenich startet „Wir haben hier vielleicht nur ein oder zwei Zentimeter Feuchtigkeit…	Detail Hand vom Bauern, der Kartoffeln ausgräbt
O-Ton läuft weiter …die von den Gewittern der letzten Tage kommt (…) darunter haben wir aber die trockene Erde mit den Frühkartoffeln (…) da ist kein Wasser hier.	Aufzieher, Hochschwenk von Hand über Beine auf Oberkörper des Bauern (zunächst aus Vogelperspektive, Bauer hat sich nach unten gebückt und richtet sich dann, während er spricht, auf und schaut Richtung Kamera)

In diesem Beitragsanfang gab es gleich zwei direkte Bildansprachen („Annabelle hätte es gern wärmer" und „Nicht einfach zu verstehen bei diesen Bildern") Der Text blieb durchgehend am Bild. Mit diesem Beispiel sollte gezeigt werden, wie das Prinzip der Bildansprache dabei helfen kann, langweilige Bilder zu vermeiden und wie es das Zusammenspiel von Bild und Text unterstützt.

Zum Abschluss meiner Ausführungen über die Regeln der Sprachen, möchte ich dieses kurze Beispiel (nur 21 Sekunden bis zum O-Ton) dazu nutzen, um zu zeigen, wie relevant und häufig verwendet diese Regeln sind. Was würden Sie schätzen, wie viele davon hier verwendet wurden. Bitte jetzt nicht sofort weiterlesen. Erst schätzen – haben Sie eine Zahl im Kopf? Gut, dann kann es weitergehen. Nehmen wir uns diesen Beitragsanfang Satz für Satz vor:

Erster Satz:

Annabelle hätte es gerne wärmer um ihre braunen Knollen

(1) Das ist keine klare *Personifikation.* Der Kartoffel Annabelle (so heißt die entsprechende Marke wirklich) ist es kalt

(2) „um ihre braunen Knollen" Das ist eine Anspielung und ein indirekter *Vergleich* mit den Füßen des Menschen.

(3) Annabelle ist es aber nicht einfach nur kalt, Sie *hätte es gerne wärmer.* Das ist zwar keine astreine *Litotes.* Aber auch hier wird etwas durch sein Gegenteil ausgedrückt. Also nicht etwa: „Annabelle friert es an ihren braunen Knollen", sondern sie „hätte es gerne wärmer".

Zweiter Satz:

Die Frühkartoffel würde dann nämlich deutlich schneller aus den Puschen kommen.

(4) Die Formulierung „aus den Puschen kommen" ist die Anwendung von *Umgangssprache* und

(5) eine *Metapher* für schneller voranschreiten, hier schneller wachsen.

Dritter Satz:

Was ihr auch helfen würde, wäre ein richtig schöner, langer Landregen.

(6) Das ist eine *Satzumstellung/Inversion.* Die normale Satzstellung wäre: „Ein Landregen würde ihr auch helfen".

(7) Der Satzbeginn mit „Was Ihr auch..." entspricht dem *Satzbeginn mit einer Konjunktion* und kommt auf dasselbe hinaus, wie „Und was ihr auch".

Vierter Satz:

Nicht ganz einfach zu verstehen bei diesen Bildern.

(8) Hier liegt eine *Auslassung* vor. Der Standardsatz der Schriftsprache wäre: Das ist nicht ganz einfach zu verstehen. Die Auslassung hatte ich bei den Regeln zur gesprochenen Sprache erwähnt.

Fünfter Satz:

Gemüsebauer Heiner Löwenich aus Düren weiß es besser und erklärt's.

(9) Das „erkärt's" ist schriftsprachlich eine *Fügung* (durch den Apostroph),

(10) sprechsprachlich wird es zur *Liason.* Denn es muss zusammengezogen gesprochen werden.

Soweit zunächst einmal zur Textebene. Dass die Sätze aktiv formuliert waren (11), eine *Satzlänge von 14 Wörtern* (12) eingehalten wurde, es *keine Paranthesen*

(13) gab und *keine Fachausdrücke* verwandt wurden (14), hatte ich noch nicht erwähnt.

Schauen wir nun auf das Bild. Und erinnern uns an die Regeln der Montage. Welche davon sind in dem Beitrag relevant?

(15) Eine Szene wurde in *mehreren Einstellungsgrößen* aufgelöst.

(16) Die Einstellungsgrößen haben sich *ausreichend voneinander unterschieden.*

(17) Die *30 Grad Regel* wurde beachtet.

(18) Die *180 Grad Regel* wurde beachtet.

(19) Die Geschichte wurde in einer *funktionalen Sequenz* (Bauer erntet Kartoffel und stellt fest, dass der Boden zu trocken ist) erzählt.

Auf der rein bildsprachlichen Ebene wurde in dem Beitrag

(20) bewusst *ein Index* genutzt (Wolkenfront als Zeichen für nahenden Regenguss).

(21) In der Kombination von Text und Bild, daher kamen wir ursprünglich, wurden *gezielte Bildansprachen* hergestellt.

21 Regeln in 21 Sekunden. An dieser Stelle höre ich auf mitzuzählen. Statistisch gesehen also eine Regel pro Sekunde. Der „Beat" reicht mir.

Wie viel Regeln hatten Sie geschätzt?

Wenn Sie jetzt denken, Personifikation, Inversion oder Metapher, das sind doch nur rhetorische Figuren, dann empfehle ich Ihnen das Kapitel zur gesprochenen Sprache noch einmal zu lesen. Denn genau darin bestand die Regel: die rhetorischen Figuren anzuwenden. Dies ist hier in der Praxis geschehen. Es ist aber noch viel mehr geschehen. Denn selbst wenn Sie die drei rhetorischen Figuren aus meiner Aufzählung wieder streichen, kann ich drei Spieler*innen von meiner Ersatzregelbank bringen.

1. Bei der Montage wurden die Regeln zu Schwenk und Zoom eingehalten.
2. Sowohl Frosch- als auch Vogelperspektive wurden passend eingesetzt (einmal um den Bauer zu zeigen; das andere Mal, um seine Handlung nachvollziehen zu können).
3. Der O-Ton wurde situativ aufgenommen. Diese Regel hatte ich bislang noch gar nicht erwähnt. Sie lautet:

   Befragen Sie Menschen immer in ihrer natürlichen Situation, während sie etwas tun. So entstehen „situative" O-Töne, die erwünscht sind.

Also selbst wenn Sie drei rhetorische Stilmittel nicht als Regel gelten lassen, wären es immer noch 21 befolgte Regeln in 21 Sekunden. Ich habe nicht weitergesucht. Die 21 Sekunden sind nur der Einstieg in einen Beitrag von 3.04 Minuten Länge. Schon beim oberflächlichen Durchhören sind mir sofort Alliteration, Wortspiel und Parallelismus ins Ohr gedrungen. Das Bild habe ich dabei noch nicht einmal betrachtet.

Mit diesem Beispiel möchte ich nun mein Regelwerk und dieses Buch beenden. Ich versichere ich Ihnen hiermit, dass ich den Beitrag nicht in Hinblick darauf gesucht habe, ob er möglichst viele meiner Regeln erfüllt. Ich bin zufällig bei der Suche nach einem Beispiel für Bildansprache darauf gestoßen.

Es ist kein Beinbruch, wenn Sie nicht auf einen „Beat" von einer Regel pro Sekunde kommen. Wenn Ihnen nur einige der Regeln nützlich sein sollten, wäre der Zweck dieses dritten Buchteils erfüllt.

4. Zusammenfassung

In diesem zweiten Band wurden die theoretischen Erkenntnisse und Herleitungen aus dem Theorieband (Band 1) auf die Praxis des Journalismus übertragen. Das Universalmodell mit seinen Kontextfeldfeldern wurde auf aktuelle Phänomene des Bewegtbild-Journalismus angewandt. Im letzten Teil dieses zweiten Bandes habe ich mich auf das Kontextfeld der Zeichen konzentriert. So wurde deutlich, dass der audiovisuelle Journalismus nicht auf seine Themen, Inhalte und die Rahmenbedingungen, die ihn definieren, beschränkt bleiben kann bzw. solitär mit diesen erklärt werden kann. Journalismus vermittelt sich immer mit Hilfe von Zeichen. Daher wurde auch im dritten Teil dieses Bandes, der am ehesten als Ratgeber verstanden werden kann, auf die Zeichen- und Handlungstheorien Bezug genommen bzw. auf den Strukturalismus im Bereich der Dramaturgie. Insgesamt habe ich mich der Theorien und Publikationen einer nicht unerheblichen Anzahl verschiedener Disziplinen bedient. Dies hat meinen Ansatz, die Gegenstände des Journalismus und sein Wesen interdisziplinär zu betrachten, nicht nur auf theoretischer Ebene bestärkt, sondern auch in Hinblick auf die journalistische Praxis. Bei meinem Vorgehen habe ich eine Reihe neuer Begrifflichkeiten eingeführt, bestehende Definitionen hinterfragt und ggf. geändert. Dies sollten Leser*innen bedenken, wenn sie mit diesen Begriffen arbeiten. An anderen Stellen der Literatur und auch in der Praxis werden die Begriffe unter Umständen anders verstanden. Ich habe sie in Hinblick auf mein Universalmodell gewählt und sie sind nur in dessen Gesamtkontext zu erschließen. Daher möchte ich hier statt des sonst in Lehrbüchern üblichen Fazits meine selbst definierten Begriffe in einer Übersicht zusammenfassen. Die Begriffe und Definitionen, die auch aus der Literatur entlehnt und nicht sinnverändert gebraucht habe, erwähne ich nicht. Weitergehend interessierten Leser*innen empfehle ich einen Blick in die Literaturliste.

Tab. III.11 Begriffe und Definitionen

Begriff	Verwendungszweck/ Hintergrund
Kontextfelder	Bezugssysteme des Journalismus und seine Einbettung in die Gesellschaft Hintergrund: Systemtheorie
Determinanten oder determinierende Faktoren	Faktoren, die den Journalismus bestimmen/unabänderlich sind

Begriff	Verwendungszweck/ Hintergrund
Dominate Faktoren	Faktoren, die den Journalismus stark beeinflussen/aber veränderbar sind bzw. sich verändern
Medienpolitische Primat	Determinierender Faktor/bezieht sich auf Gesellschaft- und Mediensystem Hintergrund: Demokratietheorien
Medienökonomischer Imperativ	Determinierender Faktor/bezieht sich auf die ökonomischen Abhängigkeiten im Gesellschaftssystem Hintergrund: Medienökonomische Theorie(n)
Medientechnisches Apriori	Determinierender Faktor/bezieht sich auf die Technikgebundenheit des Journalismus /Medialität Hintergrund: Techniktheorie(n)
Medien	kann technisch, organisatorisch, alltagssprachlich, politisch oder inhaltlich gemeint sein. Dies erklärt sich nur aus dem jeweiligen Zusammenhang
Ausspielkanäle/Plattformen	bezieht sich primär auf den Verbreitungsweg, kann aber auch ein Medium sein, z. B. Internet
Soziale Medien/Social Media	Gesamtheit aller Ausspielwege im Web 2.0
Kommunikationsgattung	bezieht sich auf spezifische Medieninhalte; etwa PR, Unterhaltung, Werbung, Journalismus Hintergrund: Medientheorie
Additives Phasenmodell	bezieht sich auf die mediale Technikgeschichte Hintergrund: Technik- und Mediengeschichte
Additionsmodell	bezieht sich auf die Tatsache, dass Funktionen eines Mediums oder Ausspielweges auch in einem anderen genutzt werden und auf die historische Entwicklung. Vgl. auch Additives Phasenmodell
Sieben Sprachen des Journalismus	bezieht sich auf die Texte/Ebenen im audiovisuellen Journalismus.

Begriff	Verwendungszweck/ Hintergrund
	Hintergrund: Zeichen- und Handlungstheorien, Linguistik/Sprachwissenschaft, Psychologie
Fünf Grundelemente des Journalismus	bezieht sich auf die Wahrnehmung bzw. die Sinnesorgane des Menschen sowie auf die Darstellungsformen Hintergrund: Biologie, Journalistik
Sechs Sequenzen-Modell	Bezieht sich auf die Dramaturgie audiovisueller Beiträge Hintergrund: Filmtheorie, Theaterwissenschaften
Kontextfeld der Zeichen	Bezug hier: Gesamtheit aller text- und zeichenbasierten journalistischen Produkte
Journalistische Präsentationsform	Medienspezifische Aufbereitung einer Darstellungsform, also z. B. Hörfunk-Feature, TV-Reportage, Webdoku (in Abgrenzung zu Darstellungsformen, wie Nachricht, Kommentar, Bericht)
Aussagewunsch	Die Aussage, die Journalist*innen in Beiträgen vermitteln wollen
Filmaussage	Die Aussage, die das audiovisuelle Produkt (Video, TV-Beitrag etc.) transportiert

5. Weiterführende Literatur

Arijon, Daniel (1991): Grammar of the Film Language. Silman James Press, Hollywood, CA.

Aristoteles (1982): Poetik, Reclam, Stuttgart.

Bartel, Stefanie (2003): Farben im Webdesign. Symbolik, Farbpsychologie und Gestaltung, Springer-Verlag, Berlin.

Beller, Hans (Hrsg.) (2005): Handbuch der Filmmontage. Halem Verlag, Köln.

Besch, Elmar (1989): Wiederholung und Variation. Untersuchung ihrer stilistischen Funktionen in der deutschen Gegenwartssprache. Lang, Frankfurt am Main/Bern u. a.

Bonnemann, Jens (2019): Filmtheorie. Eine Einführung. J.B. Metzler, Stuttgart.

Borstnar, Nils et. al. (2002): Einführung in die Film- und Fernsehwissenschaft. UTB, Konstanz.

Buchholz, Axel & Schupp, Katja (Hrsg.) (2020): Fernseh-Journalismus. Ein Handbuch für TV, Video, Web und mobiles Arbeiten. Springer VS, Wiesbaden.

Campbell, Joseph (2011): Der Heros in tausend Gestalten, Übers. Karl Koehne, Insel Verlag, Frankfurt/Main.

Feininger, Andreas (2004): Große Fotolehre, 5.Auflage, Heyne, München

Field, Syd (2007): Das Drehbuch. Die Grundlagen des Drehbuchschreibens, Autorenhaus, Berlin.

Flückiger, Barbara (2007): Sounddesigns. Die virtuelle Klangwelt des Films. Schüren, Marburg.
Friedl, Christian (2017): Hollywood für den Alltag. 2. Auflage, Springer VS, Wiesbaden.
Freytag, Gustav (1969): Die Technik des Dramas, unveränderter Nachdruck (1863), Wissenschaftliche Verlagsgesellschaft, Darmstadt.
Gerhardt, Rudolf & Lexendecker, Hans (2005): Lesebuch für Schreiber. Fischer Verlag. Frankfurt/Main.
Gradias Michael (2020): Lichtmalerei. Fotografie. Verlag Markt und Technik, Burgthann.
Hall,T. Alan (2000): Phonologie. Eine Einführung. de Gruyter, Berlin/New York.
Haarkötter, Hektor (2019): Journalismus.Online. Halem-Verlag, Köln.
Haarkötter, Hektor (2015): Die Kunst der Recherche. UVK, Konstanz/München.
Heussen, Gregor (2007): Dokumentarische Filmformen. Eigenverlag, Darmstadt.
Hickethier, Knut (2012): Film und Fernsehanalyse, 5.Auflage, J.B. Metzler, Stuttgart.
Jacobs, Olaf & Großpietsch, Timo (2015): Journalismus fürs Fernsehen. Dramaturgie-Gestaltung-Genres, Springer VS, Wiesbaden.
Katz, Stephen (1991): Shot by shot. Vizualizing from concept to screen. Michael Wiese Productions, Studio City CA.
Kauz, Magdalena & Weibel, Barbara (2021): Assoziative Bildsprache. Halem Verlag, Köln.
Landsiedel, Timo (2012): Filmen wie Ballhaus: Basics der Bildgestaltung, Atoll-Medien, Berlin.
Lensing, Jörg U. (2009): Sound-Design, Sound Montage, Soundtrack Komposition. Über die Gestaltung von Filmton, Schiele & Schön, Berlin.
Link, Jürgen (1978): Die Struktur des Symbols in der Sprache des Journalismus. Zum Verhältnis literarischer und pragmatischer Symbole. Fink, München.
Meerwein, Gerhard et.al (2007): Farbe – Kommunikation im Raum, Birkhäuser, Basel.
Mertens, Christian & Bartosz, Werner (2016): So bekommen Sie Ihr Drehbuch in den Griff. Halem Verlag, Köln.
Metz, Christian (1972): Semiologie des Films. Fink, München.
Monaco, James (2012): Film verstehen. 2.Auflage, Rowohlt, Reinbek.
Otto, Kim; Höll, Claudio; Elter, Andreas (2020): Magazinjournalismus im Fernsehen. Ein Handbuch für Ausbildung und Praxis. Springer VS, Wiesbaden.
Raschke, Heiko (2013): Szenische Auflösung. Wie man sich eine Filmszene erarbeitet. Halem Verlag, Köln.
Sachs-Hombach, Klaus (2013): Das Bild als kommunikatives Medium. 3. Auflage, Halem Verlag, Köln.
Staschen, Björn (2017): Mobiler Journalismus. Springer VS, Wiesbaden.
Staffeldt Sven (2010): Einführung in die Phonetik, Phonologie und Graphematik des Deutschen. Ein Leitfaden für den akademischen Unterricht. Stauffenburg, Tübingen.
Šileikaitė-Kaishauri, Diana (2015): Einführung in die Phonetik und Phonologie des Deutschen. Vilniaus universitetas, (PDF), Universität Vilnius.
Schneider, Wolf (2001): Deutsch für Profis (29. Auflage) Goldmann, München.
Tröhler, Margrit und Kirsten, Guido (Hrsg.) (2018): Christian Metz and the Codes of Cinema: Film Semiology and Beyond. Amsterdam University Press, Amsterdam.
Van Wyngaarden, Egbert (2018): Digitale Formatentwicklung. Halem Verlag, Köln.
Veits, Andreas (2021): Narratologie des Bildes. Zum narrativen Potenzial unbewegter Bilder. Halem Verlag, Köln.
Vicari, Jakob (2019): Journalismus der Dinge. Halem Verlag, Köln.
Vogler, Christopher (2007): The Writer's Journey. Michael Wiese Productions, Studio City CA.
Welsch, Norbert & Liebmann, Claus Chr. (2018): Farben. Natur, Technik, Kunst. 3. Auflage, Springer-Verlag, Berlin.

Stichwortverzeichnis

Die Angaben verweisen auf die Seitenzahlen des Buches.

Bereits erschienen in der Reihe STUDIENKURS Medien & Kommunikation

TV und AV Journalismus
Band 2: Praxisbuch für Unterricht und Training
Von Prof. Dr. Andreas Elter
2021, 285 Seiten, Broschiert, ISBN 978-3-8487-3851-9

Journalismus
Von Prof. Dr. Janis Brinkmann
2021, ca. 265 Seiten, Broschiert, ISBN 978-3-8487-6055-8

Qualitative Methoden der Kommunikationswissenschaft
Von Prof. Dr. Philomen Schönhagen & Prof. Dr. Hans Wagner
3. Auflage 2021, ca. 410 Seiten, Broschiert, ISBN 978-3-8487-6893-6

TV und AV Journalismus
Band 1: Theorie und Praxis
Von Prof. Dr. Andreas Elter
2019, 344 Seiten, Broschiert, ISBN 978-3-8487-3622-5

Gesundheitskommunikation
Von Dr. Doreen Reifegerste, Alexander Ort, M.Sc.
2018, 243 Seiten, Broschiert, ISBN 978-3-8487-3859-5

Personalwirtschaft der Medienunternehmen
Von Prof. Dr. Steffen Hillebrecht
2018, 199 S., Broschiert, ISBN 978-3-8487-3703-1

Zeitfracht Medien GmbH
Ferdinand-Jühlke-Straße 7
99095 Erfurt, Deutschland
produktsicherheit@kolibri360.de